건강보험의 진화와 미래

건강보험의 진화와 미래

보험미래포럼

21세기북스

건강욕구의 집단화와 건강보험

국내 최장수 TV프로그램인 KBS「전국노래자랑」의 사회자는 송해 씨다. 그는 1980년에 시작된 이 프로그램의 MC를 1984년에 넘겨받아 지금껏 진행해오고 있다. 80대 중반을 넘긴 그를 볼 때마다 '나도 저 나이에 저렇게 건강했으면' 하는 생각이, 아니 욕망이 느껴진다.

욕망은 타자(他者)를 전제로 한다. 부, 권력, 명예에 대한 욕망은 타자와의 비교에서 그들보다 우월하고 싶은 인간의 승자 본능이다. 하지만 건강에 대한 욕망은 우리 인간에게 지극히 자연스럽고 당연하여 타자와의 경쟁을 통해 쟁취할 필요가 없는 자신과의 싸움이다. 돈과 권력에 대한 욕망이 상대를 제압해야 승리를 거머쥐는 격투기라면 건강에 대한 욕망은 혼자 뛰는 마라톤과 같다.

한 생명체로서 느끼는 건강에 대한 욕망(desire)은 다수가 모여 사는 제도권 사회에서 건강에 대한 욕구(needs)로 가시화된다. 경제가 성장하여 삶이 윤택해지고 의료기술이 발달하면서 '건강'이 우리 인간의 최대 관심사의 하나로 부각되고 있다. 개인 차원의 욕망에서 집단의 욕구와 권리로 그 모습이 바뀌고 구체화되면서 이를 수용하기 위해 각국 정부는 건강보험제도를 정비하고 이의 내실화를 다지고 있다. 그 과정

4

에서 건강이 거대산업 영역의 하나로 변모하고 있다.

소득의 증가는 삶의 질 향상에 대한 바람으로 이어지고, 이는 건강보험의 충실화에 대한 사회적 요구의 증대로 현시화하고 있다. 그래서 서구 주요국에서는 국가주도로 공적건강보험을 재정비하면서, 한편으로 민영건강보험이 사회적 요구에 부응하는 형태로 발전할 수 있도록 관련 인프라를 정비하고 있다. 이러한 일련의 정책은 건강관리산업의 고도화 등 지속적 발전으로 이어지고 있다.

20세기 후반 이후 인구고령화 현상이 나타나면서 OECD 주요국의 의료비 지출이 증가하고 건강관리산업도 양적, 질적으로 빠르게 변모하고 있다. 2009년 기준 OECD 34개국의 총의료비 지출은 평균하여 GDP의 9.6%이며 이 값은 매년 약간씩 커지고 있다. 우리나라는 6.9%이고 가장 지출규모가 큰 미국은 17.4%나 된다. 미국을 제외한 대부분의 OECD 국가에서 의료비의 많은 부분이 국가주도의 공적건강보험을 통해 배분되고 있다.

건강관리산업의 이해관계자에는 크게 보면 의사·치과의사·한의사·조산사·간호사 등의 의료인, 병의원의 의료기관, 의료기기 제조회사, 약사와 제약회사, 건강 관련 서비스회사, 건강보험의 보험자인 국민건강보험공단과 민영보험회사, 이들을 규제하는 보건복지부와 금융위원회 등이 포함된다. 이들 대부분은 건강보험과 직간접으로 연관되어 있다.

오늘날 건강보험은 우리들이 의료비 부담의 두려움에서 벗어날 수 있는 필수적인 제도로 정착하여 행복한 삶의 기둥이 되고 있다. 또 건강보험정책은 건강관리산업 외 금융보험업이나 의료산업에까지도 파급효과를 미치고 있다. 하지만 건강보험은 빠르게 증가하는 의료비 지출을 억제해야 한다는 과제를 안고 있다. 많은 나라가 비슷한 고민을 가지고 있지만, 우리의 경우 국민의료비 증가율이 2001년 이후 10년간 연평균 증가율이 11.7%로 OECD 국가 중 가장 높아 특히 그렇다. 이러한 관점에서 이 책은 우리의 국민건강보험과 민영건강보험을 큰 틀에서 조망하고 이를 토대로 미래를 전망하고 있다.

이 책의 소개

우리는 이 책에서 우리나라를 포함한 동서양의 공적건강보험과 민영건강보험의 기원과 진화과정을 살펴본 후, 우리의 국민건강보험과 민영건강보험을 대상으로 현황과 주요 문제점, 그리고 개선방안을 고찰하고 있다. 건강보험의 과거와 현재에 대한 고찰에 비해 미래 전망부문은 집필진의 관심과 초기 의도에도 불구하고 다소 제한적으로 서술되어 있다. 이 점 독자 제현의 양해를 구한다.

장별 구성을 보면 앞부분 3개 장에서 건강보험의 역사를 서술하고, 이어서 제4~6장의 3개 장에서 국민건강보험 이슈를 다루며, 제7~10장의 4개 장에서 민영건강보험 이슈를 고찰하고 있다. 제11장은 국민건강보험과 민영건강보험의 조화, 제12장은 장기요양보험, 제13장은 투자개방형 의료법인과 의료서비스산업의 선진화, 그리고 14장에서는 건강보험의 미래 전망과 남은 과제를 정리하고 있다.

위의 구성에서 알 수 있듯이 국민건강보험에 비해 민영건강보험에 좀 더 많은 장이 할애되어 있다. 주지하듯이 총의료비 지출에서 점하는 비중은 국민건강보험이 민영건강보험보다 월등히 크다. 그럼에도 불구하고 이처럼 구성한 것은 그동안 민영건강보험에 대한 체계적인 논의가 적었고, 최근 민영건강보험의 비중이 급속히 확대되는 등 중요성이 부각되면서 국민건강보험과 민영건강보험을 아울러 건강보험 전반을 논하고 싶었기 때문이다.

우리는 이 책이 우리의 건강보험에 대해 관심을 가진 일반인과 전문가, 그리고 건강보험 관련 이해관계자 모든 이에게 우리가 처한 현실을 이해하고 타개책을 모색하는 데 조그마한 도움이 될 수 있기를 희망한다. 장별 서술 내용은 아래와 같다.

제1장에서는 구미와 우리나라의 의료 및 공적건강보험의 기원과 발전을 시대 순으로 고찰한다. 인류는 출현 이후 질병과 상해에 대한 대비책으로 의료와 약제를 발전시켜 왔으며, 관련 비용을 마련하기 위해 공제와 다양한 유형의 건강보험을 고안해왔다. 공적건강보험의 경우 독일을 위시한 유럽대륙에서 체계적으로 발전·진화해왔다.

제2장에서는 구미와 우리나라 민영건강보험의 기원과 발전을 시대 순으로 살펴본다. 체계적인 건강보험은 민영건강보험이 공적건강보험보다 빠르며 초기 상품은 미국에서 나왔다. 구미와 달리 우리는 민영건강보험이 공적건강보험과 비슷한 시기에 도입되었으나 실손의료보험이 도입된 2003년 이후 빠른 속도로 확장되고 있다.

제3장에서는 건강보험의 유형을 조세방식, 사회보험방식, 시장방식으로 나누어 발전사를 살펴본다. 조세방식은 영국, 사회보험방식은 독일·프랑스·네덜란드, 시장방식은 미국의 사례를 들어 고찰한다. 5개국의 발전과정 비교를 통해 공적건강보험과 민영건강보험이 조화를 이뤄가는 모습을 시사점으로 정리하고 있다.

제4장에서는 국민건강보험의 보장성 강화 정책의 현황과 문제점을 고찰하고 소비자 중심의 보장성 강화 방안을 제시한다. 소비자 중심의

건강보장 원칙을 규정하고 기본급여 범위를 설정하며, 본인부담 진료비 적정화 방안을 제시한다. 나아가 소비자, 의료기관과 보험자의 상생을 위한 IT융합의료시스템을 제안하고 있다.

제5장에서는 국민건강보험의 재정안정 차원에서 현행 건강보험 진료비 재원조달체계의 적합성을 검토한다. 진료비 재원조달의 문제점과 주요 이슈가 무엇인지, 그리고 이들 이슈에 어떠한 방향으로 대처해야 우리에게 맞고 건강보험 재정을 안정적으로 지지하는 재원조달체계를 갖출 수 있을지에 대해 서술한다.

제6장에서는 다양한 보수지불제도의 장단점을 비교하여 국민건강보험 보수지불제도의 중심인 행위별수가제의 개선방안을 모색한다. 이때 우리나라 보수지불제도의 변천과정과 논란의 배경에 대해 고찰하고 외국 사례를 검토한다.

제7장에서는 소비자 관점에서 민영건강보험의 현황과 문제점을 평가하고 개선방안을 모색한다. 주된 문제점으로 고위험자가 가입하기 어려운 접근성, 민영건강보험을 비교하고 가입하기 힘든 정보의 비대칭성, 사업비가 많아 내는 보험료에 비해 가입자에게 돌아가는 보험금이 적은 낮은 손해율(보험금지급률) 등이 거론된다.

제8장에서는 보험회사가 민영건강보험 상품을 판매하면서 직면하는 주요 문제점을 '여성시대건강보험' 상품을 통해 살펴본다. 민영건강보험은 보험회사에게 큰 시장이지만 소비자의 도덕적 해이와 역선택에 취약하여 다른 보험상품보다 신중한 접근이 필요하다고 지적한다.

제9장에서는 질병 시 건강보험 등이 제공하는 상병수당 같은 소득보장 기능의 활성화 방안에 대해 살펴본다. 국내에는 상병수당을 제공하는 소득보상보험이 거의 판매되지 않는데 왜 그러한지, 선진국에서

는 어떠한 소득보상보험이 활용되고 있는지 등에 대해 고찰한다.

제10장에서는 민영건강보험과 관련한 윤리적 사안을 보험회사, 보험소비자, 의료 전문가에 한정하여 논의한다. 정보의 비대칭성으로 인한 문제, 보험회사의 마케팅과 보상, 언더라이팅 관련 윤리적 이슈를 고찰한다. 의료 전문가의 경우 과잉진료와 비급여진료의 증가, 허위청구 및 과다청구 등의 문제를 살펴본다.

제11장에서는 국민건강보험과 민영건강보험의 조화와 협력체계 구축방안을 모색한다. 외국의 건강보험 개혁 사례에 대한 고찰을 토대로 국민건강보험과 민영건강보험 간의 적절한 역할 분담, 이를 통한 효율성 제고방안을 제시한다. 국민건강보험의은 효율성을, 민영건강보험은 공공성을 높이는 개혁이 필요하다고 지적한다.

제12장에서는 2008년에 도입된 노인장기요양보험의 현황과 문제점, 그리고 개선방안을 검토한다. 서비스 전달시스템과 질 관리, 지속가능한 재원조달, 장기요양시설 재정비 등에 관한 정책적 제언과 개선이 가능한 분야를 미래지향적으로 제시한다.

제13장에서는 투자개방형 의료법인의 도입과 관련, 경제자유구역의 지정 및 운영에 관한 특별법(2002.12 제정) 이후의 9년간의 논의 경과, 투자개방형 의료법인의 기본개념과 필요성, 도입에 따른 주요 논점에 대해 고찰하며 의료선진화와 자본주의 4.0의 관점에서 투자개방형 의료법인의 도입과 발전방안을 모색한다.

제14장에서는 우리 건강보험의 미래상을 전망하고 이 책에서 다루지 못한 의료 및 건강보험의 남은 과제에 대해 간략히 언급한다. 건강보험의 미래에 관한 기술은 각 장에서 부분적으로 서술되고 있으나 여기서는 이들 내용을 총괄하여 정리한다.

CONTENTS

제1장

공적건강보험의
기원과 발전

건강보험(health insurance)은 20세기 초 서구 사회에 복지국가 이념이 도입되면서 등장한 용어이다. 건강보험 이전에는 재해, 상해, 질병 등에 보험급여를 제공하는 의료보험이라는 말이 널리 사용되었다. 그래서 초기 건강보험을 소개하는 곳에서는 의료보험이라는 용어도 함께 사용한다.

이 책에서는 정부나 공공기관이 제공하는 의료보험을 공적건강보험·국민건강보험·건강보험으로, 민영보험회사가 제공하는 의료보험을 민영건강보험으로 표현한다. 이에 비해 보건복지부와 금융위원회 등의 정부부처, 보건경제와 사회보장 전문가, 국민건강보험 관계자 등은 후자를 개인의료보험이나 민간의료보험으로 부른다. 일본에서도 대개는 그렇게 부른다. 건강보험은 '공적기관이 제공하는 의료보험'이라는 인식이 저변에 깔려 있기 때문인지 모른다.

한편 국내 보험학계와 보험업계에서는 보험회사가 판매하는 건강보험을 '민영건강보험'이라고 불러왔다. 2003년에 손해보험회사가 실손의료보험을 내놓은 이후 이 상품과 장기간병보험, 소득보상보험 상품을 포괄하여 민영건강보험이라고 부르고 있다.

용어 사용과 관련하여 국내에 일정한 기준이 없지만 우리는 국민건강보험과 대비되어 사용될 수 있는 말이라는 점에서 '민영건강보험'이라는 단어를 사용한다. 많은 경우에 이는 임의가입의 '개인의료보험'을 지칭한다.

건강보험과 의료보험

건강보험은 "국민의 질병·부상에 대한 예방·진단·치료·재활과 출산·사망 및 건강증진에 대하여 보험급여를 실시함으로써 국민보건을 향상시키고 사회보장을 증진하는 제도"라고 이해할 수 있다(국민건강보험법[1] 제1조). 간단히 말해 건강보험은 '개인들에게 발생하는 의료비용 위험에 대비하는 보험'으로, 보험자가 특정 그룹의 의료비용 위험 전반을 추정하여 보험료나 급여세 등으로 재원을 조달하고 이를 토대로 보험계약에 명시된 보험급여를 제공하는 제도이다.

구 의료보험법(1963~1999)에서는 의료보험을 "국민의 질병, 부상, 분만 또는 사망 등에 대하여 보험급여를 실시함으로써 국민보건을 향상시키고 사회보장의 증진을 도모하는 제도"로 규정하였다(제1조). 법률이 대체되면서 보험급여 대상에 '예방·진단·치료·재활과 건강증진'이라는 말이 추가되었는데, 이는 '의료보험' 대신 '건강보험'이라는 용어를 사용하면서 협의의 의료행위인 진단과 치료에 이들 예방 외 개념을 포함시킨 것으로 해석할 수 있다. 추가된 용어가 지니는 고유의 업무영역이 엄연히 존재하지만 많은 경우에 의료보험과 건강보험이 거의 같은 개념으로 사용되고 있다.

이러한 점을 고려하여 이하의 서술에서 우리도 그 같은 입장을 따를 것이다. 참고로 일본에서는 공적의료보험을 건강보험으로 구별하여 부르기도 하지만,[2] 서구에서는 1890년대 이후 30여 년 지속된 진보의 시대(progressive era)[3]에 의료에 대한 정부의 역할에 대해 많은 논의가 이루어지면서 health insurance라는 용어가 널리 사용되었으며[4] 이는 우리가 '건강보험'으로 이해하는 개념에 거의 대응하는 것이라고 할 수 있다.

한편 건강보험은 질병이나 상해에 따른 경제적 손실을 보장하는 보험을 의미하며 이때의 경제적 손실에는 치료에 필요한 의료비용 외에 질병이나 상해로 인해 일을 하지 못해 발생하는 상실소득과 오랜 간병에 필요한 비용까지 고려될 수 있다. 따라서 건강보험을 좁게 정의하면 의료비보장보험(medical expense insurance)에 한정되지만, 넓게 정의하면 소득보상보험(disability income insurance)과 장기요양보험(long-term care insurance)도 포함될 수 있다. 이러한 점을 고려하여 이 책에서 다루는 건강보험의 범위에는 소득보상보험, 장기요양보험 관련 주제도 포함되어 있다.

이하의 서술에서 용어 사용과 관련하여 특별한 언급이 없으면 '건강보험'은 공적건강보험을 지칭한다. 서술방식은 체계적인 건강보험이 도입되기 이전 시대에 대해서는 공공부문이 제공한 의료서비스에 초점을 맞추고, 이후 건강보험의 도입과 발전, 진화에 대해 기술하며 서구 사례를 앞에 소개하고 이어서 우리의 사례를 다룬다.

건강보험이 바빌로니아 시대에도 있었다?

인류의 의료지식은 수천 년 전부터 축적되어 왔다. 4000년 전, 즉 BC 2000년경의 메소포타미아[5]에 이에 대한 기록이 남아 있다. 『의학적 진단과 예후록(treatise of medical diagnosis and prognoses)』이 그것이다. 이 책자에는 장기간의 수많은 시행착오를 통해 축적되어 온 의료지식과 많은 사례 기록이 담겨 있다. 서술내용은 상당수 질병의 원인을 초자연적 현상에서 찾고 있지만 많은 처방과 조치들이 우리 신체에 대한 합리적 관찰에 입각하고 있다.

이 무렵의 기록을 보면 의사가 환자인 소비자로부터 대가를 받고 의료서비스를 제공했다는 사실을 확인할 수 있다. 인류 최초의 성문법이며 메소포타미아의 기본법을 기록한 함무라비법전에 따르면 의료인은 의사, 수술사, 수의 등으로 구별되고 있으며, 의사의 치료행위에 대한 사례(謝禮)가 환자의 신분과 빈부수준의 차이에 따라 달리 정해져 있었다. 즉 수술이 잘되면 환자들이 후하게 보상하지만 신분이 높은 이들의 경우 보상수준이 한층 더 두터웠고 수술이 잘못되면 의사가 상당한 책임을 져야 했다.[6]

이처럼 인류는 일종의 계약에 입각하여 의료서비스가 공급되는 체계를 구축하기도 했지만 많은 경우에 의사의 의료행위는 보수를 받지 않거나 낮은 보수로 응당 공급해야 하는 행위로 간주되는 경우가 일반적이었다. 시대에 따라 다소간의 차이는 있었지만, 의사는 지배자나 지역사회 장로의 보좌역으로서 악령퇴치를 위한 주문을 외거나 약초를 다루고 수술을 하는 등의 일을 도맡아 수행해왔다. 이 같은 행위는 사람들의 불안한 마음을 추스르고 사회를 안정시키는 통치행위의 일환으로 간주되었기 때문이다. 고대 이집트나 중국에서도 다소간의 차이는 있었지만 이와 유사한 형태로 의사는 사회안정과 질병퇴치에 기여하는 역할을 수행해왔으며 때때로 명의로 알려진 이가 나와 사람들로부터 추앙받기도 했다.[7]

한편 중국의 전통적인 한방의료도 현존하는 문명사회에서 가장 오래된 역사를 지니고 있는 의료 중 하나로 알려져 있다. 지난 수천 년의 역사를 통해 발전해온 중국의 한방의료는 그리스 의료가 크게 의존했던 약초이용치료(herbal treatments) 외에 침술(acupuncture), 지압(acupressure), 뜸(moxibustion), 부항(cupping of skin with heated bamboo) 등이 중심이었다. 이러한 치료법은 경증인 만성질환에 효과가 있는 것으로 알려져 왔는데, 이는 부작용이 크지 않았기 때문이다. 이 밖에 전통의료가 맹장염, 췌장염, 담석 등의 급성복부질환 등의 중병에 시술되기도 했다. 또 접골 등 정형외과 관련의 전통적 치료도 지속적으로 발전해왔다. 이들 한방의료는 19세기와 20세기에 종교기관과 록펠러 재단 등에 의한 서구 의료기술의 국내 전파[8] 이후에도 서구 의료와 더불어 시술되는 경우가 많다. 서구 의학을 배운 한방 의사들은 농촌 지역의 병원과 약국에서 큰 역할을 수행하고 있다.

이후 그리스 시대에 들어와서는 주술사나 신관의 역할을 겸해왔던 의사들의 모습이 바뀌기 시작한다. 질병치료를 전문으로 하는 순수 의료인으로 독립하여 의사조합을 만들고 면허를 부여하는 등 전문 직업인으로 분화하고 돌아다니며 환자를 치료하는 순회의사가 나타나기도 한다. 그러다가 히포크라테스(Hippocrates: BC 460~377)대에 이르러 의학이 과학으로 정립되면서 질병을 자연현상으로 파악하여 이를 진단, 치료하는 기술이 강조되었다. 그는 의술은 인간이 지닌 자연치

유력을 돕는 것이라고 강조하면서 식료법(食療法)을 치료의 근본으로 삼았다.

로마 시대의 의사들은 그리스 시대에 비해 사회적 신분이 낮았고 대부분 존경받지 못했다. 이들은 약물요법에 크게 의존하여 환자를 치료하였다. 그리스 시대에 모습을 드러낸 약(초) 전문가들은 의사에게 약을 판매하기 시작했는데 약에 대한 지식이 크게 축적되면서 의사들의 약(초) 의존도가 높아졌다. 이 무렵 가렌(Garen: 130~198)은 해부학을 위시하여 고대의학을 집대성했는데 그의 저작은 르네상스기는 물론 18세기 초반에 이르기까지 의학서의 고전이 되었다. 그는 히포크라테스 의학에서 제기된 4 체액설(humorism)을 신봉하고 약물의 작용에 대해 서술하는 등 한방의 음양오행설 개념과 유사한 약물이론을 토대로 처방과 배합제를 설명하였다.[9]

영국의 사례: 빈민법 제정 이후[10]

비스마르크에 의한 국가 차원의 근로자 건강보험이 도입되기 전에는 대부분의 국가에서 나이가 들거나 신체적 장애를 지닌 빈곤층에 대한 정부나 종교단체 차원의 지원(social care)인 공공부조가 주류였다.

이 무렵 근대적 사회보장, 사회복지, 특히 공공부조의 기원이라고 할 수 있는 법제가 영국에서 나왔다. 1601년에 제정된 구빈법(Poor Law)이다. 구빈법에 따르면 전국 교구의 판사는 구빈감독관을 임명하여 그에게 가족의 지원을 받을 수 없는 빈곤층 구제의 의무를 부과하면서 재원확보책으로 자산에 대한 지방세 부과권한을 허용하였다. 주로 노령과 장애로 일할 수 없는 사람이 대상이었으나 보호의 수준과 유형은 지역과 시대에 따라 꽤 달랐다.[11] 지원금으로 가족 중 한 사람이나 생활이 어려운 여성 한 명을 집에 동거토록 하여 고령자와 장애자를 돌보아주기도 하고, 일정한 현금 외에 의복과 건강을 챙겨주면서 자신의 집에 거주하도록 하기도 했지만 구제수준이 제약적이고 모멸감을 느끼게 하는 최악의 사례도 없지 않았다.

민간이 운영하는 구빈원과 보호기관이 지역의 노인과 장애자를 대상으로 주택 내 서비스 활동을 지원하는 작업은 중세 시대부터 있었다. 이들 기관은 주로 종교단체나 자원봉사조직에 의해 운영되었으며, 재원은 자선기부금이나 일부 여유 있는 계층의 이용요금 등으로 조달하였다. 19세기에는 방문단체들이 커뮤니티 케어서비스를 제공하기 시작했다. 이들 자원봉사조직과 빈곤법상의 기관들은 지방정부 등과 협조하여 지역 내 빈곤층 지원활동에 나섰는데 서비스 수준은 지역에 따라 큰 차이가 있었다.

자원봉사 기관들이 운영하는 병원은 런던 지역에 많았는데 이들 병원은 빈곤층에게는 무료로 의료서비스를 제공하지만 그렇지 않은 환자에게는 유료로 진료하였다. 다만 이들 기관의 병원은 급성질환 환자 치료에 집중하였기 때문에 장기요양이 필요한 만성질환 환자는 사업장병원(workhouse hospital)을 이용할 수밖에 없었다. 이 무렵 민간 정신병원에서의 진료는 대부분 유료였다.

이후 1834년에 구빈법이 대폭 개정[12]되어 신구빈법에서는 일할 수 있는 사람에게는 도움을 주지 않도록 하였으며, 이들이 빈곤층으로 남아 있으려 할 경우 음습하고 환경이 아주 좋지 않은 작업장에 인위적으로 배치되기도 했다. 신구빈법은 빈곤층 전반에 대한 서비스 수준을 낮추었고 절실한 도움이 필요한 최소한의 빈곤층에게만 약간의 공적급여를 제공하며 빈민들은 구빈원에 수용되어 일하지 않으면 안 되었다.[13] 그러다가 1885년에 자유구빈법(Free Poor Law)이 제정된 이후 빈곤층 지원이 강화되면서 별도의 병원이 건립되어 외래환자 진료가 확충되었다. 이들을 지원하여 근로능력을 키워야만 공적지원에 대한 의존이 줄고 전염병 확산도 막을 수 있다고 보았기 때문이다. 1900년에는 구빈법상의 조합(Poor Law Union)들이 약자를 위해 덜 징벌적인 주거서비스를 제공해야 한다는 지침이 내려졌다.

이후 지방정부법(1929) 제정으로 빈곤법 관련 업무가 지방정부로 이관되었으며 이 과정에서 빈곤층이 이용하는 병원들이 다른 의료기관과 통합되는 과정에서 장기입원자들이 홀대받아 더 나쁜 환경에 놓이고 재활서비스 등을 이용할 수 없게 되거나 커뮤니티 지원을 받기 힘들게 되었다. 또 노인의학의 발전으로 와상(臥床)노인을 줄이려는 재활치료에 대한 관심이 높아졌고, 그 결과 조세방식 국민건강보험인 지금의 NHS로 발전하게 된다. 중요한 것은 이들 서비스는 지역과 시대에 따라 매우 차등적인 서비스였다는 사실이다.

제2차 세계대전 이전까지 영국에서는 민간 봉사단체가 운영하는 병원과 구빈기관은 공공기관과 협조하여 비교적 양호한 케어서비스를 제공하였지만 이러한 서비스 체계가 모든 지역과 시대에 잘 돌아갔다고 할 수는 없다. 게다가 1920년대 이전에는 노인들이 수발을 받을 수 있는 자녀들과 같이 살지 못할 확률이 높았다. 자녀들의 사망률이 높고 결혼율이 낮았으며 이민율은 높고 출산율이 낮았기 때문이다.

결국 국민 다수에게 체계적인 건강보험 서비스가 제공되기 시작한 것은 국민보험법(1911)이 제정되면서부터이다. 이때 근로자 다수와 그들의 피부양자, 5년 이상의 보험료 납부자 등이 건강보험을 적용받게 되었고, 이후 NHS(1948) 창설 이후에 대상이 전 국민으로 확대되었다.

건강보험의 초기 유형은 의료공제

인류가 위에 언급한 의사 등의 의료인과 약업인(이하 의료인)의 도움으로 질병과 부상 등의 고통으로부터 벗어날 수 있었던 것은 오래된 일이다. 물론 모든 이들이 손쉽게 의료인의 도움을 받을 수 있었던 것은 아니다. 시대와 지역에 따라 다소 차이가 있지만 왕과 왕실 가족, 그 주변의 귀족이나 사회 지배계층 등 일부 계층의 사람들만이 치유능력이 있다고 알려진 명의(?)의 도움을 받고, 다수의 민중은 약제를 구해 처방하거나 다소간의 지식이 있는 의사의 도움을 받아 고통을 이겨내는 것이 고작이었다. 그런데 이때 환자들이 의사에게 지급하는 부담이 그렇게 크지 않아 사람들이 아플 때를 대비하여 사전에 목돈을 모아 놓을 필요는 별로 없었다. 이는 동서를 막론하고 지난 수천 년의 역사에서 공통적이었다.

의사는 인류사회가 문명화되기 시작하면서부터 존재해온 오래된 직업 중 하나이다. 이들이 행하는 진찰과 치료 등의 서비스는 시대에 따라 다소간의 차이는 있었지만 대개는 유상으로 제공되었다. 특히 질병을 잘 찾아내 고치는 의사인 경우 많은 이들이 줄을 서 순번을 기다리고 있었다. 서비스 대가도 상대적으로 높아 개인적으로 큰 부를 축적한 이들도 있었다.

그런데 근대사회로 오면서 공장제 수공업이 발달하고 이것이 제조업으로 발전하면서 장인과 일부 위험성이 높은 업무에 종사하는 일부 계층 사람들에게 사고 발생 시의 의료비용이 부담으로 작용하기 시작했다. 그래서 이들을 중심으로 평소의 대비로 사고 발생 시 적은 부담으로 의료서비스를 제공받을 수 있도록 하려는 움직임이 나타났다. 바로 의료공제이다. 공제(共濟)는 같은 직업을 가진 이들이 회원이 되어 부상과 질병에 따른 경제적 위험을 분산시키기 위해 만들어낸 제도로 보험의 초기적 유형이다. 이들은 의사 등과의 교섭을 통해 모임 회원이 의료서비스를 낮은 비용으로 제공받을 수 있도록 하였다. 로마 시대의 숙련공이 만든 공제나 중세 영국 등지의 장인들이 구성한 길드, 그리고 18세기 초반의 독일 근로자들이 운영해온 공제조합, 19세기 영국에서 발족한 우애조합(friendly societies)이나 토요기금(saturday funds) 등으로 알려진 공제(mutual aid), 벨기에 선원(1844)과 이탈리아 선원(1861)들이 구성한 공제조합 등이 그러한 사례이다.

여기서 길드는 조합원의 상조를 목적으로 조직되었는데 분야는 무기장인, 목수, 구두공, 제빵사, 와인장인 등으로 다양하였다. 평상시 일정한 조합비를 징수하여 적립해두었다가 조합원이 사망하거나 화재, 질병, 도난 등으로 손해를 입을 때 급여를 제공하여 이들 위험에 따른 손해를 보상받을 수 있도록 해주었다. 그리고 18세기 초반의 독일 근로자들이 운영해온 공제조합 중 특히 유명한 것이 각지에서 활동해온 수공업자 공제조합인 춘프트금고(Zunftkasse)이다. 이 조직은 춘프트금고 외에 질병금고, 건강보험조합, 과부조합, 사망조합 등 다양한 이름으로 일컬어져 오면서 조합원에게 길드와 유사한 공제서비스를 제공하였다. 길드와 춘프트금고는 공유 준비자산을 토대로 조합원이 직면하

는 각종 위험을 분산시켜 조합원의 경제적 부담을 덜어주는 역할을 수행하였다.[14]

유의할 점은 이들 공제조합의 경우 특정 직종의 고위험직이 그 대상이고 사고 발생 시의 급여수준도 낮은 정액급여라는 한계를 지니고 있었다는 사실이다. 이후 산업화가 전 유럽으로 확산되면서 공제나 보험 개념도 함께 확대되었다. 하지만 대상이 제한되고 강제가입 아닌 임의가입이었기 때문에 참여율이 낮았고, 당시의 기여수준이 낮고, 기금관리체계가 허술하였으며, 사고 발생 시 지급할 수 있는 급여수준은 결코 충분한 금액이 되지 못해 이들 제도와 조직은 효과적으로 운영되지 못했다.

독일에서 최초 도입된 건강보험

미국에서 민영건강보험의 보급이 시작되려 할 무렵인 19세기 후반, 독일에서 생산직근로자 일반을 대상으로 한 최초의 공적건강보험(1883)이 도입된다. 당시의 비스마르크 수상은 팽배하는 사회주의의 확산을 경계하기 위해 공장 근로자의 환심을 살 필요가 있다고 판단, 대기업과 긴밀한 관계를 유지함으로써 당시 근로자 복지의 핵심적 조치로 간주되던 건강보험 도입을 결정한 것이다.[15] 이 같은 결정의 이면에는 근로자 복지 강화로 경제성장을 촉진하려는 의도도 있었지만 주된 목표는 사회민주당 세력을 억누르는 것이었다.[16] 당시의 사회주의자들은 제대로 된 근로자 복지플랜을 갖지 못한 채 비스마르크의 복지대책을 반대할 뿐이었다.

사실 비스마르크 자신은 안전한 작업장, 근로시간 제한, 여성과 아동 노동 규제 등의 근로자 보호 입법에 대해 소극적이었다. 왜냐하면 이들 조치가 작업량을 줄여 생산이 줄고 경제에 해가 될 것을 우려하였기 때문이다. 그는 사회적으로 문제를 일으키지 않고 보수파들이 수긍할 수 있는 복지프로그램을 도입하는 데 주의를 기울였다. 이 같은 목표 아래 그는 1881년 11월 17일 제국의회에 보낸 메시지를 통해 실천적 기독교정신(practical christianity)에 입각한 사회보험형 복지프로그램을 제시하였다. 이들 프로그램을 통해 그는 생산성을 높이고 근로자들로 하여금 정부를 지지하도록 했다. 이때 제시된 복지프로그램에는 건강보험 외에 상해보험, 장애보험, 연금보험이 있었는데 이들 중 어느 것도 당시의 주요국에서 광범위하게 시행되지 않고 있었다.

　이후 제국의회는 건강보험 관련 법안을 우선적으로 법제화하고 상해보험을 1884년에 법제화하지만 연금과 장애보험은 1889년으로 미룬다. 건강보험이 가장 먼저 성립한 것은 이 제도가 정치적으로 가장 문제가 적었기 때문이다. 방식은 생산직근로자 중 대기업 종사자 중심으로 지역 단위 조합이 결성되어 서비스를 제공하는 체계였다. 비용은 고용주가 1/3, 근로자가 2/3를 부담하였으며 의료비용의 최저한과 최대 13주의 상병수당(sick pay)이 지급되었다. 각 지역 조합은 자체적으로 선임한 위원회가 관리하였는데 부담수준이 높은 근로자 측에서 조합의 주도권을 행사하였고 이 같은 현상이 사회민주당이 행정분야에 그들의 교두보를 형성하는 데 일조했다.

　1884년 도입된 상해보험에 대해 당초 비스마르크는 연방정부도 기여하도록 할 계획이었다. 국민자유당(national liberal)은 국가사회주의라고 불릴 수 있는 이 복지프로그램을 채택했다. 중도세력은 연방정부가 기여를 통해 각 주의 권한을 억누르고 부상하는 것을 두려워하였고 그 결과 상해보험을 도입하려면 전액 고용주 부담으로 하는 수밖에 없었다. 비스마르크는 고용주 조직으로 하여금 관련 업무를 수행토록 하였는데 이 조직은 연방 차원의 사무소를 두고 각 주 사무소에서 실무를 보았다. 상해보험은 사고 후 14주 이상이 되면 건강보험을 대체하여 의료서비스를 제공하고 완전장애 시 상실된 임금의 최대 2/3 상당의 연금을 지급하였다. 1886년에는 농촌 근로자에게 확대되었다.

1889년에 도입된 노령연금의 기여금은 근로자와 사용주가 반씩 부담하였으며 70세에 달하면 연금을 지급하였다. 적용대상은 공장 근로자는 물론이고 농민, 직인, 공무원으로 넓었다. 건강보험 및 상해보험과 달리 연방정부도 기여하였다. 장애보험은 영구장애를 입은 자들이 대상이었으며 주정부 등이 프로그램을 직접 관리하였다.

위의 제도들은 비스마르크가 사직한 1890년부터 1918년에 걸쳐 내실화된다. 1911년에 제정된 국가보험법이 3개의 독립된 보험제도를 단일 사회보장체계로 통합하고 강제적용대상을 사무직근로자로 확대한다.[17] 1911년에 배우자 유족연금이 창설되고 1916년에는 유족연금 급여수준이 증액되며 퇴직연령이 70세에서 65세로 낮춰졌다. 이러한 일련의 제도 개정은 점차 정치적 영향력을 갖기 시작한 근로자들의 환심을 사기 위한 것이었다. 이 기간 중 노동 관련 법제가 제정되면서 노동분규를 조정할 장치가 도입되고 자발적인 근로자 위원회가 조직되었다.

이 같은 독일에서의 움직임을 계기로 서유럽에서는 의료행위에 대한 계약에 대한 관심이 커져 사회적인 논쟁거리로 발전하였고 이 과정을 거쳐 20세기 초반 이후 정부주도의 건강보험이 각국에 확대되기 시작한다. 영국, 프랑스 등 서구 주요국은 근로자 전반과 그 가족을 대상으로 하는 공적건강보험을 잇달아 도입한다. 하지만 민영건강보험이 일찍 발달한 미국에서는 끝내 도입되지 못했다. 미국에서도 대공황기 이후 사회보장제도(OASDI)가 도입(1935)될 무렵을 전후하여 공적건강보험 도입이 사회적으로 크게 논의되기도 하였지만 의사단체 등의 거센 반대로 도입되지 못했다. 일본에서는 1927년에 상시근로자 10인 이상 사업장을 대상으로 공적건강보험이 도입되었으며 1938년에는 지역가입자와 자영업자 등으로까지 적용대상이 확대되었다.

20세기 초반 이후 이 제도는 여러 나라로 확대되어 오늘날에는 전 세계 60개국 이상에서 정부가 운영하는 강제가입 건강보험이 시행되고 있다. 실제로 많은 국가들이 제2차 세계대전 이후 파리 UN총회에서 채택된 세계인권선언(Universal Declaration of Human Rights, 1948)의 제22조와 제25조의 취지에 맞춰[18] 모든 국민에게 사회보장과 의료서비스를 제공한다는 계획 하에 의료개혁을 추진하였고 이 과정에서 건강보험이 정비되었다. 많은 국가들이 이 선언을 채택하였지만 미국은 지금까지 제25조를 포함한 사회경제적 권리조항을 비준하지 않고 있다. 다만 건강보험의 유형은 나라마다 매우 다양하여 일부 국가에서는 강제가입의 건강보험을 보충하기 위해 민영건강보험을 허용하고 있다.

건강보험 발족 이후의 독일

여기서 건강보험의 발상국인 독일의 그간의 건강보험 사정을 간략히 정리해보자. 독일에서 생산직근로자를 대상으로 한 사회보험방식의 건강보험이 도입[19]된 것이 1883년 6월이고 이후 사무직근로자, 공무원 등 타 직종으로 적용대상이 확대되었다. 나치스 독일 시절[20]과 동독 지역의 적용 중지라는 단절의 시기도 있었지만, 지속적인 시행을 거쳐 2009년 1월 전 국민이 공적건강보험 혹은 민영건강보험의 어느 하나에 가입하도록 의무화되면서 마침내 국민 개보험 시대로 접어들었다. 제도 도입 후 126년 만이다.[21] 같은 유럽권의 벨기에(118년), 오스트리아(79년)에 비해 훨씬 긴 시간이 소요되었다.

건강보험 가입 시 모두가 공적건강보험(GKV)에 의무적으로 가입해야 하는 것은 아니다. 일정 소득[22] 이상의 근로자, 자영업자, 공무원, 학생 등은 민영건강보험(PKV)에 가입할 수도 있다.[23] 그래서 전 인구의 10.3%인 860만 명 정도가 민영건강보험에 가입해 있고 85.5%인 7040만 명이 공적건강보험에 가입되어 있다.[24] 나머지 3.9%(320만 명)는 철도공무원, 체신공무원, 국경수비대, 국방군, 공공부조 대상자 등으로 공적의료보장 프로그램 적용을 받고 있다(2007). 국민 다수가 가입하고 있는 공적건강보험은 각 지역 건강보험조합이 관리하고 있는데 그 숫자는 169개(2010.1)이며, 지속적으로 합병을 통해 규모 증대가 시도되고 있다.[25] 1993년의 법 개정으로 1996년부터 건강보험조합을 가입자들이 선택할 수 있게 되었다.

독일의 건강보험은 보장성이 강해 1970년대까지 보험료가 지속적으로 인상되었지만 저출산, 고령화와 의료기술 진보로 의료비가 빠르게 증가하면서 슈미트정권(사민당-자민당 연립)에서 건강보험비용억제법(1977), 비용억제보완법(1981), 병원비용억제법(1981)이 제정되는 등 의료수요 측면에 초점을 맞춘 비용억제책이 시도되었다. 이후 콜정권(기민당-자민당 연립)에서 건강보험개혁법(GRG, 1989)[26]으로 의료수요 측면의 비용유발 억제가 시도되었고 건강보험구조개혁법(GSG, 1993, 1997)으로 의료공급 측면에서의 비용유발 억제책이 추구되었다.

그리고 슈뢰더정권(사민당-녹색당 연립)에서 건강보험 연대강화법 (1998), 건강보험개혁2000(GKV-Gesundheitsreform), 건강보험현대화법 (GMG, 2004)을 통해 수요, 공급의 양 측면에서의 비용억제책이 추구되었다. 2005년에 들어선 메르켈정권(기민당-사회동맹-사민당 대연립)은 건강보험경쟁강화법(GKV-WSG, 2007)을 통해 건강보험기금을 창설, 통합재정 운영을 통한 조합재정의 건전화와 민영건강보험의 공공성 강화 작업에 나섰다.[27] 이처럼 개혁조치가 잇달아 나오면서 그 내용이 서로 상충하는 것도 없지 않았지만 기본적인 흐름은 공급자 측의 경쟁과 효율화를 통한 비용절감, 환자 측의 의료소비 억제에 초점이 맞추어졌다. 구체적으로는 건강보험조합과 민영보험회사 간의 경쟁 촉진, 의료기관 통폐합 지원, 복제의약품 가격에의 경쟁원리 도입, 진료보수 점수제 폐지, 의약품 비용의 환자본인부담 증대 등의 정책이 추진되었다.

이러한 개혁을 통해 의료비 상승폭이 다소간 억제되었지만 환자의 본인부담분[28] 증대로 제때 필요한 의료서비스를 받지 못하는 것이 문제점으로 지적되고 있다. 또 건강보험 재정도 일시적으로 흑자를 보이다가 다시금 지출이 늘어나면서 적자로 반전하는 일이 되풀이되었다. 발족 이후 보험료만으로 운영해오던 건강보험도 재정 악화로 2005년부터 국가가 재원의 일부(25억 유로, 2012년 140억 유로 상당)를 조세로 지원하고 있다. 아직까지는 지방정부에서 재정분담을 요구하지 않고 있다. 국가는 이러한 상황을 타개하기 위해 근본적인 의료개혁을 통해 장기적으로 지속가능한 건강보험을 구축할 계획이며 이 점에 대해서는 국민들도 동의하고 있다. 다만 각론으로 들어가면 의견 불일치가 두드러진다.

우리나라의 의료: 삼국시대와 고려, 조선

이하에서는 우리의 건강보험 도입과 발전을 기술하기에 앞서 건강보험 도입 이전의 우리나라 공적의료의 역사에 대해 삼국시대까지 거슬러 올라가 살펴본다. 과거 왕조시대 군주의 주된 업무는 군사력과 외교력을 키워 나라를 지키고 사람들을 농경에 종사시켜 곡물을 생산하고, 질병과 빈곤으로 도탄에 빠진 이들을 구제하는 것이었다. 구제 업무를 소홀히 할 경우 화합이 깨지고 사회적 혼란으로 발전할 것을 두려워한 것이리라.

이 시절에도 오늘의 의사격인 의료인이 있었지만 그 수가 많지 않아 이들은 왕가와 고급관료 등 지배층 대상의 의료서비스를 제공하기에도 벅찼을 것이다. 그러다가 대형 전염병이나 괴질이 유행할 때에는 서비스 대상이 일반 서민으로 확대되면서 일부 의료인은 요즘의 공중보건과 유사한 업무에 종사하였을 것이다. 의학이 크게 발달하기 전이라 치유율은 지금만큼 높지 않았겠지만 이들이 베푸는 의술에 대한 고마움과 존경심을 담아 사람들은 이들의 기술을 '인술(仁術)'이라고 표현해 왔다.[29] 이들 의료인에 의한 시술이나 수술은 드물게 행해졌으며 대부분 약제를 이용한 치료가 주류를 이루었다.

고려 이전의 삼국시대와 통일신라시대에 대한 의료기록은 자료가 많지 않다.[30] 하지만 이 무렵에도 대역(大疫)과 괴질(怪疾)이 수시로 유행하였고 많은 이들이 생명을 잃고 일부는 의료인의 도움을 받아 목숨을 부지할 수 있었다. 이 무렵의 의료인은 한방의가 대부분이었으며 이들은 전통적으로 약제를 이용한 치료에 몰두하였다. 중국 후한의 명의 화타(華佗, 145~208)가 시술하였듯이 일부 마취인들은 마취를 이용한 수술을 시도하기도 했지만 주된 치료방식이라고 할 수는 없을 것이다.

우리 역사에서 가장 이름이 많이 알려진 의료인은 초기 신라시대의 김무(金武)일 것이다. 파진한기(波鎭漢紀)라는 관직에 있었던 그는 414년〔실성왕(實聖王) 13년〕에 일본에 건너가 왕과 세자의 질병을 치료하여 이름을 크게 떨쳤다. 또 459년에는 일본 측의 요청으로 고구려 의료인 덕래(德來)가 파송되어 의명(醫名)을 떨쳤고 그의 자손들이 현지에 정착하여 대대로 의업을 계승, 도규계(刀圭界)의 명문으로 자리 잡기도 했다. 그리고 553년〔성왕(聖王) 31년〕 이후 백제는 일본에 의박사와 채약사(採藥師)를 지속적으로 파견하기도 했다.[31]

하지만 국가에서 질병금고 등을 만들어 병든 사람을 체계적으로 진료하고 치료해주었다는 기록은 찾아보기 힘들다. 근대 이전의 사회가 그러하듯 평상시에는 왕족과 그 주변 고관대작 중심의 질병치료와 경제적 무능력자인 홀아비와 과부, 어리고 부모 없는 자녀, 즉 환과고독(鰥寡孤獨), 무의무탁 빈민, 병들고 자립 불가능한 자에 대한 구제 차원의 진료가 중심이었다. 그러다가 대규모로 전염병이 유행하거나 전쟁이나 사회적 혼란이 발생하여 부상자가 다수 발생할 때는 이들에게 진료서비스가 부분적으로 추가되는 정도였다. 이들 서비스는 왕가의 배려에 근거한 시혜적인 구빈, 구휼제도의 성격이 강했다.

당시의 의료인들은 전문의학교육기관인 의학 등에서 소정의 교육을 받고 나온 이들도 있었지만 도제 형식으로 양성된 이들도 적지 않았다. 국내 최초의 의학교는 930년 고려 태조에 의해 서경에 설립되었다. 958년에는 의업을 포함한 과거제가 시행되어 이후 전문 의료인이 관료로 등용되기 시작하고[32] 이들 관 조직에 의해 이전과는 다른 다소 체계가 갖추어진 의료정책이 확립되면서, 국가 책임 하에 기왕의 사후대처 중심의 대응에 추가하여 질병의 사전예방 측면에 대한 인식이 높아지기 시작했다.

고려 문종, 성종대에는 태의감(太醫監)과 상약국(尙藥局)이 설치되어 왕실 가족과 양반관료(문관 5품 이상, 무관 4품 이상)의 질병과 민간의 전염병 등을 치료하였다. 물론 국비로 처리했다.[33] 이들 기관은 본래 궁중 가족의 질병을 치료하는 것이 주된 목적이었지만 문무고관의 질병까지 치료하는 국립의료기관의 역할을 담당하였다.

당시의 민간인들의 질병을 치료하는 지방의 관영의료, 즉 구료(救療) 기관으로 동서대비원(東西大悲院)이 있었고 위의 상약국에서 필요시 지원 치료에 나섰다. 1036년〔정종(靖宗) 2년〕 이전에 개경(현 개성)에 설치된 기관으로 문종대에 정비되어 민간환자를 치료하고 기한자(飢寒者)와 과부 등 어려운 자를 지원토록 하였다. 그리고 약재 판매를 위한 혜민국이 1112년(예종 7년)에 개설되었다.[34]

이후 무신정권과 몽고 침략으로 국가가 어려운 때에 이들 기관의 기능이 대폭 약화되었다가 충렬왕 후반에 동서대비원으로 하여금 80세 이상의 노인으로 보호자가 없는 이들을 모아 구제토록 하였고 충선왕은 동서대비원 녹사(錄事)[35]에게 지원금(有備倉米)을 주어 이들의 질병을 치료토록 하였다. 물론 고려 후기에 접어들면서 이들 기관이 제 기능을 발휘하지 못할 때가 적지 않아 동서대비원의 조직과 운영방법을 여러 차례 변경하기도 했다. 이처럼 명맥이 끊길 듯 간신히 유지되던 동서대비원은 조선시대에 들어와 활인서(活人署)로 이름이 바뀌어 질병치료, 즉 활인(活人) 업무를 담당하였다.

민간에서 질병치료에 뜻을 가진 이들이 의료사업을 전개하기도 했다. 기록에 남아 있는 이들(왕오(王淁): ~1218, 채홍철(蔡洪哲): 1262~1340, 허종(許悰): ~1345)[36]은 소수에 불과하지만 당시의 여건을 고려하면 민간인들은 관영의료기관에서 치료받기보다 가까운 주변 민간 의사들에게 치료받았을 가능성이 크다. 그러나 손홍렬(1981)[37]은 이 같은 민간의 활인사업은 시설이나 능력에 한계가 있어 일부 환자만이 혜택을 받는 등 근본적인 의료대책이 될 수 없었다고 지적한다. 그리고 불교가 국교였던 만큼 질병치료는 보통 약사불(藥師佛)에 의지하였기 때문에 약사신앙이 왕실에서 민간에 이르기까지 널리 퍼져 있었고 의승(醫僧)에 의한 치료와 기도에 의한 치료도 널리 행해졌을 것이다.[38] 특히 고려 말에 전래된 도교의 방술은 보양비법으로 의료에 널리 적용되었으며 질병이 유행하거나 전쟁 등의 재해 발생 시에는 이를 제거하기 위해 종교의식을 관원과 도사가 주관하기도 하였다.

조선에 들어와서는 전기, 특히 태종에서 성종에 이르는 기간에 의학이 꽤 발전하였다. 삼의사(三醫司) 즉 내의원, 전의감, 혜민서[39]와 동서대비원(태종 14년 9월 6일 활인원[40]으로 개편), 제생원, 치종청(治腫廳), 전형사(한약제) 설치 등 의료기구가 개편되거나 정비되고 의서가 편찬되었으며 향약(鄕藥)이 보급되고 의원과 의녀가 체계적으로 양성되었다. 그러나 중기 이후에 접어들어 허준에 의한 일련의 의서 간행[41] 등 부분적으로 전기의학의 명맥을 잇는 측면이 나타났지만 향약이 쇠퇴하고 중국 의학이 성행하면서 전반적으로 우리의 한방의학은 위축되었다. 조선시대에 들어와 활인서가 전염병 등 민간의 질병치료 업무를 담당하였으나 임진왜란 이후 그 기능이 없어졌다가 이후 부활된 바 있다. 혜민서와 활인서는 민간인의 질병치료를 위해 설치한 기구였지만 일선 관리의 부정으로 소기의 성과를 거두었는지는 불확실하다.[42]

조선 초기에 한방의학의 중심인 약재, 즉 향약의 재배와 보급이 크게 진흥되었다. 정부에서도 이를 장려하기 위한 여러 가지 지원책이 제시되었다. 이 무렵 향약은 물론이고 외국산, 주로 중국산 약재의 재배에도 힘을 써 약재가 크게 발전하는 계기가 되었다. 이후 중국 의서가 국내에 널리 보급되는 한편 향약서 활용도가 떨어지고, 의정이 방만해지며 전란으로 인한 약전의 황폐화로 향약은 쇠퇴의 길로 접어들게 된다.

이 같은 의학과 약재 측면에서의 변화에도 불구하고 조선시대 역시 국가나 민간 차원에서 질병치료를 목적으로 한 금고 설치 등의 조치는 행해지지 않았고 중앙과 지방의 의료기관에서는 왕가와 고관대작, 일반대중으로 구분하여 질병치료와 전염병 예방, 방역 구제 등의 업무가 수행되었다.

지방에는 별도의 의원이 있어 민간인의 질병을 치료하였으나 이런저런 사회적 혼란으로 제대로 의원이 파견되지 않아 중앙에서 의원을 배정하여 민간인 질병을 치료하기도 했다. 지방에 파견하는 의원제가 정착된 것은 연산군과 중종대로 추정된다.

한편 조선 초에 의녀제도가 신설되어[43] 이들이 전문 의료인의 한 축으로 자리 잡았다. 의원을 보좌하여 진료를 도와주는 역할을 수행하였는데 출산 등에 특화하여 산파라는 별도의 전문직종을 만들기도 하였다. 내의, 간병의, 초업의 등의 3종으로 구분하여 급료가 차등화되었다. 창고나 궁사 소속 비녀 출신이 많아 신분은 양인이 아니었지만 맥경과 침구, 부인과 분야의 기술을 지녀 일정 수준의 사회적 지위를 누릴 수 있었다. 특히 내의원 의녀나 의술에 뛰어난 이들은 상당한 대우를 받았다.

또 한성부 5부에 빈곤한 환자가 있는 경우 월령의를 파견하여 치료하게 하고 이들이 빈곤하여 약대를 지불할 능력이 없는 경우에는 월령의가 그 비용을 지불하고 예조에 보고토록 하였다.

이처럼 조선시대의 의료제도는 전기에 정비된 일련의 제도 덕분에 일정 수준의 의료기반을 확보하였으나 중·후반기에는 이 같은 제도가 제 기능을 제대로 발휘하지 못했다. 정리하면 왕실 의료를 전담하는 내의원, 관료와 일반 백성의 치료와 약재 처방 등의 업무를 담당하는 전의감, 혜민서, 제생원 등이 일정한 역할을 수행하였다. 그리고 동서활인원은 전염병이 유행할 때 그 기능이 강화되었고 부인과 질병 치료를 위한 의녀, 약재의 종식(種植)을 위한 종약색(種藥色) 등의 제도로 일정한 역할을 맡았다. 지방에는 각급의 의관, 심약, 의학교유, 월령의 등이 배속되어 지방 의료의 시행과 의학교육에 종사하였으나 중앙만 하지 못했다.

개화기·일제강점기 시절의 의료

조선조 말에는 외국으로부터 새로운 의학지식과 기술이 도입되어 종래의 한방 위주 의료에 큰 변화가 나타나기 시작한다. 이 무렵 제중원(1885, 광혜원), 관립의학교(1899), 광제원(1899, 내부병원, 지석영종두법), 의학교 부속병원(1902), 세브란스병원(1904, 제중원의 후신), 적십자병원(1906), 대한의원(1907, 광제원, 의학교 부속병원, 적십자병원의 통합, 의료요원 양성, 서울대 의대 전신) 등이 설치되어 서구식 의료가 그 모습을 선보이기 시작한다. 하지만 사회 전체가 외세에 휘둘려 큰 혼란을 겪으면서 의료서비스와 의료행정도 의도한 만큼 보급되거나 성장되지 못했다. 한편 1909년에는 천연두 예방접종규정이 제정되어 현대적인 의미의 예방접종이 전국 단위로 실시되었다.

구한말 이후 국력이 쇠퇴하면서 일본제국주의가 국내에서 세력을 키웠고 이 틈에 적지 않은 일본인들이 국내에 들어와 정착하기 시작했다. 이들에 대한 진료의 필요성, 그리고 한국인의 민심을 달래기 위한 목적으로 일본은 전국 각지에 일본류의 현대식 병원을 지었다. 당시의 조선총독부 월보(1911.9)는 "종래 의료기관이 없어서 고생하는 지방 사람들에게 치료의 편의를 제공하고 생활이 어려운 환자에게 시료, 구료하는 것은 민심의 융화에 기여하는 바가 적지 않다"고 적고 있다. 그런데 이들 병원에 투입된 의약과 의료기구, 그리고 의료인력은 러일전쟁 수행과 조선 의병 탄압을 위해 국내에 주둔하고 있던 일본 육군의 물품과 군의 출신이었다. 당시의 통감부와 국내에 주차하는 일본 육군의 이해가 맞아떨어졌기 때문에 이 사업이 급속히 추진될 수 있었다. 1909년의 전주와 청주, 1910년의 함흥을 필두로 얼마 되지 않아 도 단위로 1개씩, 합계 13개의 자혜의원이 설립되었다. 이후 각지의 자혜의원은 증축되거나 신축되면서 그 규모를 키웠다.

초기에는 총독부가 직접 운영하였으나 관동대지진 이후 일본 정부의 재정긴축에 따른 파급효과로 1925년에 운영권이 도(道)로 이관되었다. 1925년 4월 1일 '조선도립의원 관제'가 공포되면서 전국 각지의 자혜의원은 'ㅇㅇ 도립의원'으로 개칭된다.[44] 이와 함께 토지, 건물, 각종 의료기기와 장비, 그리고 관리운영까지도 모두 도로 이관되었다. 당시의 자혜의원에 근무하는 이들은 의관과 의원, 약제사, 서기, 간호부 등이며 대부분이 일본인이고 극히 일부가 한국인이었다.[45]

이들 자혜의원은 의료 혜택을 보지 못하던 지방민에게 폭발적인 인기를 끌었다. 또 초기에는 대부분 무료로 진료해주었다. 초기 1년 7개월간의 진료자수가 18만 6000명이었는데 이 중 한국인이 15만 8000명이었고 이들의 98%가 무료환자였다. 2만 8000명의 일본인 환자 중 4%가 무료였던 것과 크게 대조된다. 그러다가 앞에서 얘기한 일본 정부의 재정사정으로 자혜의원이 도립병원으로 전환되면서 유료화되자 한국인 환자는 크게 줄었다. 1930년에 도립병원 숫자는 31개로 늘어났지만 한국인 환자수는 개원 직후인 1911년보다 오히려 줄어들었다. 1910년 8월의 강제합병에 즈음하여 조선총독 데라우치 마사타케가 외쳤던 "각 도에 자혜의원을 증설하여 명의를 설치하고 양약을 구비하여 널리 기사회생의 인술을 받게 될 것"이라던 약속은 그리 오래 가지 못할 사탕발림이었던 것이다.

일제의 보건의료는 경찰이 관할하는 사법행정의 일환이었다. 이 같은 영향을 받아 의료행정을 위시한 예방접종, 면역사업 등은 강압적으로 시행되었다. 그리고 이 같은 업무를 담당하기 위해 총독부 내 경무총감부 경무국에 위생과가 설치되었다. 이후 위생과는 수도상수 보호 규칙(1910.9), 해항검역 규칙(1911.1), 의사 치과의사 규칙(1913.11), 각 도의 위생시험기관 설치(1914), 안마사 침구사 규칙(1914.10), 전염병 예방령, 청결방법 및 소득방법 규칙(1915.6), 간호부 규칙(1922.5), 마약류 중

독자 등록규정(1930.3), 수의사 규칙(1937.9), 조선의료령(1944) 등의 공포를 통해 의료행정을 전개하였다. 그러나 계몽보다는 취체(取締), 즉 단속이 우선되는 비민주적이고 강압적인 형태였다.

이 무렵의 국내 의학은 세브란스 의학교를 중심으로 전래된 미국 의학과 일본 의학이 쌍벽을 이루고 있었다. 그런데 일본 의학의 경우 국내에 거주하는 일본인 대상의 의료서비스 제공이 우선이었기 때문에 의학 발전을 위한 의학교육이 거의 없었다. 당시 의료인으로 의사, 치과의사, 한지(限地)의사, 의생, 산파, 간호부, 안마 및 침구사가 있었고 약업인으로 약제사(약사), 약종상, 한약종상, 매약청부상(賣藥請負商) 등이 있었다.

일제강점기에도 건강보험은 여전히 이 땅에 그 모습을 드러내지 않았다. 일본에서 시행되고 있던 건강보험(1927)을 국내에 도입해야 한다는 식자들의 목소리가 1933년과 1937년 등 몇 차례에 걸쳐 없지 않았지만 해방될 때까지 끝내 도입되지 않았다. 보험료를 부담해야 하는 기업 혹은 조합의 부담과 정부가 상당 수준의 보조금을 지원해야 하는데, 이 재원의 조달이 여의치 않다는 것이 표면상의 이유였다. 물론 식민지인 조선에 복지제도의 한 축인 건강보험을 시행하는 것에 대해 일본 내에서 지도자층은 물론 국민 일반에서도 적지 않은 반발이 있었을 것이다. 사실 일본 정부가 건강보험 등 근로자 대상의 복지제도 도입을 서두른 배경에는 근로자들의 좌경화 방지와 불만 해소, 정부정책에 대한 지지기반 확보 등의 정치적 목적이 없지 않았다. 또 계속되는 전쟁에 투입할 군인을 지속적으로 확보하기 위해서는 국민 일반의 지지를 확고히 하는 것이 필요했고, 이를 위해 다소 무리가 되더라도 복지제도 도입에 나설 수밖에 없었을 것이다.

건강보험은 일본에서 1922년에 관련 법이 제정되어 1927년에 시행된 일본 최초의 사회보험으로 초기에는 상시근로자 10인 이상 사업장이 대상이었으며 1934년에 5인 이상 사업장으로 확대되었다. 그리고 1938년에는 지역가입자와 자영업자 등을 대상으로 하는 국민건강보험을 도입하여 시정촌(시읍면)과 직업 단위 임의조합이 사업을 주관하도록 하였다. 1927년의 도입 초기에는 업무상 상병급여를 포함하였지만 급여는 피보험자 본인으로 한정되었고 급여기간도 180일로 제한되었다(1944년에 2년으로 연장). 이후 1939년에 건강보험법이 개정되어 가족급여(임의급여, 1943년에 50%의 법정급여로 전환)가 추가되고 서비스업 종사자를 대상으로 하는 직원건강보험법(1942년에 건강보험에 통합)과 선원보험법이 제정되었다. 이 같은 제도의 지속적인 정비로 전쟁 중이던 1943년에도 전체 일본 국민의 70%가 건강보험의 적용을 받고 있었다.[46]

이 같은 일본 내 움직임을 잘 아는 국내 지식인들은 한국에도 건강보험을 시행해야 한다고 주장하기도 했다. 동아일보 사설(1933.6.24)은 '국민보험 문제 조선에도 실시함이 여하'라는 글에서 "무릇 국민의 보건 문제는 그 국민의 장래를 예복(豫卜)하는 절대한 발전요소이어늘 어찌 이에 대한 연구와 시설로써 구제의 수단을 강구함이 긴급하다 아니하리오. 물론 종래에도 여러 가지 형식의 은혜적 시설이 잔존하지 않은 것은 아니로되 이와 같은 영역을 한걸음 밟아지나 과학적 기초 하에서 보호된다면 일정 수준의 합리적 방책이라 할 것이다"라고 지적하면서 일본에서 진행되는 건강보험 개편논의에 편승하여 조선에도 건강보험을 도입할 것을 촉구하고 있다.

위의 얘기는 일본 내에서 1927년에 도입한 건강보험이 일정 규모 이상의 공장, 광산 근로자 등만을 적용대상으로 하고 있던 것을 확대하기 위해 여러 가지 방안이 검토되던 시절에 나온 것이다. 1933년 일본에서는 내무성 사회국(후생성은 1938년에 설치)이 주관하여 지역가입자, 자영업자, 서비스업 종사자 등으로 건강보험을 확대하고 급여지급대상을 가족으로까지 확대하는 방안을 논의하고 있었다. 동아일보 사설은 "일본 인구의 25%인 2000만 명을 목표로 한 광범위에 달한 시설이며 이 세 보험(건강보험, 직원건강보험, 국민건강보험)의 비용총액은 6000만 원(圓)으로 이는 일반(가입자와 고용주)부담 5500만 원(이 중 고용주부담 1085만 원)과 국고부담 500만 원으로 충당한다"고 기술하고 있다.

이후 1937년 일본 내에서 건강보험을 지역가입자, 자영업자 등으로 확대하려고 준비작업을 하고 있었는데 이번에도 동아일보(1937.7.27)는 조선에는 건강보험 실시가 힘들지 않겠나 하는 내용을 보도하고 있다. '건강보험법안 조선에 실시는 무망?'이라는 제목 아래 "사회정책적 입법의 하나로서 일반 국민의 체위 향상을 목표로 하는 건강보험법이 금번 특별 의회에 제출되어 통과될 것이 확실한데 이 법안이 실시된다 해도 당연히 실시되어야 할 조선에는 조합의 부담과다와 정부의 보조 다액 관계로 실시될 가망은 전연 없다 한다"면서 "조선인의 체력이 일단 저열한데 불구하고 일반의료시설까지도 아직 불비한 상태이고 현재 전 조선에 산재한 공의(의사, 한지의사) 등을 통합해도 불과 2306명으로 의사 한 사람이 6000여 명의 생명, 위생을 담당하고 있는 터이다"라고 한탄하고 있다. 이렇게 하여 일제강점기 기간 중 우리는 건강보험의 근처에도 가보지 못하고 말았다.

건강보험 도입 논의(1948~1964)

일제강점기 시절, 우리나라에는 공적건강보험이 도입되지 않았다. 국내 일부 지식인들이 건강보험을 시행해야 한다고 주장하기도 하였으나[47] '조합의 부담과다와 정부의 보조다액'을 이유로 실시되지 않았다. 당시 우리나라에는 공의 등이 적고 국민들의 생명과 위생이 위협받는 상황이었지만 강점기간 중 끝내 건강보험의 혜택을 받지 못했다.

1948년 7월 17일에 공포된 대한민국 헌법 제19조는 "노령, 질병, 기타 근무능력의 상실로 인하여 생활유지의 능력이 없는 자는 법률에 정하는 바에 의하여 국가의 보호를 받는다"고 규정하여 건강보험을 비롯한 사회보장의 실시를 규정하고 있다. 당시 유진오 등 일부 헌법학자가 이 조문을 "이 규정으로 직접 국민의 권리의무가 확정되는 것이 아니라 입법의 기본방침을 지시하는 규정"이라고 해석하는 데 비해 황종현[48]은 "확실히 국민이 이 조문에 제시된 사항의 법률 제정을 요구할 권리가 있는 규정"으로 해석해야 한다고 주장하면서 정부와 국회의 입법을 촉구하고 있다.

한국전쟁의 피해가 어느 정도 복구되어 경제개발정책을 세울 무렵, 정부에서 국가 차원의 건강보험제도 도입에 관한 연구가 시작되었다. 1959년 10월, 보건사회부 의정국이 '건강보험제도 도입을 위한 연구회'를 구성하여 윤유선 국장을 포함한 8명[49]이 매주 목요일 오후에 모임을 가졌다. 참가자들은 무의면(無醫面) 해소대책을 논의하였는데 이 논의가 훗날 의료보장사업의 기초적 논의로 이어진 것이다.[50] 1960년에 들어와 의정국은 엄장현 서울대 보건대학원 교수와 양재모 연세대 의대 교수를 연구회 위원으로 위촉하고 의정국 촉탁 직원이던 손창달과 함께 외국의 관련 자료 조사와 연구에 몰두토록 하였다. 이 세 사람은 의료보험과 사회보장제도에 대한 연구저작을 내놓아 건강보험제도 도입의 초석을 닦았다.[51]

엄장현은 "전 국민 대상의 의료보험제도를 실시하기에는 기업과 근로자의 기여능력이 미흡하다"고 지적하면서 제한된 규모의 제도 도입을 건의하였고, 양재모는 "제도 운영은 정부감독 하의 단일기관으로 하여금 모든 사회보험 업무를 관장하게 하고,[52] 의료보험의 재원은 보험료로 조달하며, 의료서비스 제공체계는 일반의-전문의 방식으로 개편하고, 진료보수는 일반의는 인두제, 병원은 일당제로 하자"고 제안했다. 이들의 제안 중에는 우리의 현실을 벗어난 이상적인 것이 적지 않아 많은 부분이 채택되지 못했지만 이후의 국내 의료개혁 논의에 지속적인 영향력을 미친 점은 부인하기 힘들 것이다.

의사인 김인영은 동아일보 칼럼(1961.1.28)에서 "의료보장제도에 대한 제의-(전략) 사회보험 중 제일 필요한 것이 질병, 부상, 사망, 분만에 대한 요양, 수당금을 지급하는 건강보험 혹은 질병보험"이라고 지적하고 "(중략) 구체화하지 않은 의료보장제도를 수립하여 국민 전체에 균등한 의료 혜택을 받게 하고 나아가서 사회보장제도를 완전히 실시해야 한다"고 주장하였다.

이러한 가운데 소규모이지만 국내 최초의 비영리 의료보험이 등장한다. 서울대학교가 재학생 대상의 의료보험을 1961년 9월에 창설한 것이다. 학생 1인당 500환(1962년 60원)의 보험료를 징수하여 재학 중 긴급 또는 다액의 치료비를 요하는 질환에 걸렸을 때 치료비의 50~70%(예외적으로 전액) 수준의 치료보조비를 지급하는 내용으로 지급액은 4등급으로 나뉘어 3만 환에서 12만 환이었다. 이후 1년간 175명이

55만 5000원의 급여를 받았다.[53]

이후 1963년 3월부터 천주교서울교구유지재단이 비슷한 제도를 도입하였다. 산하 학교 재학생과 교직원, 또 재단 산하 각 직장 종업원을 대상으로 긴급질환이나 치료비가 많은 질병에 걸렸을 경우 총치료비의 70% 이내에서 비용을 보조해주는 의료보험을 도입한 것이다. 다만 피보험자는 가톨릭의대 부속병원(중앙의료원)에서 진료를 받아야 하고 통원치료 시에는 일반진료비의 50%를 할인해주었다.[54]

이러한 가운데 당시의 보건사회부는 1950년대 후반의 조사·연구 결과를 토대로 국민 일반을 대상으로 하는 건강보험제도 도입을 진지하게 고려하고 있었다. 1962년 3월에는 한국진 보건사회부차관을 위원장으로 하는 사회보장심의위원회[55](위원 11명)가 설치되어 의료보험, 노재보험(산재보험), 실업보험(고용보험) 등의 입법화 준비작업에 착수하였다.[56] 이러한 가운데 보건사회부와 군사정부의 홍종철 최고회의 위원 등은 1964년 7월부터 의료보험을 시행하기로 방침을 정하고 보건사회부에 보험국이나 보험과를 신설하기로 했다.[57]

임의가입 건강보험의 도입(1964)[58]

1963년 12월 제정된 의료보험법에 따라 1964년 7월부터 의료보험이 시범적으로 시행되었다. 조합 설립이 임의였기 때문에[59] 300인 이상 사업장이 보험조합을 만들고 보험의료기관을 지정한 후 신청 시 보사부장관이 인가하면 운영할 수 있었다. 조합사무비는 국가가 부담하고 보험료는 사업주와 근로자가 각 80원 80전, 국가가 26원 40전

을 부담하며 보험이용 시 추가로 75원 10전을 더 낸다.[60] 본인부담금
은 본인은 없고 부양가족은 40%였다. 이후 시행 10년이 경과한 시점
(1974)에서도 대상 사업장(200개 이상) 중 6곳(부산청십자, 옥구청십자, 강원
도 춘성의료보험조합, 한국종합화학, 대한유공, 문경봉명광산의료보험조합)밖에
가입하지 않아 피보험자수가 4만 9000명(전 국민의 0.15%)에 불과하여[61]
의료보험은 사실상 유명무실하였다. 정부가 확보한 국고보조금도 매
년 일부가 지출될 뿐이었다. 이에 대해 보건사회부 오표(吳杓) 기획실
장 등 당국자는 임의가입 규정, 정부의 보험운영 미숙, 사업주 비협조
등이 문제라고 하면서 강제가입으로 바꾸는 것이 필요하다고 지적하
고 있다.[62]

　이후 1968년에는 보건사회부가 적용대상 근로자 외에 공무원과 군
인을 포함시키고 임의가입 대신 전 사업장과 자영업자의 강제가입과
조합결성 규정을 담은 의료보험법 개정안을 만들어 국회에 제출하였
다. 하지만 통일혁명당 사건(1968.7), 무장공비 침투(1968.11), 박 대통령
의 삼선개헌(1969.9), KAL기 납북(1969.12) 등으로 인한 어수선한 사회
분위기와 국회 논의 공전으로 제대로 논의되지 못하다가 개정(1970.8)
된 후에는 의료계 반발 등으로 시행령 제정이 늦어졌다. 게다가 상황
을 더 좋지 않게 만든 것은 1970년대 초반 이후 수년간 복지연금(현 국
민연금) 도입 논의가 현실성을 갖고 활발하게 전개된 것이다. 이로 인해
의료보험 도입은 우선 논의 주제에서 밀려났다.[63] 다행히 제1차 석유위
기와 그에 따른 경제사회 혼란으로 1974년으로 예정되었던 복지연금의
실시가 연기되고 1976년에는 복지연금 도입의 무기연기가 확정되면서[64]
의료보험 도입이 다시 논의되기 시작한다.

　이처럼 공적의료보험의 정착이 표류하고 있는 동안 민영보험회사 협

회에서 공적보험을 민간으로 이관하도록 촉구하는 상황이 전개되기도 했다. 지금 같으면 생각도 못할 일이지만 의료보험이 발족 후 5년 이상이 경과하도록 제 역할을 수행하지 못하다 보니 이 같은 일이 발생한 것으로 짐작된다. 1971년 12월 2일 생명보험협회 정원규 회장이 공적보험인 국민생명보험, 산재보험, 의료보험 등을 민영화하고 농협공제, 교원공제, 수협공제, 건설공제, 해운공제 등의 유사보험은 민영보험회사로 이관하라고 촉구한 것이다. 그는 이 같은 주장을 한 이유로 공적보험이 독점사업으로 가입자 서비스를 개선할 수 없고, 보험수요자의 선택을 혼란하게 하여 국가예산의 낭비를 가져오며, 유사보험자금은 자체 유보에 그쳐 국가 장기계획에 효과적으로 투자되기 어렵다는 점 등을 들었다.[65]

이처럼 사업장과 사업주 주도 의료보험조합의 보급이 더딘 가운데 1968년경부터 지역주민들이 자주적으로 참여하거나 정부 혹은 외부 기관의 도움을 받아 조합을 결성하려는[66] 지역사회의료자조협동운동이 전개되기 시작한다.[67] 그 효시는 1968년 부산에서 시작된 '청십자보험'으로 이 조합에서는 지역에 따라 보험료가 달랐다. 서울 주민의 경우 개인은 가입비 200원, 연보험료 3600원, 가족은 숫자에 관계없이 가입비 1000원, 연보험료 1만 5000원을 내면 연 1회 무료로 건강진단을 받을 수 있고 10만 원 이내 치료비를 보험금으로 처리할 수 있으며 10만 원 초과 시에는 초과액의 25%를 조합에서 지급한다. 조합원은 1970년 무렵에 부산 1만 4000명, 서울 500명 정도였는데,[68] 이후 조합원이 늘어나면서 보사부가 인정하는 정식 의료보험조합으로 지정되어 정부의 보조금을 지원받게 되었다.

하지만 여전히 의료보험 사각지대는 아주 광범위하였고 국내에서는 많은 이들이 아프면 약국이나 한방 침술에 의존하고 병원을 찾는 일은 뜸했다. 질병의 치유율은 낮았으며 상당수 저소득층 가족은 중병에 걸린 가족원이 죽기만을 기다리는 형국이었다. 제1차 석유위기의 여파로 국민복지연금의 시행이 무기한 연기되자 정부는 이전부터 관심을 가져왔던 의료보험을 제대로 시행할 생각을 갖게 된다. 이 일을 추진할 주역으로 등장한 사람이 신현확 보건사회부장관(제16대, 1975~1978)과 최수일 연금국장이었다.

당시에는 경제상황이 좋지 않아 많은 이들이 의료보험을 시행하면 돈이 많이 들어 나라가 망한다고 반대했다. 하지만 두 사람은 기업과 근로자들이 스스로 돈을 내서 운영하기 때문에 문제가 없다고 설득했다. 경제부처의 수장격인 경제기획원도 의료보험 실시에 반대 입장을 폈으나[69] 당시 실세로 알려졌던 신 장관은 뚝심으로 의료보험 추진을 밀어붙인다. 그는 미공개 회고록에서 "복지정책이 경제성장에 너무 뒤떨어지면 국민들의 불만이 커져 무슨 일이 벌어질지 모른다. 정부에서 예산을 안 줘도 각자가 알아서 돈을 내고 하는 복지제도라고 대통령 등을 설득해 그해 12월에 의료보험법을 통과시킬 수 있었다"고 말하고 있다.[70]

돌이켜보면 1976년의 1년은 우리나라 의료보험사에서 매우 뜻깊은 한 해라고 할 수 있을지 모른다. 박정희 당시 대통령이 연초까지만 해도 의료보험 실시에 큰 의욕이 없었고, 보건사회부 당국자들도 1975년 12월까지 시기상조라는 인식이 팽배해 있었기 때문이다. 그러다가 1975년 12월 19일 김정렴 비서실장의 추천으로 신현확 씨가 보건사회부장관에 부임하면서 분위기가 확 바뀌었다. 그는 1976년 4월에 제4차 5개년 계획에 포함될 의료보장 10개년 계획의 시안을 마련한 후 5월

6일 이를 확정하고, 6월 15일에는 박 대통령에게 보고하였다. 이때 대통령의 마음이 움직였다고 판단하고 의료보험을 1977년 7월 초에 실시한다는 계획을 내부적으로 정하고 이를 공개한다.

이후 경제기획원 등 경제부처의 반발로 경제장관회의에서 심의가 보류되기도 하였으나 총리실 평가교수단과 청와대 비서실의 검토를 거치면서 복지연금보다 의료보험 실시가 먼저라는 결론이 내려지고 이를 박 대통령이 재가하여 9월 13일 '국민보건 향상을 위한 의료시혜 확대 방안'이 발표된다. 이러한 정부의 방침에 전경련 등 경제계와 대한의학협회(현 대한의사협회) 등의 의료계가 호응하여 1977년 7월의 제도 시행에 동력이 붙게 된다.

두 사람은 대외적으로 이 같은 전략을 펼치면서 내부적으로는 제도 도입 시의 마찰을 줄이기 위해 기존의 의료보험법을 대폭 수정하는 작업에 나선다. 당시 의료보험법에 규정되어 있던 전 사업장 근로자와 공무원, 군인, 사립학교 교직원의 조합 설치 규정을 대폭 수정, 적용대상에서 공무원, 군인, 사립학교 교직원과 생활보호대상자를 빼고 조합설치 능력이 있는 대기업 사업장부터 시행하기로 방침을 바꿨다.

또 의료보험의 관리방식을 독일, 일본 등지에서 채택하고 있는 조합방식으로 결정하였다. 조합방식과 더불어 검토된 것이 영국, 캐나다 등이 채택하고 있는 국가관장방식(혹은 국가공영방식)이었는데 재정부담, 의료공급기관의 국유화 내지 사회화 우려, 보험료 인상의 어려움, 진료비 지출 증가 우려 등이 지적되어 준공공기관인 민간조합이 주관하도록 방침이 정해졌다.[71]

이 같은 방침 하에 신현확 보사부장관은 제4차 경제개발 5개년 계획(1977~1981)의 사회보장부문 최종안에서 구체적인 대상을 1977년의 초반에는 500명 이상의 상용근로자를 지닌 당연적용 사업장 근로자와 그 피부양자로 한정하였다.[72] 이에 따라 시행 초기의 적용 사업장은 1743곳(481개 조합)으로 피보험자는 근로자 111만 7000명과 피부양자 187만 2000명의 합계 298만 9000명 정도였다. 보험료는 월보수의 3~8%의 범위 내에서 조합정관으로 정해[73] 노사가 이를 분담하도록 하고 환자본인부담은 외래진료가 40% 이내(가족 50% 이내), 입원은 30% 이내 (가족 40% 이내)로 정했다.[74]

강제가입 의료보험 도입(1977)과 국민개보험(1989)

1977년 7월 1일 마침내 강제가입의 공적의료보험이 공식 출범했다 (표 1-1). 논의가 많았던 한방의료와 약국은 보험대상에서 결국 제외되었다.[75] 의료보험 발족과 더불어 의약분업[76]을 함께 추진해야 한다는 지적이 나오고 의사협회와 약사회가 점진적인 의약분업 실시에 합의하고 보사부도 의료보험 실시에 맞춰 의약분업을 부분도입하였지만 일선에서는 거의 시행되지 않았다.[77] 의약분업 추진론자들은 의약분업의 필요성이 오래전부터 제기되어 왔고 의료보험제 실시로 의료수요가 급증하면서 진료수가의 상승이 예상되므로 이를 막기 위해 의사는 처방만 해야 한다면서 의료보험 적용 분야부터 우선 시행할 것을 요구했다.[78] 또 대기업 모임인 전국경제인연합회는 시행을 9개월 앞둔 시점에서 의료보험 시행을 1년간 늦추고 500명 이상 사업장 중 업종별, 근로자 성별, 입지별로 특수성이 있는 기업을 대상에서 제외시켜 줄 것을 건의하기도 했으나 받아들여지지 않았다.

〈표 1-1〉 건강보험과 의료급여 적용 개요(1961~현재)

연/월	의료보험과 의료보호(의료급여) 적용 개요	적용률, %
1961.12	생활보호법 제정	
1963.12	의료보험법 제정(임의 가입)	
1964~76	한국종합화학 등 11곳 적용(피용자조합 4곳, 자영자조합 7곳)	
1970.8	의료보험법 개정(미실시, 근로자, 군인, 공무원, 교원, 일반자영자 강제가입), 조합강제설립주의	
1976.12	의료보험법 개정(500인 이상 사업장 근로자 강제가입) 공무원, 교직원, 군인 제외, 조합방식	
1977.1	의료보호에 관한 규칙 제정(의료보호법 제정, 1977.12) 생활보호자 대상 의료보호 시행, 전국의료보험협의회 설립	
1977.7	500인 이상 사업장 근로자 대상 의료보험 시행(강제가입) 1종 의료보험조합 486개소 업무 개시	8.8
1979.1	공무원·사립학교 교직원 의료보험 시행	21.2
1979.7	300인 이상 사업장으로 적용 확대, 26개 지구공동조합 신설 진료비 심사지급업무 전국의료보험협의회에 일괄위탁	29.7
1981.1	100인 이상 사업장으로 적용 확대	
1981.7	제1차 지역의료보험 시범사업	
1982.7	제2차 지역의료보험 시범사업	35.1
1986.1	차상위계층에 의료부조 시행	
1988.1	농어촌 지역의료보험 시행	69.5
1988.7	5인 이상 사업장 당연적용	
1989.7	도시지역 의료보험 시행, 직종의료보험 지역에 통합 전 국민 개보험 시행	94.2
1994.1	의료부조 폐지, 의료보호 2종 통합하고 1차 진료 시 본인 일부 부담금 도입	
2000.1	국민건강보험법 시행	
2000.7	국민건강보험 조직 통합, 직장조합과 국민의료보험공단	
2001.5	의료보호를 의료급여로 개정, 의료급여 수급기간 폐지	
2003.7	국민건강보험 재정 통합, 직장조합과 지역조합	
2007.7	의료급여 1종 외래 본인 일부부담제도 도입 건강생활유지비 지원, 선택병의원제 실시	
2010.12	의료보장 적용인구 5058만 명, 건강보험 적용인구 4891만 명(외국인/재외국민 48만 명), 의료급여 167만 명	99.7

자료: 국민건강보험공단·건강보험심사평가원, 『2010 건강보험통계연보』 외

사실 이때의 정책결정은 행정부 중심으로 이루어졌지만 이해관계자 중 기업단체 대표와 의사단체의 의견은 상당 부분 수용되었다. 당시에는 노조 결성이 허용되지 않았기 때문에 근로자들의 목소리는 정책에 거의 반영되지 못했다. 의사들의 이익을 대변하는 대한의학협회(~1995.5. 이후 대한의사협회[79])는 로비활동을 통해 보험수가와 보험약가를 인상하고 보험심사기구에 의사 대표를 참여시키는 성과를 얻었다. 당시 의료계가 의료보험의 낮은 수가에 불만이 컸지만 의료보험 도입에 찬성한 것은 의료시장이 확대될 것이라는 기대감과 정부의 도입의지가 강했기 때문인 것으로 이해되고 있다.

대기업의 이익을 대변하는 전국경제인연합회는 처음부터 이 제도 도입에 우호적이었다. 당시 상당수 기업들이 이미 근로자들에게 의료비를 보조하고 있었기 때문에 추가비용이 별로 들지 않았고 의료보험 부담금을 회계상 손비로 인정받을 수 있다는 점도 긍정적 요인으로 작용하였다. 그리고 조합방식 형태의 운영이 예정되었기 때문에 대기업의 경우 의료보험 재정이 기업 관할 하에 운영할 수 있다는 것도 도입을 수용한 이유의 하나가 되었다.

의료보험 도입 시 갑자기 논의되었다가 의료보험보다 먼저 시행된 제도가 있다. 의료보호(현 의료급여)가 그것이다. 1977년 1월 4일부터 실시된 이 제도에 의해 전 국민의 6%(209만 5000명)가 혜택을 받게 되었다. 이 제도의 시행으로 생활보호대상자에 한정되었던 새마을진료의 적용대상이 저소득영세민 172만 명으로 확대되었다. 생활보호대상자와 시설수용자 36만 9000명에게 교부된 황색진료증은 진료비 일체를 국가가 부담하고 저소득영세민에게 교부된 녹색진료증은 의료비의 30%를 국가가 부담하고 나머지 70%는 국가가 요양기관에 대신 납부해주고 수혜자가 형편에 맞춰 1~3년 안에 무이자로 갚도록 하였다.

　시행 초기 의료보호 진료비가 낮게 책정되어 일선 병원에서 진료를 기피하는 사례가 발생하자 1977년 8월부터 진료비를 의료보험 진료비 체계로 포함시키면서 약간 상향조정하였다.[80] 이후 1986년에 의료부조 제도가 도입되면서 의료보호의 혜택을 받는 대상이 크게 늘어났다.[81]

　공적의료보험 발족 초기에 민영건강보험 시장이 활성화된다는 것은 독일[82] 등 다른 나라에서도 확인되고 있다. 발족 초기 적용대상에 제외된 이들을 대상으로 한 의료보험 상품이 민영보험회사에서 판매될 수 있고, 정부가 이를 허용하는 경향이 있기 때문이다. 우리나라에서도 이 같은 현상이 일부 관찰되었다. 재무부가 의료보험 적용대상에서 누락되는 이들 중 초·중·고생을 대상으로 1977년 9월부터 민영건강보험인 학생의료보험을 도입한 것이다. 학교 단위의 임의가입으로 보험기간은 1~3년으로 잡고 1인당 월 100~200원 정도의 보험료를 걷어 질병이나 사고 발생 시 치료비의 80%를 보험회사가 지급하는 방식이다. 특기할 점은 보험회사의 자산운용으로 생기는 수익금을 전액 학생을 위한 시설자금으로 쓰도록 한 것이다.[83] 이 사업이 당초 계획한 대로 추진되었는지 이후 기록이 명확하지 않아 불분명하지만 흥미 있는 사업계획이었던 것은 분명하다.

　의료보험이 시행되면서 의료수가와 약값이 외형상 다소 낮아졌다. 진료비는 관행수가보다 25~45% 낮춘 선을 기준으로 잡았고 최고(서울 지역 대학병원 등)가 이 기준의 20%를 넘지 않도록 하고 하한선은 없앴다. 약가는 공장도가격에 12%의 이윤을 붙였는데 이는 시중 소매가보다 30% 정도 낮은 가격이었다. 진료비기준점수표에 반영된 진료행위는 762개였고 약값기준액표에 반영된 약은 3000개 항목이었다. 초진료는

800원, 재진료 500원, 입원실료 1300원이었으며 전체 진료비는 이들 값에 (지역별로 차등화된) 외래병원관리료, 약값 및 조제료, 그리고 각종 진료행위별 수가가 가산되어 책정되도록 하였다.

하지만 시행 초기 이런저런 문제가 발생했다. 일부 병원[84]에서는 '특진'이라는 명목으로 진료비를 50% 더 받는 경우가 발생하였고, 환자들이 낮은 수가[85]에 따른 차별대우를 우려하여 대형 종합병원으로 집중하는 현상이 벌어져 예약해야 진료를 받거나 입원할 수 있으며, 경증 질환의 경우 환자가 차별대우를 우려하여 보험환자임을 밝히지 않거나 보험 지정병원을 기피하는 경향이 나타나기도 했다.

공무원과 사립학교 교직원에 대한 의료보험은 1년 반 늦은 1979년 1월에 시행되었다. 보험료율은 3.8%이며 공무원은 국가와 본인이 반씩 부담하고, 사립학교 교직원은 학교재단이 30%, 국가 20%, 본인부담 50%로 정해졌다. 이후 군인가족(1980), 공무원 및 사립학교 교직원의 퇴직연금수급자와 군인 퇴역연금수급자(1981), 그리고 이들 연금의 유족 및 장해연금수급자, 퇴역(연금)일시금수급자(1985) 등으로 적용대상이 확대되었다. 또 1979년 7월에는 당연적용대상이 300인 이상 사업장으로 확대되었고 1981년 1월에는 100인 이상 사업장까지 적용대상이 늘어났다. 그 결과 1977년 7월의 시행 당시 적용인구가 전 국민의 8.8%에 머물렀는데 공무원, 교원에의 적용확대로 21.2%로 높아졌고 또 100인 이상 사업장 확대 및 1차 지역주민 시범사업으로 이 비율은 29.7%로 높아졌다.

한편 의료보험 적용대상이 사업장 근로자 중심으로 확대되면서 적용대상에서 배제된 계층에 대한 제도 적용 요구가 다양한 루트로 전개, 확산되었다. 이를 위해 정부는 1981년 4월 의료보험법을 개정하여 지역주민을 당연가입자로 규정하였다. 그리고 구체적인 방법을 모색하기 위해 1981년 7월부터 강원 홍천, 전북 옥구(현 군산시), 경북 군위의 3개 지역 주민을 대상으로 1차 시범사업에 나섰다. 당시 옥구군에는 임의조합인 옥구군 청십자조합이 있어 이를 활용할 수 있다는 것도 선정 배경의 한 가지 이유였다. 선정사업 착수에 앞서 1년간 옥구군 대야면 주민 1만여 명을 대상으로 마을 건강사업의 재원조달 시범사업을 실시해 보험료를 직장근로자의 1/4 수준으로 책정하고 지역주민 대상의 의료보험 사업을 추진할 수 있다는 잠정적 결론을 얻었다.

이어서 1982년 7월부터 경기 강화, 충북 보은, 전남 목포로 확대하여 2차 시범사업을 전개하였다(적용인구 비율 35.1%). 1차와 2차 때의 보험료 부과방법이 달랐다. 1차에서는 정액제였는데 2차에서는 정액제와 자산, 소득비례제를 병용하였다. 그러나 부과 보험료는 1차 때 600원, 2차 때 688~1265원으로 비슷하였다. 결과는 보험재정 적자로 나타나 당초 기대와 달랐다. 주된 이유는 주민들의 의료기관 이용행태에 대한 판단착오로 낮은 보험료가 책정된 것이었다. 주민들은 보건기관이 아닌 병의원을 자주 이용하였고 그 결과 의료비 지출수준이 늘어났던 것이다. 정부는 시범사업을 통해 지역주민에의 의료보험 확대에는 일정 규모의 정부 재정지원이 필요하다는 사실을 확인하였다. 나아가 지역의료보험재정의 취약한 구조는 1989년의 전 국민 의료보험 실시 이후에도 의료보험 통합의 주된 이유로 거론된다.

정부가 지역주민 대상의 시범사업을 전개하며 적용대상 확대를 계획하고 있는 동안에도 임의가입자인 지역주민 중 일부가 직종별 조합을 결성하여 의료보험을 당연적용받는 사례가 잇달았다. 예술인조합(1981), 양곡상조합(1982), 전국택시조합(1982), 이미용의료보험조합

(1982), 개업의의료보험조합(1984) 등 1988년까지 12개 직종조합이 결성되었다. 그리고 직장근로자 의료보험 가입대상이 16인 이상 사업장으로 확대되었다(1983.1). 이같이 임의가입 대상인 지역가입자들 중 일부 직종에서 의료보험조합을 결성하는 등 전국적으로 의료보험 가입 열기가 높아가고 있을 무렵인 1984년 7월 국내 사회보장 문제 전문가들이 모여 한국사회보장학회를 발족시킨다. 그리고 그해 8월 23일 KDI 대회의실에서 열린 제1차 학술발표회에서 한달선 서울대 보건대학원 교수가 7년 전에 도입된 우리 의료보험의 현황과 문제점을 지적하고 전 국민 의료보험 시대에 대한 대비책을 제시하였다.[86]

1988년 1월에는 시범사업을 전개해오던 군지역 주민 대상 사업을 전국으로 확대하고 같은 해 4월부터 5인 이상 사업장 근로자에게 당연적용하였다(적용인구 비율 69.5%). 그리고 1년 반 뒤인 1989년 7월에는 도시지역 주민 전체에 의료보험을 당연적용하여(동 비율 94.2%) 제도 도입 후 12년 만에 전 국민 의료보험체제가 갖춰진다.

이처럼 강제가입의 의료보험이 조기에 전 국민으로 확산된 사례는 세계적으로도 그렇게 많지 않다. 이와 관련하여 생각해볼 수 있는 것은 우리 국민들이 지닌 강한 평등지향적 사고이다. 권력자의 억압에 익숙해져 있었던 그간의 우리 사회에 1980년 이후 민주화운동의 씨앗이 배태되면서 권리의식이 커지고 이것이 삶의 중요한 욕구 중 하나인 건강과 의료서비스에의 공평한 접근요구[87]로 나타났으며, 1987년 말의 대통령 선거를 앞둔 집권세력이 선심정책의 일환으로 이에 순응하였을 것이라는 사실이다. 경제적으로 취약층이 많은 영세기업 근로자와 농어민, 도시지역 주민은 그 숫자가 적지 않다는 점에서 이들을 대상으로 한 의료보험 도입은 1982년부터 줄기차게 이 문제를 제기해온 야당인 신민당에 갈 표를 여당으로 돌리는 등 집표에 유리한 공약이 될 수 있었다.

물론 제도 도입 후 각 주체의 초기 부담이 감내할 정도의 수준이라는 점도 조기 확대에 도움이 되었을 것이다. 즉 1977년의 제도 도입 이후 기본방침이었던 저부담-저급여-저수가-정부주도형 관리방식 노선이 낮은 비용으로 전 국민 의료보험을 달성할 수 있게 해준 것이다. 저부담이라고 하지만 전 국민 적용을 앞두고[88] 정부 여당에서는 재원 조달방안 마련이 큰 걱정거리였다. 새롭게 적용대상에 들어올 도시 영세민과 농어촌 주민(전체 국민의 46.4%)의 보험료 부담능력이 크지 않을 것으로 예상되었기 때문이다. 이들 가입자에 대한 보험료 보조와 신설조합의 운영비 지원에 적지 않은 재원이 소요될 전망이었다. 그래서 1986년 7월경에는 ① 부가가치세율의 1% 포인트 인상 ② 농산물에 사회보장세 부과(프랑스 방식) ③ 일반재원 전용 등의 방안이 검토되었다.

논의 끝에 정부 내 관련 부처는 소득세에 부과하는 시한부 목적세인 의료보장세 도입을 결정하지만 여당인 민정당(노태우 대표위원, 나웅배 정책조정실장)의 반대로 이를 실현하지 못한다.[89] 민정당은 "의료개보험제는 찬성하지만 목적세 신설은 반대한다. 추가재원은 조합을 통합하여 1종 조합이 2종 조합을 재정적으로 지원하고, 그것으로 부족하다면 보험료율을 올리고 본인부담을 늘려 대응한다"는 원칙론을 주장하였다. 배경에는 1987년 말의 대통령 선거를 앞둔 시점에서 목적세 신설에 따른 국민의 조세저항을 고려한 정치적 판단이 있었다. 이후의 전개에서 알 수 있듯 정부는 재원확보에서 핵심적 역할을 수행할 사회보장세를 도입하지 못했고 민정당의 주장처럼 가입자 간의 재원을 공동화한 후 부족재원을 지원하였다. 곧 의료보험 재원은 주로 보험료 인상을 통해 조달하고 일부를 일반재정의 지원으로 충당하였다.

아울러 조합방식이었지만 조합은 부가급여 제공, 대표이사 선임, 조합연합회 임원 선임 등에서 자율권을 행사하지 못하고 정부의 지침과 의사에 따라 정할 수밖에 없었다. 이러한 조직 지배구조의 구조적 제약이 통합에 따른 저항과 부작용을 최소화시켜 줄 수 있었던 것도 조기 확산의 한 가지 이유로 지적될 수 있을 것이다.

건강보험 도입 후 통합파–조합파 갈등

전 국민으로 적용대상이 확대된 1989년 이후 지속적으로 제기된 문제 중 하나가 의료보험조합의 통합이었다. 사실 통합 논의는 1977년 7월 이후부터 조합 간 불평등이 문제점으로 지적되면서 의료보험조합 통합의 필요성과 통합방식에 대해 다양한 의견이 제시되어 왔다.[90]

보건사회부는 1980년 2월경부터 소규모 직장조합의 통합을 준비하면서 그해 9월 1일까지 1단계 통합을 마무리 짓고 이어서 2단계 통합을 준비하고 있었다.[91] 그런데 9월 2일 천명기 씨가 장관으로 부임하면서 모든 의료보험을 하나로 통합하는 문제를 거론하였다. 그는 개인적으로 친분이 있던 엄기섭 전 중앙의료보험협의회 상무의 말을 듣고 통합 방침을 공표하였다고 한다.[92]

직장조합의 통합은 1980년 7월부터 시작되어 603개에 달했던 조합의 숫자가 1981년 5월에는 185개로 줄었다(부표 1-1). 천명기 장관은 1980년 10월 당시 전두환 대통령에게 의료보험의 통합일원화 계획을 보고하였다. 정치권과 청와대는 물론이고 정부부처 간 의견도 정리되지 않은 상황에서의 파격적인 제안이었다.[93] 그리고 천 장관은 1980년 11월 17일 의료보험조합 전체를 통합하는 '의료보험 통합일원화 계획'을 마련하여 대통령 결재를 신청하였다.

그런데 이를 전 대통령이 승인하지 않았다. 청와대는 일원화는 단순한 관리체계만의 문제가 아니고, 통합 시 정부 재정지원이 전제되는데 이에 대한 대비책이 충분하지 않으며, 일원화로 소득역진의 가능성이 있고, 위험분산은 소규모 조합의 통폐합으로 해결 가능하며, 일원화에 따른 관리비 절감 효과는 작은 반면 관료적 경직화가 우려된다는 상당히 부정적인 의견을 제시하면서 계획을 유보시켰다.

그러나 국회는 1981년 정기국회 때 논의 끝에 의료보험 통합을 부대결의사항으로 채택했다.[94] 그리고 1982년 10월경 김정례 보건사회부장관이 단계적 접근론을 내놓았다. 현 단계에서의 통합은 정부 재정 형편상 시기상조이며 단계적 접근이 필요하다고 지적하면서, 우선 의료보험조합연합회와 공무원·사립학교 교직원 의료보험공단의 진료비 심사와 지불창구를 일원화하되 통합 법안은 수년 늦추겠다는 방침을 공표하였다.

전문가들 다수가 이 같은 정부 방침에 동의하였지만[95] 정치가들을 중심으로 국회 안팎에서는 격론이 벌어졌다.[96] 추진파는 의료보험 통합으로 정부재정 투입이 최소화되고 의료보험 확대를 꾀할 수 있다고 주장한 반면, 반대파는 근로자·자영자·농민들에게 단일 보험료 체계를 적용할 수 없고, 통합이 되더라도 보험료 징수가 어려워 정부의 부담과 책임만 늘어날 것이라고 대항했다.

이 같은 논란에 일시적으로 종지부를 찍은 것이 1982년 11월 2일의 '한국형 국민의료보장방안'의 청와대 보고였다. 보건사회부는 여당인 민정당과 협의하여 이 안을 만들었는데 그동안 논의해왔던 내용과 달리 관리와 재정을 완전 통합하여 제도를 일원화하는 내용이었다. 이는 바로 한 달 전인 그해 10월에 김정례 보건사회부 장관이 의료보험 관리운영의 개선과 관련하여 대통령 결재를 받은 것과 아주 다른 내용이었다. 이때는 진료비 심사와 지불 업무만을 통합하고 연합회 회장과 이사장의 겸직 문제에 대해 복수안을 담고 있을 뿐 관리와 재정의 통합 등은 전혀 거론되지 않았다. 결국 정부·여당안은 전두환 대통령을 비롯한 비서진의 공격[97] 앞에 설득력을 상실하여 통합은 유보하는 것으로 결정되었고 이후 수년간 관련 논의는 수면 아래로 들어갔다.

이후 1983년 2월 의료보험조합의 통합을 반대한 전 대통령과 청와대 비서진 등에 대한 서운한 감정을 사석에서 토로했다는 이유로 보건사회부의 공무원 4명이 면직되는 사태가 발생하였다. 이들이 사석에서 통치권자를 비판한 내용이 사정당국에 의해 조사되고, 이를 근거로 권고사직이 제시되었으나 이를 거부하자 개인적인 비리조사 결과를 이유로 직권면직이나 의원면직에 나서 공직을 떠나도록 하였다. 이때의 사태는 훗날 '의료보험 파동'이라고 지칭되면서 1980년대 후반 이후 민주화운동의 연장선상에서 평가받아 국민의 정부에서 추진된 의료보험 통합을 가져온 단초의 하나가 되었다.[98]

돌이켜보면 의료보험조합을 통합할 것이냐 개별 조합방식으로 운영할 것이냐를 놓고 국내의 정치가, 공무원, 전문가, 언론인,[99] 경제계 및 단체 인사들은 조합주의파와 통합주의파로 나뉘어 20년 가깝게 갈등을 빚어왔다. 1980년 10월 당시의 천명기 보사부장관이 의료보험을 통합하여 직장의료보험의 적립금을 지역의료보험으로 확대사용하려는 안을 제안하면서 양자 간의 깊은 갈등이 공식적으로 언급되었다. 이때

천 장관은 국회에서 두 그룹 간의 갈등이 적지 않아 문제를 풀어가기 힘들다고 얘기하였는데 이후에도 이들 두 파는 20여 년간 양보 없는 논쟁을 거듭하였다.

논쟁의 이면에는 의료보험 적용대상을 직업과 지역으로 구분하여 독립채산형 조합을 구성하고 재원을 보험료 방식으로 운영함에 따른 조합 간 재정력 차이라는 구조적 원인이 있다. 조합별로 구성원의 성별, 연령, 소득 분포가 상이하여 보험료율이 다르고, 수진율·재정수지·적립금 수준에서도 큰 차이를 보였다. 재정적으로는 기업 근로자 중심의 직장조합이 공무원·사립학교 교직원 및 지역주민 중심의 지역조합보다 양호했다.

통합을 둘러싼 갈등은 1988년에 농어촌 의료보험 확대를 놓고 재연된다.[100] 1988년 1월부터 농어촌 의료보험이 실시된 후 보험료에 대한 불만과 의료기관 이용 차별에 문제를 제기하며 농민들이 보험증을 반납하는 등 저항에 나섰다. 이에 대한의사협회를 위시한 보건의료단체들이 가세하면서 이들은 '의료보험 통합일원화, 국고지원 50%, 의료보호확대'를 요구하며, 1988년 6월에 48개 단체가 참가한 '전국의료보험대책위원회'를 결성한다. 당시는 1987년의 민주화운동 직후로 근로자와 농민, 진보성향의 학계 간에 강한 연대가 이루어지던 시기라서 이들의 결속력과 조직력은 꽤 컸다.

이들 통합파에 주요 정당과 시민단체까지 가세하였으니 그 세력은 막강하였다. 1990년 이후 결성되기 시작한 크고 작은 시민단체들 역시 통합지지 세력에 가담하였으며 이들은 1994년 4월 '의보연대회의'라는 이름 하에 뭉쳤다.[101]

한편 통합파와 대립축에 있는 이들이 조합파였는데 여기에는 행정부 관료 다수, 의료보험연합회, 주요 경제단체 등이 속했다. 이들은 통합될 경우 재정상태가 양호한 직장의료보험조합이 적립금 운용으로 누리고 있던 이권 상실을 두려워했다. 행정부 관료들은 통합하면 보험료 부과체계상의 문제로 효율적인 운영관리가 어려워질 것으로 내다보았다.

이처럼 이해관계자 간 대립이 깊어가는 이면에는 재정사정이 악화되어 가는 지역의료보험의 어려운 현실이 있었다. 전 국민 의료보험 시행 이듬해인 1990년부터 지역의료보험은 도시와 농어촌 조합 모두 보험재정 수지가 악화되어 그해 도시지역 조합 중 65개 조합이 적자를 기록하였다. 도시지역 이상으로 재정상황이 좋지 않았던 농어촌 지역 조합도 적자폭이 커지면서 시행 첫해에 지역조합 전반이 큰 어려움을 겪었다.

이들 조합은 잇단 보험료 인상에도 불구하고 재정적자가 계속되었고 그러한 와중에 지역조합 가입자들의 항의가 전국적으로 거세졌다. 농어촌 지역조합의 진료비 체불이 4~8개월에 이르러 의료기관이 보사부와 의료보험연합회, 그리고 해당 조합에 항의하는 사태가 빚어졌다. 이러한 상황에 대처하기 위해 조합 간 재정공동사업 시행안이 검토되었다.[102] 우선적으로 고액진료비사업을 재정공동사업으로 추진키로 방향이 결정되었고, 보건사회부가 1990년 9월 29일에 '고액보험급여비용 공동부담사업 실시계획'을 의료보험연합회에 시달하면서 고액진료비사업이 본궤도에 오른다.[103] 그리고 1995년부터는 노인의료비 공동부담사업이 재정공동사업으로 추가되었다.[104] 이 사업은 1998년까지 시행되면서 지역조합의 재정을 실질적으로 지원해주는 효과를 발휘했다.

재정공동사업을 통한 조합 간 재정지원사업에도 불구하고 조합 간 재정의 원천적 불평등 구조를 시정해야 한다는 요구가 각계에서 그치지 않았다. 이러한 목소리를 늘 들어왔던 정치인들은 그러한 이유로 의료보험 통합에 꽤 긍정적인 반응을 보였다. 그래서 여야 의원들은 노태우 대통령의 대선공약이었던 전 국민 의료보험 실시를 이행하는 차원에서 1989년 3월 9일 만장일치로 의료보험을 통합한 '국민의료보험법'을 국회에서 통과시킨다. 하지만 정작 노 대통령의 거부권 행사(1989.3.16)로 법 집행은 무산되고 만다. 거부권 행사의 이유로는 재정부담이 크고 그 부담이 직장근로자에게 집중되며 지역가입자의 소득 파악이 제대로 되지 않고 있는 점 등이 거론되었다.

이 시기 의료보험조합 재정안정이 큰 문제로 제기되면서 보건사회부는 1991년부터 선의의 경쟁 유도를 통한 조합운영의 효율화를 목적으로 의료보험조합의 운영평가 작업에 나섰다. 직장과 지역 조합으로 나누어 실적조사와 현지조사를 병행하고, 급여비와 관리비 절감 및 보험료 징수 실적, 보험급여 사후관리 실적 등을 주된 평가대상으로 삼았으나 이러한 평가작업이 재정안정과 조직의 경쟁력 확보에 두드러진 영향을 미치진 못했다.

단일보험자 방식의 장점과 단점[105]

우리나의 건강보험 관리운영방식은 단일보험자 체계이다. 우리처럼 단일보험자 체계를 채택하고 있는 나라에는 영국, 캐나다, 스웨덴, 대만 등이 있으며 앞의 3국은 재원조달방식이 조세에 의존하여 사회보험료에 의존하는 우리나라 및 대만과 구별된다. 대만이 우리 방식을 모방했다는 점을 감안하면 우리가 채택하고 있는 건강보험의 단일보험자 방식은 세계적으로 유례가 거의 없는 우리만의 방식이라고 할 수 있다.

〈표 1-2〉에는 우리나라를 비롯하여 캐나다, 영국, 미국, 일본의 건강보험체계와 핵심 건강지표가 정리되어 있다. 캐나다에서는 Health Canada라는 공무원 조직이 조세를 재원으로 운영하며, 의료서비스 공급은 주로 민간병원에서 이루어지고 진료비 등의 지불은 정부가 공급자 단체와 협상하여 지급한다. 이에 비해 영국은 NHS라는 공무원 조직이 조세를 재원으로 운영하고 있으며, 의료서비스 공급은 거의 대부분 공공병원에서 이루어지고 있다.

이와 달리 미국과 일본은 다보험자 체계를 운영하는 국가이지만 여러 가지 면에서 크게 다르다. 먼저 미국의 경우 여러 민영보험회사가 경쟁적으로 의료보험 상품을 판매하고 있으며 가입자는 이 중 특정 회사를 선택하여 보험료를 납부하고 의료서비스는 거의 대부분 민간병원에서 제공한다.[106] 일본은 여러 건강보험조합이 사회보험료를 주된 재원으로 독립채산 형태로 운영하지만 각 조합이 제공하는 의료서비스는 동일하며 의료서비스 공급은 주로 민간병원에서 이루어지고 있다.

우리는 단일보험자 체계라는 점에서 캐나다·영국과 같고, 재원을 사회보험료로 조달한다는 점에서 일본과 같으며, 의료서비스 공급을 주로 민간부문에 의존하고 있다는 점은 캐나다·미국·일본과 유사하다. 물론 여기서 같거나 유사하다고 표현한 부문도 세세하게 따지고 들어가면 여러 가지 면에서 차이점이 드러난다. 사회

<표 1-2> 주요국의 건강보험체계와 핵심 건강지표(2009)

	캐나다	영국	미국	일본	한국	OECD 평균
보험자 유형	단일	단일	다보험자	다보험자	단일	
의료서비스 공급구조	민간주도	공공주도	민간주도	민간주도	민간주도	
주된 재원조달 유형	조세	조세	개인보험료	사회보험료	사회보험료	
의료비(1인당 ppp)	4,363	3,487	7,960	2,878	1,879	3,233
의료비(대 GDP, %)	11.4	9.8	17.4	8.5	6.9	9.6
1인당 의료비 증가율 (%)[1]	3.7	4.8	3.3	2.4	8.6	4.0
MRIs[2] 대수(백만 명당)	8.0	5.6	25.9	43.1	19.0	12.2
CT[3] 대수(백만 명당)	13.9	7.4	34.3	97.3	37.1	22.8
선택수술대기 4월 이상 (수술필요환자 중, %)	25	21	7	–	–	–
출생 시 기대여명(세)	80.7	80.4	78.2	83.0	80.3	79.5
영아사망률(천 명당)	5.1	4.6	6.5	2.4	3.5	4.4
입원 후 퇴원환자 수 (천 명당)	84	138	131	107	158	158
1인당 연 진찰건수 (의사 방문횟수)	5.5	5.0	3.9	13.2	13.0	6.5
병상(천 명당)	3.3	3.3	3.1	13.7	8.3	4.9
현역 의사(천 명당)	2.4	2.7	2.4	2.2	1.9	3.1
현역 간호사(천 명당)[4]	9.4	9.7	10.8	9.5	4.5	8.4

주: 1) 2000~2009년 사이의 연평균 증가율
　　2) 자기공명영상(magnetic resonance imaging)
　　3) 컴퓨터단층촬영(computed tomography)
　　4) 한국의 간호사 수에는 간호조무사 수가 포함되어 있지 않음
자료: OECD Healthdata 2011

보험료의 부과와 징수처, 진료비청구서 심사와 진료비 지불기관, 사회보험료 외 투입되는 조세재원의 규모, 의료서비스 공급에서 점하는 민간부문과 공공부문의 비중 등에서 적지 않은 차이점을 찾아볼 수 있다.

단일보험자 방식의 장점으로는, 첫째 관리비용이 적게 든다는 것이다. 수많은 조합으로 구성되어 있는 경우, 중복사무를 처리하는 부서가 있기 마련이고 인원도 늘 수밖에 없다. 우리의 경우 2000년의 제도와 조직 통합 이후 관리비용이 크게 줄어든 바 있다. 둘째, 단일보험자는 강한 협상력을 바탕으로 의료서비스 및 의약품 공급자와 가격협상을 통해 진료수가와 의약품 가격을 낮게 유지할 수 있다. 캐나다에서는 행위당 보수를 받는 민간 의사의 수가를 지방정부가 상한선을 정해 관리한다. 즉 의료서비스 가격에 대한 직접통제를 통해 의료비용을 억제하고 있다.[107]

한편 단점으로는, 첫째 보험자 간 경쟁압력이 없고 내부 경쟁을 유발하는 것도 쉽지 않거나 그 효과가 약해 시간이 경과하면서 관료주의적 비효율이 나타날 가능성이 높다. 지금은 통합 후 12년이 경과하고 있는 시점이라 드러나지 않더라도 20년, 30년이 되면 그간의 잠재된 문제가 증폭되어 다양한 형태의 비효율로 나타날 수 있다. 인건비를 필두로 관리운영비가 조합방식 때보다 더 들지도 모른다. 조합방식으로 운영하면서 관리운영비를 우리보다 낮은 수준으로 유지하고 있는 일본 사례[108]와 비교될 수 있을지 모른다.

둘째, 단일보험자는 처신하기에 따라 강한 협상력을 가입자 이익을 지키는 데 사용할 수도 있지만 거꾸로 공급자와 유착하여 가입자 이익에 반하는 데 쓸 수 있다. 공급자 단체 입장에서는 로비 여하에 따라 다수보험자와의 협상보다 단일보험자와의 협상에서 비용이 적게 들고 이익을 많이 얻을 수도 있다. 문제는 단일보험자의 거버넌스(governance)와 유인구조인데 지난 10여 년의 경험으로 볼 때 가입자 이익에 부합하지 않는 무책임한 처신을 하는 경우가 적지 않았다.

우리의 단일보험자 방식은 캐나다, 영국의 그것과 꽤 다르다. 이들의 방식은 조세재원을 활용하므로 의료서비스에의 보편적 접근을 허용하여 수진 여부를 비용편익을 따져 결정하지 않고, 많은 경우에 진료에 따른 추가비용을 환자에게 부담시키지도 않는다. 이들의 이념은 상품 평등소비주의(commodity egalitarianism) 사고로 설명될 수 있다.

영국에서는 환자는 먼저 일반의에 들러 진찰을 받고 그의 판단에 따라 전문적인 치료의 수진 여부가 정해진다. 그는 이용 환자수 기준(capitation basis)으로 진료비를 받는다. 영국은 환자에게 일차의료와 응급의료에 쉽게 접근할 수 있도록 하고 있지만 전문진료와 신기술에 대한 접근은 제한되고 긴 대기기간을 요구한다.[109] 아울러 의료서비스 할당은 환자 개인이나 의사가 아닌 정부에 의해 결정된다. 가령 영국의 NHS는 환자가 신장암약인 수텐트(Sutent) 같은 특정 약을 사용할 수 없도록 규제하였다.[110]

캐나다에서는 진찰과 수술 대기기간이 길어져 민간 의료서비스 이용이 늘어나는 움직임이 나타나고 있으며, 2005년에는 캐나다 대법원이 민간 의사들이 건강보험이 제공하는 보험서비스를 제공하지 못하도록 규정한 법을 위법이라고 판시했다. 판시에서 일부 의료서비스의 대기시간이 너무 길어 환자의 생명과 인간적 안전, 불가침과 자유가 침해됐다고 지적하였다.

〈표 1-2〉에서 보듯 우리는 비교대상 4개국에 비해 의료비 수준이 낮으나 소득수준이 낮고 인구고령화가 뒤져 있는 점을 고려하면 그렇게 낮지 않다는 것을 알 수 있다. 첨단장비 의존도는 높은 수준이고 입원일수는 가장 많으며 진찰횟수[111]도 두 번째다.

병상은 많은데 의사와 간호사 수는 적다. 기대여명과 영아사망률은 비교적 양호하다. 이 표는 의료서비스 공급과 건강이 정의 상관관계를 지닌다는 점을 확인시켜 주지 못한다. 이는 건강상태가 의료비 지출 외 해당국 국민의 생활습성이나 행태 요인에 좌우되기 때문이다.

건강보험 통합 이후, 보장성 강화와 국민의료비 증대

마침내 전환점이 찾아온다. 1997년 말 대통령 선거에서 이회창, 김대중의 여야 대통령 후보가 함께 의보통합을 선거공약으로 제시한 것이다.[112] 이들이 선거공약으로 내세운 배경에는 이 이슈가 1989년의 국회 통과 이전부터 내려온 해묵은 과제라는 사실 외에 시민단체와 전문가 중 일부가 조합체계의 문제점을 적나라하게 분석한 것이 꽤 설득력 있게 주효한 측면도 있었다. 즉 개별 조합 형태로 보험자가 분립되어 운영되다 보니 관리운영비가 많이 들고 사회보험으로서 요구되는 수직적 소득재분배, 위험분산 기능 등이 충분히 발휘되지 못하며, 결과적으로 이 제도가 우리 사회의 연대를 강화하지 못하고 있다는 지적이 설득력을 얻었다.

대통령 선거가 행해지기 전인 1997년 11월의 김영삼 정부 말기에 직장의료보험을 제외한 공·교 의료보험공단과 지역건강보험을 통합하는 '국민의료보험법'이 여야 만장일치로 국회를 통과하였다. 부분통합이 이루어진 것이다. 이어 집권한 김대중 정부가 의료보험 통합을 100대

과제로 선정하였고, 사회협약기구인 노사정위원회가 1998년 2월 의료보험 통합에 합의함으로써 1999년 1월에 모든 의료보험을 통합하는 형태로 지금의 국민건강보험법이 제정되어 단일보험자 방식의 건강보험체계가 확립되었다.

당시의 통합 움직임을 시간대별로 정리해보면 다음과 같다. 제1기 노사정위원회, 의료보험 전체통합 합의(1998.2), 의보통합추진기획단 구성과 통합방안 수립(1998.3), 227개 지역의료보험조합과 공무원·교직원 의료보험관리공단의 조직을 국민의료보험관리공단으로 1차 통합(1998.10), 국민건강보험법 제정(1999.2, 2000.1 시행), 국회, 재정통합을 2000년 1월에서 같은 해 7월로 연기(1999.2), 건강보험심사평가원 설립위원회 설치(1999.3), 통합주의자 차흥봉의 복지부장관 취임(1999.5), 국민건강보험법 개정(1999.12), 139개 직장조합과 국민의료보험관리공단의 조직이 통합된 국민건강보험공단 발족 즉 2차 통합(2000.7)의 순으로 진행되었고, 재정 통합은 다시 2002년 1월, 2003년 7월로 순연되었다.

통합이 빠르게 진행되는 동안 이면에서는 이른바 조합주의자들과 야당이던 한나라당(현 새누리당) 일부의 반발이 만만치 않았다. 결국 이들은 한나라당을 통한 직장건강보험과 지역건강보험 재정분리 법안 국회 제출(2001.5), 그리고 한국노총과 경총, 교총, 의사협회 등 6개 단체 명의의 「건강보험 재정분리를 위한 법개정 청원서」 국회 제출(2001.5)에 나섰고 그 결과 국회는 직장과 지역 건강보험 재정통합을 2003년 7월로 1년 6개월 연기(2002.1)하는 조치를 취한 바 있다.

이처럼 통합 논의는 노태우 정권을 거쳐 1993년에 발족한 김영삼 정권 때까지 매우 활발하게 전개되었지만 보수성향이 강한 정권이었고 조합주의자들이 효율성 저해와 세계적 동향 등을 이유로 강하게 반대

하였기 때문에 통합에 대해 쉽게 결론을 내지 못했다.[113]

이후 진보성향의 김대중 정권이 들어선 1998년, 논의의 방향이 확 달라졌다.[114] 하지만 보험재정의 완전 통합은 위에서 보듯 야당과 일부 노동단체, 의사협회 등 일부 직능단체, 그리고 조합주의자로 지칭되는 전문가집단[115] 등의 반대로 김대중 정권 내에서 결과를 보지 못하고 실행이 차기 정권으로 넘겨졌다. 반대파에서 그동안 문제점으로 제기되어 왔던 직장가입자와 지역가입자의 보험료 부과체계의 불평등 해소와 합리화 방안을 마련할 필요성이 있다고 주장하였고 이 부분에 대한 지적이 일정한 설득력을 지니고 있다고 국회가 판단하였기 때문일 것이다.[116]

그런데 2002년 말의 대통령 선거에서 여당이 승리, 2003년에 좀 더 진보성향을 띤 노무현 정권이 들어서면서 야당과 통합 반대파의 동력은 크게 약화되었다. 불평등 요인으로 지적되었던 부과체계의 문제점에 대한 해법을 찾지 못했지만 대통령 선거라는 큰 파워 게임에서 승패가 갈림으로써 의료보험 재정은 예정대로 완전 통합하는 쪽으로 결론이 났다.

주목할 점은 의료보험 통합을 계기로 우리는 오랫동안 익숙해왔던 의료보험이라는 용어 대신 건강보험이라는 말을 사용하게 되었다는 사실이다. 1999년 2월의 국민건강보험법 제정으로 1963년의 의료보험법 제정 이후 사용해왔던 '의료보험' 대신 '건강보험'이 공식적으로 사용된다. 특히 2000년 7월의 국민건강보험공단 발족을 계기로 건강보험 관련 법제나 공식 서류에서 더 이상 의료보험이라는 말이 사용되지 않게 되고, 민영보험회사가 취급하는 실손의료보험 상품 규정[117] 등에서만 사용되고 있다.

제도 통합과정에서 쟁점 중 하나가 보험자를 하나로 하되 관련 업무를 국민건강보험공단과 건강보험심사평가원이라는 2개 조직으로 나눌 것인지 말 것인지의 문제였다. 이전의 의료보험조합 통합을 주장해온 측에서는 하나의 조직으로 운영할 것을 주장한 반면, 병원협회[118]와 의사협회[119] 등 통합 반대 측에서는 조직의 분리를 통한 권한 분산을 주장했다. 병원협회와 의사협회 등은 1989년 7월의 전 국민 의료보험 확대실시 이후 지속적으로 독립된 진료비 심사기구 설치를 주장해왔다. 같은 내용의 진료에 대해 지역과 조합마다 의료비 산정이 다르게 나오는 등 일선 조합 인력의 전문성 부족 등의 문제점이 꾸준히 제기되고 있었기 때문이다.

당시의 정치권은 최종 결정과정에서 십수 년에 걸친 이들의 갈등을 봉합하면서 통합이라는 큰 방향을 택하되 현업에서는 조직을 업무 특성에 따라 분리함으로써 상호 견제 기능이 발휘되도록 하면서 통합 반대 측의 입장을 일부 배려하는 타협안을 채택하였다. 이 같은 정치적 판단에 의해 가입자 관리와 보험료 징수 및 (요양급여비를 포함한) 보험급여 지불 업무는 국민건강보험공단에서, 요양급여비의 심사와 요양급여의 적정성 평가 업무는 건강보험심사평가원이 맡게 되었다. 그 결과 통합 이전부터 요양급여 심사 업무를 맡고 있던 중앙기관인 의료보험조합연합회[120]가 건강보험심사평가원으로 탈바꿈하고, 나머지 일선 조합들이 건강보험공단으로 통합되었다.

하지만 두 개의 별도 조직이 보험자 업무를 분리하여 관리운영함으로써 두 조직 간에 갈등이 생겨났고, 그 결과 건강보험 업무의 효율적인 추진에 적지 않은 차질이 빚어지기도 했다. 그때마다 통합의 필요성이 제기되었지만 2000년 7월의 분리 후 12년이 경과하고 있는 지금, 서둘러 통합해야 한다는 주장은 잦아들었다. 그 배경에는 분리 초기에 드러났던 갈등과 여러 가지 문제점에 대한 해법 모색이 진행되면서 초기에 의도했던 분리 시의 장점이 조금씩 나타나고 있고, 따라서 당분간은 지금 상태에서 비용효과성을 추구하는 작업을 지속하는 것이 바람직하다는 실질적 보험자인 보건복지부의 내부판단이 있기 때문인 것으로 해석된다. 건강보험을 단일보험자 체계로 운영하면서 관련 업무를 2개 기관으로 분담시켜 운영하는 우리의 사례는 세계적으로 유례가 거의 없다는 점에서 그 성과와 추이에 대해 세계보건기구(WHO)나 OECD 등이 큰 관심을 갖고 있다.

건강보험의 통합은 단기적으로 일정한 효과를 거둔 것으로 나타나고 있다. 첫째, 보험급여의 범위가 확대되었다. 통합 전에는 의료서비스 이용에 대한 보장에 그쳤지만 통합 이후에는 질병의 예방, 건강증진에 대해서도 보험급여를 제공하는 포괄적인 건강보장으로 바뀌었다. 둘째, 관리운영비가 줄었다. 1994년 10.0%에 달하던 관리운영비가 2001년에는 4.4%로 축소되었다. 셋째, 통합으로 보험자 조직수가 줄면서 인력이 줄었다. 1997년의 1만 5036명에 달하던 인력이 2001년에는 1만 716명으로 줄었다.

하지만 통합 이후 12년이 경과한 시점에서 돌이켜보면 초기의 성과가 지속적으로 나타나고 있는지 불확실하다. 통합 이전 흑자를 유지하며 일정 규모의 적립금을 갖고 있던 조합들이 많았고 전체적으로도 건보 재정은 흑자 기조였다.[121] 그런데 통합 이후의 건강보험 재정은 적립금을 갖지 못해 거의 매년 보험료율 인상으로 소요재원을 조달하고 있다. 또 보험료 인상폭이 작지 않아 가계와 기업, 정부에 주는 부담을 키우고 있다.

보험료 인상의 주된 원인은 보장성 강화 정책이다. 통합 이후 주체별 부담수준의 변화를 보면 가계는 줄고 사회보험료를 반 부담하는 기업과 지역가입자 재정의 일부를 지원해주는 정부는 늘고 있다. 이 같은 보장성 강화에 따른 건강보험 급여지출 증가 외에 건강보험이 적용되지 않는 비급여 지출도 함께 늘어나 국민의료비[122]가 빠르게 증가하였다. 국민의료비는 2001년 이후 10년간 연평균 증가율이 11.7%로 GDP 증가율을 크게 앞서고 있다(부도 1-1). 국민의료비에서 정부와 건강보험의 부담분을 합친 공공부문 부담은 2000년의 44.9%가 2005년 52.1%, 2008년 55.0%로 증가해왔으며 2020년경에는 65% 수준으로 늘 것으로 예상된다.[123]

이 같은 증가세에도 불구하고 우리는 OECD 선진국에 비하면 여전히 공공부문의 부담이 낮아 선거 때마다 '보장성 강화'가 사회적·정치적 이슈의 하나로 곧잘 제기되고 있다. 문제는 당분간 지속적으로 늘어날 것으로 예상되는 공공부담의 부담 증대가 재정적으로 감내할 수준이 되기 위해서는 국민의료비 증가를 적정 수준으로 억제하는 것이 선결 요건이라는 사실이다. 하지만 이는 말처럼 쉽지 않다. 인구고령화와 장수인구의 증가, 이로 인한 노인의료비의 급증, 새로운 의료장비의 등장[124]과 이를 이용한 첨단의료의 확대에 따른 진료비 증가, 특히 비급여 진료비 증가에서 보듯이 보건복지부와 국민건강보험공단, 건강보험심사평가원이 통제하기 힘든 영역에서 의료비 지출이 빠른 속도로 늘고 있기 때문이다.

그럼에도 불구하고 보건복지부와 국민건강보험공단 등의 공공기관은 적극적인 개입을 통해 빠른 의료비 지출증가를 억제하지 않으면 안될 상황이다. 건강보험 통합과 의약분업 시행(2000.7)[125] 후 12년이 경과하는 동안 거품이 낀 약제비 등 억제 가능한 영역에서조차 제대로 통제하지 못한 측면이 없지 않다.[126] OECD 국가 평균과 비교하여 국민의료비 지출[127]과 건강보험 보험료 수준이 아직은 낮다는 인식이 정부와 건강보험공단, 그리고 의료서비스와 의약품 공급자들의 의식에 자리 잡고 있었고, 이로 인해 이해관계자들이 그간의 증가세를 암묵 간에 시인해온 측면이 없지 않다. 건강보험의 요양급여 기준과 요양급여 비용, 보험료 개정 등의 문제를 검토하는 건강보험정책심의위원회[128]가 다소간의 마찰을 빚으면서도 그동안 큰 파탄 없이 운영되어 온 것이 이 같은 해석을 간접적으로 인정해주고 있다.[129]

정리하면 2000년의 제도 통합을 종합적으로 평가하면, 당초 의도하였던 정책목표의 달성 여부와 달성도 측면에서 절반의 성공이라고 말할 수 있을 것이다.[130] 소득재분배는 지역가입자를 포함하는 전 가입자 차원에서는 그 성과가 다소 약하지만 직장가입자 내에서는 꽤 강하게 이루어졌다. 지역가입자 보험료 부과체계의 근본적인 개선이 이루어지지 못했지만 보험료 인상폭이 직장가입자에 비해 상대적으로 낮아 지역과 직장 가입자 간의 부담 격차가 다소 해소되었다.[131] 그리고 고성능의 전산시스템을 통한 효율적인 점검망 구축으로 관리운영의 효율화를 통한 관리비 절약과 진료비 증가 억제 측면에서 상당한 성과를 거두고 있는 것으로 파악되고 있다.

국고지원을 줄이겠다는 당초의 정책목표는 애당초 달성하기 힘든 목표였고, 또 정책적으로 바람직한 목표도 아니었다는 점에서 달성 여부가 큰 의미를 지니지 못하겠지만 통합 후 크게 늘어나지 않았고 국고지원제도가 한시적 단서를 달고는 있지만 건강보험법 등에 규정되었다. 그리고 보험료 인상 없이 보험급여를 개선하고 보장성을 강화하겠다는 목표 역시 애당초 달성하기 힘든 목표라는 점에서 논의하는 것은 별반 의미가 없다고 할 것이다. 종합하면 추구 가능한 정책목표를 대상으로 평가해보면 제도 통합은 일정한 성과를 거둔 것으로 이해할 수 있으며, 앞으로 총의료비 억제라는 큰 정책목표를 달성하기 위해서는 건보재정지출의 분권화, 비급여 관리 강화 등 기존 관리체계의 재구축을 포함한 추가적인 효율화 작업이 검토될 수 있을 것이다.

그동안 통제 가능한 영역으로 거론되었던 것 중 하나가 약제비이다. 전통적으로 약국 의존도가 커서 의료비 중 약제비 지출 비중이 큰 것은 일면 불가피했는지 모른다.[132] 의약품 지출은 2009년 기준 25조 8000억 원이며 이 중 건강보험 지급비용이 10조 3000억 원으로 전체 건강보험 급여 29조 9000억 원의 34.4%이다. 건강보험 급여율이 66.9%로 입원(65.9%)과 외래(50.4%)보다 높지만 의약품 지출이 건강보험 급여와 국민의료비 증대의 주된 원인의 하나로 지적되어 왔다. 약제비 증가의 원인으로는 거품이 낀 약가, 고가 의약품 등 약품 과잉처방, 약국수 증가[133] 등이 거론되고 있으며[134] 지난 10년간 연평균 10%의 증가율을 보였다. 대응책으로 보건복지부는 2012년 4월 1일 '약제급여목록 및 급여상한금액표' 고시를 개정하여 6506개 의약품 가격을 평균 14% 인하하는 파격적인 조치를 시행하였다.

건강보험 공·사 조화(public-private mix)의 방향[135]

2000년대에 들어와 건강보험의 보장성 수준이 사회적 이슈가 되고 2008년에 실손의료보험(일선에서는 '의료실비보험'이라고도 함) 판매가 생명보험회사 측에 허용되면서부터 민영건강보험 시장이 빠른 속도로 확대되고 있다. 가계지출에서 점하는 보험료 비중도 국민건강보험보다 민영건강보험, 즉 실손의료보험이 많은 가구가 늘고 있다. 민영보험회사가 상품판매 과정에서 건강보험의 보장성이 지닌 문제를 필요 이상으로 과장하여 상품구매를 촉구하는 측면이 없지 않겠지만, 급속히 늘어나는 민영건강보험 계약고는 국민들이 국민건강보험의 낮은 보장성에 문제의식을 가지고 대응하는 것으로 해석할 수 있다.

지금의 상태는 지난 10여 년 사이에 정부가 국민건강보험으로 진료비 보장성을 강화하는 데 한계가 있으니 민영건강보험으로 보장성을 보충하겠다는 정책을 펼쳐 얻어진 것이 아니다. 그동안 민영건강보험에 대한 체계적 접근을 통해 전체 건강보험체계를 재구축해보려는 시도가 두 차례 있었으나 소기의 성과를 거두지 못했다. 국민의 정부 후반부인 2001년 11월 이후 40여 일간, 그리고 참여정부 후반부인 2006년 3월부터 2007년 중반기에 걸쳐 민영건강보험의 활성화를 위한 방안이 논의된 바 있었다.

2001년에는 당시의 김원기 보건복지부장관이 개인적 관심에서 T/F(좌장, 김한중 연세대 교수)를 구성하여 단기간에 국민건강보험의 재정안정화와 보충급여로서의 민영건강보험 활성화 방안을 검토하도록 요청하였다. T/F는 민영보험회사에 대한 의료정보의 부분 제공과 심사평가 협력, 요양기관 계약제 실시 등을 검토한 바 있다.

2006년 이후의 논의는 1월 의료산업선진화위원회에서의 의제 선정을 계기로 3월의 T/F 구성과 활동, 12월 7일의 3개 부처(재정경제부, 보건복지부, 금융감독위원회) '실손형 의료보험 제도개선 실무협의회' 발족으로 이어졌다. 실무협의회에서는 임영록 재정경제부 차관보 책임 하에 법정본인부담금 보장제한과 유예기관 설정, 실손의료보험 상품표준화, 상품개발을 위한 건강보험공단의 기초통계 제공, 비급여 진료비 심사 위탁, 민영보험회사와 의료기관 간 비급여 가격계약 허용 등 그간의 현안과제에 대해 논의가 진행되었다. 그러나 협의회 가동 직후 '법정본인부담금을 보장해주는 민영건강보험이 국민건강보험 재정 악화에 영향을 미치는지의 여부와 정도'를 놓고 부처 간 의견이 대립되면서 갈등이 심화, 실증적 분석을 위해 한국개발연구원(KDI)에 연구용역을 맡기기로 하고 논의가 일시 중단되었다.

이때 연구용역을 맡았던 KDI(연구책임자, 윤희숙 박사)는 광범위한 데이터에 기초하여 분석한 결과 "민간의료보험 가입자의 의료이용량이 비가입자보다 높지 않기 때문에 민간의료보험 가입에 따른 도덕적 해이(moral hazard)가 뚜렷하다고 판단할 수 없으며, 암 같은 특정 질병 영역에서는 가입자의 의료이용이 많은 것으로 관찰된다"고 보고하였다. 이 결과에 대해 보건복지부 등이 수용할 수 없다는 입장을 내세우며 논의가 원점으로 회귀하고 말았다. 당시의 유시민 보건복지부장관은 "실손형 의료보험 상품의 판매로 건강보험 재정이 연간 2400억~1조 7000억 원까지 피해를 입고 있다"고 주장하면서 실손형 의료보험의 본인부담금 보장 상품의 판매를 금지하고 금융감독원이 가지고 있던 민영건강보험 관리감독권을 보건복지부가 가져야 한다고 주장하고 보험업법 개정을 시도한 바 있다. 돌이켜보면 이때 유 장관 주도로 추진된 파격적(?) 개혁이 제대로 시행되었더라면 지금쯤 민영건강보험은 꽤 다른 모습을 지니고 있을지 모른다. 이러한 점에서 2007년은 우리의 민영보험사(史)에서 특기할 만한 한 해였다고 할 수 있다.

이명박 정부에 들어와서는 정부의 이념성향이 달라지면서 본인부담금 보장 실손형 의료보험 상품의 판매금지 정책이 폐기되고, 기획재정부를 중심으로 추가적인 세제지원, 민영보험회사에의 건강보험공단 정보 일부 제공, 건강보험 당연지정제 폐지 등의 민영건강보험 활성화 대책이 구체적으로 논의되었다. 그렇지만 4년 이상이 경과한 지금 그간 검토되었던 민영건강보험 활성화 정책은 어느 것 하나 제대로 시행되지 않았다. 그런데 2008년부터 생명보험회사가 이 시장에 본격 진입하면서 체계적인 제도 정비가 이루어지지 않은 민영건강보험의 시장규모가 빠르게 커지고, 덩달아 비급여 진료비와 총의료비가 가파르게 늘고 있다. 그 과정에서 가구의 민영건강보험, 즉 실손의료보험 보험료 부담이 가계지출에서 적지 않은 부담으로 작용하기 시작하였다.

이 같은 흐름에 문제가 있다고 느끼고 있던 이들이 적지 않았지만 구체적인 행동으로 대규모 거부반응을 보인 적은 없었다. 그러다가 일부 전문가와 시민단체가 본격적으로 문제를 제기하면서 시정방법을 제안하고 나섰다. 2010년 7월 17일 발족한 '모든 병원비를 국민건강보험 하나로' 시민회의가 대표적이다. 이들은 '건강보험 하나로' 시민운동을 통해 시민들이 건강보험 보장성 강화 운동의 주체가 되자고 주장한다.

이들의 주장을 간략히 정리하면 이렇다.[136] "2010년 기준의 1인당 국민건강보험료인 3만 3000원을 34% 정도 올려 1인당 4만 4000원을 내고 정부와 기업도 이에 맞춰 그만큼 부담을 늘리면 입원 시 건강보험의 보장률을 90% 이상(현재 66%)으로 올릴 수 있고 연간의 본인부담금을 100만 원 이내로 억제할 수 있다. 대신 지금 민영건강보험료로 가입자들이 내는 월평균 보험료 12만 원을 내지 않아도 되니 가구의 월평균 보험료는 줄면서 병원비 걱정에서 벗어날 수 있다"는 것이다. 물론 이때의 12만 원에는 적지 않은 저축보험료가 포함되어 있어 위험보험료로만 구성된 국민건강보험료와 직선적으로 비교하는 것은 올바른 방법이 아니다.

정부와 여당은 야당과 시민단체의 하나로 운동 전개 후 2년이 경과하고 있지만 말을 아끼고 있다. 아니, 거의 상대하지 않을 정도로 무시하고 있다. 하지만 건강보험의 재정안정과 재원확충 문제에 대해서는 지속적인 관심을 보이고 있다. 와중에 일부 보건경제나 사회복지를 전공한 학자들이 건강보험 재원으로 조세재원 투입을 검토할 수 있고, 이 경우 소득세·법인세보다는 부가가치세 등의 간접세가 바람직하다는 의견을 내놓고 있다. 이들은 일본 등 외국에서도 사회보장 재원조달을 목적으로 한 조세를 간접세로 징수하려 하고, 또 실제로 징수하고 있는 나라가 적지 않다는 점을 강조한다.

이에 대해 주류파 경제학자들은 아직은 보험료 수준이 낮고 보험료 인상이 미칠 경제사회적 파장이 조세의 신설보다 작으므로 필요한 재원조달은 보험료 인상을 통해 검토하는 것이 우선이라고 주장한다. 조세에 의한 대응은 보험료 인상이 한계에 도달했다고 판단될 때 고려할 수 있다는 것이다. 건강보험 재정안정의 경우, 급여지출에 대한 엄밀한 점검을 통한 삭감 노력이 우선이고, 그래도 부족하면 보험료 인상, 조세재원 투입의 순으로 검토하자는 입장이다.

게다가 이들은 최근의 조세재원 투입 논의는 건강보험의 운영주체인 보건복지부와 보험료를 징수하는 국민건강보험공단 측의 잘못된 유인구조에 기인하는 측면이 크다고 지적한다. 수가와 약가 인상 억제 등 의료서비스와 의약품 공급자 규제에 따른 마찰과 민원, 보험료 인상에 따른 국민들의 따가운 시선을 회피하기 위해 조달하기 쉬운 조세재원으로 옮겨가려는 게 아니냐는 지적이다. 객관적으로 볼 때 설득력이 있는 주장으로 평가받을 수 있다.

활동 1년여 만에 휴면상태(?)로 들어간 하나로 운동이 다시 수면 위로 부상하여 국민적인 논의가 될 수 있기 위해서는 정치권의 지형이 크게 바뀌어야 할 것이다. 2012년 말의 대선에서 진보세력이 정권을 되찾을 경우, 건강보험정책은 1998년 김대중 정부의 등장 이후 그랬듯이 다시 한 번 큰 변화의 흐름을 탈 수도 있다. 그때처럼 제도와 조직의 통합을 수반하는 정도는 아니라고 할지라도 건강보험 재원조달 구조가 크게 바뀌고, 건강보험에 대한 공·사 보험 영역구분에도 다소간의 변화가 생길지 모른다.

건강보험의 보충보험 시장으로 빠르게 성장하고 있는 민영건강보험 시장이 현 수준에서 확장세가 동결되거나 중장기적으로 축소 조정될 수도 있다. 이에 따라 개별 가입자들의 보험료 부담 수준도 민영건강보험 가입자 가구를 중심으로 꽤 낮아지는 대신 이런저런 유형의 세부담이 조금씩 늘어날 수 있다. 그리고 진료비 본인부담 한도액이 설정되면서 중증질환에 대한 의료수요가 대폭 확대되고 입원자가 늘어나는 등 가입자들의 의료기관 이용행태가 조금은 달라질 수 있다.

이렇게 되는 것이 좋을지에 대해서는 지금 단계에서 섣불리 얘기하긴 힘들다. 다만 일시적으로 국민의료비 증가세 압력이 다소간 낮아지는 효과가 기대되고, 의료비로 가계가 어려워져 빈곤선으로 떨어지는 가구가 대폭 줄어들어 서민가계를 중심으로 후생수준이 크게 높아질 것이라는 점은 예견 가능하다. 문제는 민영건강보험 시장을 중장기적으로 위축시켜 국민건강보험 의존도를 지금 이상으로 확대하는 것이 곧바로 국민의 건강증진과 국민의료비 억제, 그리고 의료의 질 개선에 긍정적으로 작용할지에 대해서는 명확하게 말하기 힘들다는 사실이다.

이는 국민건강보험의 급여 확대 등 보장성 강화 조치가 위에 기술한 세 가지 목표에 충실한 형태로 검토·추진되기보다 '환자와 그 가족의 경제적 부담 억제', '사망위험에 처한 중증 환자 방치 불가', '높은 진료 수요'라는 근시안적 목표나 인륜과 의사윤리라는 대의명분에 구속되는 등 큰 원칙이 없이 이루어지면서[137] 재원 투입 증가에 상응하는 수준의 정책목표를 달성하지 못하고 있기 때문이다. 또 우리의 단일보험자 방식의 관리 형태가 기대만큼 효율적인지, 즉 경직된 인사와 낮은 경쟁 압력으로 인해 조직이 관료화하고 비용절감 의식이 약해지면서 보험 급여 지불에 대한 통제가 약해지는 문제에 대한 근본적인 해법을 가지고 있는지 불분명하기 때문이다.

우리는 대만과 더불어 조세가 아닌 보험료 방식의 단일보험자 체계를 운영하고 있다.[138] 대만은 우리와 달리 정부가 명실상부한 보험자이다. 단일보험자로서의 역사가 짧고 보험료 방식이므로 역사가 길고 조세방식인 영국, 스웨덴, 캐나다 등과의 비교는 신중해야 할 것이다.

물론 새누리당 등 보수성향의 정권이 지속되면 지금까지 해왔던 대로 점진적인 보장성 확대에 중심이 놓일 것이고 민영건강보험 시장도 지속적으로 성장할 것이다. 다만 시장이 확대되더라도 건강보험을 취급하는 민영보험회사에 지금과 다른 기능이 요구될 가능성도 없지 않다. 즉 네덜란드(2006년)와 독일(2007년) 등에서 전개된 민영보험회사를 이용한 건강보험 개혁 및 국민의료비 억제책과 유사한 실험이 국내에서도 실현될지도 모른다. 건강보험을 통한 보장성 강화를 추진하되 그 이상으로 민영건강보험의 보충기능을 적극 활용하려는 정책이 채택될 수 있다는 것이다.

주요국 의료·건강보험 개혁의 시사점

끝으로 미국을 포함한 선진 국가의 의료와 건강보험 개혁이 시사해 주는 바를 간략히 정리하여 향후 우리나라 의료와 건강보험 개혁[139]의 지침 마련에 참고가 되도록 한다.

첫째, 향후 보장성 강화가 건강 개선과 건강수명 연장으로 이어지지 않아 급여재원이 낭비되는 일이 없도록[140] 필수적 의료를 중심으로 급여 우선순위[141]에 따라 급여를 확대해나가되, 치료효과성이나 임상적 효과성, 비용효과성을 주기적으로 점검하여 우선순위를 신축적으로 운영한다. 보장성 강화는 1989년의 전 국민 의료보험 실시 당시의 이념 및 윤리관에 부합하는 정책이다. 물론 당시 정책 당국자가 어려운 사정에도 불구하고 모든 국민에게 의료서비스에 대한 보편적 접근을 허용하자는 이념과 윤리의식을 가졌는지는 확인하기 힘들다. 원래 건강보험의 재원조달방식과 의료서비스 공급구조, 관리운영체계(단일보험자-다보험자 등) 선택에는 일정 수준의 이념이 끼어들기 마련이다. 지금의 우리 방식은 세계적으로 특이한 유형이며 여기에는 우리의 이념과 윤리관이 반영되어 있다고 할 수 있다.[142]

둘째, 보장성 강화를 위한 추가재원 확보에 앞서 건강보험 급여지출의 내역과 그 구조에 대한 엄밀한 분석을 통해 줄일 수 있는 부분부터 줄이고, 그 이후에 보험료 인상, 조세재원 투입의 순으로 검토한다. 향후의 재원조달방안 개편 논의 시 건강보험의 운영주체인 보건복지부와 국민건강보험공단이 국민들의 시선을 따갑게 느껴 의료수가 및 의약품 가격 결정에 강하게 개입할 수밖에 없는 유인구조가 손상되지 않도록 한다. 국민과 국민의 이익을 대변하는 단일보험자인 국민건강보험공단은 보험료 인상과 관련해서도 '뭉치면 살고 흩어지면 죽는다'는 각오로 임한다.

셋째, 건강보험이 국민의 건강 증진과 환자의 노동시장 조기복귀 등으로 국민경제에 보탬이 되고 있다는 것을 입증할 지표를 만들어 이를 토대로 서비스별로 건강보험 급여적용의 타당성을 검증하고, 급여적용 여부와 적용수준 등을 조정한다. 일선 의료현장에서는 설명할 수 없을 정도로 다양한 치료행위가 이루어지고 있는데 이러한 행위가 건강 증진으로 유효하게 이어지고 있는지를 측정할 잣대가 없는 경우가 태반이다.[143] 따라서 앞으로는 의료와 건강보험정책이 좀 더 증거에 입각하여 운영될 수 있도록 하고, 정책변화에 따른 정책당국의 설명책임을 강화한다. 정책목표와 유인방식을 정하고 우선순위를 매길 때 이른바 전문가라는 사람들의 의견에 매달리기보다 과학적 증거에 입각해 결정하도록 한다.

넷째, 건강보험과 민영건강보험의 공·사 조화를 추구하는 기본방향은 선 건강보험 보장성 강화 후 공·사 조화 구축으로 잡는다. 우리의 민영건강보험은 생명보험회사의 실손의료보험 상품[144]이 판매된 2008년 5월 이후 그 영역이 급속히 확대되고 있는데, 민영보험회사들이 가입자 후생 증진에 도움이 되고 국민의료비 증가 억제에도 기여하는 방식으로 상품을 설계, 판매하고 관리·운영하고 있다고 자신하기 어렵다.

그간 널리 보급되어 왔던 정액형 상품은 물론이고 2008년 이후 빠르게 확대되고 있는 실손의료보험도 높은 부가보험료, 즉 사업비[145]가 설정되어 가입자 후생 증진과 국민의료비 증가 억제에 기여하는 효과가 약하고, 의료보험 상품이 지녀야 할 최소한의 공공성 기능도 수행하지 못하고 있지 않느냐는 비판이 제기되고 있다.[146]

민영건강보험료는 국민건강보험료와 달리 가계가 전적으로 부담하는 부분이 대부분이고, 지난 수년간의 증가속도가 빠르다는 점을 감안할 때 이 재원의 효율적 활용과 이를 통한 국민의료비 증가의 효과적인 억제를 위해서는 해당 재원의 가계 내 배분구조를 적정하게 유도하는 작업이 필요할 것이다. 가계가 강제납부의 국민건강보험료와 임의납부의 민영건강보험료로 나누어 내고 있는 지금의 건강보험료 배분구조가 적정한 상황인지, 건강위험의 정도에 따른 표준적인 가입자 사례를 모델로 하여 건강위험보장이 최적수준이 되도록 국민건강보험과 민영건강보험의 조화를 통한 보장 사례를 소개하자.

아울러 가입자의 위험회피 선호를 파고드는 보험설계사와 보험회사 측의 공세적 영업으로 가입자 다수가 과잉보장되어 있지 않은지 실태를 파악하고 이를 토대로 실손의료보험 상품의 보장내역 조정 등 추가적인 표준화·간소화 작업에 착수한다. 민영건강보험 시장이 지속적으로 발전·확대되도록 지도·감독하되 그 시점이나 속도가 국민건강보험의 보장성 강화 정도에 맞춰 진행될 수 있도록 금융위원회 등이 개입·규제[147]하는 등 정부 내 정책공조를 강화한다.

건강보험, 건강수준, 국민의료비의 관계

건강보험 덕분에 우리는 질병과 부상 시 부담해야 할 막대한 병원비용 걱정을 덜 수 있게 되었다. 평소 조금씩 보험료를 내면 정작 큰 병에 걸리거나 사고를 당해도 이전만큼 당황해하지 않아도 된다. 젊고 몸이 건강했을 때는 매달 나가는 작은 보험료조차 아깝게 생각되는 적도 있었다. 그렇다고 가족들이 빈번하게 병원 나들이를 하는 것도 아니니 그렇게 생각할 때가 종종 있었다. 하지만 나이가 들어가면서 이런저런 성인병 질환으로 병원 출입이 잦아지고 시술과 수술도 받고 나니 보험료가 아깝다는 생각이 싹 가셨다. 지난 20여 년간 내기만 하고 제대로 쓰지도 못한 돈, 이참에 다 쓰지 않나 싶을 정도로 많은 돈을 건강보험공단에서 내주었다. 내가 부담한 돈도 제법 되었지만 그보다 훨씬 많은 금액을 지원받을 수 있었다. '아, 보험이라는 게 이럴 때 쓰라고 있는 제도로구나.' 반가운 마음에 큰 소리로 외치고 싶기도 하지만 속으로 삭이며 다시금 건강보험의 고마움을 곱씹어본다.

한 가지 궁금한 게 있다. '건강보험 덕분에 건강이 증진되었는가'라는 점이다. 분명 목돈이 들어갈 때 도움이 되는 것은 알겠는데 건강보험 가입으로 나와 내 가족의 건강이 얼마나 좋아졌는지에 대해서는 자신이 없다. 돌이켜보면 건강보험이 없었을 때보다 부담이 덜 되니 병원을 좀 더 찾아가지 않았나 싶기도 하다. 덕분에 질병을 조기에 발견하여 큰 시술을 한 경험이 있는 자신의 입장에서 보면 건강보험 덕분에 건강이 좀 더 나아졌을 것 같은 생각이 들기도 한다. 하지만 주변의 많은 사람들이 나와 같거나 비슷한 상황을 경험했을까. 병원 문턱을 열심히 넘나들었지만 질병의 예방과 질환의 조기발견과 치료보다 만성질환의 치료나 질병 악화의 지연, 종말기 연명치료 등을 위해 드나든 이들이 더 많았을지 모른다. 기우와 과민에 따른 지나친 검진으로 검진비를 날리거나 반대로 많은 진료비를 지불하고도 건강을 회복하지 못한 채 목숨을 잃은 이들도 적지 않을 것이다. 이런저런 이유로 진료비가 늘어나지만 건강증진에 기여하는 바는 불명확하다. 외국의 연구[148]에서도 건강보험이 가입자의 건강을 증진시킬 수 있지만 실제 그러한지에 대해서는 의견이 엇갈리고 있다.

통계로 본 건강수명은 71.0세(2007)로 5년 전의 66.0세(2002)보다 크게 늘어났다. 2020년에는 75세로까지 끌어올리겠다고 한다(제 3차 국민건강증진종합계획, 2011.6). 이 같은 수명의 연장에 건강보험이 일정 부분의 긍정적 효과를 미쳤을 것으로 생각해볼 수 있지만 양적 효과를 밝혀내는 것은 쉽지 않다.[149] 건강보험 급여에서 건강생활 실천, 질병의 예방, 건강관리 급여가 차지하는 비중은 2.7%[150]로 낮아 건강보험의 '평생건강지킴이'로서의 역할은 제한적인 것으로 추정할 수 있다.

전체 인구의 10%인 노인들이 사용하는 진료비가 15조 3768억 원(2011년)으로 건강보험 총진료비(46조 2379억 원)의 33%가 됨에도 불구하고 이들은 건강상태가 나쁘다(49%)고 생각하는 이들이 좋다(20%)고 생각하는 이들보다 배 이상 많다. 그래서 정기적인 건강검진자가 65%에 달하며 매년 이 비율이 높아지고 있다. 이상에서 보듯 건강보험 덕분에 노인들의 병의원 출입이 잦아져 (건강)수명이 연장되고 있음은 부정하기 힘들 것이다.

물론 건강보험이 건강수명의 연장 등 국민건강 증진에 지금 이상으로 기여하고, 그러면서도 국민의료비 지출 증가율을 적정선 이하로 억제하는 데 큰 역할을 수행할 수 있다면 금상첨화다. 그렇지만 지금 우리의 빠른 국민의료비 증가에 건강보험(혹은 민영건강보험)이 지렛대 역할을 하고 있는 것은 아닌지 면밀히 검토가 필요한 시점이다. 의료서비스의 소비자와 서비스 공급자인 병원과 의사를 탓하기 전에 이들 제도(혹은 상품)의 설계 혹은 관리운영에 허점이 없는지 꼼꼼히 들여다보자. 국민건강보험공단과 보건복지부는 "세계 각국에서 벤치마킹하러 찾아오는 세계 최고 건강보장 기관"이라고 자랑하기 전에 자신들의 속 모습부터 먼저 들여다보고 자성해야 할 때가 아닐까 싶다.

제**2**장

민영건강보험의
기원과 발전

진료비 지불을 보장하는 의료보험의 아이디어를 맨 처음 제시한 사람은 프랑스에서 영국으로 이주한 챔버렌 가문의 휴 챔버렌(H. E. Chamberlen: 1630~1700)으로 알려져 있다. 그의 큰할아버지인 피터 챔버렌 1세(1560~1631)는 산부인과 의사로 당시의 영국 왕 제임스 1세와 왕비의 주치의로 일하고 있었다.[1] 휴 챔버렌도 산부인과 의사로 명성과 부를 쌓았으며 생애 후반부인 1694년에 의료보험을 옹호하는 책을 출판했다. 그러나 그의 주장은 받아들여지지 않았다.

이후 18세기에 들어와 영국을 비롯한 프랑스와 독일[2]에서는 의료보험의 초기 유형이라고 할 수 있는 제도와 조직인 공제나 춘프트금고 등 이전부터 자생적으로 만들어진 조직들이 체계화된다. 이때 체계적인 의료보험의 구상을 담은 또 다른 책자가 독일에서 출판되었다. 상업학의 거두이자 중상주의자인 마르페르거(P. J. Marperger: 1656~1730)[3]가 1718년 라이프치히와 함부르크에서 출판한 대도시 점원에 관한 긴 제목의 도서[4]가 그것이다(사진 참조).

여기서 그는 점원의 의료보험에 대해 "보험료로 조합원은 연수입의 2%, 자산이 없는 도제는 주인이 연 1라이히스타렐을 대납한다. 상점

내 직급이 올라갈 때마다 같은 금액을 더 부담한다. 적립금은 조합원의 질병치료비와 장례비용에 충당한다"고 서술하고 있다.[5]

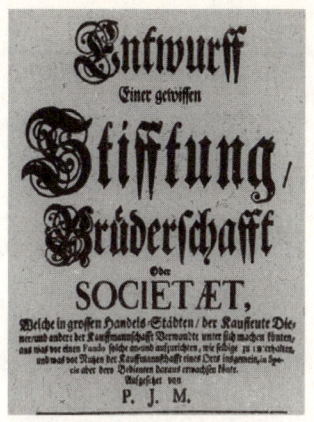

마르페르거의 『상점원』(1718)

마르페르거의 구상은 생전에 실현되지 않다가 사후인 1790년대 오스트리아에서 실현된다. 1798년 후버(J. B. Huber)가 세운 그라츠(Gratz)의 조합[6]에서 '보험료로 40세 미만의 제1종 조합원은 연 4굴덴(가입료 3굴덴 별도), 40세 이상의 제2종 조합원은 연 5굴덴(동 6굴덴 별도)을 징수하고 제1종 조합원의 모든 급여에 2년의 대기기간이 설정되어 있으며 입원비를 되돌려주는' 제도가 시행된 것이다. 이 조합은 지금도 남아 회사 형태로 운영되고 있으며 세계에서 가장 오래된 민영건강보험회사의 하나로 인정받고 있다.[7]

독일 민영건강보험의 뿌리도 역사가 꽤 된다. 중세 수공업자인 춘프트(Zunft) 조직에서는 장인과 직공이 질병에 걸릴 경우의 급여 지급을 약속한 춘프트정관이 있었다. 이들 중 가장 오래된 곳이 1355년 프랑크푸르트·암·마인의 나무통 직공(Kufer) 춘프트이다.[8] 이 정관에 따르면 기여와 급여, 부과방식의 징수를 통한 부조 원칙, 법적 청구권이 명기되어 이전부터 있던 질병원조(Krankenunterstutzung)와 다른 의료보험의 원형(urform)에 해당하는 내용을 담고 있다.

이들 춘프트금고는 신구교 간의 30년 전쟁(1618~1648) 이후 약화되어 해체되기도 하였다. 이 과정에서 17세기 말부터 18세기에 걸쳐 각 지역에서 많은 공제조합이 생성되고 소멸되기를 반복하였다. 이때의 공제조합에서 민영건강보험의 초기 모습을 찾을 수 있다. 주목할 점은 이 무렵에 만들어진 초기 민영건강보험조합은 특정 직종이나 계층을 대상으로 한 폐쇄된 조직인데, 이 조직이 생명보험이나 화재보험 사례에서 보다 구성원 특유의 사회적 속성을 훨씬 더 많이 반영하고 있다는 것이다. 이는 이후 민영건강보험이 발달하면서 지역별, 국가별로 큰 차이를 보이는 것과 연관이 있다. 이들 조합은 질병금고, 건강보험조합, 과부조합, 사망조합 등 다양한 이름으로 일컬어져 왔으며, 19세기 중반까지 상당수가 존속하였고, 현존하는 독일 건강보험조합의 뿌리가 된 것도 적지 않다.

영국에서는 18세기에 여러 직종에서 우애조합이 결성되어 회원이 상해를 입거나 질병으로 일을 하지 못하면 이를 보상해주었다. 먼저 상해에 대한 보상이 시작되었고 이후 질병에 대한 보상으로 체계화하였다. 19세기에 들어와 시행된 상해보험(accident insurance)은 장애 발생 시 일정 금액을 지급하는 장애보험(disability insurance, 소득보상보험이라고도 함)과 유사하여 20세기 초까지 의료보험은 통상 장애보험으로 인식되었다. 지금과 같은 의료비를 보장하는 보험이 나타난 것은 20세기 초에 이르러서였다.

미국에서는 19세기 중반에 초기 형태의 민영건강보험이 나타났는데, 주목할 점은 특정 직역 종사자나 상인이 아닌 일반인 대상의 의료보험이 최초로 판매되었다는 사실이다.

일반인 대상 민영건강보험의 발상지는 미국

미국에서 일반인 대상의 민영건강보험이 판매된 것은 남북전쟁을 전후한 무렵이었다. 당시에는 의료보험보다 철도나 증기선 여행 시의 부상에 대해 보상해주는 상해보험이 판매되었다. 보스턴에 위치한 메사추세츠 의료보험은 1847년에 꽤 광범위한 급여목록을 지닌 초기 그룹상품(group policies)을 내놓았다. 이 상품이 상당한 인기를 얻자 점차 폭넓은 상해에 대해 보상해주는 고가의 상품이 나오기 시작해 19세기 말 무렵에는 부상과 질병, 그리고 장애 전반을 보상해주는 초기 소득보상보험 상품까지 등장했다. 20세기 초반이 되면 가입자 그룹은 의료서비스 공급자(health care provider) 등과의 관계를 발전시켜 오늘의 의료보험이나 요금기반 계약(fee-based contracts)의 선행 모델을 선보이기도 했다.[9]

의료보험은 초기에 상해보험 형태로 판매되었는데 상해보험을 포함한 손해보험의 역사는 고대 문명사회로까지 거슬러 올라갈 수 있다. 다만 이들 보험은 특정 직역의 장인이나 상인이 주된 가입대상이었다. 불확실한 손해에 대비하려는 인류의 생각은 구 오리엔트 시대의 바빌로니아 지방 상인을 대상으로 한 손해보험을 낳았다.

자금을 차입한 상인이 바빌로니아 내 이곳저곳을 이동하면서 장사하는 동안 질병, 도난, 해난사고 등에 직면할 수 있기 때문에 자본가들은 상인에게 자신의 처자식과 재산을 담보로 잡히라고 요구, 사고 등 만일의 사태 발생에 따른 위험을 줄일 수 있었다. 상인이 무사히 돌아오면 이자를 붙여 상환하지만 돌아오지 못할 경우 담보로 잡힌 처자식이나 재산으로 벌충토록 하였다. 보험금을 먼저 지급받고 나중에 보험료를 납부한다는 다소 특이한 제도를 지녀 오늘의 보험방식과 기본 구조가 다르지만 위험을 줄이려는 발상은 같다.

이후 사업 형태의 손해보험은 BC 400년경 그리스에서 모험대차(bottomry)라는 형태로 활용되었다. 배를 이용하여 교역하는 상인이 배와 화물을 담보로 자본가로부터 차입하는데, 도중에 해적을 만나거나 조난을 당하면 채무를 면제하고, 배가 무사히 항해를 종료하면 고리를 붙여 변제하는 방식이다. 14세기 이후 등장한 근대적인 해상보험의 기원을 이루는 제도인데 모험대차는 19세기 초반 무렵까지 비슷한 형태의 상품이 지속적으로 판매되었다.

다시 근대 의료보험 얘기로 돌아가자. 의료보험은 본시 개인이 보험회사에 일정한 보험료를 납부하고 그의 건강과 관련되어 무슨 일이 일어났을 때 보험자가 진료나 치료 서비스를 제공하는 보험계약을 지칭한다. health insurance라는 말이 미국에서 널리 사용되기 시작한 것은 1890년대 이후 30여 년간 계속된 진보의 시대(progressive era)[10]였다. 이때 의료에 대한 정부의 역할에 대해 많은 논의가 이뤄졌다. 초기에는 질병보험(sickness insurance)으로 논의가 시작되었는데, 1911년 영국에서 의료보험 용어를 사용한 국민보험법(national insurance act)이 제정된 이후 이 말이 널리 통용되게 되었다.

당시의 질병보험은 오늘의 소득보상보험에 필적할 정도로 소득을 보상해주었기 때문에 1910년까지 아주 인기가 높았다. 당시만 해도 실직 시의 임금 손실규모가 의료비용을 훨씬 초과하였다. 이 무렵 의료는 어쩌다 한 번씩 받는 게 일반적이었고 근로자의 의료 의존도 지금에 비해 훨씬 약했다. 당시의 질병기금(sickness fund)은 실직으로 겪게 되는 살림살이 충격을 완화하기 위해 도입한 의료보험의 일종이었는데

많은 경우에 실직자를 재정적으로 지원하고 의료비용을 지원하는 데 충분한 기능을 수행하였다.[11]

20세기에 들어와서도 초기 사반세기 동안은 의료보험이 거의 활용되지 않았다. 의료기술이 발달하지 못해 많은 환자들에게 제대로 된 진료·치료 서비스를 제공할 수 없었고 대부분의 환자들은 가정에서 처치를 받았다.[12] 이후 의료기술이 발달하고 세균과 살균법에 대한 지식이 넓어지면서 치료는 가정 밖의 건강센터에서 행해지게 되었다. 1920년대까지 수술은 대개 가정집에서 행해졌지만 전염 유발 박테리아와 감염성 질환의 규명, 그리고 신체의 면역체계에 대한 이해가 높아지면서 수술 실패율이 낮아졌다.

의료기술이 진보하면서 조직화하기 시작한 의료행위 종사자들은 자신들의 직업 체계화에 나섰다. 19세기에 결성된 미국의학협회(AMA)는 20세기 초반에 면허기준과 고등교육과정의 의학훈련 기준을 만들기 시작했다. 이는 의료 전문화와 의학의 진보로 이어져 기대생명 증가를 가져왔으나 의료비용도 지속적으로 증가하였다. 하지만 의료비용보험에 가입한 이라면 진료시 선납해야 했던 비용의 상당 부분을 지원받아 본인 부담분을 줄일 수 있었다.

개인 대상의 의료보험이 먼저 발달한 미국이었지만 1920년대까지만 해도 대부분의 사람들이 의료보험의 필요성을 느끼지 못해 일부가 질병보험에 가입하고 있었을 뿐이었다. 그런데 1929년 댈러스의 교원들이 지역병원과 일정한 보험료를 미리 내고 일정 수준의 질병과 입원에 대해 서비스를 받기로 파트너십을 형성한다.[13] 대공황 중 이러한 선납 병원서비스 계약이 증가되어 가입자와 병원 모두를 만족시켰다. 미국 병원협회(AHA)는 관내 병원에 유사한 플랜의 계약을 장려하였고 이것이 병원의 안정적인 소득원이 되어 위기 시의 재무위험을 완화시켜 주었다. 각 병원과 각 지역 의료조직(community care organization)은 미국 병원협회의 지원 하에 블루크로스(blue cross)라는 이름으로 경쟁적으로 유사한 계약을 맺어 지역 내 서비스 수급자수 확대에 나섰다.

이 같은 움직임에 의사들도 자구책 마련에 나서 역시 선납 플랜인 블루쉴드(blue shield)를 만들어 블루크로스와 대결하면서 가입자들에게 추가적인 선택을 제공하였다. 이 무렵 의사들은 때마침 도입 움직임이 있던 사회보장 법제를 통해 강제가입 의료보험이 도입될 경우 규제가 강해지고 환자의 선택권과 의사와 환자의 상호관계가 크게 손상될 것을 우려하였다.

결과적으로 임의가입의 의료보험과 블루쉴드로 의사들은 차등화된 진료서비스 가격체계를 온존시킬 수 있었다. 환자들은 청구요금에서 보험급여를 빼고 본인부담분을 납부하였다. 의료시장이 확대되면서 정부는 근로자의 급여플랜이 확산되도록 장려책을 강구하였는데 이 플랜은 강성노조 덕분에 관련 내용이 꽤 개선되었다. 정부는 1954년부터 고용주와 근로자 의료보험 기여금을 소득공제해주고 있다.

이처럼 미국에서 1840년대에 발족한 민영건강보험이 상해보험과 질병보험의 형태로 발전했지만 근로자 일반을 대상으로 한 광범위한 의료보험은 아니었다. 임의가입이고 정부가 의료 가격 등을 통제할 수 없는 보험이었기 때문이다. 이후 미국에서 강제가입의 의료보험 도입이 본격 논의되기 시작한 것은 대공황기 이후의 사회보장제도 도입(1935)을 전후한 시기였다. 하지만 이때에도 미국 의사단체 등의 거센 반대로 강제가입의 의료보험은 도입되지 못한다.

공적건강보험이 민영건강보험의 발전으로: 독일 사례

19세기 중반이 되면서 근대적인 모습의 민영건강보험회사가 나타나기 시작한다. 건강보험 수리에 밝았던 헤임(K. F. Heym)은 작센사망표를 만들어 최초로 건강보험의 연령별 보험료와 급여일람표(tarif)를 계산하고 이를 토대로 1855년에 라이프치히질병조합을 설립했다. 이 조합이 훗날 독일에서 최초로 보험수리원리에 입각해 상품을 판매하는 건강보험회사가 된다. 이 시기에 보험사업에 수학과 통계학의 기법이 적용되면서 상업적 원칙에 입각한 상품이 개발, 판매되었다. 몇몇 기업이 상병수당을 지급하는 상품을 판매하는 등 민영건강보험회사의 틀을 갖추긴 했지만 수요층이 취약하고 의료비가 높아 가계에 크게 부담될 정도가 아니어서 뿌리를 내리지는 못했다.

한 가지 분명한 것은 이 시기에 발족한 공적건강보험(1883)이 민영건강보험을 발전시키는 계기가 되었다는 사실이다. 원래 양자는 공통의 계보로 연결되어 있었는데 공적보험의 발족으로 자기 책임에 입각한 민영건강보험의 차별성이 강조되고,[14] 직업과 신분에 따라 설립된 많은 질병공제조합이 청산되거나 해산되는 과정에서 일부가 특인(特認)조합으로 잔존하여 민영건강보험회사로 변모할 수 있었으며, 공적건강보험에의 가입의무가 없는 국민들에게 민영건강보험 가입의 필요성을 환기시켰다. 그리고 공적건강보험의 제한된 보장범위는 민영건강보험의 보장범위 설정과 확대에 영향을 미쳤다.

그러나 이 시기에 설립된 Urania(1890, 드레스덴), Deutscher Anker(1898, 베를린) 등은 오래가지 못했다. 시장이 발달할 여건이 아직 조성되지 않았기 때문이다. 다만 공무원과 수공업자 덕분에 이후 민영건강보험회사들이 기지개를 펴고 일정 부분 사업성을 갖추게 된다. 수공업자 전국 조직은 1904년에 공적건강보험의 적용을 요구하지만 제국의회에서 거부되자 1906년의 제7차 전국대회에서 건강보험조합을 설립하기로 결의하고 이후 함부르크, 도르트문트, 쾰른, 베를린 등지에서 순차적으로 조합이 결성된다. 이때 조직된 조합들이 훗날 유명한 민영건강보험회사로 발전한다. 1913년에 쾰른에 설립된 Central Krankenversicherung은 현존하는 가장 오래된 주식회사 형태의 건강보험회사 중 하나이다.[15]

독일에서 민영건강보험이 성장 기반을 마련한 시점은 1914년의 제1차 세계대전 이후이다. 전쟁이 끝나면서 발생한 극심한 인플레로 중산층의 생활기반이 파괴되는 가운데 의학의 발전으로 의료비가 빠르게 늘면서 건강보험의 필요성이 증대되었다. 이후 대공황이 도래하는 1929년 이전까지 민영건강보험이 크게 성장하여 계약건수와 보험료 수입이 늘었다.[16]

하지만 회사 간 경쟁이 심해져 보험료를 대폭 할인해주는 기업이 생기고 이들 기업을 중심으로 지불불능 사태가 발생하면서 당국이 비례보전 시의 최고한도 설정을 요구하는 등 시장에 개입하고 기업들은 서둘러 보험료를 인상하고 급여를 삭감하는 조치에 나서는 상황이 되었다. 당시의 보험회사들은 건강보험 경영에 관한 노하우와 통계치가 없어 보험료의 남녀 구분, 어린이에 대한 추가 보험료 등이 없었고 심할 경우 가입자의 연령과 질병 유무조차 고려하지 않는 경우가 많았다.

이러한 상황에서도 상호회사, 주식회사 형태의 민영건강보험회사 설립이 잇달았고 심지어 공적건강보험도 민영건강보험의 사업영역에 발을 내딛기도 하였다. 이 분야가 급격히 성장하자 신규 인가 시에는 생명보험업과의 겸업을 인정하지 않는 '겸업 불가의 원칙'이 확립되었다. 이 무렵 드레스덴협회, 라이프치히협회 등의 민영보험회사협회가 만들어졌고 이들의 중재로 1929년 이후 대공황기에 많은 기업들의 흡수·합병이 추진되었다.

한편 이 시기에 근대 민영건강보험 경영의 핵심 요건인 약관과 보험수리 원칙이 확립된다. 1908년에 만들어진 보험계약법에는 건강보험 규정이 없어 민영보험회사들은 공적건강보험의 용어와 급여범위 등을 모방하여 자체 약관을 만들어 사용하였다. 이때 라이프치히협회가 표준약관을 만들어 질병, 상해의 개념을 규정하고 가입연령 제한, 급여범위 한정, 대기기간과 이 기간 중의 질병에 대한 처리, 기왕증 처리 등에 대한 기준을 제시하였다. 이 약관이 1929년에 채택되었고 1931년에는 보험감독청이 이를 인가하였다. 이 약관으로 민영건강보험은 손해보전 원칙에 입각하여 운영한다는 원칙이 확립되었다. 즉 민영건강보험은 '(필요한 진료로) 생기는 재산손해의 보전과 사회보험에 준한 출산수당과 사망수당'을 지급하는 보험으로 자리매김되었다. 이때 질병에 대해서는 객관설이 채택되어 '의사가 이상(異常)이라고 판단하는 신체적 정신적 상태'로 규정되었다.

보험수리에 입각한 제도로의 이행이 시도된 것도 이 무렵이다. '보험료와 급여일람표'를 수정하고 급여도 사회보험방식을 준용한 '최대한 급여방식'에서 '비례급여방식'과 '급여최대한도액부 혼합비례급여방식'으로 바뀌고 상병수당 대신 의료비를 보상해주는 보험이 개발되었다. 보험료 면에서도 연령별 평준보험료에 대한 연구(Balzer, 1932)가 나와 이를 도입하려는 움직임이 나타났다. 1936년에는 보험수리 원칙에 입각하여 계산된 보험료를 담은 사업계획서가 감독청에 의해 인가되었다.

민영건강보험과 공적건강보험의 공존: 독일 사례

제2차 세계대전 이후 점령군사령부가 "신 사회보험체제 구축은 독일 입법기관의 임무"라고 규정[17]하면서 이후 아데나워 정권에서 대전 이전의 체제가 부활된다. 그 덕분에 민영건강보험도 공적건강보험과 공존하면서 발전하게 된다. 전후 얼마 되지 않은 시기였지만 가입자들의 의료수요 증대 외에 의사의 과잉공급, 전문의 증가, 의료의 고도화, 신약 개발 등이 서로 영향을 미쳐 급여지출이 크게 늘었다. 1949년 말에 민영건강보험협회가 재건되고 이 협회가 주축이 되어 보험료와 급여수준의 인상이 시도되었다. 보험수리에 기반한 수지균형이 강조되어 본인일부부담방식과 무사고 시의 보험료 반환제 등이 전면시행되었다. 1949년에는 보험감독특별위원회가 민영건강보험은 생명보험처럼 수리원칙에 입각하여 운영되어야 한다고 결의한다.

이 무렵 민영건강보험 관련 법적 기반이 크게 정비되었다. 법적으로 정해진 보험계약 법규가 없기 때문에 의료비보험 기본약관(1950), 상병수당금 보험 기본약관(1952), 입원비·입원수당금 보험 기본약관(1952) 등을 제정하는 약관 정비작업이 추진되었다. 보험계약의 법적 근거는 보험계약법, 보험감독법, 민법, 보통보험약관, 특별약관 등인데 보통보험약관은 앞의 세 종류 약관 외에 요율·급여약관·급여일람표(tarif)로 구성된다. 이후 약관에 대한 개선과 통일 작업이 추진되어 1966년에는 회원 총회에서 '모든 회사에의 동일한 계약기반 제공'이 주창되면서 모범약관이 채택되고 그동안 기본약관을 사용해오지 않던 대형 건강보험회사들이 이를 채택하였다.

주목할 점은 1950년대 말에 부가보험(혹은 추가보험)이 크게 증가했다는 사실이다. 공적건강보험에 가입한 이들이 이들 보험에 가입하여 보다 나은 입원간호보험을 이용하였다. 입원비·입원수당금 보험은 단독 부가 보험이라고 불리기도 했는데 한때 의료비보험을 능가하는 계약건수를 기록하기도 했다.

근로자의 질병기간 중의 소득상실을 보장하기 위해 제정된 임금계속지불법(1957)으로 인해 상병수당보험이 발달하지 못하였지만 이 법은 새로운 형태의 상병수당보험 추가보험을 만드는 기폭제 역할을 한다.

이후 1960년대와 1970년대를 거치면서[18] 공적건강보험과 민영건강보험은 공존하며 경쟁하는 관계로 발전해 왔다. 다만 앞에서 검토하였듯이 독일 국민의 절대다수가 공적건강보험에 가입해 있으며 10%를 조금 넘는 이들이 민영건강보험에 가입해 있다. 그리고 공적건강보험에 가입한 상태에서 병상차액 비용, 해외진료 여행비, 취업불능 기간의 휴업보상을 받기 위해 추가로 보충형 민영건강보험에 가입한 이들이 적지 않다.[19] 민영건강보험도 2009년 이후 공적건강보험에 준하는 형태의 상품을 조정된 표준보험료와 표준급여를 조건으로 판매하고 있다[20]는 점에서 양자의 보완적 관계가 다소 약화되고 대체적 관계가 강화되는 형태로 진화하고 있다.

최근 47개에 이르는 민영건강보험회사[21]는 정부당국의 조치로 공적건강보험과 유사한 상품을 제공하고 있지만 민간기업이므로 소비자 요구에 맞는 다양한 상품을 판매하고 있다. 공적건강보험에 비해 특약 형태로 다양한 보험상품을 덧붙이고[22] 전문의와 병원안내 서비스, 건강관리 프로그램 등의 측면에서 비교우위를 지녀 일정 소득 이상의 계층에게 큰 호응을 받고 있다. 가입한 보험회사를 변경하면 그동안 적립한 노후의료비 적립금도 함께 새 회사로 이동되도록 하여 회사 간의 경쟁을 유도하고 있다.

독일 건강보험의 공·사 조화

독일의 보건의료비 지출은 GDP의 10.4%(2007)로 OECD 국가 중 미국, 스위스 다음으로 높고 WHO의 보건의료제도 성과평가에서는 의료서비스 14위, 효율성 25위를 기록하고 있다.[23] 이처럼 보건의료비 지출규모와 성과평가만을 보면 독일을 의료선진국이라고 칭하기 힘들지 모르지만 인구당 의사수와 병상수 등의 지표에서는 상위권에 위치하는 등 접근성 측면[24]에서는 꽤 앞서 있다. 게다가 그동안 보험료만으로 운영해오던 공적건강보험의 재정이 악화되면서 2005년부터 조세재원[25]이 투입되고 있으며 그 규모는 전체 의료비의 9% 수준에 이르고 있다.

이러한 상황 등을 고려하여 독일 정부는 지속적인 의료개혁에 강한 의욕을 보이고 있다. 덧붙여 의료비 조달내역은 2009년 기준 공공부문 77.3%, 민간부문 22.7%로 공공부문이 큰 비중을 점하고 있으며, 공공부문은 사회보험료 70.5%, 조세 6.9%이고 민간부문은 민영건강보험 보험료 9.6%, 본인부담 12.3% 등으로 구성되어 있다.

병원 등 의료기관의 경우, 전통적으로 공립병원과 적십자나 교회 등이 운영하는 공익병원이 대부분이었는데 1989년 이후 추진된 의료개혁 과정에서 병원 간 통폐합이 진행되면서 경영효율이 좋은 민간병원이 실적이 나쁜 공립병원·공익병원을 인수, 민간병원의 비율이 조금씩 높아지고 있다.

1인당 의사수가 꽤 많은 독일에서는 외래환자를 보는 일반의(보험의)는 지역과 진료과 단위로 정원제를 운영하고 있다. 병원은 입원병원과 외래병원으로 구분되고 긴급 시를 제외하고는 최초 진료는 일반의에게 받아야 한다. 입원은 일반의의 병원 소개장이 있어야 가능하다. 2004년에는 의료보험현대화법(GMG)에 따라 과잉진료를 막기 위한 주치의 제도가 도입되어 환자는 이 제도를 선택할 수 있다. 한편 환자의 병력과 치료력은 개업의와 병원이 통일된 양식으로 기록, 보존하고 건강보험조합은 이 자료에 접근할 수 있다.

국내 민영건강보험의 도입과 발전

여기서 우리 민영건강보험의 역사를 간단히 살펴보자.[26] 구한말의 개화기나 일제강점기에 의료보험 상품이 판매되었다는 기록은 찾아보기 힘들다. 당시 국내에 진출한 서구 및 일본 생명보험회사의 상품 기록을 보면, 사망보험·생존보험·양로보험 등으로 의료보험이라고 판단할 만한 상품은 보이지 않는다. 1934년 국내에 진출한 7개 일본 생명보험회사의 주된 상품으로 사망보험과 생존보험 외에 상해보험과 여행상해보험이 있다.[27] 국내에서도 상해보험이 질병보험보다 훨씬 앞서 도입된 것으로 추정된다.

해방 이후 국내 보험회사들은 국내 경제가 회복세를 보이면서 다시금 기지개를 펴는데 여전히 주된 상품군은 사망보험, 생존보험, 상해보험 등으로 한정되었다. 의료보험 상품은 1970년대 이전에는 그 모습을 거의 확인할 수 없다. 그러다가 1976년 11월 10일, 동방생명(현 삼성생명)이 성인병 보험을 판매하면서 최초로 의료보험 상품이 국내에 선을 보였다. 이 보험은 당뇨병, 동맥경화증, 고혈압 및 뇌혈관질환 등으로 입원 또는 사망했을 때 최고 5000만 원까지 지급받을 수 있는 보험으로 특별보험, 사망보험, 입원급부금의 세 종류가 있었다.

이 상품은 재무부가 1977년 7월의 의료보험 시행을 앞두고 1976년 3월, 6개 생명보험회사에 암보험과 디스크 의료보험을 공동개발, 판매하도록 지시하여 발매된 상품이다.[28] 이 같은 재무부의 지시는 일본에서 1974년 이후 판매되기 시작한 미국 아메리칸패밀리 생명보험의 독점상품인 암보험 상품[29]이 인기를 끌고 있는 것에 착안한 것으로 이해할 수 있다.

이후 이에 맞서 손해보험회사들도 1978년에 성인병 및 부인병 보험을 특약상품으로 개발하였다. 이들 상품의 판매를 지원하기 위해 정부는 1977년부터 보장성보험 보험료에 대해 소득세 계산 시 연 12만 원까지 소득공제를 허용할 수 있도록 하였다.

하지만 발매된 상품의 판매실적이 기대 이하로 부진하자 6개 생명보험회사는 1978년 2월 15일부터 새롭게 개발한 성인병 보험을 내놓는다. 이때의 성인병 범위에는 당뇨병, 고혈압성질환, 허혈성심질환, 뇌혈관질환, 동맥경화증, 갑상선질환, 췌장성내분비장해, 심막의질환, 류마티스 기타 심질환 등이 포함되었다.

주지하듯 민영건강보험에서는 가입자의 성별, 연령, 병력 등 개인의 위험요인에 따라 보험료가 차별화된다. 가입자는 필요에 따라 가입하고 보험자인 민영보험회사는 언더라이팅(underwriting), 즉 청약의 인수 여부 결정을 통해 고위험 가입 신청자의 청약을 거절할 수 있다. 그런데 이때 상품을 판매하는 과정에서 보험회사 직원들의 전문성 부족 등의 이유로 언더라이팅이 제대로 되지 않아 고위험 가입자가 다수 가입하는 역선택(adverse selection) 현상이 발생하여 이후 보험금 지급을 놓고 가입자와 보험회사가 잦은 마찰을 보이면서 보험회사는 상품 판매를 중지하였다. 그 결과 질병보험의 판매실적은 1980년 말 기준 6개사 보유계약이 8억 4000만 원에 머물러 전체 생명보험 보유계약 9조 7000억 원의 0.01%에도 미치지 못했다.[30] 결국 초기 민영건강보험은 소비자와 생명보험회사에 의미 있는 상품으로 자리매김되지 못했다.

참고로 일부 생명보험회사가 동방생명의 성인병 보험보다 앞서 결핵보험 상품을 취급한 기록이 있다. 1969년에 재무부가 결핵치료를 목적으로 취급을 허락한 것인데 5년, 10년의 2종이 있었으며 매년 67원의 보험료를 내면 10만 원의 보험금을 받아 치료비, 입원비, 투약비 등에 충당할 수 있었다.[31] 다만 이는 결핵이라는 제한된 질병에 대한 보장상품이라는 점에서 본격적인 의료보험 상품의 판매라고 보기는 힘들 것 같다.

제1장에서도 언급하였지만 1977년에 재무부는 학생을 대상으로 한 민영건강보험을 도입하도록 하였다. 학교 단위 임의가입이며 보험기간은 1~3년이고 1인당 월 100~200원 정도의 보험료를 걷어 질병이나 사고 발생 시 치료비의 80%를 보험회사가 지급하는 방식이었다. 보험회사의 자산운용으로 생기는 수익금을 전액 학생을 위한 시설자금으

로 쓰도록 한 것이 주목할 점이다.[32]

이 무렵의 보험산업은 다른 금융산업과 마찬가지로 강력한 관치 하에 놓여 있었기 때문에 정부가 상품내용뿐만 아니라 보험자까지 지정하는 소위 '상품 T/O'라는 강력한 규제를 받았다. 그러나 1980년대에 들어와 보험산업에도 자유화 바람이 불면서 의료보험상품도 다양하게 개발된다. 1980년부터 손해보험회사를 중심으로 공적의료보험 혜택을 받지 못하는 이들을 대상으로 한 1년 만기 '건강보험' 상품이 판매되어 자영업자와 영세근로자 층을 중심으로 빠르게 성장하였다. 그런데 급여율이 급상승하면서 보험회사 적자가 커졌고 그 결과 1983년 9월부터 신규계약과 재계약이 대부분 중단되었다.[33] 이 상품은 시행 4년 만에 실패로 끝났는데 그 이유로 불충분한 사전 시장조사, 역선택에 따른 높은 급여율, 일정하지 않은 병원 진료수가 등이 지적되었다.

이후 보험산업에 불어닥친 자유화 바람은 생명보험 분야에 상대적으로 큰 변화를 가져왔다. 1987년부터 시작된 생명보험산업의 대내외 개방조치로 동방생명(현 삼성생명), 교보생명, 대한생명, 흥국생명 등 6개 보험회사의 과점시장이 33개 생명보험회사가 경쟁하는 시장으로 바뀌었다. 이때 생명보험회사들은 다양한 민영건강보험상품을 개발, 출시한다. 그러다가 1997년의 외환위기를 계기로 1998년부터 단기간에 신설 생명보험회사 등이 대거 정리되면서 이들이 판매한 의료보험상품이 다른 보험회사로 이전된다.

1990년대에 들어와 민영건강보험의 상품 종류가 보다 다양해졌다. 입원비, 간병비, 사망보험금 및 후유장애 보상금을 지급하는 건강생활보험과 다양한 형태의 암보험, 치과진료비를 보상하는 치아보험, 간병비용을 보상하는 간병보험 등이 출시되면서 민영건강보험 시장이 빠르게 성장한다.

민영건강보험을 둘러싼 생보-손보 간 영역 갈등

민영건강보험의 역사와 발전을 이야기할 때 생명보험회사와 손해보험회사의 경쟁과 갈등을 빼놓을 수 없다. 이들이 갈등을 보인 분야는 '제3보험'이라고 불리는 질병·상해보험이다. 이 명칭은 원래 일본의 보험업법에서 유래된다. 일본에서는 생명보험을 제1분야 보험, 손해보험을 제2분야 보험으로 분류해왔다. 그런데 의료보험은 이 두 보험의 어느 한쪽으로 보기 힘들다고 판단하여 이를 제3분야 보험으로 지정하여 겸영을 허용하였다.[34]

보험원리적 측면으로 봐도 모호한데 질병·상해보험을 놓고 전개되는 생명보험회사와 손해보험회사 간 경쟁이 과열되다 보니 정책적 판단을 내린 것이다. 보험원리상으로 보면 질병·상해보험은 인간의 생사와 관련된 위험을 다룬다는 점에서 생명보험에 가깝고, 우연한 사고로 인한 치료비 보전 측면에서 손해보험과 유사하다.

질병·상해보험에 얽힌 지난 40여 년의 양 진영 간 경쟁과 갈등의 뿌리는 매우 깊다. 1970년대부터 손해보험업계가 상해보험을 넘어 질병보험 사업에 나서면서 양 진영의 영역다툼이 시작된다. 과거 기업을 대상으로 화재보험이나 해상보험을 주로 취급하던 손해보험회사가 1970년대 후반 정부가 가계보험 판매실적에 따라 화재보험 풀(pool) 물건에 대한 유인을 제공하자 손해보험회사들이 개인 시장을 적극 개척

하는 과정에서 의료보험에 진출하기 시작한 것이다.

손해보험회사의 질병보험 진출은 이 분야를 선점하고 있던 생명보험회사의 불만을 야기하였고 정부는 양 진영 간 영역 정리를 시도한다. 1978년 5월 재무부가 내려보낸 '인보험사업자와 손해보험사업자의 겸영대상보험 지정' 시달에 따르면, 질병보험은 보험업법 규정에 의하여 생명보험과 손해보험의 겸영 영역이 된다. 그리고 과도경쟁을 억제하기 위하여 인보험사업자인 생명보험회사는 정액보상을 원칙으로 정했다. 손해보험사업자는 주보험이 아닌 형식으로 실손보상을 원칙으로 하되, 무사고 만기환급금을 납입보험료를 기준으로 하고 정액보험금 지급을 피하면서 질병보험을 특약 형태로 개발, 판매할 수 있도록 하였다.

정리하면 생명보험회사는 가입자의 치료비를 미리 얼마라고 정한 보험을 판매하라는 것이고, 손해보험회사는 질병보험으로 실제 치료비를 보상하되 다른 보험에의 특약 형태로 끼워 팔도록[35] 한 것이다. 이는 정부가 질병보험을 생명보험회사의 사업영역으로 인식하되 손해보험회사에게 제한적으로 허용한 것으로 이해할 수 있다.

이 같은 정책은 질병보험의 구체적 상품 규제에도 나타난다. 생명보험회사는 주요 보장기간이 70세, 80세 등 연령별로 정해졌지만, 손해보험회사의 환급형 상품은 10년, 15년형 등이고 보장기간은 최고 15년으로 한정되었다. 다만 손해보험회사 상품 중 환급이 없는 순수보장형 상품은 70세, 80세 등 연령별로 보장할 수 있게 하였다.

1997년, 정부는 금융개혁의 일환인 규제완화 조치로 종전 생명보험의 상해보험과 손해보험의 질병보험이 부가계약으로만 취급되던 것을 양측 모두 상해·질병을 주계약으로 취급할 수 있도록 하였다. 이에 따라 비교적 저렴한 보험료의 순수 상해 및 질병보장보험이 개발되면서 만기환급금을 주는 저축성보험으로 주로 개발하던 의료보험 상품전략에 변화가 생긴다.

1990년대에 들어와 질병·상해보험을 놓고 양측 간 경쟁이 격렬해지자 정부는 2003년 보험업법 전면개정 시 양측 합의 하에 생명보험 측에 제3보험에 대한 실손을 허용하고, 손해보험 측에 제3보험에 대한 만기제한 15년을 폐지하여 질병사망특약의 만기를 80세로 하면서 질병사망보험금 한도를 개인당 2억 원으로 정했다.

이에 대해 손해보험 측은 개인당 2억 원 한도 설정은 장례비를 명목으로 무제한 보험금을 제공할 수 있었던 기존 보장내용에서 후퇴한 것으로, 단체보험에서 보장금액이 높은 임직원에게 충분히 보장할 수 없으며, 사망특약 만기 80년은 고령화시대에 맞지 않는 비현실적인 보장이라는 점에서 생명보험 측에 실손보상을 양보하였지만 그에 상응하는 대가를 받지 못했다고 생각하였다. 반면 생명보험 측은 그동안 장례비 등 편법적으로 지급되던 손해보험의 질병사망보험 상품기준이 명시화되었다는 점에서 규제의 의의를 찾았다.

2003년의 제3보험을 놓고 벌어진 생보·손보 간 갈등은 지금도 진행형이다. 이 다툼은 양측의 이해가 일치하는 이슈가 있거나 양쪽 모두 영업실적이 좋을 때에는 수면 아래에 있으나, 그렇지 않을 경우 곧잘 표면화되어 왔다. 생보·손보 간 영역다툼은 정부 외에 국회, 언론, 학계 등으로 확산되는데 이에 대해 보험업계의 소모적 이권다툼이라는 비판이 끊이질 않고 있다.

하이브리브 상품인 손보의 '장기손해보험' 논란

여기서 의료보험을 둘러싼 양측의 주장을 뜯어보면 논란의 대상이 보험의 담보 위험, 가령 질병이나 상해 위험이 생명보험과 손해보험의 어느 쪽인가에 한정되지 않음을 알 수 있다. 논란의 핵심은 의료보험의 공급방법, 즉 손해보험회사가 질병·상해보험을 공급하는 주요 수단인 장기손해보험에 있다.

장기손해보험은 3년 이상의 계약기간에 만기환급금이 지급되는 보험으로, 보험료 산출기초에 예정이율이 적용되고 순보험료에 위험보험료 외에 저축보험료가 포함되어 있다.[36] 장기손해보험은 생명보험의 장기계약과 부리(附利)된 만기환급금의 성격을 지닌다.

국내 최초의 장기손해보험 상품은 1969년 11월에 업계가 공동상품으로 개발한 '가계장기보험'이다.[37] 보장과 저축 기능을 겸비한 이 상품이 도입된 배경에는 당시 경제개발에 필요한 내자 동원을 위한 저축성보험 장려정책이 있었다. 1960년대 초반 정부는 은행저축을 통한 자본동원에 한계를 느껴 저축성보험을 통해 추가적 재원을 마련하고자 했다. 저축성보험은 소멸되는 위험보험료에 저축보험료를 추가하여 만기환급금이란 이름의 저축이 가능한 상품이다. 쉽게 설명하면 보험료에 보장부분 외 만기 시 환급금 지급을 위한 보험료가 추가된 것으로, 은행의 적금에 보험을 섞은 하이브리드형 금융상품이다.

당시 보장성보험 기반이 취약했던 생명보험회사가 저축성보험을 적극 판매하고 나선 반면 화재보험 등 공동인수하는 기업성보험이라는 안정된 수익원이 있던 손해보험회사는 저축성보험 판매에 소극적이다가 뒤늦게 판매에 열을 올린다. 결과적으로 저축성보험은 우리 국민의

'본전 심리'를 자극하였고 여기에 당시의 높은 저축성향이 가세하여 우리 보험사에 남을 획기적인 상품으로 자리 잡게 된다.

장기손해보험의 순보험료는 위험보험료와 저축보험료로 나눌 수 있고, 위험보험료는 위험의 종류에 따라 다양하게 설정될 수 있다. 화재 위험이 고려된 장기화재보험, 운전사고 위험이 고려된 운전자장기보험 등이 있지만, 손해보험회사는 질병·상해 위험이 고려된 장기손해보험에 주력하고 있다.

손해보험회사의 장기손해보험 집중은 생명보험회사 측의 반발을 야기하였다. 일본 외 다른 국가에 유례가 없는 장기계약과 저축성을 지닌 이 상품이 생명보험 영역을 침해했다면서 손해보험회사는 제한적인 계약에 나서야 한다고 주장한 것이다. 그런데 생명보험회사도 장기손해보험이 화재보험이나 자동차보험에서 기획, 판매되었더라면 큰 관심을 갖지 않았을 것이다. 그런데 생명보험에서 신경을 곤두세우는 것은 많은 장기손해보험이 자신들의 영역이라고 생각하는 질병·상해를 담보하기 때문이었다.

한편 연 50조 원의 손해보험회사 매출 중 장기손해보험 상품의 비중이 60%를 넘는 손해보험업계가 질병·상해보험에서 계속 상품경쟁력을 갖추려고 노력하는 것은 불문가지다. 예컨대 손해보험회사는 장기손해보험에서 80세 계약 만기 제한의 철폐를 원하고 있고, 생명보험회사는 이 같은 규제완화는 손해보험회사의 장기질병보험을 생명보험의 주력상품인 종신보험과 동일한 상품으로 만들 것이라며 강력히 반대하고 있다. 지금 장기손해보험을 둘러싸고 보험업계 양측의 갈등이 어떻게 귀결될지 많은 이들이 높은 관심을 가지고 지켜보고 있다. 분명한 것은 장기손해보험이 국민의 건강과 후생 증진에 도움이 될 수 있는 양질의 민영건강보험의 전달매개로서 유용하게 활용되어야 한다는 것이다. 사족이지만 손해보험이 저축성 상품에 너무 열중하다 보니 본연의 업무인 화재보험 같은 순수보장성보험에 소홀히 한다는 비판이 있다는 점, 유념해야 할 것이다.

국내 민영건강보험의 빠른 신장

2000년대에 들어와 민영건강보험은 양적 팽창과 더불어 질적 개선을 도모하는 전환기를 맞는다. 2000년은 노인인구가 총인구의 7% 이상인 고령화사회(aging society)로 진입한 해이다. 2000년의 고령화사회(7.2%)가 18년 후인 2018년에 고령사회(14.3%), 그리고 다시 8년 후인 2026년에는 초고령사회(20.8%)로 진입할 전망이다. 이 같은 추세로 국민들의 노후에 대한 관심이 점차 고조되고 있다. 행복한 노후생활은 '건강'과 '돈'이 뒷받침될 때 가능하다.

노후에 들어갈지 모를 큰 의료비용을 어떻게 마련할 것인가. 건강보험으로 해결할 수 없을까. 하지만 지금 건강보험의 보장성(급여율)은 60%대 전반 수준이다. 2010년부터 중증질환 본인부담률이 10%에서 5%로 인하되면서 암, 뇌혈관질환, 심장질환, 희귀난치성질환 등 중증질환의 보장성이 평균 수준을 상회하고 있지만,[38] 진료비 자체가 워낙 높아 환자와 환자 가족은 여전히 큰 부담을 지고 있다. 근간 의료기술의 발달로 암이 조기에 발견되면서 암환자가 빠르게 늘고 있다. 이 같은 국민건강보험의 실태와 발병 패턴의 변화를 고려하여 민영보험회사는 암 외에 주요 성인병까지를 아우르는 의료보험 상품을 내놓고 있다. 2000년 초에는 선진국 보험인 CI보험(critical illness insurance)이 출시된 바 있다.

보험회사는 2000년대에 들어와 국민건강보험의 낮은 보장성이 이슈가 되자 이를 절호의 마케팅 기회로 활용했다. 이들은 민영건강보험이 건강보험의 본인부담분과 법정비급여분을 모두 지불해준다고 홍보하면서 국민들의 가입을 촉구하였고, 이는 멋지게 성공하였다. 예컨대 암보험의 세일즈 포인트는 건강보험만 믿었다가는 낭패를 본다는 메시지였다. 국민들이 가지고 있는 막연한 불안감의 틈새를 꿰차고 들어간 사례라고 할 수 있다.

여기서 홈쇼핑 채널을 통한 민영건강보험 상품의 판매 증가를 거론하지 않을 수 없다. 홈쇼핑은 접근성과 흡인력이 매우 강한 매체로서 '홈슈랑스'란 신조어가 생기고 외국에서 벤치마킹할 정도로 우리 보험산업에 새바람을 몰고 왔다. 홈쇼핑의 특징 중 하나는 보험설계사들이 외면하는 저가의 보험상품을 판매할 수 있다는 점이다. 보험설계사들은 수수료 수입이 적은 월납 보험료 5~6만 원짜리 보험은 판매를 꺼리는 경향이 있어 저가 보험을 원하던 고객층은 상품에 접근하기 어려웠다. 보험구매의 결정권을 쥔 가정주부에게 저가의 홈쇼핑 상품은 매력 있게 느껴졌을 것이다.

물론 이때의 '저가'라는 말은 명목 보험료가 낮다는 것으로 서비스 대비 보험료가 저렴하다는 의미는 아니다. 홈쇼핑 매체에 지불하는 높은 수수료 등을 고려하면 홈쇼핑 사업비가 보험설계사 대상의 사업비보다 결코 낮다고 할 수 없다. 홈쇼핑을 통한 보험판매는 과대광고나 불완전판매 문제를 야기하여 이후 규제가 강화되었지만 민영건강보험의 고객층 확대에 크게 기여하였으며 지금도 보험의 주된 판매창구로 기능하고 있다.

우리나라에는 왜 민간병원과 사립대가 많을까

국내에 근대적인 병원이 들어서고 서양 의학을 배운 의사들이 전국의 주요 지역에 배치되어 진료에 나서기 시작한 것은 일제강점기 시대라고 할 수 있다. 일제는 러일전쟁과 국내 의병 탄압에 투입하기 위해 국내에 주둔하고 있던 육군의 보유 의약품과 군의관 출신을 활용하여 합병을 전후한 시기에 전국의 도 단위에 1곳씩 13개의 자혜의원이라는 근대식 병원을 설립하였다. 보건의료 업무를 담당하고 있던 총독부 내 경무총감부 경무국 위생과는 1913년에 '의사 치과의사 규칙'을 제정하여 근대 의학에 입각한 의사, 치과의사 자격기준을 설정하였다.[39]

당시 국내에는 구한말인 1885년에 설립된 제중원(광혜원)의 후신인 세브란스병원(1904)과 광제원, 의학교 부속병원, 적십자병원이 통합된 대한의원(1907) 등이 있었지만 국민 일반이 이들 기관에서 진료받기는 쉽지 않았다.

자혜의원은 초기에는 총독부가 운영하였으나 1925년에 도로 이관되어 도립의원으로 바뀌는데 의료진은 대부분 일본인이고 한국인 의사, 간호사는 일부에 불과하였다. 1930년에는 도립병원이 31개로 늘고 한국인 의사 등도 조금씩 늘어났지만 여전히 의료인은 일본인 중심이었다. 1937년 기준으로 국내의 의사(치과의사, 한지의사 포함)는 2306명으로 의사 한 사람이 국민 6000명 이상을 담당하고 있었다. 이 무렵의 국내 병의원은 도립병원을 중심으로 하는 공공 병원과 개인이 개설한 의원[40]으로 나눠볼 수 있으며 이때부터 상당수의 민간 병의원이 국내에 자리 잡고 있었다.

해방 이후 열악한 정부재정 사정으로 공공병원의 확충과 신설이 더디게 진행되면서 민간 병의원은 급속히 늘어났다. 개인이 운영하던 의원이 병원으로 확장되는 사례도 많았다. 전국의 의과대학에서 배출되는 의사들은 취업할 공공병원이 한정되어 있었기 때문에 환자가 있을 법한 곳에 개인적으로 의원을 차리는 경우가 많았다. 또 대학병원에 근무하던 이들이 소득을 올리기 위해 개인의원을 개업하는 사례도 많았다.

중요한 것은 해방 후 한동안 전국의 의과대학과 의사들이 서울대 의대계열과 연세대 의대계열의 어느 한쪽에 소속될 정도로 두 대학이 강한 영향력을 지니고 있었다는 점이다. 초기에는 이 두 의과대학병원의 의국과 전국의 각 대학과 병원이 연결된 네트워크 안에서 직장을 찾고 이리저리 옮겨 다니는 현상이 비일비재했다. 이후 전국에 의과대학이 많이 생기고 시간이 흐르면서 두 대학의 위상이 상대적으로 약해졌지만 여전히 주요 의과대학병원 의국과 주요 병원 간의 폐쇄된 네트워크는 막강한 힘을 발휘하고 있다.

건국 초기 국립대가 큰 비중을 점하고 있던 전국의 의과대학도 점차 사립대 중심으로 바뀌어 요즘은 전체 41개 의대, 의학전문대학원 중 국립대는 9곳으로 22%를 점하고 있다. 의대가 아닌 전체 대학으로 확대해도 국공립대 비중은 여전히 낮다. 4년제 대학 196개 중 41개가 국공립대로 21% 수준이다. 국립대 의대 출신들도 대학병원을 포함한 공공병원에 취업하지 못하고 민간병원에 취업하거나 의원으로 개업하는 이들이 늘었다. 사립대학 병원이 숫자와 규모를 키우고 신설되는 민간병원의 시설이 충실해지면서 공공병원의 영역은 확대되기보다 오히려 축소되는 모습을 보였다.

우리의 의료기관이 민간기관 중심 구조로 바뀐 이면에는 정부재정이 약해 공공병원의 확장과 신설에 나설 여력이 없었다는 점 외에 민간에서 병원을 신설하고 확장하려는 강한 유인을 가지고 있었다는 사실이 있다. 정부는 이 같은 민간의 유인이 손상되지 않도록 의대 입학 정원을 규제하고 개원의와 병원에 대한 다소간의 금융지원과 세제지원 등의 조치를 강구하면 되었다.

주목할 점은 의료기관에 대한 이 같은 정책이 고등교육에서도 유사하게 나타나고 있다는 사실이다. 국립대 정원을 늘리고 신설하기보다 사립대 정원을 늘려주고 신설을 허용하는 형태로 대학교육 수요 증대에 대응하였다. 교원연금 부담금, 각종 연구비, 교육활동비, 교육시설투자비, 장학금 등 의료기관보다 다양한 루트를 통한 재정지원 조치가 행해지고 있지만 이들 지원금이 사립대학 전체 재정에서 점하는 규모가 그렇게 크지 않다는 점에서, 큰 틀에서 보면 민간 의료기관에 대한 지원조치와 대차가 없다고 할 수 있다. 돌이켜보면 우리 정부는 의료와 교육 등 외부효과가 있는 가치재 보급을 민간부문에 크게 의존해온 셈이며 이는 일제강점기 시절의 지배가 큰 영향을 미친 것으로 볼 수 있다. 일본도 메이지유신(1868) 이후 두 분야에서 민간 병의원과 사립대학에 의존하여 근대적인 의료와 교육 서비스 공급을 확대해 오늘날 민간이 두 분야에서 각각 70%, 80%의 점유율을 보이고 있다.[41] 식민지였던 우리나라에는 일본만큼 대학[42]과 병의원이 설립되지 않아 일본에 비해 상대적으로 공공부문의 비중이 컸다고 할 수 있지만 해방 후의 변천은 일본 방식을 답습하는 것이었다. 일제강점기 고등교육은 주축이 경성제대(현 서울대)와 몇 개의 국립전문학교이고 연희, 보성 등의 사립 전문학교가 이를 보조하였다. 하지만 건국 이후 '대학생 징집' 보류가 기폭제가 되어 우후죽순처럼 사립대학이 생겨나[43] 오늘의 사립대 중심 구조의 기본틀이 갖추어졌다.

이처럼 의료기관에서 민간의료기관의 비중이 높고 고등교육에서 사립대 비중이 높은 것은 따지고 보면 그 뿌리가 같은지 모른다. 제한된 자원 하에 전쟁수행과 경제개발에 우선순위가 부여되면서 상대적으로 낮게 평가되었던 의료와 교육 분야에서의 민간활력 활용 시도는, 소득의 빠른 증가에 따른 의료 및 교육 수요 증대와 맞물려 자연스럽게 양국 사회에 정착될 수 있었던 것으로 이해할 수 있다.

정리하면 우리나라에 공공병원이 적은 것은 ① 정부가 경제개발과 국방 등 우선순위가 높은 분야에 예산을 중점 배분하는 과정에서 공공병원의 숫자와 규모가 일정 수준 이하로 제한되었다, ② 기초적인 의료서비스를 국민 모두가 공평하게 접근, 소비할 수 있어야 한다는 '상품평등소비주의' 의식이 지도층을 위시한 국민 일반에게 자리 잡지 못했다, ③ 공공병원 의료진의 급여수준이 낮아 우수인력을 확보하기 힘들어 소비자들로부터 외면받는 측면이 없지 않았다, ④ 국민들이 질병치료를 위해 병의원보다 집 주변 약국 약사의 처방에 크게 의존하고 있는 현실에서 집에서 먼 공공병원을 개설하기보다 쉽게 접근할 수 있는 민간 병의원 개설이 국민건강 증진 차원에서 더 나았을 것이라는 정책적 판단이 있었다, ⑤ 소득이 빠르게 늘어 의료수요가 급증하는 가운데 다소간의 금융과 세제상 지원조치로 민간에 의한 병의원 개설을 촉구할 수 있었다는 것으로 그 이유의 상당 부분을 설명할 수 있을 것이다.

국민건강보험의 견제와 공·사 건강보험의 갈등

국민건강보험의 문제점을 거론하며 공세에 나선 보험회사의 네거티브 전략이 마침내 건강보험공단을 위시한 국민건강보험 측의 반발을 초래하였다. 국민들의 불안감을 필요 이상으로 조장하여 사업에 활용하고 있다고 본 것이다. 이는 1994년에 도입된 개인연금상품을 판매하기 위해 민영보험회사와 보험설계사들이 국민연금의 급여수준을 실제 이상으로 과소평가하면서 개인연금 구입의 필요성을 강조하던 것과 진배없었다. 당시에도 이 같은 홍보전략이 주효하여 개인연금 가입률은 판매 후 수년 만에 전 가구 대비 30%를 넘기도 하였지만 1997년의 IMF 경제위기를 계기로 해약자가 늘고 이후 국민연금에 비해 오히려 불리하다는 인식이 확산되면서 지금은 가입률이 10%대에 머물고 있다.

지난 17년간의 개인연금 운영 사례가 시사해주듯 보험회사도 민영건강보험에 대해 국민들이 올바른 인식 하에 의료보험 상품에 가입하도록 하는 게 중요할 것이다. 그런데 가입자들에게 인기를 끈 실손의료보험의 판매실적이 크게 늘어난 지난 4년 사이에 보험회사의 공격적인 영업전략이 국민건강보험 관련자들에게 '이대로 가다간 국민건강보험이 위축되고, 장기적으로 민영건강보험이 국민건강보험을 대체할지도 모른다'는 불안감을 갖게 했다. 물론 비교적 젊고 건강한 사람을 주된 타깃으로 하는 민영건강보험 상품의 성격으로 볼 때, 이 같은 생각이 타당하지 않다는 것은 명확하다. 하지만 그 같은 의구심을 살 만큼 민영건강보험의 가입률은 무서운 속도로 늘었고 그 기세는 개인연금 도입 때의 그것을 넘어섰다.

116

국민건강보험과 민영건강보험 간의 갈등은 어느 시대, 어느 나라에도 있다. 우리의 건강보험처럼 보험료를 적게 내고 보험급여도 적게 받는 이른바 '저부담·저급여' 체계를 택한 국가에서는 갈등의 폭이 증폭될 여지가 많다. 하지만 소득수준이 증대되면서 양질의 의료서비스를 더 많이 받고자 하는 욕구가 커지기 마련이다. 그런데 저부담·저급여 체계를 고집하는 한 이를 수용할 수 없다.

그래서 정부는 단계적으로 중부담·중급여 체계로의 개편을 시도하고 있다. 매년 보험료를 약간씩 올리고 보장성도 상향조정하는 작업을 계속하고 있다. 하지만 이 같은 더딘 개선작업의 약점을 보험회사가 파고들어 비급여와 급여 중 본인부담금의 거의 대부분을 보상해주는 민영건강보험을 내놓은 것이다. 외형상으로는 민영건강보험이 국민건강보험이 해결해주지 못하는 급여를 보충하고 있다.

이 같은 보충형 상품을 구입한 이들의 입장에서는 건강보험의 보험료 인상이 달갑지 않게 여겨질 수 있다. 이미 발생할 의료비용에 대해 100% 대비하고 있기 때문이다. 게다가 이러한 사람들의 숫자가 하루하루 늘어나면서 건강보험 관계자들의 걱정이 커져가는 것과 달리 일부 대형 생명보험회사는 민영건강보험의 상품내용을 발전시켜 미국 등지에서와 같이 보험계약자의 예방, 진료, 재활 등 토털케어서비스(total care service)의 제공까지 구상하고 있다.

그런데 상황이 이렇게 전개되고 있는 배경을 들여다보면 정부 관계자 간의 입장이 일치되지 않았다는 사실이 있다. 분배와 복지의 증진을 강조한 노무현 정권에서도 일부가 공공부문이 운영하는 건강보험의 보장성 강화를 외친 반면, 다른 한편에서는 의료부문이 부분적으로 영리를 추구하는 경쟁력 있는 산업으로 탈바꿈할 수 있도록 지원하려는 정책을 추구하였다. 인천 송도 등의 특구에 외국 의료기관과 영리병원을 유치, 해외환자를 끌어들이겠다는 구상이 한 예다. 보험회사들은 국내 의료서비스 수준이 개선되지 않아 매년 상당수 환자들이 해외로 의료쇼핑을 나가고 있다는 점을 지적하면서 이 같은 구상을 간접적으로 지지하였다. 하지만 이 구상은 시민단체 등 반대 측의 거센 반대로 지금까지 실현되지 못하고 있다.

건강보험의 반격은 2005년경으로 거슬러 올라간다. 이들은 국내 최대 생명보험회사인 삼성생명이 특수관계인 삼성서울병원과 민영건강보험 환자만을 받는 의료서비스 전달체계를 구축하여 건강보험 등 공공의료체계를 무력화하려 한다고 주장하였다.[44] 삼성 의료전달체계가 참여정부의 의료산업선진화 정책과 맞닿아 있다는 설도 제기되었다. 이는 진위 여부를 떠나 보험업계 전체에 큰 타격을 입혔다.[45]

이어 이들은 민영건강보험 덕분에 의료비 부담을 던 가입자들이 불필요한 의료서비스 수요를 유발하여 건강보험 지출을 늘리고 그 결과 건강보험 재정적자를 키울 것이라고 주장했다. 전액보험(full insurance)을 구입한 가입자가 병의원 방문을 늘릴 것이라는 유발수요(induced demand) 효과를 들고 나왔다. 하지만 이 주장은 아직까지 국내외에서 체계적으로 입증되지 않은 효과를 들고 나왔기 때문에 설득력이 강하지 않았다. 실제로 현행 지불방식인 '행위별수가제' 하에서는 의료비 통제가 쉽지 않아 의료비 증가를 곧바로 민영건강보험의 보급 확대와 연결 짓는 것은 근거가 약하다. 그러나 정부는 이들의 주장을 받아들여 보험회사로 하여금 2009년 10월부터 보험약관을 표준화하고 10%의 본인부담 비율을 설정하도록 하였다.[46]

게다가 2007년에 마이클 무어(Michael Moore) 감독의 영화 「식코

(Sicko)」가 국내에 소개되면서 민영건강보험 확대에 찬물을 끼얹었다. 「식코」는 미국의 민영건강보험이 돈 없고 병력이 있는 환자를 가입시켜 주지 않거나 가입시켜 주더라도 나중에 고지의무 위반 등을 이유로 보험금 지급을 거절함으로써 이들의 인생을 슬픈 삶으로 내몰고 있다고 그렸다. 다소 과장된 측면이 있지만 영화를 본 이들 중 상당수가 우리의 민영건강보험에 대해서도 의심의 눈초리로 보기 시작했다. 정부당국자 중에서도 그러한 이들이 적지 않았다. 그러한 때문인지 이 무렵 국내 민영건강보험 시장에 진출하려고 준비하고 있던 독일 최대 의료보험회사인 DKV가 국내에서 철수하였다.

민영건강보험의 확대와 건강보험 하나로 운동[47]

국민건강보험의 통합 이후 민영건강보험 시장이 빠르게 성장하면서 가계지출에서 점하는 민영건강보험 보험료 비중이 국민건강보험 보험료를 훨씬 상회하는 가구가 늘고 있다. 의료패널조사 자료를 분석한 정영호(2011)에 따르면 가구당 월평균 국민건강보험 보험료는 2009년 기준 7만 6600원인데 민영건강보험 보험료는 가입가구 기준 월 17만 7000원[48]으로 2.3배이다. 물론 이 보험료에는 장래 되돌려받는 저축보험료가 꽤 많이 포함되어 있으므로 국민건강보험료와 비교 가능한 위험보험료로 한정하면 차이는 크게 줄어들 것이다.

민영건강보험은 국민건강보험과 달리 강제가입이 아니므로 모든 가구가 다 가입하는 것은 아니다. 하지만 조사대상 가구의 78%가 민영건강보험에 가입하고 있으며 가구당 평균 3.6개의 민영건강보험 상품을 보유하여 민영건강보험이 또 하나의 '국민건강보험'임을 시사하고 있다. 따라서 분석할 때 민영건강보험 가입가구만을 대상으로 실태를 조사하는 것이 맞지만, 민영건강보험 가입가구 비율이 높고 이 비율이 매년 조금씩 높아져 간다는 점을 감안하면, 민영건강보험 가입자가 거의 전 국민이라고 간주하고 논의를 진행해도 큰 무리가 없을지 모른다. 그래서 연구자는 가입가구당 외에 전체 가구당의 월평균 보험료도 함께 제시하고 있다.

다소 앞선 시기의 연구인 윤희숙·권형준(2008)에 따르면 우리나라 사람 중 64%가 민영건강보험에 가입하고 있는 것으로 나타나고 있다. 조사연도가 다르기도 하지만 가구 아닌 세대원 수(가구원 수)로 조사한 것이라 위 가구 단위 가입률보다 다소 낮다. 가입가구 내 가구원 중에는 고령이나 질환 등으로 민영건강보험에 가입하기 힘든 이들이 적지 않다.

하지만 개인 단위 가입률 64%는 결코 낮은 수준이 아니다. 2008년 이후 선풍적인 인기를 모았던 실손의료보험[49]의 개인 단위 가입률이 47%(2011년, 보험개발원)에 머물고 있다는 사실로부터 위 64%가 얼마나 큰 값인가를 확인할 수 있다. 이 가입률에는 민영건강보험에서 전통적으로 비중이 높았던 생명보험회사의 정액형 보험상품이 포함되어 있다. 아무튼 그동안 생각해왔던 것 이상으로 많은 국민들이 민영건강보험에 가입해 있으며 그 비율이 매년 증가하고 있다는 사실은 명백해 보인다.

유념할 점은 민영건강보험에 가입하는 이유다. 한국의료패널조사에 따르면 신규 가입자들은 가입 이유로 '불의의 질병 및 사고로 인한 가계의 경제적 부담 경감'(46%)과 더불어 '국민건강보험의 서비스 보장 부족(35%)을 들고 있다. 즉 건강보험의 보장성이 약해 유사시 본인부담금이 큰 부담으로 작용할까 걱정되어 민영보험회사의 의료보험 상품에 가입하고 있다는 사실이다. 결국 건강보험의 보장성이 일정 수준 이상으로 확대되면 민영건강보험 가입은 그만큼 줄어들 여지가 있다는 얘기다. 하지만 지금 같은 추세로는 보장성 확대는 꽤 서서히 단계적으로 추진될 가능성이 높고, 따라서 민영건강보험 가입이 지금보다 더 활성화될 가능성이 없지 않다.

여기서 주목할 점은 건강보험과 민영건강보험의 차이다. 건강보험은 전 국민이 가입하고 소득과 재산 등 능력에 따라 보험료를 납부하고 소득재분배 기능이 있지만, 민영건강보험은 능력과 관계없이 개인의 성별, 나이, 병력, 보장수준에 따라 보험료를 낸다. 건강보험은 보험료 등 한 해 수입을 토대로 보험급여를 지출하는 재정방식으로 연도별 수지상황에 따라 부족한 재원은 차입이나 보험료 인상으로 해결한다. 반면 민영건강보험은 순보험료와 부가보험료로 이루어진 (영업)보험료를 거두어 수지상등(收支相等)의 원칙에 따라 순보험료로 보험금을 지급하고 부가보험료로 사업비와 이익을 확보한다. 그런데 민영건강보험은 주로 다년 계약으로 이루어진다. 따라서 보험금 지급이 모두 끝난 이후에야 수지상등의 원칙과 사업비 규모나 이익 여부 등을 정확하게 파악할 수 있어, 계약기간 중에 수지상황을 판단하기가 복잡하고 어렵다.

보험급여지급률(민영건강보험의 보험금지급률 혹은 손해율) 정의도 다르다. 건강보험은 보험급여/납부보험료이고 민영건강보험은 보험금/순보험료(납부한 영업보험료에서 사업비 등을 뺀 부분)이다. 사업비가 영업보험료의 30% 전후 수준이므로 비교하려면 민영건강보험 지급률에 0.7을 곱한 값과 건강보험 지급률을 비교해야 한다.

건강보험의 지급률은 국고지원 때문에 105%[50](2011년)이며 민영건강보험은 상품별, 회사별, 연도별로 다르지만 최근 3년(2009~2011년)의 평균은 110%대이다. 민영건강보험의 지급률에 0.7을 곱해 얻어지는 77%는 건강보험 지급률(105%)의 73% 수준이다.

여기서 추가적으로 고려할 사항이 둘 있다. 하나는 건강보험에는 세대 간 소득재분배 기능이 있어, 청장년층 보험료의 40% 이상이 노인층 및 아동 진료비로 지원된다는 사실이다. 이 점과 추가적인 국고지원을 고려하면 청장년층의 건강보험 지급률은 70%대로, 이 계층이 주가입자인 민영건강보험의 지급률과 별 차이가 나지 않는다. 민영건강보험의 경우 국고지원이 없고 많은 사업비용이 들며 이윤을 추구하는데 이 같은 시산결과가 얻어지는 것은 분명 예상 밖이라고 할 수 있다. 이유는 국민건강보험의 높은 노인진료비 비중(32.4%)과 비정상적 수준으로 높은 민영건강보험의 지급률, 즉 손해율에 있다. 향후 보험회사가 민영건강보험의 운영 경험을 토대로 노하우를 축적하면 지급률이 하락하여 건강보험 지급률이 더 높게 평가될 수 있다.

다른 하나는 노인인구 및 노인 1인당 진료비 증가로 노인의료비 비중이 커지면서 청장년층의 건강보험 지급률이 60%대로 떨어지면 다시금 청장년층 세대가 건강보험과 민영건강보험의 지급률 수준에 차이를 느끼지 못할 수 있다는 점이다. 물론 이는 민영건강보험의 손해율이 100% 이하의 수준으로 낮아진 경우를 전제한 것이다.

위 논의에서의 청장년층과 노인층의 구분은 두 보험의 비교를 위한 것으로, 노후를 포함한 일생에서는 건강보험의 소득재분배 기능이 큰 의미를 지닌다. 민영건강보험은 보험사고 발생 확률에 따라 보험료가 결정되고 가입대상자에서 높은 위험군(危險群)이 아예 제외되는 경향이 있어 노인 가입자가 상대적으로 적다.

한편 민영건강보험의 지급률을 기준을 통일하여 비교하면 미국 등 선진국(80~85%)보다 낮고[51] 상품별, 회사별, 연도별로 차이를 보이며 일부 상품은 지급률이 높아 손해를 안겨주기도 한다.[52] 그러나 민영건강보험이 보급되기 시작한 지 10년이 지난 만큼, 보험회사가 보험수리 관련한 데이터 정확도를 높이고, 사업비도 줄여[53] 보험금 형태로 가입자에게 보다 많은 혜택을 돌려주려는 노력이 필요할 것이다.[54] 이는 민영건강보험이 건강보험의 보완자이자 건전한 경쟁자로 인정받기 위한 통과의례인지 모른다.

아울러 외부 여건의 변화로 민영보험회사에 효율화 작업이 강요되고 있는 것도 주목할 점이다. 민영건강보험의 확장세가 빠른 데 비해 건강보험의 보장성 강화가 제자리걸음을 하자 사회보험론자와 시민단체 등이 문제를 제기하고 나섰다. 앞 장에서 언급한 '모든 병원비를 국민건강보험 하나로' 시민회의가 대표적이다.

이들은 1인당 국민건강보험료를 34% 정도 올리고 정부와 기업도 이에 맞춰 부담을 늘리면 건강보험의 보장률을 대폭 높이고 연간의 본인부담금을 100만 원 이내로 억제할 수 있다고 주장한다. 대신 큰 부담이 되고 있는 민영보험회사의 건강보험료를 내지 않으니 오히려 득이라는 것이다. 이들의 주장은 민영건강보험료에 포함된 저축보험료(일반적으로 위험보험료보다 큼)를 고려하지 않았다거나 소요재원을 과소 추정하고 있다는 비판을 받고 있다. 하지만 가계 입장에서 국민건강보험과 민영건강보험의 부담을 알기 쉽게 비교하고, 이를 토대로 국민건강보험의 보장률 확대방안을 제시하고 있다는 점에서 상당한 지지를 얻고 있는 것도 부인하기 힘들다(부도 4-2). 물론 현실에서는 빠르게 확대되고 있는 민영보험회사의 실손의료보험 영역을 크게 침해할 수 있기 때문에 정책으로 채택될지는 불확실하다.

국민건강보험 분야에 직접 종사하는 이들은 모두 합쳐 2만 명이 되지 않지만 민영건강보험의 판매와 관리에 종사하는 이들은 그것의 거의 10여 배에 달하는 만큼 정치적 결단이 필요한 사안이라고 할 수도 있다. 보험회사 측의 수익과 고용에 미칠 마이너스 충격을 끌어안을 수 있는 방안을 함께 내놓지 않으면 이들의 주장이 아무리 효과가 기대되는 정책이더라도 수용되기 어려울 수 있다는 얘기다.

국민건강보험만으로 건강을 책임진다?[55]

이들 모임을 주도하고 있는 그룹은 김대중·노무현 정부에서 건강보험 개혁을 주도했던 이들로 지금은 민주통합당과 통합진보당 주변에서 주로 활동하고 있다. 이들 입장에서는 2012년 말 대선에서 정권을 되찾을 좋은 거리를 찾은 셈이다.

불쑥 나온 이들의 제안에 정부와 새누리당은 보편적 복지 정책의 연장선에 있는 정치적 공세로 인식하거나 당 안팎의 복잡한 정치적 이해관계로 인해 적극적으로 대응하지 않았다. 이들의 제안대로라면 정부와 기업의 부담합계도 34% 늘어나야 하므로 덥석 받아들이기 힘들 게 분명하다.

정부와 기업은 이렇게 말할지 모른다.

"가입자들이 34%가 아닌 68%를 올려 1인당 2만 2000원을 내고 보장성 강화를 요구하면 안 되겠느냐. 민영보험회사에 내는 12만 원을 안 내도 되니 큰 득 아니냐. 지난 10여 년간 국민의료비에서 점하는 가계의 부담은 지속적으로 줄고, 정부와 기업의 부담은 반대로 꾸준히 증가해왔다. 앞으로 지금까지처럼 늘려나가는 것도 벅찬데 한꺼번에 부담을 확 늘리라고 하니 부담스럽지 않으냐."

"건강보험 가입자 가계가 그렇게 재원을 이전시키겠다고 하면 정부가 관련 법제를 고치고 국민건강보험공단으로 하여금 관련 업무를 추진하도록 하겠다. 민영보험회사에서 황금알을 낳는 거위를 빼앗긴다고 반발할지 모르지만 정부가 나서서 설득해보겠다. 국민건강 증진과 국민의료비 억제에 보탬이 된다면 누군들 거부할 수 있겠느냐."

건강보험 하나로 운동의 시작과 더불어 건강보험 재정안정과 확충 방안이 활발하게 논의된 것도 특기할 점이다. 하나로 운동 측은 개인 부담 증대분의 42% 상당액(2조 7000억 원)을 정부가 추가부담하도록 요구한다. 그러면서 이 재원을 어떻게 마련해야 할지에 대해서는 말이 없다. 운동을 지지하는 민주통합당 등 야당 측에서는 예산의 씀씀이를 줄이거나 불요불급한 조세감면 축소와 탈루소득 과세 등으로 재원을 조달하겠다고 한다.

요컨대 세금을 추가로 더 걷는 '증세'는 웬만하면 하지 않겠다는 것이다. 하지만 이 같은 복지재정 조달계획에 대해 진보진영 내부에서조차 '복지소요 예산규모를 줄이고 조달 가능한 재원규모를 늘려서 가용재원을 부풀린' 현실성 없는 방안이라는 비판이 나오고 있다.[56]

특기할 점은 운동이 시작되고 1년여가 경과한 2011년 7월을 전후하여 운동의 동력이 크게 약화되어 휴면상태를 보이고 있다는 사실이다. 초기에 운동을 같이 했던 야권의 통합을 둘러싼 갈등, 뾰족한 수가 없는 재원 마련책, 운동의 피해자가 될 수 있는 민영보험회사와 20만 명이 넘는 보험설계사[57]와 그 가족의 생계 등을 종합적으로 고려할 때 호재라고 보기 어려워서인지 2012년 4월의 총선 시에도 이 운동은 이슈가 되지 못했다.[58]

그렇다고 해서 이 운동이 완전히 수면 아래로 들어갔다고 보기는 힘들 것이다. 여건상 잠시 접어둔 것일 뿐 야권이 집권하는 등 여건이 개선되면 언제든지 수면 위로 부상할 터이다. 실제로 운동을 주도하는 이들은 2012년 4월 총선 이후 의원이나 야당의 주요 정책참모로 뛰고 있다. 따라서 2012년 말의 대선 결과에 따라선 건강보험의 장래 모습이 꽤 달라질 수 있다. 하나는 세대 간 및 세대 내 소득재분배 효과가 큰 국민건강보험의 역할을 한층 강화하는 방향으로 크게 전환하는 것이고, 다른 하나는 '낸 만큼 서비스를 받는' 민영건강보험이 지금 이상으로 영역이 확대되고 건강보험의 보장성 확대는 지금까지처럼 완만한 상승세를 보이는 것이다.

물론 양자택일만 있는 게 아니고 양자를 적절히 조화시키는 방안도 고려될 수 있다. 가령 첫째 고가이고 연명치료적 성격이 강해 건강증진에 도움이 되지 않는 치료행위나 의약품 등 필수재로 볼 수 없는 급여를 제외하는 대신 그렇지 않은 급여의 건강보험 보장성을 높여 법정본인부담금의 대부분을 보장해주는 민영건강보험의 비중을 줄이고, 둘째 앞의 제외급여와 사치재성 비급여에 대한 보충형 민영건강보험 제공[59]이 고려될 수 있다. 이에 대한 지침은 정부와 국민건강보험공단이 주도하되 민영보험회사들의 의견을 들어 마련한다.

솔직히 패러다임이 다른 두 보험을 조화시키는 작업은 쉽지 않을 것이다. 지난 20여 년에 걸친 유럽 국가들의 의료개혁과 건강보험 개혁이 이를 웅변적으로 말해주고 있다. 우리의 경우 두 보험이 국민들에게 모습을 드러낸 지 35년이 경과하고 있으며 본격적인 갈등이 시작된 지 3년이 경과하였을 뿐이다. 2006년 3월 이후 유시민 전 보건복지부 장관의 주도 하에 1년 이상에 걸쳐 3개 정부부처와 많은 전문가가 동원되어 이 문제를 해결하려고 하였지만, 유 장관의 퇴진과 참여정부가 막을 내리면서 수포로 돌아간 바 있다. 물론 정부 내 소관부처가 다르고 이들의 이해관계가 서로 얽혀 그동안 문제가 잘 풀리지 않은 측면도 없지 않았다.

다행히 2011년 10월에 '개인의료보험 정책협의체'라는 조직이 발족[60]하여 공·사 보험의 상호 유기적인 협조를 통한 효율적인 보험체계 구축작업이 개시되었다. 보건복지부와 금융위원회 국장급이 책임자로 참여하는 모임이라 외형상의 동력은 떨어지는 것처럼 보이지만, 건강보험을 둘러싼 여건이 급변하면서 보험료가 빠르게 증가하고, 이에 따라 국민들의 관심이 고조되고 있다는 점을 고려할 때 이 협의체가 향후 상당한 영향력을 행사할 가능성이 없지 않다.

이들은 효율적인 개인의료보험 구축작업의 일환으로 2012년 2월 국민건강보험공단에서 워크숍을 개최하였고 이후 구체적인 검토과제를 선정, 과제별 실무작업반에서 집중적으로 조사·연구할 것으로 기대되고 있다. 향후 단계적으로 얻어지는 지식정보를 협의체가 공유함으로써 국내에 도입 가능한 규제의 내용과 수준에 관한 가이드라인, 유형별 상품의 표준화, 기존 판매상품의 처리방안 등의 실무작업 이행을 지원하는 작업이 추진될 것으로 예상된다. 본격적인 작업은 동력이 내재되는 2013년 2월의 신정부 임기 중 가시화될 가능성이 크다.

유념할 점은 서구 국가의 건강보험 개혁과 공·사 건강보험 발전사에서 알 수 있듯, 민영건강보험이 근대 건강보험의 발전과정에서 일정한 역할을 수행해온 국가에서는 이들 상품과 민영보험회사의 역할을 지속적으로 제약하여 시장에서 퇴출시키기보다는 이들의 활력을 이용하여 공존하는 체계가 모색되어 왔다는 사실이다.

우리도 예상과 달리 꽤 오랫동안 지속되어 온 '너 따로 나 따로' 식의 각개전투 방식을 접고 공동보조를 취하기로 한 만큼 협의체가 지혜를 짜내 윈-윈 해법을 모색해야 할 것이다. 중요한 것은 협의체가 보험자와 보험자 감독당국으로 구성된 만큼 긴밀히 협조하여 보험재정과 환자 가정에 큰 부담을 주는 과잉진료와 비급여 서비스에 크게 의존하는 병의원, 즉 공급자 집단을 일정 부분 통제할 수 있는 방안을 모색해야 한다는 사실이다. 물론 이때는 건강보험의 역사에서 알 수 있듯이 강력한 이익집단인 이들 공급자의 목에 방울을 다는 형태의 해법 찾기가 어느 시대, 어느 나라에서도 호락호락하지 않았다는 사실을 충분히 유념해야 한다.

건강보험의 공·사 조화: 독일 사례가 주는 시사점

독일은 최초의 사회보험형 건강보험을 만들고 동시에 민영건강보험이 함께 발전해올 수 있도록 환경을 만들어왔다. 의료소비자 입장에서 독일의 건강보험이 지구상의 제도 중 가장 이상적인 형태라고 말하기는 힘들 것이다. 독일보다 건강보험을 포함한 의료보장과 의료체계 면에서 우월하다고 평가받을 수 있는 나라가 적지 않을 것이다.

다만 OECD 회원국 중 인구규모가 큰 나라 중에서는 평가가 비교적 좋은 국가의 하나로 알려져 있다. 그 이면에는 독일과 비교될 수 있는 미국, 일본, 영국, 프랑스, 이탈리아, 캐나다 등의 국가에 비해 개혁을 통한 효율적인 의료보장체계 구축에 많은 노력을 기울여온 역사가 있다.

개혁논의가 빈번하다는 것은 해당 국가에 내재된 문제가 그만큼 크고 심각하다는 것을 반증하는 것으로 해석할 수도 있지만, 문제점을 해결하려고 하는 이들의 뜻이 강하고 그러한 뜻이 법제도 개혁으로 이어질 수 있는 시스템이 갖추어져 있는, 즉 스스로 변화할 수 있는 건전한 동력을 가진 사회라는 것을 입증한다. 체계를 갖춘 공적건강보험으로 한정하더라도 그 역사가 129년에 이르는 독일이다. 제도 도입 후 35년에 불과한 우리와 비교할 수 없을 정도로 풍부한 경험과 노하우를 지닌 독일이 부단한 개혁을 통해 의료보장 비용을 낮추려고 시도하는 것에서 우리는 무엇을 배울 수 있을까.

공적건강보험을 도입한 지 10년 만에 전 국민을 적용대상으로 포함시키고, 또 23년 만에 전국의 보험자를 국민건강보험공단이라는 공보험자 하나로 통합하는 과감한 변화를 시도한 우리다. 사회보험방식으로 공보험자가 하나인 나라는 우리 외에 대만 정도가 있을 뿐이다. 다만 대만과 달리 우리는 심사평가원이 있어 관련 업무가 건강보험공단과 분리되어 단일 공보험자의 권한이 꽤 제한받고 있다.

독일은 공보험자가 155개(2012.1)[61]가 있고 공보험과 동일한 보험상품을 취급하는 민영건강보험회사가 48개사(2012)가 있다. 200여 개의 보험자가 국민들의 취향에 맞는 건강보험서비스를 제공하기 위해 쉼 없이 경쟁하는 가운데 국민의료비와 건강보험 운영비 증가폭이 다소 둔화되는 모습을 보이고 있다.[62]

건강보험 관리비를 포함한 보건관리 비용은 보험자가 많다 보니 대 GDP의 0.6%(2009)로 다소 높지만 전체 국민의료비에서 점하는 비율은

5.3%로 2005년(5.6%)과 비교해 감소하였다. 보건관리 비용이 독일보다 높은 나라는 미국(대 GDP 1.2%)과 프랑스(0.8%)이고 스웨덴(0.1%), 일본 (0.2%), 한국(0.2%)은 아주 낮은 국가이며 네덜란드(0.5%)와 캐나다(0.4%)는 이들보다 높지만 독일보다 낮은 수준을 보이고 있다.

건강보험의 공·사 분담 및 재원조달과 관련하여 사회보험방식을 채택하고 있는 독일 사례가 시사해주는 바가 적지 않다.

첫째, 일정 규제 하의 보험자 간 경쟁압력 조성과 이를 통한 수요자, 공급자 양측에서의 과잉진료 예방이 국민의료비 증가세 억제에 도움이 될 수 있다는 사실이다. 이는 독일이 보여준 2000년대 초반의 상대적으로 낮은 국민의료비 증가에서 일정 부분 그 효과를 확인할 수 있다. 우리의 경우 단일보험자이므로 보험자가 수요자의 과다수요와 의사, 병원의 과잉진료를 막으려는 제도적 유인이 구조적으로 약할 수밖에 없다.

둘째, 민영건강보험회사의 반대에도 불구하고 국민 다수가 가입하고 있는 공적건강보험을 민영건강보험회사에서도 다루도록 강제함으로써 민영보험회사의 효율성 중시 경영이 공적건강보험조합 운영의 효율성 제고로 이어질 수 있는 기반을 구축하였다는 점이다. 이 같은 조치로 경쟁력이 떨어지는 공적건강보험조합이 다른 대규모 공적건강보험조합에 흡수·합병되는 사례가 늘어 공적건강보험의 관리효율이 높아질 것으로 기대되고 있다.

독일 못지않게 민영보험회사가 발달한 우리나라이지만 지금의 공적건강보험 서비스를 민영보험회사에서 취급하도록 강제하는 것은 지금 단계에서는 생각해보기 어려운 시나리오일 것이다. 물론 공적건강보험이라는 '비영리사업'을 운영하는 데 대한 보상으로 당국이 민영보험회사에 (공적건강보험 사업 운영에 필요한 위험균등화 지원금 외에) 보조금이나 세제 혜택 등을 추가적으로 부여한다면 실현 불가능할 것도 없다. 민영보험회사 입장에서도 공적건강보험 가입자가 들어오면 전체 가입자수가 늘 것이고, 이들 중 일부에게 지금 운영하고 있는 각종 보충보험 상품을 판매하거나 신상품을 개발, 제공함으로써 추가적 이익을 얻을 수 있는 기회를 가질 수 있다. 이렇게 되면 국민건강보험공단 등 현행 건강보험을 운영하는 공조직 규모를 일정 규모 줄일 수 있을 것이다.

문제는 이렇게 하는 것이 지금보다 효율적인 건강보험 운영으로 이어지고, 의료서비스 소비자의 만족도를 높이며, 국민의료비 증가세 억제에 기여할 수 있느냐는 것이다. 이에 대해서는 제도 통합 후 11년이 경과하였을 뿐이라 지금으로서는 섣불리 말하기 힘들지 모른다. 겉으로 드러나는 숫자상으로는 명확히 비효율을 확인하기가 쉽지 않다.[63]

다만 앞으로 직원들이 고령화하면서 조직의 활기가 떨어지고 관료화가 심화되며, 이로 인해 국민건강보험공단과 건강보험심사평가원으로 구성된 지금의 쌍두 체제가 국민의료비 억제에 효과적으로 대응하지 못해 가계, 기업의 보험료 부담과 국가재정 부담을 가중시킬 가능성이 없지 않다. 그때 가서 개혁을 논의하면 되지 않겠느냐고 할지 모르지만 이렇게 하면 자칫 때를 놓친 개혁이 될 수 있다. 개혁에 따른 비용은 많이 들면서 효과는 별로 기대하기 힘들 수 있다는 것이다. 따라서 지금부터 부단히 우리의 단일보험자 체계가 지니는 장점과 단점을 분석하여 필요하다고 판단되면 때를 놓치지 말고 선제적으로 개혁작업에 나서야 할 것이다.

셋째, 공적건강보험 가입자에게 민영건강보험회사에 가입하여 공적건강보험조합과 동일한 서비스를 받을 수 있게 함으로써 공적건강보험에 비해 관심이 낮던 민영건강보험에 대한 국민 일반의 인식을 바꾸고,

장기적으로 건강보험 내 민간보험의 비중 확대를 유도하고 있다. 그동안 독일의 민영건강보험은 고소득층이 주 고객이었는데, 2009년 개혁으로 중산층도 다양하고 질 좋은 의료서비스 상품을 취급하는 민영건강보험에 쉽게 접근할 수 있게 되었다. 당국은 이 같은 변화가 상대적으로 높은 독일의 국민의료비를 억제하는 데 도움이 될 것으로 기대하고 있다. 실제로 독일은 2000년대에 들어와 추진한 수차례 개혁으로 의도했던 성과를 일부 이끌어낸 바 있으나 2012년에 들어와 민영건강보험회사가 보험료를 대폭 올리면서 일부 가입자의 공적건강보험 회귀가 발생하고 있다.

독일의 민영건강보험회사가 48개이고 역사도 오래되었지만 이들 보험회사 제공 의료서비스에서 발생하는 의료비는 전체 의료비의 10%에 미달한다. 2009년 기준으로 전체 의료비의 9.6%만이 민영건강보험 부담분으로 나머지는 환자본인부담 12.3%, 공적건강보험조합(사회보장기금) 부담 70.5%, 정부부담 6.9%, 비영리단체와 기업 부담 0.7%이다.[64]

정부는 2009년 개혁을 통해 공적건강보험조합의 역할을 줄이고 민영건강보험회사의 역할을 키우려 하고 있는데, 이 같은 변화는 독일 정부가 지향하는 건강보험 개혁의 기본노선의 하나로 이해되고 있다. 즉 독일 정부는 그동안 민영건강보험회사가 수행해왔던 공적건강보험의 보충보험 사업자 및 대체보험 사업자 역할 중 후자의 역할을 강화하고자 하므로 당분간 그 같은 시그널을 공적건강보험조합과 가입자에게 지속적으로 보낼 것으로 기대된다.

우리의 경우 민영건강보험이 1976년 11월에 도입되어 독일에 비해 출발은 대폭 늦었지만 지금은 독일 못지않게 민영건강보험이 활성화되어 있다. 다만 그 실상이 공식 통계치로 제대로 포착되지 않고 있고, 이로 인해 OECD 등의 국제기관에 보내는 자료에 민영건강보험의 실상이 제대로 반영되지 못하는 문제점이 있다.[65] OECD 자료에 따르면 2009년 기준 민영건강보험이 국민의료비에서 점하는 비중은 5.5%로 공적건강보험의 비중(47.1%)에 비해 월등히 낮다.[66]

한편 앞에서 거론한 바 있는 윤희숙·권형준(2008)은 민영건강보험 가입자들이 비가입자에 비해 의료비용이 더 많다고 말할 수 없다고 주장한다. 특히 30대 이상의 왕성한 경제활동 계층의 경우 가입자들의 의료비용이 더 낮게 나타나고 있으며 실손의료보험 가입자의 경우 비가입자보다 의료비용이 더 높게 나타난다고 지적하고 있다. 이들은 그 이유로 질병에 취약한 이들이 많이 가입했다는 역선택과 민영건강보험 가입에 따른 의료이용 증가, 즉 도덕적 해이를 들고 있다. 추가이용 시 본인부담이 늘어나는 정액형에 비해 그러한 부담이 붙지 않는 실손형이 의료이용 증가를 가져올 수 있다고 본 것이다.

다소 의외라고 받아들여질 수 있는 이들의 분석이 시사하는 바는 민영건강보험 가입자들이 지출하는 의료비용이 해당 보험상품의 규모에 비해 크지 않을 수 있다는 사실이다. OECD에 보고된 민영건강보험의 의료비가 실제보다 작게 추정되었을 개연성이 크지만 가입자의 다수가 정액형 상품에 가입해 있고 이들 상품 가입자의 의료비 지출이 비가입자와 크게 다르지 않으며 의료비 지출이 큰 고령자층의 가입률이 상대적으로 낮다는 점을 감안하면[67] 공적건강보험에서 지출되는 의료비보다는 꽤 작을 것으로 전망해볼 수 있다.

이상에서 보듯 국민 다수가 민영건강보험에 가입해 있고 또 친숙감을 느끼고 있다는 점에서 민영보험회사로 하여금 공적건강보험을 취급하도록 하는 것이 전혀 불가능한 일은 아니라고 할 수 있다. 다만 독일과 달리 민영보험회사들이 공적건강보험의 대체형 보험을 판매한 적이 없고, 법정본인부담과 비급여를 보충하는 상품만을 그것도 제대로 된 심사평가 기능 없이 취급하고 있기 때문에 그러한 시도를 할 경우 가입자는 물론이고 민영보험회사 측에도 큰 부담을 지우는 조치가 될 수 있다. 따라서 공적건강보험을 제공하는 지금의 단일보험자 체계가 고비용 구조로 판단되어 불가피하게 개혁을 추진해야 할 경우 비로소 고려할 수 있는 선택방안의 하나로 독일형의 '민영보험회사에의 공적건강보험 분할위탁'이 고려될 수 있을 것이다.

이렇게 볼 때 지금 상황에서 우선순위가 높은 조사와 대응은 ① 민영보험회사가 제공하는 의료보험 상품의 평균 부가보험료율(loading ratio, 서구 기준 지급률의 역수)에 대한 정확한 실태 파악과 적정성 여부 판단 ② 동일한 상품을 건강보험이 제공하는 것에 비해 어느 정도 (비)효율적으로 공급하고 있는지 ③ 민영건강보험이 건강보험을 보충하는 효과가 어느 정도인지 ④ 민영보험회사가 상품의 설계와 개발 과정에서 공공성을 고려해야 할 필요가 있는지 고려해야 한다면 어느 정도까지 고려해야 하는지 등으로 정리될 수 있을 것이다. 이상의 작업을 통해 우리의 공적건강보험과 민영건강보험의 유사점과 차이점에 대해 명확한 인식을 갖는 것이 향후 전개될 개혁논의에서 바람직한 출발점을 모색하는 데 도움이 될 것이다.

민영건강보험의 개념과 유형 그리고 범위

민영건강보험은 인적보험인 생명보험과 물적보험인 손해보험의 성격을 모두 지녀 제3보험으로 구분되고 있다. 생명보험은 사람의 생명과 신체의 사고에 대한 보험이고 손해보험은 재산상 손실에 대한 보험이다. 이에 비해 제3보험인 질병·상해보험은 생존과 사망 관련 위험을 보험대상으로 삼는다는 점에서는 생명보험과 유사하고, 질병과 상해로 인한 치료비를 보전한다는 점에서는 손해보험에 가깝다. 우리보다 앞서 제3보험을 규정한 일본에서는 의료보험, 개호보험(우리의 노인장기요양보험), 상해보험, 소득보상보험, 의료비용보험, 개호비용보험, 상해질병정액보험 등을 제3보험으로 규정하고 있다.

민영건강보험의 유형은 기준에 따라 다양하게 구분할 수 있다.

(1) 보험운영기관의 성격에 따른 영리보험과 비영리보험(상호보험 포함)으로의 구분이다. 국내 민영건강보험은 대부분 민영보험회사가 운영하는 영리보험이다.

(2) 보험금 지급 형태에 따른 정액보상방식과 실손보상방식으로의 구분이다. 보험사고 발생 시 약정한 일정액의 보험금을 지급하는 정액보상방식에서는 의료비와 비의료 비용을 보장하며 요양비, 간병비, 수술비, 상병수당 등이 포함되는데 상품별로 꽤 차등화되어 있다. 그리고 보험사고로 발생한 의료비용을 실비기준의 보험금으로 지급하는 실손보상방식에서는 국민건강보험 급여 중 국민건강보험공단 부담금을 뺀 본인부담의 90%와 건강보험 비급여를 보장한다. 물론 비급여는 보험계약 시 보험금 지급대상으로 정한 것으로 한정된다. 실손형 보험료는 바뀐 의료수가에 따라 갱신되며 보험기간은 3년, 5년, 10년 등이다. 2003년에 손해보험회사가 실손형 보험을 판매하기 전에는 거의 대부분의 민영보험 상품이 정액형이었다.

(3) 공적보험과의 관계에 따른 대체형(subsitute), (보완)보충형(complementary), 추가(보충)형(supplementary), 중복형(duplicate)으로의 구분이다.[68] 대체형은 민영건강보험이 국민건강보험을 대체하여 주된 건강보험의 역할을 수행하며(미국, 네덜란드, 독일), (보완)보충형은 본인부담금을 민영건강보험이 지급해주고(프랑스, 독일, 한국), 추가(보충)형은 국민건강보험이 제공하지 않는 신의료기술 관련이나 필수적이지 않은 의료서비스인 비급여(non-covered)를 민영건강보험이 보장해주며(캐나다, 미국, 한국), 중복형은 민영건강보험이 국민건강보험과 같은 서비스를 제공하면서 별도 서비스를 제공하는 유형을 지칭한다(스페인, 폴란드).

한편 민영건강보험의 포괄범위에는 의료비보장보험(질병보험 등) 외에 장기간병보험, 소득보상보험이 포함된다. 민영건강보험은 질병과 상해에 따른 의료비는 물론이고 간병에 따른 비용, 취업불능에 따라 상실된 소득도 보상한다. 물론 이들 비용은 약관이 정한 바에 따라 지급되므로 보험금이 일정액 이하로 제한될 수 있다.

질병보험에는 암보험, 3대 질병보장보험(암, 뇌혈관질환, 허혈성질환), 7대 질병보장보험(심장질환, 뇌혈관질환, 간질환, 고혈압, 당뇨병, 만성호흡기질환, 위궤양 및 십이지장궤양) 등이 있으며 정액형 외에 보장금액의 일부나 일정액의 생전 지급과 잔액의 사망 시 지급방식 등이 있다.

간병보험은 신경계통의 기능, 정신이나 신체에 현저한 장애가 남아 항시 타인의 보살핌이 필요한 경우에 보험금을 지급하며, 간병상태 사망이나 간병상태 발생 시 보험금을 지급하는 정액형과 간병기간에 따른 간호비용을 지급하는 실손형이 있다.

소득보상보험은 질병이나 상해에 따른 취업불능으로 발생하는 상실소득의 일정액을 보장해주는 것으로, 국내에서 독자적 판매상품은 없고 특약 형태의 정액급부 상품이 일부 판매되고 있다.

제**3**장

건강보험
유형별 발전사

근대식 건강보험의 기원은 독일

인류의 역사에서 건강하게 일생을 사는 문제는 어느 시대 누구에게도 중요한 과제였다. 건강을 유지하기 위해 의사, 약사 등의 전문 직업인이 생겨났고 이들은 진료의 대가로 보수를 받았다. 그런데 이들의 진료나 치료 행위는 병원이 아닌 가정에서 주로 이루어졌다. 근대적 의료가 일찍 발달한 서구에서조차 가정에서 치료받는 것은 20세기 초까지 흔한 일이었다. 지금처럼 환자가 병원에 수용되어 치료를 받는 형식이 정착된 것은 인류의 역사에서 그렇게 오래되지 않은 일이다.

건강보험의 초기 유형은 꽤 오래 전으로 거슬러 올라갈 수 있다. 고대 바빌로니아나 로마 시대에는 선원 등 위험한 업무에 종사하는 특정 직역 종사자나 상인 등을 중심으로 민간분야에서 제한적으로 시행되었다. 14세기 이후에는 상해보험을 중심으로 발달하였으며 근대에 들어와 미국에서 일반인 대상의 민간보험 상품이 판매되면서 체계를 갖추기 시작했다.

정부가 일반 국민을 대상으로 건강위험 보장장치를 강구한 것은 독일이 최초이다. 1883년, 비스마르크 수상이 사회보험방식의 건강보험을 생산직근로자 대상으로 도입한 것이 그것이다. 이후 독일은 일정한 기간을 두고 사무직근로자, 자영업자 등 국민 대다수에게 건강보험을 확대적용하였는데, 이것이 근대적 건강보험의 효시이다.

영국에서는 독일보다 28년이 늦은 1911년에야 재무장관 조지(David Lloyd George)가 주축이 되어 출산, 장애, 질병 시 현금을 지급하는 국민건강보험법(National Health Insurance Act)을 시행하였다. 이어 오스트리아, 헝가리, 노르웨이, 러시아, 네덜란드 등이 1912년에 건강보험을 도입한다. 이렇게 각국이 질병 또는 상해 등으로 인한 건강 악화에 따른 재무적 위험을 사회적 차원에서 해결하려고 나섬으로써 서구 국가를 중심으로 공적건강보장[1] 체계가 갖추어지기 시작한다.

그런데 각국이 처한 사회경제적 환경이 달랐기 때문에 건강보장의 유형은 재정방식을 기준으로 크게 세 가지로 구분되어 발전하였다. 조세방식(혹은 국민보건서비스(NHS: National Health Service)), 사회보험방식, 시장방식이 그것이다.[2]

조세방식은 조세로 재원을 조달하여 의료서비스를 제공하는데 적용의 보편성이 가장 높다. 본래 영국, 캐나다, 호주 등 영연방국가를 중심으로 운영되었는데, 스웨덴도 이 방식으로 운영하고 있고 스페인 등 남유럽 국가들을 중심으로 사회보험방식에서 체제를 전환하여 이 방식을 채택한 국가도 있다.

사회보험방식은 사회보험 보험료를 납입하면 의료서비스를 현물급여로 지급하는 방식으로, 독일·프랑스·네덜란드·일본 등이 대표적이다. 이들 국가는 사회보험의 원리를 활용한다는 점에서는 공통성이 있지만 그 구조는 국가별로 다르다.

시장방식은 민간보험을 활용하여 가입자 등 피보험자의 위험도 수준에 맞추어 보험료를 납부하고 보험금을 받는 방식으로, 미국 등이 대표적 국가이다. 물론 이들 국가에도 공적건강보장체계가 있지만 민간보험이 주된 역할을 수행한다.

이하에서는 유형별 대표 국가를 선정하여 해당국의 건강보험 발전과정을 살펴본다.

조세방식 건강보장의 발전: 영국

조세방식 건강보장의 대표적 국가는 영국으로 NHS 방식의 건강보장을 택하고 있다. 재원을 전액 조세로 조달하면서 의료서비스 공급도 거의 대부분을 공공부문이 담당하고 있다. 1948년에 이 방식을 도입한 이후 약간의 변형을 거치면서도 기본체계는 그대로 유지하고 있다. 그동안 행해진 개혁 중 가장 주목할 것은 NHS 서비스 및 지역의료법(1990)에 따른 NHS에의 부분적인 시장원리 도입과 NHS 계획(2000)에 따른 기업을 활용한 병원 설립 등이다. 일반의를 대신하는 1차 진료 트러스트는 2000년 개혁 때 도입되었다가 랜슬리(Andrew Lansley) 보건부장관이 주도한 Health and Social Care Act 2012에 의해 폐지되는 등 시행착오를 겪기도 했다.

영국과 달리 캐나다는 같은 조세방식으로 구분되지만 재원은 조세로 조달하되 의료서비스의 공급이 공·사 혼합방식이라는 점에서 구별된다.

조세방식은 기여능력에 상관없이 건강보장을 받을 수 있는 점이 장점이지만 보험자와 가입자의 비용의식이 약해 의료비 지출이 커질 수 있는 점이 단점이다.

민영건강보험은 NHS의 보충보험 형태로 도입되었지만 가입자 증가율이 낮아 2010년 기준으로 전체 인구의 14.8%만이 가입하여 프랑스 등 다른 EU권 국가에 비해 덜 활성화되어 있다.

영국은 NHS 이전에는 1911년 조지 재무장관의 주도 하에 도입된 국민건강보험법[3]에 따라 1912년부터 1948년까지 노동자들에게 연금과 의료서비스를 제공하였다. 당시 국민들은 국민보험기여금[4]을 납부하면 통합 국민보험기금에서 일부가 의료서비스 재원으로 배정되었다. 그런데 이 제도는 동일한 기여를 하는데도 보장 정도가 다르다는 점에서 문제로 지적되다가 이후 NHS로 전환된다.

NHS는 제2차 세계대전 후 베버리지 체제를 확립하면서 제정한 국민건강서비스법(National Health Service Act, 1946)에 의해 도입된다. 이 체제는 제2차 세계대전이 끝나고 전후 복구가 시작된 1945년부터 1948년까지 베버리지 원칙[5]에 입각한 사회보장제도가 구축되면서 도입되었다.

그런데 1949년부터 베버리지 체제가 동요되기 시작하고 1970년대에 들어와 석유파동 등을 겪으면서 안정적 성장이 끝나자 NHS는 근본적인 변화를 맞이한다. 즉 NHS 시행에 막대한 비용이 소요되었기 때문에 1950년대에는 지출삭감과 재원확보가 강조되었다.

재정난이 계속되자 1960년대에는 NHS의 의료서비스 공급체계와 운영주체에 대한 본격적인 개혁이 시작된다. 1960년대의 NHS 개혁으로 서비스 내용은 병원, 지역보건, 일반의(GP)[6] 서비스의 세 부문으로 구성되고, 운영담당 주체로 지방병원위원회, 지방자치단체, 집행위원회를 두고 중앙의 보건부가 이들을 통합운영하였다. 의료비는 1960년대에도 계속 증가하여 심각한 재정난을 초래했으며, 병원의 노후화, 지역 간 격차 심화, NHS 세 부문 간의 격차, 부문 간 연대 결여 등의 문제가 노출되었다.

NHS편성법(1973)에 따라 NHS는 중앙의 보건·사회보장부－지방보건당국－지역보건당국－지구로 일체화되면서 실질적으로는 지역보건당국 책임 하에 운영된다. 그리고 지역의료를 위해 런던 외 각 지자체에 지역보건당국을 하나씩 배치하고, 지역보건서비스와 사회복지서비스를 조정하기 위한 새로운 합동자문위원회가 설립되었다.

1980년 이후에는 시장기능을 활용하는 정책으로 돌아선다. 1982년 4월의 NHS 2차 조직 재편성으로 지역보건당국이 폐지되었다. 기존의 3층 체제를 지역·지구의 2층 체제로 바꾸어 권한을 지구보건당국에 대폭 이양하고 일반의위원회는 보건사회보장부 직속으로 두었다. 이것은 책임체계가 복잡해지는 폐해를 없애고 주민수요에 적절히 대응하기 위함이었다.

보건의료법(1984) 제정으로 일반의를 위한 의료금융금고가 민영화되고, 1986년에는 사회보장법을 계기로 보건서비스 분야에도 민영화가 시도되었다. 그런데 서비스 자체에 대한 민영화가 대다수 국민의 반대로 힘들어지자 보조서비스의 민영화가 강화되었다.

1987년 11월에는 민간활력 도입과 경쟁원리 적용으로 국영의료 공급체제의 불합리와 비효율을 개선하기 위해 일차보건진료개혁백서가 발표되었다. 이것은 NHS에서 주민의 일차 진료를 담당하는 일반의 의료의 질을 높이고, 일반의 의료서비스가 주민의 수요에 부합되도록 하기 위함이었다. 백서의 내용은 1988년 11월의 상원 가결을 거쳐 보건의료법안으로 성립된다.

144

보수당 정부는 1989년 『환자를 위한 작업(Working for Patients)』, 『국민을 위한 진료(Caring for People)』라는 두 백서[7]를 근거로 하여 법안을 제출하였다. 이것이 NHS 서비스 및 지역의료법(1990.6)으로 성립되었다. 이 법의 성립을 계기로 NHS에의 시장원리 도입이 본격화하였다.

첫째, 의료비 배분과 관련하여 고도의료 등을 제외한 일반적 의료서비스에 대해서는 실제 치료한 병원에 비용을 지불한다. 둘째, NHS 병원이 보건당국의 관리에서 벗어나 임금결정권과 인사권을 갖도록 공영기업인 NHS병원트러스트를 만들어 독립시킨다. 셋째, 주민이 일반의를 자유롭게 선택할 수 있도록 하고, 일반의는 일정 조건 하에서 광고를 할 수 있다. 넷째, 등록환자를 1만 1000명 이상 갖는 일반의 그룹은 일반의 관리예산제도에 응모할 수 있다. 이 제도에 가입한 일반의 그룹은 등록 주민수에 따라 병원서비스 구입비 등에 붙는 일정 재원을 관리할 수 있다.[8]

이에 따라 1991년부터 최초의 NHS병원트러스트 설립, 최초 기금보유 일반의(GP fundholder) 제도 도입과 같은 의료서비스 개혁이 시작되었다. 개혁의 목표는 비용억제와 효율성 증대였는데, 개혁의 기본철학은 진료서비스의 구매자와 공급자[9]를 구별하고, 공급자들이 서로 경쟁하도록 촉진하며 구매자들과의 협상계약에 기초하여 서비스를 공급하도록 한다는 것이었다. 또한 NHS를 개선하고 현대화하는 정부 프로그램의 일환으로서 환자헌장이 제정되었다.

2000년에는 NHS 계획이라는 야심찬 정책 하에 투자를 늘렸다. 이 계획은 경쟁과 시장의 원리를 다시 채택하고, 민간기업을 통해 많은 병원을 세우기 위해 개인의 금융투자를 확대하며, 몇몇 클리닉 서비스를 제공하기 위해 기업을 이용하였다. 한편 진료표준을 만들기 위해 폭넓은 성과목표와 가이드라인이 재검토되었다. 그리고 일반의를 대신하여 건강관리를 구매하기 위해 일차 진료 트러스트를 만들었다.

2011년 1월 19일, 2010년 5월 보수당과 자유민주당 연합정권에서 새로 보건부장관이 된 랜슬리가 NHS의 일차진료 트러스트(primary care trusts)가 갖고 있던 일차 진료 관련 예산(전체 NHS 예산의 80% 상당)의 지출권, 그리고 커뮤니티헬스센터에서 병원서비스에 이르는 모든 것에 대한 기획과 구매 업무를 일반의(GP) 컨소시엄에 되돌려주는 보건과사회보호법2011(health and social care bill)을 내놓았다.

그는 이 법을 통해 일반의와 민간의료부문에 좀 더 큰 역할을 맡겨 의료비 지출을 줄이되 신경외과수술 같은 전문 서비스는 지금처럼 국가 차원에서 관리하도록 하였다. 또 2013년 4월에 공공기관인 Public Health England를 설립하여 컨소시엄으로의 권한 이관 등의 업무를 수행할 계획이다. 그런데 법안 발표 후 2011년 3월까지 왕립간호대학[10]과 영국의사협회(BMA), 공공서비스노조, 일반노조 등이 이 법을 NHS를 시장기반 체계로 바꾸며, 의료의 질을 무시하고 비용만을 고려한 악법이라고 항의하였다. 그러자 연립정부는 그해 4월 4일 동 법안의 국회논의를 일시 중지하고 5월 말까지 의견을 수렴하기로 하였다. 이후 하원과 상원에서의 1000번이 넘는 개정을 거쳐 2012년 3월 27일 법안은 마침내 왕실의 재가를 받았다.

한편 민간의료부문은 NHS를 보완하면서 성장해왔다. 민간의료부문에는 NHS에 비해 의사를 선택할 수 있고, 진료를 받기 위해 오랫동안 대기할 필요도 없으며, 또한 편안하고 비밀이 보장되는 수준 높은 진료를 받을 수 있다는 장점이 있었기 때문이다. 하지만 민영건강보험(PMI)[11]의 이용도는 EU권 국가에 비해 낮고,[12] 연소득 10만 파운드 이

상 가구가 50% 이상 가입하는 등 고소득층에 활성화되어 있다.[13]

　민영건강보험에서는 포괄적인 보장을 제공하는 상품보다 현금급여를 제공하는 상품이 주류였는데 보험회사는 근래 포괄적인 보험 제공 상품과 현금급여 제공 상품을 함께 판매하거나 둘을 결합시킨 복합 상품을 판매하고 있다.[14] 일부 공제조합은 전통적인 보험과 달리 계약자가 보험금을 청구하지 않을 경우 보험료가 현금가치 형태로 유지되는 진료비예치금계좌(Healthcare Deposit Account)를 운영하고 있다.[15] 한편 보험회사는 그동안 의료공급자와 직접 접촉하기보다 진료비 지불자 역할에 충실하였으나 진료비가 빠르게 증가하면서 의료공급자들과 직접 협상하는 모습이 늘고 있다.

사회보험방식 건강보장의 발전: 독일[16]

　독일은 1883년에 비스마르크 수상이 세계에서 최초로 사회보험방식의 건강보험을 도입한 나라이다. 민영건강보험에서도 그 역사가 오래된 EU권 국가의 하나이지만 공적건강보험의 경우 EU권 국가 중 가장 먼저 도입하여 이후 많은 선진국 건강보험의 모형이 되었고 일본과 우리나라의 건강보험에도 큰 영향을 미쳤다. 도입 후 129년간 주된 재원을 사회보험료에 의존하는 기본틀을 유지하면서 적용대상을 지속적으로 확대해왔다. 일찍부터 다수의 국민이 건강보험을 적용받아 왔지만 극히 일부의 국민이 적용대상에서 제외되어 있었다. 이후 2009년 1월부터 예외 없이 전 국민이 공적건강보험이나 민영건강보험의 한쪽에 반드시 가입하도록 의무화되었다. 의료비가 빠르게 증가하면서 1970년대 중반부터 30여 년간 정권교체와 무관하게 지속적으로 의료비 증가 억제를 위한 개혁작업이 추진되고 있다.

1883년의 도입 당시에는 주로 중·저소득 근로자가 적용대상이었고 고용주, 고소득 근로자, 자영자, 그리고 국가와 지방자치단체의 공무원은 가입대상에서 제외되었다. 적용대상이 확대된 것은 제2차 세계대전 이후이다.

1995년에는 고령자진료 법률(PVG: Pflegeversicherungsgesetz)이 제정되면서 고령자와 장애인 진료체계가 마련되었다. 이러한 보장의 틀 아래서 일정 소득 이하의 피고용자와 그 가족, 실업자, 학생, 예술가 및 작가, 연금수급자가 건강보험에 의무적으로 가입하였다.

적용대상 확대와 보장범위 확대로 의료비가 증가하고 불황으로 경제가 어려워지자 1970년대 중반부터 1980년대 중반에 걸쳐 국가의 직간접 통제에 의한 의료비 지출 억제가 추진되었다. 1977년의 진료비억제법 제정, 의사협회에 대한 총액예산제 적용 등이 그러한 조치다.

이후에도 의료비가 빠르게 증가하자 기독민주당·기독사회당·자민당 연립정부인 콜 정권에서는 1984~86년에 병원 대상의 총액예산제가 도입되었다. 그리고 1987년에는 소득증대에 맞춰 질병금고 회원 1인당 예산상한제가 최초로 도입되었다. 1989년에는 의료수요 억제에 초점을 맞춘 본인부담금 인상, 의약품에 대한 정액제(기준약가제도) 도입 등을 담은 건강보험구조개혁법(GRG)이 제정된다. 이 법은 입원, 치과보철, 온천요법, 의약품 비용에 대한 본인부담금의 인상, 안경과 비경제적이거나 효과가 분명치 않은 의약품 분야에서의 건강보험 급여 축소와 제한, 의약품 참조가격제 도입, 장기요양환자 대상의 재가요양급여 도입 등을 담고 있다.

1990년대에는 보험자 간 경쟁 강화책이 시도되었다. 콜 정권은 의료비 증가를 억제하고자 1993년에 건강보험구조개혁법(GSG)을 제정한다. 주요 내용은, 첫째 병원진료비, 외래진료 담당 보험계약(치)의사의 진료보수, 의약품비에 대한 지역기준 부문별 총액예산액의 설정이다.[17] 둘째, 주치의와 전문의 진료를 구별하여 주치의 진료보수를 부분적으로 포괄화하고 인상하였다. 셋째, 병원 입원비를 입원 1일당 정액제로 바꾸고, 기술적으로 난이도가 높은 고액진료에 대하여 진료 1건당 정액제 등 새로운 진료비 지불체계를 도입하였다. 넷째, 외래진료 담당의 보험계약의사 과잉지역에 대해 의사 허가를 제한하고 의사 정년을 68세로 제한하였다. 다섯째, 직종/직장 기준으로 제한된 가입구조 대신 가입자의 보험자 선택권을 허용하여 보험자 간 경쟁을 통한 보험료율 인하를 시도하였다.

이어 1997년에 제정된 건강보험구조개혁법에서는, 첫째 보험료율 동결과 인하 외에 보험급여를 축소하였다. 둘째, 보험료율 인상과 환자본인부담 인상을 연계하여 보험자의 보험료율 인상을 견제하였다. 셋째, 환자본인부담을 건강보험 지출의 4%에서 6% 수준으로 높이고 정액본인부담금과 연동시켰다. 넷째, 건강보험조합과 환자 간 해결을 존중하면서 건강보험조합의 자치관리와 경쟁(보험료율, 환자본인부담, 급여내용)을 촉진하였다. 다섯째, 건강보험이 제공하는 의료서비스 수준의 질 저하 방지에 노력하였다.

개정 내용을 좀 더 상세히 보면, 첫째 보험료율을 1996년에는 동결하고 1997년에 0.4% 인하하였다. 둘째, 보험료율 0.1% 인상에 따른 정액본인부담을 1DM, 정률부담을 1% 인상하도록 의무화하여 건강보험조합의 보험료율 인상에 따른 가입자부담을 가중시켜 가입자의 보험자 선택을 활성화시켰다. 셋째, 의약품, 교통비, 요양비, 입원, 치과보철 등의 본인부담금을 올리고 급여를 제한하여 보험자 지출을 줄였다. 넷째, 건강보험조합의 자율권 확대와 경영합리화 차원에서 방문간호, 교통비, 요양비 등 법정급여 일부의 임의급여 전환, 본인부담금 인상, 부가급여에 대한 특별보험료 징수 모델사업 등 보험자 자체 사업을 크게 늘렸다. 다섯째, 입원진료에 대한 탄력예산제 도입, 외래진료 담당 보험계약(치)의사 진료보수의 총액예산제 폐지와 고정점수단가에 의한 행위별수가제 도입이다. 이때 조합과 보험계약(치)의사협회가 정한 표준 보수 초과 시 총보수를 체감할 수 있다.

이후 사회민주당과 동맹90(Bündnis90), 녹색당이 연립한 쉬뢰더 정권이 들어서면서 다시 개혁이 추진된다. 건강보험 연대강화법(1998)은, 첫째 앞 정권이 도입한 본인부담금 인상의 폐지와 급여 제외 항목의 부활, 둘째 건강보험제도에 도입된 보험료 환불 등 민영건강보험적 요소의 폐지, 셋째 건강보험의 잠정적 지출제한 등을 규정하였다.

구체적으로 보면, 첫째 의약품 포장 크기별 본인부담금을 9, 11, 13DM에서 8, 9, 10DM으로 인하하고, 둘째 본인부담금의 '임금연동'과 '보험료율 연동'의 폐지, 셋째 치과보철의 현물급여 부활, 넷째 건강보험조합 정관에서 보험료 환급, 본인부담금 및 추가급여 도입 가능 조항 폐지, 다섯째 진료보수 총액과 병원예산에 대한 지출제한(기초임금 인상분 상한 등), 여섯째 외래처방 의약품에 대한 참조가격 인하 등이 규정되었다.

건강보험개혁2000(GKV)에서는 의료공급자 측에서 유발되는 의료비 증가를 억제하려는 시도가 행해졌다. 첫째, 진료비지불제도에 질병군별 포괄수가제(DRG)와 처방이 허용되는 외래처방 의약품목록(Positive

List)의 도입이다. 둘째, 총액예산제에 의한 보험료율 안정이다. 셋째, 보험계약(치)의사의 외래진료·입원진료·(외래진료) 처방의약품 구분 예산을 하나의 지출항목으로 설정하여 전국 단위의 총액예산을 산정한다. 이상의 조치와 더불어 2003년부터 주치의 역할 강화, 가입자 건강증진 활동 강화, 재활 강화 등을 도입하고 처방허용 의약품목록은 2002년부터 도입, 시행하였다.

이후 재정안정을 목적으로 한 건강보험현대화법(das Gesundheitswesen-Modernisierungsgesetz)이 제정되어 재정안정에 따른 부담을 의사, 제약업계, 환자 등 모든 이해관계자가 분담하도록 규정되었고, 이에 따라 외래진료 정액본인부담금인 방문료의 신설(2004), 치아대체의 100% 본인부담 전환(2005) 등이 시행되었다.

2007년에 들어선 메르켈 정권은 사회민주당과 기독민주당, 기독사회당의 연립정권으로 건강보험의 근간을 유지하면서 가입대상자, 관리운영, 재원조달 및 민영건강보험과의 관계 분야에서 변화를 시도한 건강보험 경쟁강화법(GKV-Wettbewerbsstärrkungsgesetz)을 제정하였다.

첫째, 독일 내 거주자는 2009년 1월 1일부터 모두 공적건강보험이나 민영건강보험에 의무적으로 가입해야 한다. 공무원, 자영업자, 일정 소득(5만 유로, 매년 조정) 초과 근로자만이 민영건강보험에 가입할 수 있다. 둘째, 국가보조금을 점진적으로 늘려 피보험자 자격의 아동을 지원한다. 셋째, 상병수당 유무와 대기기간으로 구분되어 있던 기존 보험료 체계를 건강에 대한 가입자 자기책임 보상과 연계하였다. 넷째, 민영건강보험회사 간 경쟁을 강화하였다. 다섯째, 직종과 직역으로 구분된 7개 연방 차원의 건강보험조합 연합회를 하나로 통합하였다. 여섯째, 건강보험기금 창설과 이를 통한 통합재정 관리로 각 보험자 재정의 건전화와 민영건강보험의 공공성 강화를 시도하였다. 일곱째, 재활급여와 추가급여 도입 등 급여부문을 개선하였다.

한편 민영건강보험에는 대체형 보험과 보충형 보험이 있다. 대체형은 일정 소득 이상인 근로자와 자영업자가 의무적으로 가입하는 건강보험으로 보장범위는 공적건강보험과 같거나 그 이상이다. 보충형은 의무가입 보험이 보장하지 않는 영역을 보장한다. 대체형은 통상 공적건강보험보다 보장범위가 넓기 때문에 이 상품에 가입하면 대개는 보충형에 별도로 가입하지 않는다.

사회보험방식 건강보장의 발전: 프랑스

프랑스에는 독일보다 훨씬 늦은 1928년에야 최초의 사회보험방식의 건강보험이 도입[18]되었다. 적용대상이 특정 산업의 저임금 근로자 등으로 제한되었고 급여수준도 불충분하였으나 강제적용이라는 점에서 근대 건강보험의 뿌리가 되었다. 프랑스가 건강보험 도입을 서두르게 된 이면에는 제1차 세계대전과 독일의 영향이 크다. 대전 후 독일 접경지역의 알자스 로렌 지방이 프랑스로 귀속되었는데 이 지역에는 이미 독일식 건강보험이 시행되고 있었다. 그래서 프랑스에서도 건강보험을 전국에 확대, 시행할 필요성이 증대되었다.[19] 1928~30년에 걸쳐 관계 법률을 정비되고 건강보험과 개정 노령연금이 시행된다.

이후 제2차 세계대전이 끝난 1945년 10월에 새로운 일반사회보험제도가 입법(시행은 1946년)되었다. 이 제도에 대한 사전 준비작업은 1943년 대독일 레지스탕스 활동의 근거지였던 영국에서 전후 프랑스

사회보장의 설계자인 피에르 라로크(Pierre Laroque)를 위시한 200여 명에 의해 추진되었다.[20] 제도는 '일반'이라는 이름대로 적용대상도 넓지만 건강보험 외 연금, 가족수당 등을 위시한 포괄적인 사회보장제도로 입법되었으며 영국의 영향을 강하게 받았다.[21]

최종적으로 영국형 국가운영방식과 독일형 사회보험방식의 선택을 놓고 고심하였는데 결과적으로 프랑스 사회보장제도에는 보편적 적용의 베버리지형 복지체제와 사회보험방식의 비스마르크형 체제가 혼재되어 있다. 건강보험을 위시한 사회보장제도 설계 시 단일성, 보편성,[22] 형평성 이념이 강조되면서 다른 유럽 국가의 사회보장제도보다 서비스의 단일성이 주된 특징으로 부각되고 있다.

제2차 세계대전 이후 제정된 신법제 하에서 건강보험은 모든 산업 근로자에게 소득수준에 관계없이 적용되었다. 1946년에 전 인구의 53%가 적용대상이었으며 이후 농민(1961), 비농민자영자(1966)로 적용대상이 확대되고 근로자(1967) 대상의 국민건강보험기금(CNAMTS)[23]이 창설되었다. 1975년에 국민개보험 원칙이 제시되면서 그동안 적용대상에서 배제되어 있던 직종과 일부 근로자들이 제도권으로 들어왔고 1978년 무렵에는 거의 대부분(95% 이상)의 국민이 일반건강보험, 농민건강보험, 비농민자영자 건강보험의 3대 제도 중 하나에 가입하게 되었다.[24] 이들 제도의 가입자수 비율은 보편적 의료보장(CMU)이 도입된 2000년 기준으로 전체 인구의 84%, 5%, 7%이다.

프랑스는 사회보험방식으로 건강보험을 제공하지만 독일 이상으로 일찍부터 보충형 민영건강보험이 발달하였다. 그 결과 의료비가 다른 나라에 비해 빨리 증가하는 모습을 보여 프랑스 정부는 1960년대 후반부터 의료비 지출 억제를 위한 개혁작업에 착수한다. 의료비 지출규모가 상대적으로 크다는 것이 문제점으로 지적되고 있지만 의료의 질은 대부분의 기준에서 다른 선진국보다 높고, 의료에 대한 접근성도 양호하여 프랑스 가입자의 건강보험 만족도는 꽤 높게 나타나고 있다.

제2차 세계대전 이후 20여 년간 노조와 사용자 대표의 민주적 운영으로 유지되어 온 전후 체제는 1967년 드골 대통령과 퐁피두 수상이 이끄는 신공화국연합(UNR) 정부와 사용자가 주도하는 개혁으로 종식되어 균열된 체제로 유지되다가 시락 대통령과 쥐페 수상의 공화국 연합(RPR) 정부의 쥐페플랜(Juppé Plan, 1996)으로 이어진다. 이처럼 프랑스 건강보험의 전후 50년사에는 사용자와 노조, 그리고 노노 간 경쟁과 갈등의 흔적이 남아 있다.

전후 체제의 종식에도 불구하고 1980년대와 1990년대 초반에 지출이 수입보다 빠르게 증가하면서 질병금고의 재정상황이 점차 악화되었다. 그래서 사회당 정부에서 공공병원 대상의 총액예산제 도입(1983), 총액예산제의 민간병원 적용 확대(1993)[25] 등이 시행되었으나 효과가 없었다. 민간병원은 공공병원과 달리 수입이 큰 과목에 진료를 집중했기 때문이다.[26]

그래서 지출 억제와 더불어 수입 증대책도 시도되었다. 더 넓은 기준의 보험료라고 할 수 있는 특별사회보장세(CSG: Contribution Sociale Générralisée)가 미테랑 대통령의 사회당(PS) 정부에서 도입되었다(1991).[27] 그러나 재정적자 극복이 여전히 과제로 남게 되어 쥐페플랜이 도입된다.

쥐페플랜은 쥐페(Alain Juppé) 수상(1995.5~1997.6)이 주도한 개혁 청사진으로, 지출을 억제하고 특별세를 부과하여 1997년까지 재정균형을 달성하려는 계획이었다. 건강지출을 일정 범위 내로 통제하면서 진료시스템의 질과 효율을 개선하여 재정균형을 달성하려 하였다. 이를 위해 매년 국회에서 추정수입과 국민건강지출목표(ONDAM)를 정하도록 하였다. 이때 지출목표는 국민건강회의(NHC: National Health Conference)가 정한 국민건강목표에 기초하도록 하였다. 그리고 지역병원국(ARHs)을 설립하여 공적건강 부문에 대한 재무책임과 감독권을 부여하고, 병원에의 총액예산 배분, 지역건강회의의 지침 및 지역건강계획에 따른 목표 책정과 업무 보증을 책임지도록 했다.

또한 질병군별 포괄수가제(DRG)를 활용한 개별 병원의 상대적 비용을 비교하여 성과와 생산성을 측정하였다. 이를 통해 과잉지출에 책임이 있는 의료공급자를 조사하고, 환자본인부담을 늘렸다.[28] 응급진료 지출액에 한도를 설정하고 개인의료기록을 도입하여 의사가 환자의 병력을 효율적이고 정확하게 추적할 수 있도록 하였다. 이러한 조치들은 국민건강보험기금에 부여된 자율권을 일정 수준 제한하고 정부 개입을 강화한 것으로, 그 결과 의료비 통제 효과가 나타나 1990년대 후반의 의료비 증가율이 크게 감소하였다. 그리고 반관(半官) 조직인 사회보장적자상환금고(CADES)를 창설[29]하여 기존 건강보험의 적자 부채를 통합하였으며 부채상환을 위해 사회보장적자상환기금(CRDS)[30]을 만들었다.

1999년, 시락 대통령과 조스팽 수상(1997.6~2002.5)의 사회당 정부는 국민건강보험기금의 운영방법을 개혁하는 전략적 계획을 내놓았다. 배경에는 국민건강보험기금이 선택적 구매자가 되거나 질, 진료수요, 비용을 고려한 진료선택을 할 수 없도록 하는 제약조치로 인해 동 기금이 '피동적 지불자'라는 사실이 있었다. 이 계획은 진료의 질과 진료수요를 보장하고 비용을 통제하기 위해 환자의 의사 선택과 의사의 처방은 시스템 운영상 각자가 지는 책임에 상응해야 한다고 강조하였다. 국민건강보험기금이 내놓은 35개 조치에는 DRG 도입을 통한 300억 프랑의 비용절감, 일정 제약조건을 수용하는 가입자에 대한 상환율 조정, 의사의 사회적 기여금 지원제도와 약가 상환방법 개정 등이 포함되었다.[31]

1999년에는 보편적 건강보장(CMU) 제도가 도입되어 모든 프랑스 거주자는 보편적 건강보험을 적용받게 되었다.[32] 보편적 건강보험은 두 영역으로 구분되는데 제1영역은 프랑스 내 합법 거주자 전원에게 고용상태나 기여도와 무관하게 기본적 보장을 제공하는 부분이고, 제2영역은 전체 인구의 8% 정도인 저소득층 대상의 무상 보충보험 부분이다. 보편적 건강보장으로 접근성 측면에서의 형평성이 제고되었으나, 저소득 가구는 특히 치과나 안과 등 특정 분야에의 접근이 어려운 상황이었다.

이후 진료비가 경제성장률보다 빨리 증가하여 건강보험 재정적자가 늘어나 개혁하지 않으면 대규모 적자가 우려되었다.[33] 그래서 시락 대통령과 라파랑 수상의 국민운동연합(UMP) 정부에서 건강보험개혁법이 제정되어(2004), 국민건강보험기금의 지배구조를 바꿔 정부 위상을 한층 강화하였다. 그리고 환자에 대한 광범위한 전자 진료기록을 작성하고 민간병원과 공공병원 간 비교자료를 토대로 한 공정한 진료보수 지불체계 구축을 시도했다.

2005년에는 같은 국민운동연합 정부[34]가 당시 보건장관이던 필립 두스트 블라지에 의한 Douste-Blazy법 제정으로 국가가 지속적으로 건강보험정책의 기본방향을 설정토록 하고, 연간 진료비 총액 결정 등에 대해 건강보험기금과 계약을 맺을 수 있도록 하였다. 이를 위해 건강보험기금을 국가건강보험기금연합(UNCAM)으로 통합하였다. 그리고 환자 진료기록을 전산처리하여 공유하고, 16세 이상의 환자가 주치의 선택 시 금전적 유인을 제공하며, 만성질환 환자 진료팀을 구성할 수 있게 하였다. 나아가 가이드라인을 만들어 전문의와 환자에 대한 교육과 홍보를 통해 두 그룹 모두에게 책임의식을 부여하고자 했다.

한편 프랑스는 EU권에서 민영건강보험이 활성화되어 있는 국가 중 하나이다. 건강보험의 본인부담이 20% 수준으로 제법 높아 보충형 민영건강보험이 발달해왔다.[35] 1980년대에는 3명 중 2명이 가입할 정도로 보급률이 높아졌고 2000년에는 전 국민의 90% 이상이 가입하고 있다.[36] 그렇지만 전체 국민의료비에서 점하는 민영건강보험의 비중은 상대적으로 높지 않다. 2009년 기준으로 전체 국민의료비 지출액 중 민영건강보험은 13.6%(상호지원기금과 공제보험 포함)이고 건강보험기금 78.1%, 가계 직접지불 7.5%로 지난 10년 사이에 두 건강보험의 비율이 높아지고 가계지불 비율이 낮아졌다.[37]

보충형 민영건강보험은 개인이나 단체보험 형태로 가입하는 것이 일반적이며, 정부는 2000년대 초반부터 고용주 제공 민간 보충형 건강보험에 세제 혜택을 부여[38]하는 등 지원을 강화하고 있다. 소득이 낮아 민영건강보험에 가입할 수 없는 경우[39]에는 보편적 보충 건강보험(CMU-C)[40]이나 정부보조금(ACS)[41]을 통해 보충형 건강보험을 이용할 수 있도록 하고 있다. 3개월 이상의 합법적인 정규 거주를 증명하지 못할 경우에는 국가의료부조를 통해 이용할 수 있게 했다.

이러한 정부의 노력으로 보충형 건강보험을 적용받지 못하는 인구의 비중은 1980년의 31%에서 2008년에 6%로 낮아졌다. 이에 따라 민영건강보험이 건강보험의 역할을 일부 떠맡고 있다.[42] 민영건강보험의 보험자별 가입자 비중에서는 비영리 공제조합이 영리를 추구하는 민영 보험회사보다 훨씬 높다.

민간 보충형 건강보험의 문제점은 가입자 간의 형평성이 담보되지 않고[43] 진료비 본인부담제의 순기능을 무력화시키는 점이다. 그래서 정부는 2002년부터 사회적 연대성을 강화하기 위해 민영건강보험 취급 보험회사에 대한 세제우대를 제한하여 개인계약의 경우 건강 위험에 따른 가입 차별이 없을 때에만 허용하고 있다.[44] 또 건강보험 재정적자를 줄이기 위해 의료공급자 외에 민간 보충형 건강보험회사에 대해서도 다양한 통제조치를 적용하고 있다.

사회보험방식 건강보장의 발전사: 네덜란드[45]

네덜란드에 건강보험이 처음 도입된 것은 1930년이다. 강제적용되는 질병법(Sickness Act)이 1913년에 제정되었으나 발효는 1930년 2월 1일로 꽤 늦어졌다. 당시의 질병법은 일정 소득 이하의 근로자가 강제가입 대상이었으며 진료라는 현물서비스 대신 상병수당을 현금으로 지급하도록 했으며 소득대체율은 최대 80%였다. 가족종사자, 비정규 근로자, 별도 제도를 적용받는 선원, 철도원, 광부, 공무원 등이 적용대상에서 제외되었다.

이후 진료라는 현물서비스를 제공하는 건강보험이 도입된 것은 1941년이다. 제2차 세계대전 때 네덜란드를 점령한 독일이 질병금고령(Sickness Fund Decree)을 공포하고 저소득 노동자를 강제가입시킨 데서 비롯된다. 유럽 내 다른 나라보다 늦고 독일에 의해 강제도입된 이면에

는 연립정권 내부의 의견 차이와 의사집단의 강한 반발이 있었다.[46]

늦게 도입된 건강보험의 영향으로 민영건강보험이 일찍이 발달한 네덜란드는 2006년에 건강보험과 민영건강보험을 통합하는 실험을 단행한 최초의 OECD 국가가 되었다. 프랑스, 독일보다 낮은 국민의료비를 보이고 있음에도 이들 국가보다 한발 앞서 의료비 증가 억제를 위한 과감한 개혁에 착수, 독일 등 인근 국가의 건강보험 개혁에 영향을 미쳤다. 국민의료비 증가율 억제라는 목표를 안고 있는 많은 OECD 국가의 관심이 2000년대 중후반의 네덜란드의 건강보험 개혁사례에 집중되고 있다.

1941년에 도입된 건강보험은 건강법(1956), 건강보험법(ZFW: Ziekenfondswet, 1966, 질병금고령 대체)을 통해 단계적으로 적용대상이 확대되고 급성질환 치료보장제도로 정착된다. 이후 예외적 의료비법(AWBZ: Algemene Wet Bijzondere Ziektekosten, 1968) 제정으로 장기요양과 예외적 의료비 지출 보험제도가 도입된다. 그 결과 건강보험은 예외적 의료비 보장의 제1영역(compartment), 급성질환 진료 보장의 제2영역, 제2영역에서 보장하지 않는 부분을 보충하는 제3영역으로 구성된다.

한편 건강보험의 재원인 질병금고는 질병금고법(1964), 병원서비스제공법(WZV: Wet Ziekenhuisvoorzieningen, 1971)에 의해 하나로 통합되었다.

네덜란드에서 일찍부터 발달한 민영건강보험은 건강보험의 핵심 영역인 제2영역에도 참여하였다. 민영보험회사는 학생 등 청장년층에 비해 의료비 지출이 많은 노인에게 높은 보험료를 부과하였다. 당시 네덜란드에는 노령연금법인 AOW(1956)가 시행될 때 일정 소득수준 이하의 고령자를 대상으로 한 건강보험(SHI)이 도입, 운영되고 있었다. 그런데 기대여명이 늘면서 1980년대 초에 고령자 건강보험을 적용받는 이들이 100만 명 수준에 이르렀다. 한편 이들에 대한 보험료 부과 체계가 복잡하고 모호하며 그 수준이 사회적 수용성을 고려하여 비현실적인 수준으로 책정됨으로써 질병금고와 민영보험회사가 급여수준에 대응하는 보험료 부과에 실패하였다. 그 결과 고령자 건강보험은 대규모 적자에 직면하여 정부보조금 의존도가 점차 높아졌다.

정부는 고령자 대상 건강보험을 근본적으로 수정하여 건강보험접근법(WTZ: Wet op de Toegang tot Ziektekostenverzekeringen, 1986)을 제정하여 기존의 고령자 건강보험(SHI)을 폐지하고 기존 가입자들은 강제가입의 SHI와 민간보험으로 구분되어 별도 보험을 적용받게 되었다. WTZ에 따라 건강보험이나 민영건강보험에 가입한 고령자는 정부관리 보험료라는 별도 비용부담에 의무적으로 참여해야 한다.

건강보험에 시장경쟁 원리를 도입하여 공적건강보험의 효율성을 높이면서 전통적 의미에서의 민영건강보험 시장을 축소하려는 네덜란드의 건강보험 개혁은 중도우파정권 하에 발족한 데커(Dekker)위원회 보고서 「변화를 향한 의지(Bereidheid tot Veranderen)」(1986)에서 출발한다.[47] 이 보고서의 핵심 메시지는 첫째 재원조달을 단일화하고 전 국민에게 동일한 기본 보험급여를 제공하여 형평성을 추구한다. 둘째, 의료소비자인 일반 국민과 의료공급자, 보험자인 질병금고[48]에 효율성 제고 유인을 제시한다. 셋째, 의료체계 관리 원칙을 정부의 직접 통제나 규제에서 시장지향형 관리경쟁으로 전환한다는 것이었다.

데커플랜이 제시된 이후의 네덜란드 건강보험 개혁의 흐름은 시장원리 도입기(1988~1994), 관리경쟁과 규제·통제 혼재기(1994~2000), 데커플랜 부활기(2000~2006), 공·사 건강보험 통합기(2006~현재)로 크게 분

160

류할 수 있다.[49]

1990년에 들어선 중도좌파정권은 데커플랜의 가격경쟁 요소를 완화한 '사이먼즈 계획'을 제시, 포괄적이고 급진적인 데커플랜을 실천과정에서 일정 부분 약화시켰다. 이후 15년 사이에 더닝(Dunning)위원회 보고서 「건강관리의 선택(Kiezen en Delen)」(1991), 질병금고의 전국 차원 활동과 질병금고 간 가입자 이동 허용(1992, 2년에 1회, 1996년 이후 연 1회), 위험구조조정보험료 도입, 질병금고의 전문의 선택과 계약 체결 허용(1993), 2층 건강보험에의 저소득층 가입 허용(노인 1994, 자영업자 1999),[50] 특별의료비보상제도(AWBZ)[51]를 포함한 건강보험의 일원화 단념(1995), 사회경제위원회(SER: Sociaal Economische Raad) 보고서 「건전한 의료보험체계를 향하여」(2000), 「수요의 문제(question of demand)」(2001), 보험자와 병원의 개별교섭 허가(2005, 예산 10%)에 이어 질병금고와 민영건강보험의 통합을 담은 건강보험법(2006) 제정으로 네덜란드 건강보험 개혁이 일단락된다.

최근의 개혁으로 독일 등 인근 EU권 국가에 영향을 미쳤음을 물론 우리를 포함한 주요국 건강보험 전문가의 관심을 끌고 있는 2006년 개혁에 대해 좀 더 살펴보자. 2006년 이전의 네덜란드 건강보험은 그간의 지속적인 개혁에도 불구하고 다음과 같은 10가지 문제점을 안고 있었다.

① 의료체제가 과도하게 공급자 중심으로 되어 있다. ② 과거 20년간의 엄격한 비용 통제로 문제가 축적되어 왔다. ③ 보건의료 공급 면에서의 환자 대응성이 약화되었다. ④ 인구고령화, 미래의 보건의료 요구, 기술혁신과 보건의료 제공의 다양화에 제대로 대응하지 못한다. ⑤ 장기입원과 요양 등이 대상인 제1영역과 급성질환 중심의 제2영역

으로 분화된 건강보험체계가 합리적인 보건의료 공급을 저해하고 책임회피 현상을 야기한다. ⑥ 제2영역이 건강보험과 민영건강보험의 이중으로 되어 있어 효과적인 구매를 제한하고, 가입자의 선택을 제한하며, 건강위험 관련 연대성에 악영향을 미치고 있다. ⑦ 제2영역의 진료서비스 보상방식이 건강보험은 현물방식, 민영건강보험은 현금방식으로 달랐다. ⑧ 제2영역에서 대부분의 보험자들은 질병금고와 민영건강보험을 함께 제공하는데 민영건강보험은 질병금고와 달리 신청을 거부할 수 있다. ⑨ 제2영역에서 비용배분상의 불공평이 발생하고 있다.[52] ⑩ 제2영역에서 건강보험과 민영건강보험 간 경계가 명확하지 못해 가입자 이동이 발생하고 있다.[53]

개혁이 천명한 주된 원칙은 ① 모든 국민을 위한 새로운 표준보장 범위 제시, ② 가입자의 보험자 선택권 허용 확대, ③ 보험자의 가입자 유치경쟁 허용, ④ 가입자와 보험자의 양질의 의료서비스 추구 허용, ⑤ 저소득자 보상체계 구축 등이다.

이러한 원칙에 입각하여 시도된 개혁의 주요 내용은 ① 모든 거주자는 민영보험회사 제공 의료보험의 의무적 구입 ② 표준급여 패키지 제시 ③ 외래진료, 입원치료, 의약품, 의료기기, 재활, 예방, 정신보건, 치과치료(어린이) 등에 적용 ④ 18세 이상에 연 150유로의 의무 공제금 ⑤ 가입자는 매년 보험자와 보험계약 내용 선택 가능(현물, 현금, 양자혼합 등, 의료공급자 선택) ⑥ 공제금 상향조정(1인당 약 650유로), 단체가입 보험료 최고 10% 환불과 자발적 보충 보험 가입 허용 ⑦ 보험자는 보건의료 구매자로서 영리추구 허용 ⑧ 의료공급자에 의료소비자와의 의료의 질, 가격, 성과에 대한 협상 허용[54] ⑨ 민영보험회사의 보험가입 신청거부 불가와 건강보험 계약 유형에 따른 집단요율 적용, 리스크평준화장치 도입 ⑩ 재원조달의 50%를 소득비례보험료로 조달하여 위험균등화 중앙기금에 이전 후 집중관리, 피용자는 임금[55]의 7.2%, 자영자는 소득의 5.1%를 징수 ⑪ 나머지 50%의 재원은 정액보험료로 건강상태에 관계없이 정해지며 보험회사에 직접 납부, 18세 미만의 보험료는 정부가 지불 ⑫ 보건의료 수당의 세액공제 형태 지급[56] 등이다.

이 같은 네덜란드의 혁신적 개혁조치의 성과에 대해 객관적인 평가는 좀 더 시간이 지난 다음에야 가능할 것이나 5년이 경과한 2011년의 시점에서 나온 평가는 양호하지 않다. 오크마(Okma K. G. H.) 등(2011)은 네덜란드의 민영건강보험회사 간의 관리경쟁 실험이 기대 이하의 성과를 가져와 미국의 메디케어 개혁논의[57]에 유익한 선행사례가 될 수 없다고 지적한다.[58]

이들은 지난 4년간의 운영 결과 ① 개혁 후 의료비의 연평균 증가율이 5%로 당초 기대했던 만큼 의료비 증가율이 억제되지 못했다. ② 상당수 국민이 무보험 상태이다. 공식 무보험자는 24만 명에서 15만 명으로 줄었으나 서비스를 중지할 수 있는 6개월 이상의 보험료 미납자 31.9만 명(2010년 기준)을 고려하면 전 인구의 3%가 사각지대에 있다. ③ 가입자의 민영건강보험회사 선택폭이 늘지 않았다. 변경률은 2006년의 18%에서 2007년에 5% 이하로 낮아진 이후 연평균 4% 정도를 보이고 있으며 변경자의 80%가 고용주 사정으로 변경하였다. 전 가입자의 90%를 점유하는 4대 보험회사에 대한 불만이 크며 65%가 민영건강보험 플랜을 신뢰하지 않고 있다.[59] ④ 겉으로 경쟁 중시가 강조되지만 실제로는 총액예산제(global budget), 수가(酬價)와 환자본인부담 등의 전통적 통제수단이 유지되고 있다.

시장방식 건강보장의 발전: 미국

제2장에서 서술하고 았듯이 근대식 민영건강보험은 미국에서 시작되었다. 이는 미국 사회가 개인의 자립심을 강조하는 전통이 강하여 국가나 사회 차원에서 의료보험을 만드는 것보다는 개인이 자신을 스스로 보호하는 것을 더 선호하는 데서 기인한 것이다.

1920년대 이전에는 급여범위가 넓은 의료보험보다 오늘날의 소득보상보험과 유사한 질병보험이 보급되어 있었으며 그마저 가입자는 일부에 머물렀다. 질병보험이 인기를 끈 것은 질병으로 인해 상실되는 임금이 질병치료비의 4배 정도에 달해 임금을 보상받는 쪽이 훨씬 유리하다고 생각되었기 때문이다. 당시의 민영보험회사도 역선택과 도덕적 해이 때문에 의료가 수익성 있는 상품이라고 생각하지 않았을 것이다.

그러다가 유럽에서 국민 다수를 대상으로 한 의료보험이 시행될 무렵인 1906년, 전미노동입법협회(AALL: American Association for Labor Legislation)가 몇 주에서 유사한 의료보험의 도입을 시도하지만 실패한다.[60] 이후 대공황으로 경제가 어려워지면서 의료비[61]가 급증하였고 그 과정에서 댈러스 지역 교원의 선납 병원서비스 계약이 등장하고(1929), 미국병원협회(AHA: american hospital association)가 이를 장려하면서 블루크로스(Blue Cross)가 생겨나고, 이에 대한 의사들의 자구책으로 블루쉴드[62]가 나타났다(상세한 내용은 제2장 서술 참조).

미국에 국민 다수를 대상으로 한 사회보장으로서의 건강보험이 법제화된 것은 1935년이다. 미국 의회가 건강보험법(Health Care Insurance Bill)을 도입한 것이다. 하지만 이때도 의사단체 등의 반대가 거세어 강제가입의 건강보험은 도입되지 못하고, 민영보험회사에 의한 건강보험이 체계화되는 계기가 되었을 뿐이다.

이후 민영건강보험이 지속적으로 성장하는 가운데 민영건강보험회사는 블루크로스, 블루쉴드와 경쟁하면서 집단요율 대신 경험요율을 사용, 건강한 가입자에게 낮은 보험요율을 적용함으로써 경쟁력을 높였다. 그 결과 1952년 이후에는 민영건강보험 가입자수가 더 많아졌다.

제2차 세계대전 기간 중 임금인상이 법으로 금지되면서 고용주들은 건강보험 가입을 유인으로 내세워 우수 근로자를 채용하는 정책에 나섰다. 정부도 근로자들의 건강보험 가입을 지원해주기 위해 1954년에 세법을 개정, 고용주와 근로자 납부 보험료의 소득공제를 확대하였다.[63] 이 같은 지원책으로 미국의 건강보험 가입자수는 1940년에 2000만 명에서 1960년에 1억 4000만 명으로 대폭 증대되었다.[64]

이후에도 미국은 민영보험회사 주도로 건강보험이 널리 보급되어 오다가 1965년에 처음으로 공적건강보험인 메디케어(Medicare)와 메디케이드(Medicaid)가 도입되지만 적용대상은 각각 65세 이상의 고령자와 저소득층이었다.[65] 결국 이들 계층을 제외한 대다수의 미국인은 여전히 고비용의 민영건강보험에 의존하지 않을 수 없었다.

이러한 상황에 변화를 초래한 것이 2010년 3월에 제정된 두 개의 법이다. 환자보호와 적정비용진료법(Patient Protection and Affordable Care Act(PPACA 혹은 ACA))과 의료와 교육조정법(Health Care and Education Reconciliation Act)이다. 후자는 전자의 내용을 일부 바꾸고 학생지원과 재정책임 관련 내용을 담고 있다. 오바마가 두 법을 제안한 것은 전체 미국민의 15.4%에 달하는 4600만 명에게 건강보험을 적용하고, 빠르게 증가하는 의료비를 억제하고자 했기 때문이다.[66] 경제성장에도 불구하고 건강보험 미가입자 비율은 지난 20년간 크게 바뀌지 않았다.

이 개혁법안의 주된 내용은 ① 메디케이드 적용대상 자격을 연방빈곤선(FPL)의 133% 수준으로 확대하고 연방빈곤선의 400% 소득층까지 보험료를 보조하여 본인부담 보험료율을 2~9.5% 수준으로 억제 ② 기왕증 등에 의한 보험자의 가입자 선별 금지와 연간 적용한도·고율의 보험료 및 본인부담금 설정 금지[67] ③ 2014년부터 보험 미가입자의 정부승인 건강보험 가입 의무화(individual mandate)와 정부운영의 거래소 신설 ④ 보험자의 손해률 80% 이상 ⑤ 건강보험 적자 감축-10년간 1430억 달러 ⑥ 메디케어 어드밴티지 플랜을 통한 과다지출 시정 ⑦ 진료량이 아닌 진료가치에 입각한 지불제도 확립 등이다.

개혁안은 2010년 9월부터 시행되어 2015년 1월의 메디케어의 질 중심 지불제도와 2018년의 고액보험료 납부자에의 특별소비세 부과로 완결된다. 주 내용은 새로운 소비자보호, 진료의 질 제고와 비용 인하, 의료 접근성 증대, 보험자 설명책임 강화 등의 내용을 담고 있다. 백악관 홈페이지[68]가 상세하다.

2012년 4월 시점에서 개혁안이 스케줄대로 추진될지는 불확실하다. 2012년 11월의 대선에서 오바마가 재선에 성공하더라도 함께 치러질 상·하원 의원 선거 결과가 불확실하기 때문이다. 그리고 개혁안은 연방정부 대응 외에 주정부의 법 개정과 제도 정비 등을 요구하는데 많은 주에서 ACA법에 대해 연방대법원에 위헌심사를 청구해놓고 제대로 준비하지 않고 있다.

대법원은 2012년 7월경 판결을 내릴 것으로 예상되며 법안 전체의 위헌 내지는 일부 위헌의 판시 가능성이 있다. 만일 ACA법이 합헌이지만 개인별 가입의무와 메디케이드 확대를 헌법불합치로 판시할 경우 2010년 개혁법의 기대효과는 크게 제약된다. 개인별 가입의무 없이 보험자의 가입자 신청 거절을 금지시키면 많은 이들이 아플 때만 보험에 가입하려고 할 것이다. 또 메이케이드가 확대되지 않으면 무보험자 감소 효과도 크게 약해질 것이다.[69]

존스(Jones, 2012)는 ACA법이 수십 년 사이에 입법된 건강 관련 법안 중 가장 중요한 의미를 지니는 것이지만 2012년의 몇 가지 사안이 큰 분수령이 될 것으로 전망하고 있다.[70] 그는 연방대법원의 판결과 각 주 의회의 회기와 회기 내 대응, 대통령 선거와 상·하 양원 의원선거와 더불어 각 주의 건강보험거래소 설립에 따른 연방교부금 신청을 또 다른 주요 변수의 하나로 보고 있다.[71]

이하에서는 미국 건강보험의 도입과 발전사를 시대별로 좀 더 꼼꼼히 살펴보자. 미국에 사회보험 성격의 건강보험을 도입하려는 시도는 19세기 말의 선원대상 질병금고 설립[72]에서 기원을 찾아볼 수 있다. 이후 전미노동입법회 운동(1906), 법안 초안 발표(1915)[73] 등이 있었으나 반대세력,[74] 반독일 열풍, 반공주의의 영향으로 성과를 보지 못했다. 미국에는 유럽처럼 강한 노동자와 사회운동 세력이 존재하지 않아 관련 법제의 성립으로 이어지지 못했다.

대공황을 거치면서 프랭클린 루스벨트가 사회보장법(Social Security Act) 제정 시 강제가입의 건강보험 도입을 시도했지만 실현되지 못했다. 고령자 급여와 실업보험에 우선순위가 밀렸고 전미의사협회 등이 강하게 반대하였기 때문이다. 1939년에 와그너 상원의원이 제안한 국민건강법(National Health Act)에 포함시켜 재추진하였지만 의회를 보수주의자들이 장악하면서 정부개입을 꺼리는 분위기가 확산되고 결국 실패로 끝난다. 이 법안은 1943년에 강제가입 건강보험과 급여세 도입을 주장하는 와그너-머레이-딩겔법안(Wagner-Murray- Dingell Bill)으로 모습을 바꾸지만 역시 의회를 통과하지 못했다.

1945년에는 투르만 대통령이 프랭클린 루스벨트와 달리[75] 전 국민을 강제가입 대상으로 하는 건강보험 도입을 시도하지만 개인적 해결을 주장하는 보수파, 이해관계가 큰 전미의사협회와 전미변호사협회 등의 반대로 실현되지 못했다. 이후 민주당 정권이었던 1965년에 마침내 65세 이상의 노인과 저소득층을 대상으로 한 사회보험인 메디케어와 메디케이드가 각각 도입된다.

메디케어는 Part A가 입원서비스, 요양시설 간호서비스, 호스피스 간호서비스 등을 보장하고, Part B는 외래진료서비스, 기타 의료서비스(물리치료 등)를 제공한다.[76] 한편 메디케어 이용 시 일정한 본인부담금이 발생하는데 이를 보험회사가 보장하는 상품이 메디갭(Medigap)[77]으로 1965년의 메디케어 개시 시점부터 판매되어 지금은 메디케어 대상자의 80% 이상이 가입하고 있다. 개인 단위 가입도 있지만 기업에서 단체로 가입해주는 경우가 더 많다. 메디갭은 중대 질병으로 인한 장기입원은 보장대상이 아니며 Part A의 정액본인부담금과 Part B 정률 본인부담금의 20%를 보장해주는 수준이다. 도입 후 메디갭은 소비자의 접근성, 낮은 보장성, 저소득층 차별, 낮은 손해율(보험금지급률) 등의 문제점이 드러나 1980년대부터 1990년대에 걸쳐 이를 시정하는 조치가 단계적으로 취해졌다.[78]

그러다가 클린턴이 1993년 10월에 건강보장법(Health Security Act)을 의회에 제출하였다. 의료보장을 정부가 정하는 기본원칙 하에서 전 국민에게 동일한 방법으로 적용하되 서비스 제공이나 비용통제는 시장의 경쟁원리에 맡긴다는 내용의 이 법안은 1994년 의회에서 부결되고 만다. 의회 측과의 사전조율이나 협조 없이 백악관에서 힐러리 클린턴이 이끄는 태스크포스팀 주도로 진행되어 관련 법안이 의회에 제출되었는데 두텁고 의욕적인 내용을 담은 이 법안은 야당인 공화당은 물론 여당인 민주당 의원들의 반발까지 초래하였다.[79]

1996년에 제정된 건강보험 이동 및 설명책임에 관한 법(HIPAA: Health Insurance Portability and Accountability Act)은 노동자 건강보험의 이동성과 연속성을 키우기 위한 것으로 연방정부와 주정부의 보험시장 규제를 규정하였다.[80] 또한 이 법제 하에서 의료저축계좌(MSA: Medical Saving Account)[81]가 시험운영되었다. 1997년에는 아동건강보험(CHIP: Children's Health Insurance Program)이 도입되어[82] 메디케이드의 자격은 되지 않으나 민영건강보험을 이용하기 어려운 저소득 계층 아동의 보호에 활용되었으며 예산은 연방정부와 주정부가 분담하여 조달하였다.[83]

그 후 2008년 대선에서 오바마가 「미국을 위한 변화: 제44대 대통령을 위한 진보적 청사진(Change for America: A Progressive Blueprint for the 44th President)」이라는 정책보고서에서 정부의 적극적 개입을 통한 의료비 부담 경감과 전 국민 건강보험 실현을 의료개혁의 최우선 기치로 내세웠다. 그는 당선 후 2009년 2월 주아동건강보험(SCHIP) 보장성 확대 법안을 통과시키고 건강보험개혁법(H. R. 4872)을 2010년 3월에 성립시켜 전 국민 건강보험 시대를 열었다.

다음에서는 건강보험체제의 변천을 살펴본 데 이어 미국이 민영건강보험체계 하에서 가입자의 수요에 대응하여 의료비를 통제, 관리하는 관리의료(managed care)를 어떻게 발전시켜 왔는가에 대해 살펴본다.

관리의료의 선구자는 1929년에 오클라호마 주 엘크(Elk) 시에서 농민들을 대상으로 협동적 건강보험을 시작한 쉐이디드(Michael Shadid)

박사이다. 그는 오클라호마 농민조합의 도움을 받아 사전에 결정된 요금을 지불한 조합원들에게 진료를 제공했다. 이러한 형태의 선불 단체진료는 1930년대와 1940년대에 나타났으며 훗날 건강관리기구(HMO: Health Maintenance Organization)로 발전한다. 그런데 미의사협회에서 전문가들의 진료행위를 비전문가들이 통제한다고 반발하였고 결국 선불단체진료는 1970년대까지 명맥만 유지했다. 그러다가 1971년에 보수주의자인 닉슨 대통령이 HMO 중심의 새로운 국민건강 전략을 내세우고 HMO법(1973)[84]이 제정되면서 새로운 전기를 맞이한다. HMO는 보편적이고 저렴한 건강보험 플랜으로 일차 진료인 일반의(primary care physician) 플랜을 제공하며 일부 전문의 진료를 허용하는데 이때는 본인부담이 다소 높다. HMO는 네트워크 내부의 인력을 활용하여 일반의와 전문의 진료서비스를 제공함으로써 가장 낮은 본인부담과 공제금(deductible)을 지닌 포괄적인 건강플랜이다. 긴급 시를 제외하곤 네트워크 밖의 진료서비스를 받을 수 없다.

HMO는 1980년대 중반부터 2000년까지 급성장하다가 단골의플랜(PPO: Preferred Physician Option), 소비자주도 건강플랜(CDHP: Consumer Directed Health Plans), 전속의플랜(EPO: Exclusive Provider Option)[85] 등이 나오면서 하향세를 보이고 있다. 이유는 비용이 적게 드는 반면 서비스가 불충분해 1990년대부터 가입자들의 불만이 커졌기 때문이다.

PPO는 신속한 진료비 납부와 일정 수준의 진료수요 보장의 대가로 저렴한 진료서비스를 제공하는 의사와 병원의 광역 네트워크로, 추가요금을 내면 네트워크 밖의 의사에게도 소개장 없이 진료를 받을 수 있다. 일부 진료서비스는 본인부담금과 공제금 수준에 따라 이용 여부가 정해진다.

CDHP는 가장 새로운 플랜으로 네트워크 접근방식은 PPO와 유사하나 두 가지 점에서 다르다. 하나는 금전적 이득으로, 낮은 보험료와 높은 공제금 플랜이 건강저축계좌(HSA)와 결합되어 본인이나 고용주 납입 보험료가 세제적격 비과세 형태로 적립되며, 적립금은 치과나 영상진료 등 비보험 분야의 진료비지불에 사용될 수 있다. 예방검사를 제외하고 처방을 포함한 모든 진료서비스는 공제금 수준에 연동된다. 다른 하나는 가입자에게 진료비를 낮출 수 있도록 상세한 가격정보를 제공하여 개인의 자기통제를 촉구하는 점이다.

유형별 발전사의 비교 및 교훈

이상에서 살펴본 건강보장체제의 유형별 발전사는 각국이 국민들에게 건강보장서비스를 제공함에 있어 적용대상과 적용서비스의 범위를 넓혀가는 과정에서, 이를 비용효과적으로 달성하기 위해 자국의 특성을 반영한 특정 방식을 택해 이에 대한 시행착오와 개혁을 거듭해온 역사라고 정리할 수 있다.

우리는 이 장에서 우리의 건강보험이 비교대상으로 삼고 있는 서구권 국가 중 영국, 독일, 프랑스, 네덜란드, 미국의 5개국 건강보험의 역사적 발전사와 최근의 개혁동향을 살펴보았다. 미국을 제외한 4개국은 우리보다 월등히 높은 공적건강보험의 보장성을 유지하면서 관리체계 개혁과 제한적인 분야에의 시장원리 도입을 통해 의료비 억제와 제도의 지속가능성 확보를 추구하고 있다. 이 과정에서 공적건강보험과 민영건강보험 간의 조화수준을 넘어 경계를 허무는 등의 파격적인 시도

(네덜란드)가 행해지기도 한다. 이 같은 시도에 대한 객관적이고 체계적인 성과평가는 아직 많지 않은데 일부 연구자들은 부정적인 견해를 피력하기도 한다.

5개국 중 가장 문제점이 많은 국가로 일컬어지고 있는 미국의 경우, 2010년에 성립한 건강보험개혁법이 당초 의도대로 시행될 경우 위 4개국과의 격차를 줄여갈 수 있겠지만 2012년에 예정된 연방대법원의 판결, 대통령 및 상·하 의원, 주지사, 지방의원 선거결과 여하에 따라서는 당초 기대만큼의 성과를 보이지 못할 가능성도 적지 않다. 어느 나라보다 의사협회의 로비력이 강하고, 전통적으로 민영건강보험에 의존해온 그간의 경로의존성으로 볼 때 공적건강보험의 영역 확대는 당초 기대보다 낮은 수준으로 귀결되고, 보험회사의 영향력은 의도된 만큼 제약받지 않을지 모른다. 그 배경에는 민영건강보험 플랜들이 너무 복잡하여 가입자들이 상품정보에 대한 분석을 토대로 자신에게 유리한 상품을 선택하는 것이 생각만큼 쉽지 않을 것이기 때문이다.

이 장에서 고찰한 5개국의 사례에서 알 수 있듯이 지난 10여 년 사이에 주요국의 건강보험제도 개혁에서 나타나는 모습은 공적건강보험과 민영건강보험의 조화를 통해 의료소비자의 선택폭을 넓히고 의료공급자와 보험자에게 일정한 제약을 가해 의료서비스의 질적·양적 개선을 도모하면서 의료비 증가를 억제하려는 것으로 정리할 수 있다.

조화의 방향은 EU권 국가의 경우, 공적건강보험의 기능을 약화시키고 민영건강보험의 기능을 강화하는 쪽으로, 그리고 미국은 공적건강보험의 기능을 강화하고 민영건강보험의 기능을 규제, 약화시키는 쪽이다. 미국의 건강보험 개혁은 지금도 진행 중에 있으므로 2015년 이후의 모습을 단언하기 힘들지만 예정대로 추진되면 미국 국민의 의료

접근성이 크게 개선되고 민영보험회사에 대한 정부통제의 강화로 총 의료비 증가율이 다소간 하향조정될 것으로 예상된다.

근대 이후의 건강보험 발전사가 주는 교훈을 요약하면 전 국민을 대상으로 한 건강보험은 정부주도 하에 사회보험이나 국민보험 방식으로 운영하는 것이 비용효과 측면에서 유리할 수 있다. 하지만 이들 공적건강보험체계에 제한적으로 시장원리를 도입하거나 공적건강보험의 보장범위를 서비스 종류나 급여수준에서 제한하여 보장 밖의 급여를 민영건강보험 영역으로 넘길 경우, 건강보험 전반의 비용효과성이 더 높아지고 의료비 증가가 억제될 수 있다. 제도발전의 초기단계에서는 전 국민에의 건강보험 제공이라는 보편성 확보가 가장 중요한 목표로 설정될 수 있지만 이후의 발전단계에서는 비용효과적인 방법으로 보장성을 높이고, 작은 의료비로 높은 건강수준을 확보할 수 있는 효율적인 의료·건강보험 체계 구축이 핵심 목표로 모색되어야 한다는 것이다.

그러면 우리의 건강보험 발전사를 시대별로 구분하여 앞에서 살펴본 유럽 4개국과 연관시켜 간략히 살펴보고 얻을 수 있는 시사점이나 교훈을 정리해보자.

우리가 공적 의료보험을 도입한 것은 1977년이며 전 국민 개보험 체계를 확립한 것은 그로부터 12년 후인 1989년이다. 공적 의료보험 도입은 위 4개국에 비해 꽤 늦었고, 민영건강보험도 1976년 무렵에 처음 도입되어 이들 국가에 비해 아주 늦었다. 검토대상인 4개국은 1970년대에서 1980년대에 걸쳐 두 차례의 석유위기와 스태그플레이션 등으로 경제 체력이 약화되면서 공적연금과 건강보험 등의 사회보장제도 지지기반이 급속히 약화되고 있었다. 이 같은 경제사회적 환경변화에 대응하여 이들 국가에서는 그간의 보장성 확대 정책에서 비용억제 정책으로 건강보험 정책을 대전환한다. 총액예산제 도입, 병원 건설과 고액 의료기기 사용 제한, 의사의 수입(收入) 억제 등이 대표적이다. 이에 비해 우리는 이 시기에 간신히 건강보험의 보편성을 확보하는 수준에 이르렀기 때문에 보장성 강화나 의료비 억제 등은 논의 밖의 주제였다고 할 수 있다.

1989년에 전 국민 개보험 시대를 연 이후 국내의 전문가와 일부 조합에서는 직장과 지역으로 구분되어 독자적으로 운영되고 있던 400여 개 조합[86]을 통합운영하자고 목소리를 높였다. 물론 통합요구는 1977년의 제도 도입 후 지속적으로 있어왔지만 이 시기에 들어와 한층 강해졌다. 우리와 같은 조합방식의 사회보험을 시행하고 있는 독일, 프랑스, 네덜란드 등에서는 제도 발족 이후 조합 통합은 규모의 경제 등을 고려하여 일부 제한적으로 진행되어 왔지만 우리처럼 영세조합 측과 정치권의 지속적인 요구에 의해 추진된 사례는 거의 없다.

우리가 조기에 조합을 하나로 통합하게 된 데는 조합의 영세함과 조합 간 격차 확대 등 여러 가지 이유가 지적될 수 있다. 특히 주목해야 할 점은 유럽 국가와 달리 우리의 조합은 대표이사 선임, 조합연합회 임원 선임, 부가급여 제공 등에서 자율권을 발휘할 수 없었고 대신 정부 측의 강력한 지침과 지도가 큰 영향력을 발휘해왔다는 사실이다. 이러한 점이 유럽 국가의 조합방식과 크게 달라 우리는 조기에 적은 비용으로 하나의 보험자로 통합될 수 있었는지 모른다.

우리가 통합논의에 휩싸여 있을 무렵인 1980년대 후반 이후 위 4개 국에서는 의료비를 억제하기 위해 건강보험에 총액예산제와 시장주의적 수법을 도입하고, 관리 및 예산 체계를 개혁하며, 이용자에의 설명책임 강화, 의료서비스의 합리화와 우선순위 설정, 1차 진료 중시, 관리의료체계 도입과 개선 등의 정책이 시도되었으나 민간의료공급자의 존재[87]와 이들에 대한 통제력 약화로 소기의 효과를 거두지 못했다.

한 가지 주목할 점은 건강보험 개혁작업이 정권교체에도 불구하고 일정 수준의 연속성을 보이고 있는 점이다. 우리의 경우 2000년에 건강보험을 통합한 이후 정권이 두 번 바뀌었지만 큰 기조가 유지되고 있다. 세계적으로 유례가 거의 없어 실험과정에 있다고 볼 수 있는 우리의 방식이지만, 지난 10여 년 사이에 눈에 띄는 큰 문제점이 드러나지 않는 상황에서 기본틀을 바꾸는 것이 모험일 수 있고, 체제전환 비용 또한 만만치 않을 것으로 예상되어 체제전환을 시도하지 못하고 있다고 볼 수 있다.

정책의 연속성이 강조되는 사례를 영국에서 확인할 수 있다. 저성장과 고령화라는 경제적·인구사회적 여건변화에 대응하여 보수당 정권이 자산조사를 확대하여 급여대상을 선별하고 나섰는데(1970) 이후 여러 차례의 정권교체에도 불구하고 그 기조가 30년 이상 유지되고 있다. 또 다른 사례는 보수당 정권이 추진한 NHS에의 시장원리 도입(1991)으로 NHS병원트러스트 설립,[88] 공급자 간 경쟁 촉진, 구매자와 협상된 계약에 기초한 서비스 공급 등의 조치가 단계적으로 시행되었는데 1997년에 들어선 노동당 정권에서도 근간이 유지되었고 NHS 계획(2000)이 제시하는 경쟁과 시장의 원리 하에 사기업을 통한 병원설립을 위해 개인금융투자가 확대되었다. 그리고 2010년에 집권한 보수당 연립정권은 NHS에의 시장원리 도입을 한층 강화하고 있다.

끝으로 2000년대에 추진된 네덜란드, 독일의 건강보험 개혁에서 공·사 건강보험 조화의 흐름 속에 민영건강보험의 역할이 강조되면서 국내에서도 민영건강보험의 역할이 재조명되고 시장규모도 빠르게 확대되고 있다. 두 나라는 건강보험 개혁에서 민영건강보험의 활력을 이용하여 공적건강보험의 비능률을 개선함으로써 제도의 지속가능성을 높이고 의료비 증가를 억제하려고 시도하고 있다.

우리는 두 나라와 비교하여 건강보험의 도입이 늦고 소득수준과 건강보험의 보장성 또한 훨씬 낮으며 건강보험의 관리체계와 의료전달체계 등도 다르다.[89] 따라서 이들의 개혁사례를 참조하여 개혁방안을 모색할 경우에도 당국의 정책 우선순위, 그리고 공·사 건강보험의 조화방식에서 다른 접근이 시도되어야 마땅할 터이다. 그런데 국내에서는 두 나라 건강보험의 개혁사례가 주는 시사점을 곧바로 민영건강보험의 역할 강조, 활성화와 연관시켜 해석하려는 움직임이 없지 않다. 이러한 움직임 때문만은 아니겠지만 실제로 지난 10년 사이에 국내 민영건강보험 시장이 빠르게 성장하였다. 지금은 우리의 여건과 특성을 고려하여 건강보험 재정지원의 우선순위와 공·사 건강보험의 조화방식을 모색함으로써 국민건강보험과 민영건강보험을 통해 지출되는 의료비가 비용효과적으로 사용될 수 있도록 노력하는 작업이 매우 필요한 시점이다.

제 4 장

국민건강보험의 보장성 강화, 이대로 좋은가

2000년 이후 국민건강보험의 보장성 강화

우리나라는 질병에 따른 경제적 위험에 대비하기 위해 사회연대에 기초한 사회보험방식의 건강보험을 운영하고 있다. 최초 500인 이상 기업의 근로자를 시작으로 국민건강보험을 제공하였으며(1977), 이후 보장대상을 지속적으로 확대하여 1989년 7월에는 전 국민을 대상으로 보장을 제공하게 되었다. 우리는 12년 만에 전 국민 의료보장체계를 구축함으로써 세계에서 최단기간에 전 국민 의료보장을 성취한 국가로 평가받고 있다.

국민건강보험은 지난 30여 년간 국민의 건강 향상과 사회보장 증진에 기여해왔다. 그러나 재정안정성을 높이기 위한 '저부담-저급여-저수가' 정책 기조는 보장 인구의 확대 측면에서 성과를 낸 반면, 가계를 경제적 위험으로부터 보호하는 역할은 충분히 수행치 못하는 한계를 보였다. 건강보험은 지속적인 급여항목 확대와 보장성 강화 정책에도 불구하고 개인과 가족의 진료비 부담을 획기적으로 감소시키지 못하고 있다.

전문가들은 건강보험의 평균 보장성이 OECD 국가들에 비해 낮다고 지적해왔다. OECD 통계에 의하면 2010년 기준으로 의료비에 대한 공공부문 재원의 비율[1]은 58.3%로 OECD 평균(72%)에 크게 못 미친다.[2] 그러나 이 숫자도 최근 10년 사이에 빠르게 증가한 것이다. 공공부문 재원의 비율이 늘어나면서 가입자 본인부담은 41.5%(2000)에서 32.2%(2010)로 9.3% 포인트가 감소하였다.[3]

이 같은 공공부문 재원 비율의 증가는 정부가 2005년 6월에 발표한 '국민건강보험 보장성 강화계획'과 이 계획의 단계적 추진에 크게 기인하고 있다. 이 계획은 2003년부터 2005년까지 3년 연속 건강보험 재정의 당기수지가 흑자를 보인 데 따른 것이다. 주요 내용은 의료비 중 건강보험의 보장률이 50%에 미치지 못하는 암 등의 중증질환 보장을 획기적으로 높여 전체 의료비에 대한 급여 비율을 65%에서 단계적으로 올려 3년 후인 2008년에 71.5%로 향상시킨다는 것이었다.

이후 많은 재원이 투입되어 암 등 중증질환 법정본인부담 경감, 식대보험적용, 차액병실료 지원 등의 조치가 시행되었으며, 2009년에 5개년 계획으로 보장성 강화계획이 재수립되어 MRI 보험급여 확대 등의 조치가 단계적으로 추진되고 있다(부표 4-1).

하지만 2005년에 발표된 보장성 강화계획은 선심성 정책이라는 비판을 받았다. OECD 평균 보장률 수준인 '70%'의 목표 수치에 집착하여 소요재원 조달계획을 명확히 제시하지 못한 점, 또한 질환별 보장 원칙으로 인해 해당 질환의 보장성 강화계획 포함 여부에 따라 개인별로 보장이 차별화될 수 있다는 점이 문제점으로 지적되었다.[4]

건강보험의 보장성 개선을 위해서는 필수적으로 고려해야 할 세 가지 측면이 있다. 첫째, 건강보험 보장성과 관련하여 무엇이 문제인지를 정확하게 파악해야 한다. 둘째, 보장성 강화를 위한 원칙을 세우고 사회적 합의를 얻어 지속적으로 추진해야 한다. 셋째, 보장성 정책과 관련 있는 다른 정책과 연계하여 논의를 진행해야 한다. 우리의 경우 그동안 이러한 점들에 대한 고려가 미흡한 상태에서 정책이 추진되어 온 것으로 판단된다.

이하에서는 건강보험이 직면하고 있는 큰 현안이자 과제인 건강보험의 보장성 강화와 관련하여 의료서비스 소비자에 초점을 맞춰 접근하고자 한다.

국민건강보험의 보장성 개념과 지표

건강보험 보장성의 개념

의료보장은 국민들에게 지불능력에 구애받지 않고 필수적인 의료서비스를 받을 수 있도록 보장해주는 것으로 재원조달이 중요하다.[5] 물론 의료보장의 내용에는 경제적 장벽 제거, 필수 의료서비스의 보장, 도덕적 해이 방지, 적정 의료서비스 공급, 비의료 건강서비스 제공, 건강 불안으로부터의 해방 등이 포함될 수 있다. 하지만 뢰머(M. Roemer)처럼 재원조달 측면에서 의료보장을 접근하면 의료보장성은 국민의료비 지출 중 국가나 사회가 부담해주는 정도라고 정의할 수 있다. 실제로 이러한 부담의 정도는 각 나라의 공적 의료보장을 통해 확인할 수 있다.

우리의 의료보장은 사회보험인 건강보험과 의료부조인 의료급여로 구성되어 있으며, 국가나 사회가 부담하는 재원은 조세와 사회보험료이다. 따라서 건강보험의 보장성은 의료이용 시 발생하는 비용 중 건강

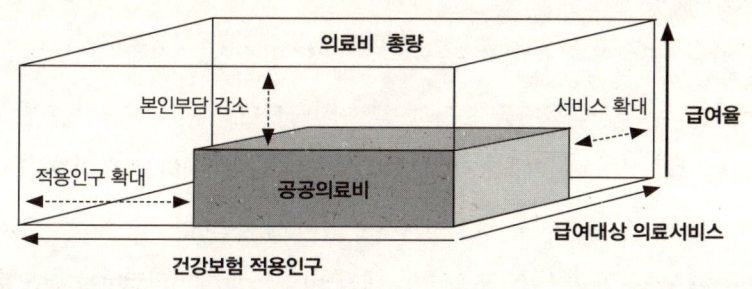

〈그림 4-1〉 보장성 개념과 제고 전략

의료비 총량

본인부담 감소

서비스 확대

급여율

적용인구 확대

공공의료비

건강보험 적용인구

급여대상 의료서비스

자료: WHO, *World Health Report*, 2008

보험이 보장하는 수준으로, 정량적으로는 건강보험 가입자의 전체 의료비 중 보험자인 건강보험공단이 부담하는 급여수준으로 규정된다.

건강보험 보장성 지표

국제보건기구(WHO)에 따르면 보장성 지표는 〈그림 4-1〉에 제시된 전체 상자 부피에서 내부의 검은 입체가 차지하는 비율로 정의될 수 있다. 전체 상자는 의료비 총량인 국민의료비, 상자 내 입체는 공공의료비를 의미한다.

여기서 공공의료비는 건강보험 급여비를 지칭하며, 그 크기는 건강보험 적용인구×급여대상 의료서비스×급여율에 의해 정해진다. 이 세 가지 중 어느 하나라도 커지면 공공의료비는 증가한다. 보장성 강화와 관련한 우선순위 설정 시의 주된 관심은 필수의료패키지(essential healthcare package)의 범위로 여기에서는 급여대상 의료서비스가 해당된다.

건강보험의 보장성 지표는 분석자의 시각에 따라 다양한 지표가 존재할 수 있다.

첫째, 국민의료비 대비 공공부문 재원 비중으로 전체 국민의료비를 분모로 공공의료비를 분자로 하여 산출한다. 공공의료비란 일반정부 예산과 사회보험기금으로 조달되는 의료비를 지칭하는데 이 지표는 OECD Health Data 등 국제비교에서 널리 통용된다.[6]

둘째, 개인의료비 중 공공부문 재원 비중으로 개인의료비를 분모로 공공부문 재원 개인의료비를 분자로 하여 산출한다. 개인의료비는 개인에게 직접 주어지는 의료서비스와 의료재 지출로서 공중보건 지출과 행정관리비 등의 집단의료비와 대비된다.

셋째, 4대 의료보장제도의 급여율로 4대 의료보장제도인 국민건강보험, 의료급여, 산재보험 및 자동차보험의 의료비 전체를 분모로, 이들 4대 보장제도의 보험자와 국가의 부담을 분자로 하여 산출한다. 이 지표는 공중보건 관련 집단 의료비나 설비투자 부분을 분모, 분자에서 제외함으로써 의료보장 정책의 효과를 나타낸다.

넷째, 건강보험 보장률(급여율)로 건강보험의 보험자부담분과 본인부담분(법정본인부담액 및 비급여본인부담액 포함)의 합계인 건강보험 의료비를 분모로, 건강보험의 보험자부담액(국고지원 포함)을 분자로 하여 산출한다. 건강보험의 보장성 수준을 가장 잘 나타낼 수 있는 지표이지만 국가별 의료보장제도의 차이로 인해 이를 국제비교에 그대로 사용하는 데는 한계가 있다.

한편 이들 건강보험 보장성 지표는 가입자 가구의 평균치라는 점에서 일정한 한계점을 지닌다. 가입자 가구의 경제적 여건, 즉 지불능력에 따라 부담의 체감수준이 상이할 것이므로, 보장성 강화 정책을 모색할 때는 개인이나 가구의 가처분소득 등 지불능력 대비 의료비 부담 수준 규모를 파악하고 이에 기초하여 보장성 문제를 풀어가는 노력이 필요하다.

국민건강보험의 보장성 현황

현재 국내에서 사용되는 건강보험의 보장수준 통계는 크게 두 가지다. 첫째는 매년 발표되는 OECD Health Data[7]를 활용하여 보건계정체계(SHA: System of Health Account) 개념으로 집계한 총의료비 중 공공부문 재원 비중이다. 둘째는 국민건강보험공단이 2004년부터 매년 실시하는 '건강보험 환자 진료비 실태조사'를 통해 공표하는 건강보험보장률, 법정본인부담률, 비급여본인부담률[8]이다.

총의료비 중 공공부문 재원의 비중

OECD Health Data(2012)에 따르면 2010년 기준 우리의 총의료비 중 공공부문 재원(정부재정+사회보험)은 58.3%로 1980년의 20.1%, 1990년의 36.5%, 2000년의 44.9%에 비해 꽤 높아졌다. 그러나 OECD 국가 중에서는 하위에서 네 번째로 낮은 수준이다(부도 4-1).[9]

공공부문 재원의 비중이 커지면서 민간부문의 비중은 지속적으로 축소되고 있으며 특히 환자본인부담의 감소가 두드러진다. 2005년 37.9%에서 2010년에 32.2%로 낮아져 5.7% 포인트 감소하였다. 주목할 점은 민영건강보험이 기간 중 1.9% 포인트가 늘었다는 것인데,[10] 민영건강보험 급여가 사실상 환자부담분이라는 점을 감안하면 환자본인부담의 감소규모는 위에서 제시한 수준보다 낮다고 말할 수 있을 것이다(부표 4-2).

국민건강보험보장률과 본인부담률

건강보험 환자의 본인부담 실태를 파악하기 위해서는 비급여본인부담에 대한 정보를 함께 고려해야 한다. 여기서 비급여본인부담이라고 하는 것은 국민건강보험법에서 급여대상으로 인정하지 않는 진료서비스에 대한 환자본인부담을 지칭한다. 이는 다시 법정비급여와 임의비급여로 구분하여 설명되기도 한다. 법정비급여는 건강보험법에서 허용하는 진료서비스이지만 건강보험 급여로 인정하지 않는 것을 지칭하고, 임의비급여는 건강보험법에서 허용하지 않는 진료서비스로 엄밀히는 불법 진료서비스에 해당한다. 하지만 진료 일선에서는 의사가 환자의 동의를 얻어 법이 허용하지 않는 진료서비스, 가령 최근 개발된 수술이나 시술, 투약 등의 서비스를 제공하고 이를 임의비급여 형태로 환자에게 청구하고 있는 것이 현실이다.

적지 않은 재정을 투입하여 매년 보장성을 확대하는 정책을 시행함에도 불구하고 보장률(급여율)이 좀처럼 높아지지 않는 것은 분모값인 총진료비에 포함되는 법정비급여, 임의비급여 본인부담이 지속적으로 증가하기 때문이다. 이들 값의 증가가 분자값인 공공부문 재원의 증가보다 클 경우, 보장률이 오히려 낮아질 수도 있다.

2003년 이후 보장성 개선이 건강보험정책의 주요 의제로 논의되면서 보장수준을 파악하기 위한 구체적인 노력의 일환으로 2004년부터 건강보험공단에서는 '건강보험 환자 진료비 실태조사'를 실시하고 있으며 조사내용에서 건강보험보장률과 본인부담률을 확인할 수 있다(표 4-1, 부도 4-2).

〈표 4-1〉 건강보험보장률과 본인부담률(2004~2010)

(총의료비 대비, %)

구분	전체			입원			외래			약국		
	건강보험보장률 (A)	법정본인부담률 (B)	비급여본인부담률 (C)	(A)	(B)	(C)	(A)	(B)	(C)	(A)	(B)	(C)
2004	61.3	23.1	15.6	54.9	16.4	28.7	56.9	26.0	17.1	73.0	25.0	2.0
2005	61.8	22.5	15.7	57.5	14.0	28.6	58.4	25.8	15.8	70.8	26.5	2.7
2006	64.3	22.4	13.3	64.1	14.2	21.7	59.8	25.4	14.8	71.5	27.1	1.4
2007	64.6	21.9	13.5	66.5	13.5	20.0	58.7	24.7	16.6	70.8	27.8	1.3
2008	62.2	22.6	15.2	61.7	15.0	23.3	57.8	24.8	17.4	70.1	27.9	2.0
2009	64.0	22.7	13.3	64.3	16.1	19.6	59.9	24.2	15.9	70.3	27.8	2.0
2010	62.7	21.3	16.0	63.8	15.6	20.5	56.0	24.0	20.0	71.5	25.5	2.9

주: 1) 이때의 총의료비에는 보철비, 첩약비, 일반 매약비, 성형비용 등이 제외됨
자료: 국민건강보험공단, 「건강보험환자 진료비 실태조사」, 각 연도

건강보험 환자의 연도별 본인부담 추이를 보면, 2005년 건강보험 보장성 강화 로드맵 정책이 실시된 이후 2년간 입원을 중심으로 증가하였지만 이후 다시 감소, 증가, 감소세를 보이는 등 상승 기조를 보이지 못한 채 62~64% 수준을 유지하고 있다. 이는 기간 중 행해진 입원 서비스에 대한 본인부담금 경감, 기타 지속적인 보장성 강화책(부표 4-1), 중증질환(암, 심장질환, 뇌혈관질환, 희귀난치성질환)에 대한 보장률 강화 조치와 식대에의 급여 적용과 이후의 취소, 민영건강보험 시장 확대에 따른 비급여본인부담 증가 등이 복합적으로 작용하여 나타난 것으로 판단된다. 최근의 비급여 증가는 입원하지 않고 수술 당일 귀가하는 외래수술이 급증하면서 이에 따른 검사, 치료재료 사용액 등이 증가하고 있기 때문인 것으로 추정된다.[11] OECD Health Data에 나타난 우리나라의 환자본인부담금은 매우 높다(부표 4-3).

법정본인부담금과 비급여본인부담으로 구성되는 환자본인부담금이

총의료비에서 점하는 비중은 OECD 국가 중 멕시코, 칠레에 이어 세 번째로 높은 32.4%이다(2009년 기준). 이러한 높은 환자본인부담금은 환자의 소득에 비례하지 않고 역진적이어서[12] 의료비가 저소득층의 생활수준을 악화시키는 원인의 하나가 되고 있다.

이상에서 살펴본 바와 같이 건강보험의 보장성 지표는 자료에 따라 차이가 있으나 우리의 건강보험의 보장성 수준은 OECD 평균에 비해 여전히 낮은 수준이다.

현행 보장률 지표의 문제점과 신 보장률 지표 모색

건강보험공단이 작성, 공표하는 건강보험보장률 등의 지표는 필수의료패키지가 아니라는 이유로 일반의약품, 치과보철, 간병비, 한방첩약 등의 비용을 총진료비에서 사전적으로 제외하고 있는데 정책이 바뀌어 이들 중 일정 항목이 보험급여 대상이 될 경우 지표의 일관성이 상실될 수 있다. 그래서 건강보장선진화위원회(2010)는 연도별 추세를 일관성 있게 제시해줄 공신력 있는 새로운 지표의 대안으로 건강보험보장률을 ① 전체 요양기관 ② 의과영역 ③ 약국을 포함한 의과영역 등으로 구분하여 작성하는 안을 제시하였다.

기존의 건강보험보장률과 가장 다른 점은 실손의료보험의 보험금을 별도 구분하여 고려하고 있는 점이다. 전체 요양기관의 보장률은 건강보험급여/(건강보험급여+실손의료보험 보험금+법정본인부담금+비급여본인부담금)으로 정의된다(부도 4-2).[13] 문제는 위원회가 제시한 이 보장률을 계산하기 위해서는 민영보험회사의 실손형 보험금 내역을 제대로 파악할 수 있어야 하는데, 이 같은 정보 인프라 구축과정에서 요양기관과 보험회사의 협조를 얻어내는 작업이 남은 과제라고 할 수 있다.

국민건강보험 보장성 강화 정책에 대한 비판적 고찰

건강보험의 보장성 강화 정책은 오랫동안 추진되어 왔다. 건강보험 보장성 강화의 역사를 되짚어보면, 2000년 지역보험과 직장보험의 조직 통합 이후 2003년에 재정이 통합되고, 국민들이 동일한 건강보험 부과체계로 동일한 의료서비스를 받을 수 있는 체계가 구축되면서 보장성 강화 정책의 발판이 마련되었다. 지속적인 보장성 강화를 위해 2003년에는 참여복지 5개년 계획이 제시되어 건강보험급여율(건강보험 급여액/총진료비)을 2003년의 52%에서 2008년의 70%까지 단계적으로 인상하는 목표가 제시되었다.

이 계획에 따라 2005년 6월에는 '보장성 강화 로드맵'을 통해 건강보험보장률(61.3%, 2004)을 2008년까지 70% 이상으로 올리겠다는 목표가 제시되었다. 이때 고려된 건강보험보장률은 총진료비와 보험급여액에서 일반의약품, 치과보철, 한방첩약 등을 제외하고 계산한 값이다. 당시의 강화방안은 OECD 평균 수준인 70% 수준을 목표로 2008년까지 3조 5000억 원의 재정을 투입하는 계획이었다.

보장성 강화 로드맵은 보장수준 70%라는 정책목표가 강력한 메시지를 제시하였지만, OECD 평균치와 거시적 목표 달성에 치중한 정책이었다. 즉, OECD 수준의 건강보험 보장성이라는 수치적 목표에 집착하고 급여확대 항목에 대한 공감대 형성 부족과 원칙 부재라는 문제점을 드러냈다. 이러한 원칙 부재 상태에서 수치적 목표를 빠른 기간에 쉽게 달성할 수 있는 식대보험적용, 차액병실료 지원 같은 서비스 항목을 급여화하는 문제가 발생하였다.

건강보장제도의 존재 이유는 이것이 가입자를 보호하는 직접적인 수단이기 때문이다. 그런데 보장성 강화 정책이 시행된 2005년 이후 재난적 의료비 지출(catastrophic health expenditure)[14] 경험가구 비율은 오히려 증가하였다. 이 비율은 지난 2002년의 1.9%에서 2005년 2.4%, 2007년 2.7%로 늘었다. 2007년의 값을 기준으로 이 수치는 영국의 40배, 미국의 약 3배에 해당하는 높은 수준이다.[15] 건강보험보장률이 증가세인데 재난적 의료비 지출 경험가구 비율이 증가한다는 것은 평균적인 의미를 지니는 보장률 지표에 한계가 있음을 의미한다. 그리고 높은 재난적 의료비 지출 경험가구 비율은 우리의 건강보장제도가 가입자 보호의무를 소홀히 하고 있음을 단적으로 보여주고 있다.

지금도 건강보험 보장성 강화 논의가 활발하게 진행 중이지만 국민 개개인의 보호와 관련하여 적지 않은 허점을 노출하고 있다. 추진 중인 보장성 강화 정책의 설계와 추진 과정에 대하여 몇 가지 문제점을 지적하면 다음과 같다.[16]

첫째, 중증질환 환자만 차등지원하여 타질환 환자가 상대적으로 역차별을 받는다는 점이다. 2005년에 수립된 정부의 보장성 확대 정책은 부담이 큰 42개 질환군을 선별하여 해당 질환자에 한해 지원을 하는 방식으로 추진되었다. 그 이후 정책 실행과정에서 42개 질환에 국한하지는 않았지만, 암을 비롯한 중대 상병명 기준의 보장성 강화 정책 기조는 여전히 지속되고 있다. 이는 보장성 확대 정책에서 제외된 질환 관련 환자 중 고액진료비 부담 환자를 보호하지 못하는 한계를 가진다. 보장성 강화 정책의 기본 목적이 환자를 경제적 타격에서 보호하는 것임을 감안할 때, 특정질환과 관계없이 의료비 부담 기준으로 지원하는 것이 타당할 것이다.

둘째, 보장성 관련 주요 정책의 결정과정에서 투명성이 부족하고 국민과 충분히 소통하지 못했다. 건강보험의 보장영역이 국민 합의를 통해 정해져야 비급여 범위가 규정될 수 있는데, 건강보험의 향후 보장영역에 대해 관련 이해관계자 그룹과 협의가 없었고 국민들에게 구체적인 정보가 제공되지 않았다. 또한 급여확대 항목에 대한 공감대 형성이 이루어지지 않고 원칙도 없다. 현재 1, 2차 보장성 확대 계획에 포함된 급여확대 항목들의 경우, 선정 원칙이 무엇이며 어떤 기준으로 선정되었는지가 분명하지 않다. 그리고 기존 비급여항목을 급여항목으로 확대할 때 필수적·선택적 의료 여부를 고려해야 하는데 이 부분에 대한 고려가 제대로 이뤄지지 않았고, 식대에의 보험적용이나 차액병실료 같은 공감대를 얻기 어려운 항목들이 급여항목으로 포함되는 오류가 발생하였다.

셋째, 재정추계의 전문성이 부족하고 구체적인 재원확보 방안이 없다. 국민들의 의료비 부담을 줄이기 위해 보장성 확대가 필요하지만 여기에는 막대한 재원이 소요된다. 하지만 구체적으로 어떻게 재원을 조달할 것인가에 대한 계획이 구체적으로 제시되지 못했다.

건강보험 보장성 강화와 관련된 이들 문제점을 개선하기 위해서는 다음과 같은 방안들이 필요하다.

첫째, 질환 발생에 따른 개인의 경제적 손실을 보장해주기 위해서는 보장체계를 질환명 기준이 아니라 질환 발생으로 가구가 직면하는 의료비 기준으로 전환하는 진료비 보장기준의 전환이 필요하다. 이를 통해 보장성 강화 로드맵에 선정되지 못한 질환의 환자(가계)가 재난적 의료비 지출 위험에 노출되는 것을 방지해야 한다. 보험의 기본 기능이 고액의 손실로부터 가계를 보호해주는 것임을 상기한다면, 질환명이 다르다는 이유로 보장성에 차이를 두는 것은 바람직하지 못하다. 암,

뇌혈관질환, 심장질환의 3대 질환에 대해서는 건강보험과 민영건강보험에서 보장하여 과다보장 상태이므로 그 외 질환과 사고에 대해 균형적인 보장책을 강구해야 할 것이다.

이 과정에서 모든 환자가 부담하는 소액진료비는 가능한 한 환자부담으로 돌려(극빈층 제외) 남는 재원을 중증 고액진료비 재원으로 활용하는 것이 필요하다. 다만, 소액진료비라도 장기간 방문해야 하는 저소득층 장기질환자에 대해서는 본인부담을 경감해주는 방안을 마련해야 할 것이다. 이를 통해 의료비가 거의 들지 않는 의료급여 환자와 저소득 차상위층 환자 간의 본인부담의 형평성을 맞추는 게 필요하다는 것이다. 이때 연간 본인부담이 연소득의 일정 비율을 넘지 않도록 배려해야 할 것이다.

둘째, 기본급여 범위를 설정하고 보장성 강화에 대한 구체적 로드맵을 공표한다. 기본급여 범위 설정 시에는 보장성 우선순위 원칙에 기반을 둔다. 지금의 건강보험 보장성 확대 항목은 의료소비자의 입장을 반영하거나 우선순위 원칙을 통해 선정하기보다는 건강보험 재정상태를 고려하여 보장성 지표 수준을 쉽게 올릴 수 있는 항목으로 판단되어 채택되었다고 할 수 있다. 기본급여 범위 설정은 명확한 급여 원칙과 사회적 합의를 토대로 이루어져야 한다.

셋째, 실손의료보험을 활용한 공·사 보험 연계를 활성화한다. 장기계약 형태로 정액형 민영보험에 가입한 국민의 입장에서 보면 건강보험의 보장성 강화는 보험료 이중 납부로 간주될 수 있다. 더욱이 건강보험의 보장성 강화 항목이 민영보험이 보장하는 암 중심의 중대 질환이라는 점을 감안하면 민영건강보험 가입자 등 일부 국민이 불만을 제기할 수 있다. 실손의료보험에 경직된 규제를 부과하는 대신 공·사 보험을 연계하여 본인부담금을 보장하는 실손형 보험을 유효하게 활용하면, 본인부담이 40%에 육박하는 건강보험 보장체계의 허점을의 개선할 수 있을 것이다.

넷째, 보험자와 의료기관의 상생을 위한 방안을 모색한다. 지불자인 보험자와 의료서비스 공급자인 의료기관의 상생을 통해 건강보험의 보장성 강화 방안을 모색한다. 대표적인 방안으로 '환자-공급자-건강시스템-지불자'가 연계된 통합의료시스템을 들 수 있으며 이를 통해 의료서비스의 질을 높이고 불필요한 비용을 줄여 효율성을 제고하는 방안을 모색한다.

다섯째, 수가제도로 인한 왜곡된 인센티브를 수정한다. 현행 수가제도는 행위별수가제(Fee-for-Service Payment)로 진료횟수를 늘리고 강도를 높일수록 의료기관 수익이 증가하므로 의료서비스 공급자에게는 그렇게 하고 싶은 인센티브가 작용한다. 그러나 이 같은 인센티브는 의료비를 증가시켜 환자가계의 경제적 부담을 늘리고 건강보험의 재정 악화를 초래하여 결국 건강보험의 보장성 개선에 악영향을 미친다. 현행 행위별수가제에 따른 왜곡된 인센티브 개선방안이 필요하다.

2010년 3월에 발족한 건강보장선진화위원회(위원장 문창진)[17]는 질환 중심의 보장성 강화 정책을 진료비 중심으로 전환하고, 보장성 확대를 위해 거시적 지표 외에 가구별 지표 등 세부 지표들도 활용하도록 하는 안을 제시하였다. 그러나 기본급여 범위에 대해서는 일관된 급여 설정 원칙만 제시하였을 뿐 기본급여 범위를 재설정하지 못했다. 건강보험의 보장성 강화를 위한 민영건강보험 재원의 활용방안과 지속가능한 재원조달체계 마련에 대해서는 안을 내놓지 못한 것이다.

하지만 동 위원회의 활동보고서에는 건강보험의 발전을 위한 많은 제안들이 수록되어 있다. 아래에서는 보고서 중에서 소비자 중심의 보장성 강화와 관련된 내용을 선별하여 이를 소비자 중심의 건강보장 원칙 설정, 기본급여의 범위 설정과 우선순위 책정, 본인부담 진료비 적정화, 유인체계과 IT융합의료 시스템 구축을 통한 의료체계 구성원의 상생과 연관시켜 설명한다.

소비자 중심의 보장성 강화를 위한 미래 어젠다

소비자 중심의 건강보장 원칙 설정

건강보험 보장성 강화의 미래 방향은 소비자 관점에서 통합된 보장을 제공하는 것이며, 치료 중심의 의료서비스에서 건강증진과 질병예방을 포괄하는 의료서비스 보장으로 전환하는 것이다.

지금의 국내 국민건강보험과 민영건강보험은 일반적으로 가입자가 의료기관에서 진료를 받을 경우에 보장을 제공하는 질병보험(sickness insurance) 형태로 운영되고 있다. 그런데 건강보험 진료비에서 고혈압과 당뇨병이 차지하는 값이 각 2조 2540억 원과 1조 1007억 원(2010년 기준)으로, 이들 질환이 건강보험 재정에 큰 부담을 주는 것으로 드러났다. 이들 만성질환은 원인이 다양하지만 식이, 운동 등 건강 습관 및 행태에 의한 발생이 50% 이상을 차지하므로 이 건강군의 사람들이 위험요인을 줄이고 치료 순응도를 높여 건강을 개선, 증진할 수 있게 하는 보험자의 역할이 중요하다. 네덜란드와 미국의 보험사들은 환자의 건강관리를 지원하는 다양한 프로그램을 운영하고 있다.[18]

건강보험이 진정한 '건강'보험(health insurance)으로 발전하기 위해서는 질병에 따른 의료비만 보상하지 않고 건강증진과 예방활동을 지원, 독려하여 가입자가 건강하고 행복한 삶을 영위하도록 해야 할 것이다.

여기서 소비자 중심의 건강보장 원칙을 정리해보자. 첫째, 신뢰성 원칙으로 건강보험 보장성 강화 정책을 기획하고 실행하는 관계자들은 이 원칙에 따라 처신하며, 국민 등 외부와 소통한다. 둘째, 간결성 원칙으로 보장성은 소비자가 이해하기 쉽도록 설정되어야 한다. 셋째, 보장의 연계성 원칙으로 건강보험과 표준약관 민영건강보험의 연계[19]를 통해 소비자 후생을 증대시킬 수 있는 공·사 건강보험의 보장성 연계 방안이 구축되어야 한다. 넷째, 소비자 선택 원칙으로 소비자의 보험선택권 활용을 통해 의료비와 보험료를 줄이고 건강보장시스템의 효율이 증대되도록 한다.[20] 다섯째, 책임과 절약정신 원칙으로 건강보험과 의료서비스 이용에 대한 의식개선운동, 건강관리 마일리지제도 등의 인센티브 제고(提高)로 건강에 대한 개인의 책임감 강화와 의료이용 절약 정신을 함양한다. 여섯째, 의료기관과 보험자 상생 원칙으로 보험을 통한 인센티브 부여와 IT를 활용한 통합의료시스템을 구축하여 의료기관과 보험자의 상생을 도모한다.

기본급여의 범위 설정과 우선순위 책정

건강보험 보장성 강화의 초석은 기본급여의 범위(혹은 필수의료서비스 범위[21])를 설정하는 것이다. 기본급여, 즉 필수의료라 함은 모든 국민이 지불능력에 무관하게 받을 수 있는 최소한의 진료내용으로 이는 의료보장의 기본축이라고 할 수 있다.

건강보험의 보장성을 강화하기 위해서는 기본급여[22] 범위 선정에 대한 기준을 제시하고, 이후에 비급여의 대안을 마련하는 것이 논리적 순서일 것이다. 그러나 우리나라는 통제 중심의 비급여 관리 정책으로 인해 의료기관과 보험자 간의 제로섬 관계가 고착화되고 있다. 최근에는 의료기술의 발전으로 새로운 의약품과 의료기기가 빠르게 개발되고 있어 건강보험의 보장 여부 및 범위에 대한 논란이 증폭되고 있다.

일부 전문가들은 전체 의료비를 통제하기 위해서는 현행 행위별수가제를 총액예산제(global budgeting)로 바꿔야 한다고 주장한다. 그러나 명확한 기본급여 범위가 설정되지 않은 상태에서 총액예산제를 도입하면 오히려 혼란만 가중될 수 있다. 공적건강보험 관련 지불제도는 기본급여 범위에 국한된다는 점을 인식해야 한다. 우리의 건강보험과 민영건강보험의 비효율적인 관계도 상당 부분 불명확한 기본급여 범위에 기인하고 있다.

특히 우리의 경우 의료서비스는 '네거티브 리스트' 방식으로 대부분 건강보험 급여로 제공되지만, 의약품과 치료재료는 '포지티브 리스트' 방식으로 규정된 항목만 급여로 제공하고 있다. 그리고 의료서비스도 건강보험의 재정 문제로 인해 실제로는 건강보험심사평가원의 심사기준에 의해 급여항목으로 인정되고 있다.[23] 이 때문에 일선 의료현장에서는 급여대상 여부에 대한 갈등이 나타나고 있다.[24] 따라서 급여체계를 근본적으로 개선하기 위해서는 국민의 의료수요에 부응하는 방향으로 급여범위와 내용을 명확히 설정하는 작업이 선행되어야 한다.

이러한 문제를 해결하기 위해서는 일관된 원칙과 투명한 절차에 의해 건강보험의 기본급여 범위를 설정하고 국민들에게 나머지 비급여는 본인부담이라는 인식을 심어줄 수 있는 사회적 합의 도출이 필요하다. 그리고 건강보험의 급여범위와 내용을 명확히 정의하고 민영건강보험과 상생관계를 규정할 수 있다면 의료비 절감, 국민 건강증진과 만족도 제고라는 목표를 동시에 달성할 수 있을 것이다.

급여범위 설정의 주관기관 지정

급여범위를 설정하는 요양급여 기준은 건강보험법 제39조(요양급여)에 명시되어 있듯이 보건복지부장관에 소속된 건강보험정책심의위원회에서 심의·의결하도록 되어 있다.

그런데 이 위원회에는 위원이 구성요건에 따라 전문가들이 충분할 만큼 참여할 수 없기 때문에 이곳에서 급여범위 설정에 대한 심층적이고 전문적인 논의를 하는 데는 한계가 있다. 위원회가 최고의결기구이지만 급여범위 설정을 근거중심 체계로 전환하려는 정책에 있어서는 오히려 걸림돌이 되고 있다. 또한 급여범위 설정에 여러 기관이 참여하고 업무영역이 명확하지 않아 독립된 거버넌스 체계 확립이 시급하다. 이러한 점을 고려할 때 가칭 '건강보험 급여개선위원회'를 독립된 주체로 발족시켜 급여 여부와 급여의 우선순위 조정을 심의·결정하도록 하는 방안을 검토할 수 있을 것이다.

기본급여의 우선순위 설정 시 고려사항

그동안 국내에서는 급여 우선순위 설정의 필요성에 대한 인식이 부족하고 이를 실행할 능력도 부족하여 비과학적 접근에 의한 보장성 확대에 관심이 집중되었다. 앞으로의 보장성 확대 논의에서는 기본급여 범위 설정과 더불어 이들 기본급여의 우선순위를 정해야 한다. 그리고 급여 우선순위를 정할 때는 다음과 같은 사항을 고려한다.[25] ① 질병의 중증도 및 위급성 ② 치료효과성(완치가능성) ③ 사회적 비용 ④ 개인의 경제적 부담 ⑤ 비용 및 임상적 효과성 ⑥ 사회적 합의 및 소통 등이 그것이다. 이들 간의 우선순위는 전문가 의견 수렴과 사회적 합의 도출 등 종합적인 검토를 거쳐 정하고, 복수 기준에 의한 의사결정 구조를 확보하여 상황에 따라 신축성 있게 대응토록 한다.

나아가 우선순위가 낮은 급여항목의 비급여화 등 기존 급여항목의 조정과 신의료기술에의 조건부 급여제도 도입 등의 개편을 통해 일련의 우선순위 설정작업이 건강보험의 재정건전성 확보에 기여하도록 한다.

급여 우선순위에 대한 사회적 합의 도출

그간의 보장성 강화 정책은 질환별, 대상별, 항목별 접근으로 형평성 문제를 발생시켰다. 그 배경에는 급여 우선순위 설정에 대한 전문가 그룹 및 국민들과의 소통부족이 있다. 급여 우선순위 설정 논의를 추진하고 이에 입각하여 보장성을 개선해나가기 위해서는 국민들과 소통하여 사회적 합의를 만들어내야 하며 이때 의사결정 절차의 투명성을 확보하는 것이 중요하다. 국민들의 의견을 청취하여 급여원칙 설정에 활용하려고 할 때 영국의 NICE(National Institute for Health and Clinical Excellence)[26]가 채택하고 있는 시민배심원제도를 참고할 수 있을 것이다.

또한 사회적 합의를 도출하는 과정에서 관련 전문가 그룹과도 효과적으로 협력할 수 있는 체계를 확립하는 것이 중요하다. 이에 대하여 건강보험심사평가원, 한국보건의료연구원[27] 등 건강보험 기본급여 범위 설정과 관련이 있는 기관 및 학계 전문가 간의 협력체계 구축을 고려해볼 수 있을 것이다.

신의료기술에의 조건부 급여제도 도입

신의료기술에 대한 급여 여부 결정과정을 살펴보자. 신의료기술은 신약, 신의료기기, 신의료행위로 구분되며 신약과 신의료기기의 도입 여부는 실품의약안전청에서 주관하고 있다. 그리고 신의료행위는 2007년부터 의료법에서 안전성·유효성 평가와 건강보험 급여 여부 신청절차를 규정하고 있다. 이와 관련된 사업을 수행하기 위해 2008년에 한국보건의료연구원이 출범하였으며 연구원의 신의료기술평가사업본부가 과학적 근거 창출을 위한 임상적 효과의 평가와 경제성을 평가하고 있다. 그런데 신의료행위에는 과학적인 근거가 축적되지 못해 불확실하지만 환자에게 도움이 되는 기술이 상당수 있다. 이러한 기술들에 대한 지속적인 평가 없이 해당 기술이 조기에 비급여 대상으로 확정되면 진료 현장에서 가치 있는 의료기술을 도입할 수 있는 기회 자체를 상실할 수 있다.

이처럼 근거가 불확실한 의료서비스 항목에 대해서는 근거 창출 조건부 급여제도의 도입을 검토할 수 있다. 이것은 잠재적 이익이 기대되나 불확실성이 있어 일정 기간 동안 일정 기관에 한하여 급여를 허가하고 추후 재평가하는 제도이다. 이 제도는 복수 의료공급자의 공동연구를 통해 결과의 수용성이 높고 자료 생성이 가능한 요양기관으로 한정하므로 급여결정 철회 시에도 큰 저항이 없을 것이다.

적용대상은 일차적인 안전성과 유효성이 있으나 불확실성이 남아 있는 경우, 근거수준이 낮지만 잠재적 이득이 많을 경우, 사용경험이 있으나 양질의 임상연구가 부족하고 효과성에 대한 근거가 부족하며 특정 산업체의 영업이익에 해당되지 않는 경우 등이다. 또한 이 제도를 도입하기 위해서는 재원마련 방안이 고려되어야 하고 조건부 급여 후

급여로 전환을 결정하기 위한 운영체계를 마련해야 한다.

본인부담 진료비 적정화[28]

소득수준과 실진료비 지출을 고려한 보장성 강화

지금의 질환 기준 보장방식을 개선하기 위해 단순히 급여를 확대하기보다 개인별 또는 가구별 본인부담금 총액을 보장하는 방식으로 전환한다. 이 방식은 본인부담금을 질환명에 따라 차등하는 현 방식을 근본적으로 개혁하는 것으로 질환명과 무관하게 가계의 소득 대비 본인부담금이 일정 수준을 넘으면 법정 본인부담금 외 비급여본인부담금까지도 보장하자는 것이다. 그 취지는 질병이나 사고로 인해 개인과 가계가 파산하지 않도록 소득수준에 따라 차등 지원하자는 것이다.

그리고 산정특례제도의 시행으로 보장성이 95% 수준으로 확대된 암, 뇌혈관질환, 심장질환의 3대 질환에 대한 과다보장 문제를 개선한다. 이들 질환의 경우, 청구 건을 전수 조사하여 중·저액 의료비 청구 건에 대해서는 환자본인부담 비율을 기타 질환과 비슷한 수준으로 조정하고, 고액의료비 청구 건에 한하여 현행의 5% 본인부담 비율을 유지하는 방안을 고려해볼 수 있다.

본인부담액상한제 기준의 세분화

본인부담상한제는 가입자의 보험료 수준별로 3단계, 즉 하위 50%, 중위 30%, 상위 20%로 차등화하여 적용하고 있는데, 이를 소득수준에 따라 세분화하여 건강보험의 보장성을 개선하는 것이 필요하다. 진료비 본인부담 상한금액이 적용될 정도의 진료비를 지불하는 고액진료비 환자는 제한적이다. 가령 본인부담 상한금액으로 가장 낮은 수준인 200만 원을 고려하면 건강보험 총진료비는 약 740만 원이다. 2008년 기준 진료비가 500만 원 이상인 환자가 1.9%, 1000만 원 이상인 환자가 0.8%이므로[29] 740만 원 이상은 이들의 중간값 수준으로 추정해볼 수 있다. 부담이 소득계층에 따라 급변할 수 있으므로 소득수준별로 세분화하여 보상을 차등화하자는것이다.

국민건강보험과 민영건강보험의 연계

건강보험의 보장성을 강화하는 과제도 중요하지만 가계의 80%가 자발적으로 납부하는 민영건강보험료를 보장성 강화에 효과적으로 활용하는 것도 정부가 해야 할 중요한 정책과제이다. 2010년 기준 국민건강보험 총진료비 43조 6283억 원 중 건강보험 급여비가 33조 7493억 원으로 77.4%를 차지하고, (법정)본인부담금이 9조 8790억 원으로 22.6%이다.[30] 한편 국민들이 본인부담금과 비급여진료비 지불에 사용하였을 민영보험회사의 지급 보험금은 그 규모를 정확히 알 수 없고 납부한 민영건강보험료는 위험보험료 기준으로 8조 6452억 원(2009년)이다.[31]

이렇게 막대한 민영건강보험료를 건강보험 재원의 한 축으로 활용하기 위해서는 국민건강보험과 민영건강보험의 효율적인 연계방안을 모색해야 할 것이다. 가능하면 관민이 협조하여 기존 상품을 표준화하고 대폭 간소화하되 그간 경험했던 시행착오에 대한 면밀한 검토가 필요할 것이다.

2003년 손해보험회사에서 본격적인 민영건강보험을 판매한 이후 이들 상품에 대한 표준화 등 가이드라인 작성이 늦어지고 보험회사 간 경쟁이 심해지면서 상품이 복잡하게 설계, 판매되었다. 그 결과 소비자들은 보험회사 간 상품을 제대로 비교한 다음에 자신에 맞는 상품을 선택하는 것이 거의 불가능해졌다. 또한 실손형 보험이 출시되면서, 복지부와 국민건강보험공단에서는 실손의료보험이 의료기관의 과잉진료와 소비자의 과잉의료수요를 유발하여 전체 의료비 지출 증가율을 가속시키고 있다고 비판하였다. 그래서 복지부와 금융위 등 관계부처와의 협의를 통해 2009년 9월에 민영건강보험의 표준약관이 제정되었다. 이때 민영보험회사의 재무건전성과 건강보험의 재정 악화를 막기 위해 실손의료보험의 입원 시 보장한도를 90%로 축소하고 10%의 자기부담금을 의무화하며(단 자기부담한도 연간 200만 원), 보험회사의 자율운영 부분을 최소화하였다(부표 4-4).

최근 민영건강보험 시장이 빠르게 성장하고 있지만 이러한 현상이 국민의 건강보장을 낮은 비용으로 해결해주는 방향으로 가고 있는지는 불확실하다. 오히려 그 반대의 가능성도 없지 않다. 국민들의 민영건강보험에 대한 관심이 높은 지금, 민영건강보험과 국민건강보험의 보장성 연계를 통해 소비자의 보험료 부담을 줄이는 것이 필요하다. 이를 위해 변경된 민영보험의 표준약관과 국민건강보험 보장영역의 중복부분을 조사하여 중복보장에 따른 비효율을 제거하는 것이 필요하다. 이때 의료소비자의 보장성 강화 측면에서 민영건강보험이 국민건강보험을 보충하는 역할에 문제가 없는지, 이 과정에서 비용효과성이 담보되고 있는지 등에 대한 체계적인 조사·연구를 통해 지금의 보충적 보험 방식이 지닌 적합성과 타당성, 개편 시의 기대효과를 고려하여 실천 가능한 방안을 모색해야 할 것이다.

의료체계 구성원의 상생: 유인체계와 IT융합의료시스템

우리 건강보험의 선진화를 위한 장기 이슈로 의료체계의 구성원(소비자, 보험자, 의료기관)이 상생할 수 있는 유인체계 도입과 IT융합의료시스템 확립을 들 수 있다.

먼저 의료체계 구성원 간의 유인체계 도입에 대해 살펴보자. 현행 건강보험에서는 의료기관과 보험자는 한쪽이 이익을 보면 다른 쪽이 손해를 보는 제로섬 관계라 해도 과언이 아니다. 또한 소비자는 국가가 제공하는 보장제도를 획일적으로 수용하는 수동적인 입장에 있다.

유인체계는 의료체계의 구성원이 자발적으로 비용절감과 건강증진이라는 두 마리 토끼를 동시에 잡을 수 있는 기초를 제공할 수 있다. 유인을 제공하는 근간은 의료체계의 구성원인 3자가 자유롭게 계약할 수 있는 법제에서 찾아볼 수 있다. 네덜란드의 보험회사들은 가입자를 위해 매년 의료기관과 계약을 맺는다. 보험회사와 의료기관은 수술실적, 의료사고 등 실적에 따라 수가를 협상하여 의료수준이 높으면 진료비를 올려주고 낮으면 깎는다. 따라서 의료기관은 진료성과를 높이려는 유인을 갖는다.

환자도 단체를 구성하여 보험회사와 협상을 통해 자신들에게 유리한 보험계약을 할 수 있다. 환자는 보험료를 줄이기 위해 자신의 건강증진을 위해 노력하려는 유인을 가지며, 보험자는 이들에게 다양한 유인을 제공하여 의료비를 절감하고자 한다. 1년 동안 병원에 한 번도 안 간 가입자에게 보험료를 최대 40만 원까지 환급해주거나, 당뇨병 환자가 병원에서 운영하는 운동 프로그램에 참여하여 건강증진 성과를 내면 보험료를 할인해준다. 또한 운동 프로그램 가입비를 환자들에게 지원하기도 한다.

이러한 계약에 기초한 각종 유인 제공은 우리의 경우 정부 보험체계 하의 요양기관당연지정제도로 인해 고려될 수 없다. 하지만 자유계약을 제외한 보험료 할인방식은 국민건강보험에서도 도입할 수 있고, 민영건강보험의 경우 계약제에 기초한 유인제도 도입을 모색할 수 있을 것이다.

다음은 우리 건강보험의 강력한 인프라인 IT시스템을 활용한 IT융합의료시스템의 확립이다. 이 시스템은 환자와 지불자(보험자), 의료서비스 공급자, 그리고 건강시스템이 IT시스템을 통해 연계된 모형을 말한다.[32] 이 시스템을 통해 보험자는 환자 개인에 대한 가격책정을 정확하게 추정할 수 있으며, 실시간으로 가격정보를 제공할 수도 있다. 물론 진료비의 전산 청구, 심사 및 지불도 가능하다. 의료기관은 모든 진료환경에서 환자의 건강기록을 파악할 수 있으며 진단자료를 실시간으로 접근하여 전문가 시스템을 활용하여 환자진단과 예측을 할 수 있다. 또한 환자는 자신의 건강기록에 접근할 수 있고 이를 토대로 맞춤형 진료 계획을 상의할 수 있으며, 원격진료와 질병관리 같은 가정간호 서비스를 받을 수 있다.

네덜란드의 보험회사들은 의료비를 줄이면서도 서비스의 질을 개선할 수 있는 다양한 프로그램을 개발하고 있다. 업계의 한 선두 보험회사는 필립스사와 협력하여 8개 병원에서 심장병 환자 원격 모니터링 프로그램을 운영하고 있다. 환자들에게 문제가 생겼을 때 인터넷이나 전화를 활용한 원격진료로 즉시 상담하여 문제를 해결한다. 이를 통해 불필요한 병원 방문이나 입원의료비를 줄이고, 환자들에게는 때에 맞는 자문 서비스를 제공하여 의료의 질을 높인다.

이와 같이 IT 인프라를 건강보험제도 개선에 적절히 융합한다면 의료서비스의 질을 높이고 비용을 줄여 효율성을 확보할 수 있다. IT융합의료시스템은 근거 중심의 진료가 이행될 수 있도록 가이드라인을 제공해줌으로써 양질의 의료서비스 제공을 지원하고, 환자 치료를 위한 의료기간 간의 효율적인 협력을 촉진할 수 있다. 그리고 시스템 운영과정에서의 불필요한 검사와 치료로 인한 부작용도 줄일 수 있다. 즉 의학적 지시(medical indication)가 없는 이중검사를 방지하여 비용을 줄이며, 조기진단과 질병경보를 통해 입원수요를 줄이고 외래진료만으로 치료가 가능토록 하여 진료비를 절감할 수 있다. 입원환자의 치료 기간을 줄이고 복제의약품 사용빈도를 높여 약제비 지출도 감소시킬 수 있다.

이처럼 환자, 보험자, 공급자, 건강시스템 등 건강보험 이해관계자 관련 정보를 망라한 IT융합의료시스템을 확립하여 일정 궤도에 올려 정착시킬 경우, 보험자와 의료기관의 상생을 도모하면서 동시에 건강보험의 보장성까지 강화할 수 있다. 환자는 양질의 환자 중심 진료를 받을 수 있고, 의료기관은 환자 진료에 대한 심층적 정보를 얻어 이를 진료와 건강관리에 유용하게 활용할 수 있으며, 보험자는 비용에 대한 더 나은 인식을 가져 전체 의료비 증가를 억제하면서 양질의 건강보장을 담보할 수 있다.

제**5**장

국민건강보험
진료비 재원조달, 해법은

진료비 재원조달의 3요소와 재원조달방식

건강보험의 재원조달은 세 가지 요소로 나누어 접근할 수 있다. 조달원천(가계, 고용주, 정부), 조달체계(강제보험, 임의가입 보험), 조달기관(조달체계 운영기관)이 그것이다. 공적 재원조달은 일반정부 예산과 사회보장재원을 포함하고 사적 재원조달은 본인부담, 민영건강보험, 기타 사적재원(NGO, 민간기업)을 포함한다.[1]

우리 건강보험의 경우 조달원천에서는 3자가 모두 일정한 부담을 하며 조달체계는 강제보험 방식이고, 조달기관은 국민건강보험공단이라는 공공기관이 맡고 있다. 민영건강보험까지를 포함하면 임의가입 보험의 민영보험회사가 추가된다. 즉 우리의 전체 건강보험 재원조달에는 규모의 차이는 있지만 일반정부 예산, 사회보장기금(단년도 편성의 국민건강보험공단 회계), 민영건강보험, 본인부담 등이 재원으로 투입되고 있다고 할 수 있다.

이하에서는 공적 재원조달로 한정하여 논의를 진행하며 조달원천과 조달기관으로 논의대상을 좁혀 검토한다. 각국의 건강보험 당국이 건강보험 진료비[2]를 조달하는 방식에는 크게 보아 사회보험방식(사회보장기금)과 조세방식(일반정부 예산)의 두 가지가 있다.[3] 재원조달기관도 국가가 직접 운영하는 방식과 건강보험공단이나 조합 같은 공공기관의 성격을 지닌 기관을 설립하여 운영하는 것으로 대별할 수 있다. 네덜란드처럼 민영보험회사가 공적건강보험을 취급하는 나라도 없지 않지만 아직은 소수이다.

이하에서는 재원조달방식에 대해 살펴본다. 사회보험방식은 자격조건이 보험료 납부를 전제로 하기 때문에 일정 기간 보험료를 납부하지 못할 경우 수급대상에서 제외되어 사각지대로 남게 되는 문제가 있다. 본래 사회보험방식은 국가의 부담을 최소화하기 위해 조세와 별도로 재원을 마련하는 방법으로 수익자부담의 원칙으로도 불린다.

사회보험방식에서는 보험료 부과와 징수를 수행할 기구로 독립기구나 지역정부 또는 중앙정부의 독점적 대리인을 설립할 수 있다. 대표적인 국가가 캐나다(일부 주), 프랑스, 독일이다. 대리인이나 공단은 보험료를 급여세(payroll tax)와 같이 소득에 비례하여 부과할 수 있고 이탈리아처럼 다른 사회보험의 보험료에서 일부를 건강보험 재원으로 충당하는 경우도 있다. 또한 캐나다처럼 공적 의료체계 및 재원과는 별도로 약 30%의 재원을 사적 영역에서 마련하여 지출하는 형태도 있다. 근로자의 보험료를 주(主) 재원으로 하는 비스마르크 방식의 사회보험제도에서는 인구의 고령화와 노동인구의 비율 축소로 재정압박을 받을 수 있다.[4]

조세방식으로 재원을 충당할 경우에는 전 국민이 모두 혜택을 받을 수 있어 사각지대 문제는 해소될 수 있지만 납세자의 부담을 높이거나 다른 공공재원 서비스 프로그램을 줄여야 재정압박에서 벗어날 수 있다. 사회보험방식이든 조세방식이든 일정 부분 소득계층 간, 세대 간 소득재분배 역할을 수행하게 되는데 조세방식이 소득재분배에 유리할 뿐만 아니라 부가적인 징수시스템을 만들지 않아도 된다.

이렇듯 이들 방식은 각각 장단점이 있기 때문에 완전한 사회보험방식이나 조세방식을 채택하지 않고 혼합방식으로 의료비 재원을 마련하는 국가들도 많다.

우리나라도 원칙적으로 사회보험방식을 채택하고 있지만 지역가입자 보험료 지원 등 취약한 재정기반을 지지하기 위해 정부 재정이 지원되고 있다.[5] 즉 가입자와 고용주로부터 징수한 보험료와 국고 및 건강증진기금 등 정부지원금이 주된 수입원이다. 우리나라 건강보험의 재정은 2010년 기준으로 보험료 82.6%, 국고지원(건강증진기금 포함) 17.4%로 이루어져 보험료 비중이 높다.

재정위기에 따른 재원조달체계 검토 필요는?

국민건강보험의 재정안정이 건강보험당국의 주요 정책과제로 부상된 지 오래되었다. 2010년의 국민건강보험 재정은 1조 2994억 원의 적자를 보였고, 2011년에는 6008억 원의 흑자를 기록하였지만 누적적립금은 1조 5600억 원(급여 10.8일분)에 불과하다.

정부가 국민건강보험의 보장성을 지속적으로 확대하겠다고 약속했으나 충분한 재원 마련에 실패하면서 국민들의 사회안전망이 위협받고 있다. 설상가상으로 인구고령화[6]와 만성질환자의 증가로 재정지출에 가속이 붙으며 '밑 빠진 독에 물 붓기'가 될 것이라는 우려도 없지 않다. 국민의료비의 증가속도가 높게 유지되면서 건강보험 재정에 대한 불안감이 가시지 않고 있다.

GDP 대비 국민의료비 비중은 2001~2009년 사이에 1.4배로 늘어나 OECD 평균 증가율인 1.2배보다 빠르게 진행되고 있다. 그러나 재정확충은 한계가 있어 이미 재정건전성에 빨간 불이 들어온 상태이고 향후에도 제도개선이 없는 한 재정 악화가 지속될 것으로 예측된다.

조세연구원에 의하면 현행 제도만 유지해도 장래 보건복지 재정부문의 비중이 전체 재정지출의 약 48%에 도달하여 OECD 선진국의 그것을 초월할 것이라는 우려를 제기하고 있다. 따라서 2009년 기준 GDP의 2.72%가 국민건강보험 재원으로 사용되었고 국가재정을 건전하게 유지하기 위해서는 국민건강보험 재정이 2050년에는 GDP의 5% 이내에서 통제되어야 할 것으로 전망하고 있다. 이 경우 건강보험의 재정적자는 GDP 대비 0.28%(2009)에서 2050년의 2.71% 이내로 통제되어야 할 것으로 보고 있다.[7]

이 같은 국민건강보험의 재정위기를 고려할 때 국민건강 의료비 재원조달체계가 과연 적절한지 재정의 안정화와 재정부담의 분배 측면에서 꼼꼼히 검토할 필요성이 증대되고 있다. 왜냐하면 건강보험의 재정위기가 고령화와 빠른 비급여 증가 등 의료수요에 대한 예측과 관리를 잘못하여 발생한 측면이 크지만, 한편으로 매년 보험료율 인상규모를 정하는 현행 의료비 재원조달방식과도 연관이 없지 않기 때문이다. 따라서 재정수입 변수(보험료 수입, 국고지원 등)의 적정성 여부가 재검토되어야 할 시점이다.

외국의 건강보험 재원조달은?

일본의 건강보험 재원은 피보험자들이 각 보험조합에 납부하는 보험료와 정부의 일반회계 예산에 의한 보조금으로 구성된다. 중앙정부와 지방정부의 지원합계는 2006년에 총수입의 34.6%였는데 2010년에 48.5%로 증가하였다. 일본의 경우 1958년부터 정부지원이 이루어져 전체 보험가입자의 급여비의 일정 비율 혹은 일정액을 지원하고 있다. 주로 취약계층이 많은 시정촌(市町村)의 농민과 자영업자 등을 대상으로 하는 건강보험에 정부지원이 집중되고 있다. 2007년 기준으로 국민건강보험의 시정촌 가입자에 대한 정부지원이 경상수입의 35%를 차지하고 있다. 농민은 급여비 등의 43%, 그리고 자영업자 등은 32~35%를 지원하고 있다.[8]

대만은 국민건강보험 재원의 대부분을 보험료로 충당하고 있으며 중앙정부와 지방정부 등으로부터 지원되는 정부지원금은 2007년 기준으로 전체 수입의 22.3%이다. 정부는 의무병역의 군인, 대체복무 공익요원, 성 단위의 저소득층, 퇴역군인에 대해 보험료 전액을 부담하며 농어민과 퇴역군인의 피부양자에 대해 보험료의 70%를 부담하고 있다.

프랑스의 국민건강보험 재원은 자치 원칙에 따라 근로자와 고용주가 납부하는 보험료로 조달하며 정부의 일반회계에 의한 보조는 1% 이하로 상징적인 수준이라 할 수 있다. 하지만 모든 소득에 부과되는 준조세 성격의 일반사회보장분담금과 여러 종류의 사회보장목적세에서 확보한 재원으로 정부지원이 이루어지고 있다. 사회보장목적세는 알코올소비세, 담배소비세, 의약품광고세 등의 형태이다. 2007년 기준 정부지원금은 전체 수입 중에서 40.2%를 차지하여 보험료가 차지하는 비중이 41.7%에 육박하고 있다. 프랑스는 2009년 기준으로 건강보험 재원의 48%를 보험료, 36%를 일반사회보장기여금(contribution sociale genenalisee), 11%를 사회보장목적세, 그리고 나머지 5%를 기타 수입으로 충당하고 있다.

독일은 2008년 기준으로 재원의 96%가 보험료 수입인데 국민의 보험료 부담을 완화하기 위해 국고지원을 확대하여 2004년 10억 유로, 2008년 25억 유로, 2009년 72억 유로, 2010년 157억 유로를 지원하였다. 한편 네덜란드는 소득비례로 부과된 정률 보험료 45%와 정부기금 5%를 위험균등화 중앙기금으로 조성하고 있다.

특징적인 것은 일본과 대만의 경우 사회적 취약계층에 초점을 맞추어 정부지원이 집중되고 있는 점이다. 즉 소득수준과 관련 없이 획일적으로 급여비를 지원하지 않고 소득이 낮은 취약계층 위주로 정부지원을 확대하여 정부지원의 효과성을 제고하고 있다.

건강보험 재원조달의 문제점과 주요 이슈는?

적정 수준의 보험료 인상

고령화에 따른 노인 1인당 의료비 지출은 지속적으로 증가하는 추세이다. 또한 첨단 의료기술 및 IT서비스와 결합된 새로운 의료서비스의 등장은 새로운 의료비 지출로 이어질 가능성이 있다. 이와 같은 인구고령화와 신의료기술의 도입, 그리고 국민들의 지속적인 보장성 확대 요구로 인해 의료비의 빠른 증가가 예상된다.

의료비 증가 추이를 감안할 때 보험료 인상이 불가피하다는 논의가 제기되고 있다. 전체 건강보험 재정수입의 80% 이상을 보험료 수입에 의존하는 재원조달 구조에서 건강보험의 재정수지를 균형시키기 위해서는 매년 일정 수준 이상의 보험료 인상이 적절한 대안이라는 것이다. 또한 일부 전문가들은 월급여 기준의 건강보험요율로 볼 때 OECD 국가는 15% 정도인데 우리나라는 5.80%(2012) 수준이므로 건강보험요율을 인상하여야 한다고 주장한다.

이러한 주장에 대해 구체적인 재정안정화 방안을 마련하지 않고 단순히 건강보험요율 수준의 비교를 통해 보험료 인상을 정당화하고 재정위기를 국민들에게 전가시키려는 것은 행정 편의주의적 발상이라는 비판도 있다. 하지만 우리의 건강보험 재원조달체계가 사회보험방식에 기초하고 있으므로 수익자부담이라는 보험주의 원칙에 입각하여 재정위기를 해결하려면 적정 수준의 보험료 인상은 불가피할지 모른다. 또 다른 이들은 보장성 확대 없는 보험료 인상을 받아들일 수 없다고 하면서 보험료 인상을 보장성 확대와 연계시킨다. 요컨대 어느 누구도 우리의 건강보험이 고부담·고급여 체계로 이행해야 한다고 주장하지 않지만 중부담·중급여 수준으로 이행해가는 과정에서 사안의 선후와 부담주체를 놓고 논쟁이 벌어지고 있다.

보험료 부과체계의 적정성은?

부과체계의 형평성

건강보험은 2000년 7월에 운영조직이 통합되었고 2003년 7월에 재정통합까지 이루었다. 재정통합 이전에는 직장보험과 지역보험 간 구분계리에 의하여 어느 직역보험이 재정적자가 발생할 경우 다른 직역보

〈표 5-1〉 건강보험의 보험료 부과체계(2012)

구분	직장가입자[1]	지역가입자
부과기준	근로소득	보험료부과점수[2]
보험료산정	근로소득×정률(5.80%)	보험료부과점수×점수당금액 (170.0원)
부과기준의 상·하한	28만~7,810만 원	20~11,000점
보험료부담	사용자 50%, 근로자 50%	가입자

주: 1) 사업장 대표자의 부과기준은 사업소득과 부동산임대소득
 2) 소득, 재산, 생활수준, 경제활동참가율 등을 고려하여 산정

험의 흑자로 보전하는 것은 불가능하지만 빌려주는 것은 허용되었다. 그러나 재정통합 이후에는 어느 직역의 적자를 다른 직역의 흑자로 메울 수 있게 되었다. 그런데 재정통합의 전제는 직장과 지역가입자의 부담능력을 측정할 수 있고 그 능력에 따라 적정한 보험료를 부담해야 한다는 것이었다. 그런데 통합 이후 10년이 되도록 지역가입자에 대한 소득 파악이 여전히 부실하여 소득기준 부과체계를 적용하지 못하고 있다. 이에 따라 재정통합 이후에도 직장가입자와 지역가입자의 부과체계는 이원화[9]되어 운영되고 있다(표 5-1).

직장가입자의 보험료는 일정 기간 동안 받는 보수에 정률의 보험료율을 곱하여 산정하는 반면, 지역가입자의 보험료는 부담능력을 나타내는 부과표준소득점수에 점수당 금액을 곱하여 산출하고 있다. 특히 지역의 경우 과세소득 500만 원 기준 이상의 세대에게는 소득·재산·자동차를 부과요소로 사용하고, 그 이하의 세대에게는 성·연령·재산·자동차·과세소득을 통해 평가소득을 산정한 후 별도의 재산과 자동차 점수를 합하여 총점수를 산출하도록 규정하고 있다.[10] 산정한 지

역가입자의 보험료 부과 점수가 20점 미만인 경우에는 20점으로 하고 1만 1000점을 초과한 경우에는 1만 1000점으로 하며 지역가입자의 보험료 부과 점수당 금액은 170원(2012년 기준)이다. 그러면 현행 보험료 부과체계 하에서 직장가입자와 지역가입자의 보험료를 산정하는 경우 어떠한 형평성 문제가 발생할까?

연간보수액이 3000만 원인 55세 남자 근로자와 종합소득이 3000만 원인 자영업자가 동일한 재산과 자동차를 소유하고 있다고 가정하면 직장가입자 부담 건강보험료는 월 14만 5000원인데 자영업자인 지역가입자 부담 건강보험료는 27만 3530원이다(부표 5-1). 동일한 조건에서 지역가입자가 직장가입자보다 건강보험료를 약 1.9배 많이 부담한다. 지역가입자 소득이 500만 원으로 대폭 감소할 경우에도 건강보험료가 18만 2920원으로 직장가입자보다 1.3배 더 많다. 직장가입자의 실제 부담액(7만 2500원)과 비교하면 그 차이는 더 커진다.

위와 같은 이유로 지역가입자의 소득파악률이 낮다는 문제가 있지만 직장과 지역 간 부담의 형평성 문제가 지속적으로 제기되어 왔다. 형평성 문제가 발생하는 주된 이유는 직장가입자는 근로소득만이 부과기준이나 지역가입자는 종합소득이 적용되기 때문이다. 또한 직장 피부양자는 사업소득과 임대소득만[11]으로 소득 유무를 판단하므로 이자 및 배당소득 같은 금융소득이 있는 자도 피부양자로 등재된다. 특히 지역 미성년자는 소득에 무관한 생활수준과 경제활동 참가율에 따라 부과점수가 산정되어 보험료가 부과되지만 직장 미성년자는 소득이 존재하더라도 소득이 없는 자로 간주되고 있다. 이외에도 지역가입자는 세대원 수에 따라 보험료가 비례적으로 증가하지만 직장가입자의 보험료는 피부양자 등 세대원 수와 무관하게 결정된다.

부과체계의 역진성

직장가입자는 보험료 상·하한선이 있는 상태에서 정률이 적용되고 있기 때문에 사회보험의 3대 원칙의 하나인 소득재분배 기능이 상대적으로 약하다. 그리고 지역가입자는 과학적인 근거가 없이 역진적 부과구조로 설계되어 있다. 예를 들어 600만 원 과세소득자의 소득 등급별 점수가 380점인 반면, 6000만 원 소득자는 1336점으로 소득이 10배 증가하는데 점수는 3.5배에 그치고 있다. 재산도 1000만 원 재산 보유자의 점수는 66점이지만 1억 원 보유자는 439점으로 재산이 10배 증가해도 점수는 6.6배에 그치고 있다.[12]

복잡한 부과체계

지역보험료의 부과체계는 과세소득 500만 원을 기준으로 복층 구조로 이루어져 있고 산정절차도 복잡하며 부과근거도 불명확하다. 각 부과요소별로 산정된 종합점수를 다시 부과표준소득점수표에 적용시켜 최종 보험료를 산정함으로써 개인별로 보험료를 산정할 수 없다. 따라서 세대원 전출입에 따른 보험료 변동에 관한 민원 시 가입자를 설득시키기 어렵다.

부과대상 제외소득 과다

현재 보험료 부과대상에서 연금소득, 금융소득, 임대소득, 양도소득 등의 소득이 빠져 있어 부과대상에서 제외 소득이 과다하다. 따라서 연금의 월 급여액이 최저생계비 이상이면 직장가입자로 편성하여 피부양자에서 제외하고 부동산 양도소득, 이자·배당소득, 임대소득도 보험료 부과대상에 포함시켜야 한다는 주장이 제기되고 있다.[13]

국고지원에 대한 형평성

초기의 건강보험 국고지원은 지역가입자 대상의 지역의료보험, 즉 평균적 부담능력이 낮은 농어촌 및 도시 지역의 자영업자가 적용대상이었다. 일종의 부조성 의료보험에 정부가 국고를 지원하는 형태였으며, 1998년에 지역의료보험이 통합되기 이전에는 보험급여비와 관리운영비의 일부가 조합별로 지원되었다. 지원규모는 1988년.출발 당시 지역재정지출의 54%였으나, 점차 하향 조정되어 1999년에는 26.4%로까지 낮아졌다.

1989년에 전 국민 의료보험이 시행될 때 정부는 지역의료보험 재정의 50%를 지원하기로 약속하였다. 그런데 이는 의무사항이 아니라 권고사항이었기 때문에 국고지원 50%는 정치적인 상황에 따라 변동되었다. 2000년 7월에 시행된 국민건강보험법은 국가가 예산의 범위 내에서 지역가입자에 대한 보험료의 일부를 부담할 수 있으며, 건강보험공단의 사업 운영비를 부담할 수 있도록 규정하였다. 그러나 법 규정에 국고지원 규모와 지원방식이 제시되지 않아 논란이 일었다.

그러다가 2001년의 건강보험 재정위기 이후 이를 극복하기 위해 2002년에 국민건강보험 재정건전화특별법이 제정되고 동법에 의하여 건강보험에 대한 국고지원은 일반예산에 의한 지원 외에 담배부담금으로 조성된 국민건강증진기금의 지원으로까지 확대되었다. 그리고 동법에서 국고지원 규모가 지역의료보험 재정의 50%로 명시되어 이 중 35%는 일반회계, 15%는 건강증진기금으로 지원하도록 규정하였다. 즉 건강보험 재정위기 이후 국고지원 규모가 증가하여 2001년에 지역재정지출의 38.6%였던 것이 2002년의 특별법 제정으로 50%로 법제화되었다.

그런데 담배부담금의 부과가 2002년 4월부터 시행되면서 충분한 재원이 확보되지 못하여 2002년의 국고지원 비율은 42.7%였다. 이후 2003년 46.0%, 2004년 45.2%, 2005년 45.1%, 2006년 42.6%로 국고지원율이 하락하면서 특별법에서 규정한 50%를 확보하지 못했다. 이러한 결과는 국고지원액 결정 시 사용되는 건강보험지출액이 결산이 아닌 예산기준이기 때문에 발생한 것이다.

2002년에 제정된 국민건강보험 재정건전화특별법은 2006년에 종료되는 한시법이었다. 이에 따라 2006년에 국민건강보험법을 개정하여 보험료 예상수입액의 20%를 국고가 부담하도록 변경하였다.[14]

즉 국가는 매년 예상범위 내에서 당해연도 보험료 수입액의 100분의 14에 해당하는 금액을 국고에서 국민건강보험공단에 지원하고 보건복지부장관은 2011년 12월까지 매년 전체 국민건강증진기금의 65% 이내에서 보험료 예상수입액의 100분의 6에 상당하는 금액을 국민건강보험공단에 지원하였다. 국고로 지원된 재원은 보험급여, 관리운영비, 보험료 경감에 사용할 수 있고 건강증진기금에 의해 지원된 재원은 건강증진에 관한 사업, 흡연으로 인한 보험급여 그리고 65세 이상 노인에 대한 급여에 사용할 수 있도록 되어 있다.

그런데 국고지원 규모가 예상보험료의 20%로 되어 있지만 차년도 보험료율이 결정되기 전에 예산이 편성됨에 따라 매년 실제 지원되는 국고의 규모는 실제 보험료 수입을 기준으로 하면 적게 지급되고 있다. 게다가 2011년 말에 일몰규정에 의거, 국고지원이 만료되어 2012년 중 이를 연장하는 입법조치가 시도될 것으로 전망된다. 국고지원과 관련된 쟁점은 다음과 같다.[15]

첫째, 국민건강보험의 보험료 규모 증가속도가 GDP와 중앙정부 총

지출보다 빠른 상황에서 보험료에 연동하여 국고지원 규모를 결정하는 것이 적절한가이다. 국고지원 규모가 보험료에 연동하여 결정되고 규모도 확대되어야 한다는 주장은 보장성을 강화하고 보험재정의 안정적 운영을 위해 필요하다는 입장에서 출발하고 있다. 이에 반대하는 측은 향후 세입기반 확충이 쉽지 않아 국가 차원에서 건전재정을 유지하기 어려울 수 있고 정부의 세입 증가율이 건강보험 급여 증가율에 미치지 못할 것이라는 전망에 입각하고 있다. 건강보험에 대한 국고지원이 보험료에 연동될 경우 정부의 재정적자가 확대되고 경제운영에 어려움을 줄 수 있다는 입장이다.

둘째, 보험료에 크게 의존하는 건강보험 재정수지 전망이 중장기적으로 적자로 예상되는 상황에서 보험료만으로는 적자보전에 한계가 있으므로 국고지원이 추가로 필요하다는 점이다. 가입자들의 보험료율 인상에 대한 저항으로 보험료를 통한 적자보전이 어려우므로 추가적인 지원이 필요하다는 주장은 보건복지부와 건강보험공단 등을 중심으로 나오고 있다. 반면 보험료 부담을 높이거나 국고지원을 확대하기에 앞서 피부양자제도와 보험급여를 포함한 건강보험지출 합리화가 먼저라는 주장이 가입자와 시민단체, 정부 경제부처 등에서 나오고 있다.

셋째, 건강보험이 사회보험방식으로 운영되는 것을 고려할 때 재정적자는 국고지원이 아닌 보험료율 인상을 통해 해결해야 한다는 점이다. 보험주의 원칙을 유지하기 위해서는 수익자가 직접 부담하도록 함으로써 비용을 의식하게 해야 한다는 입장이다. 이에 대해 사회보험방식으로 건강보험제도를 운용하고 있는 국가 중 여러 나라가 국고지원을 하고 있고 향후 예상되는 적자수준을 고려할 때 추가적인 국고지원이 불가피하는 시각도 있다.

넷째, 국민건강증진기금은 국민건강증진 사업 추진에 한정하여 사용되어야 하며 그렇지 않을 경우 주류 등에 대해서도 부담금을 부과하여 건강보험 재원으로 활용해야 한다는 주장이다. 국민건강증진기금으로 건강보험 재정을 직접 지원하는 것은 기금설립 목적에 맞지 않으며, 술·화석연료 등의 건강유해 유발부문을 제외하면서 담배에만 부담금을 부과하는 것은 형평성에 맞지 않는다는 것이다.

또한 건강보험에 대한 국고지원 규모를 둘러싸고 기획재정부는 현행 수준을 유지하면서 제도를 개선하자는 입장인데 보건복지부는 정부지원 확대를 원하고 있다. 즉 기획재정부는 예상보험료의 20%를 지원하는 현행 수준이 미흡하지 않지만 적정규모에 대해서는 논의가 필요하며 정부지원 확대에 앞서 지출합리화 방안이 필요하다는 입장이다. 이에 반해 보건복지부는 현재 전체 보험료 수입의 17% 수준인 국고지원이 더 확대될 수 있도록 예산을 신축적으로 편성하고 운용하는 등 제도개혁이 필요하다는 입장이다.

목적세에 의한 재정확보?

2004년의 담배부담금 인상 후 담배소비량이 크게 감소하였지만 그후 다시 증가세로 반전하였다가 2007년을 기점으로 감소하고 있다(부표 5-2).[16] 흡연·음주·대기오염으로 인한 사회경제적 비용은 날로 증가하는 추세이다. 2008년 기준 20세 이상의 질병비용 중 흡연으로 인한 질병의 사회경제적 비용은 약 2조 9675억 원, 음주가 2조 7916억 원, 대기오염에 의한 질병비용은 1조 1678억 원에 이르고 있다.

이와 같은 건강위해(危害) 행위에 대해 목적세를 도입하거나 기존의 담배부담금을 인상해야 한다는 주장이 제기되고 있는데 그 이유는 건강위해 행위는 그 행위를 하는 소비자 자신뿐만 아니라 소비하지 않는 사람에게까지 부정적 영향을 미치는 부(負)의 외부성(disexternality)을 가지기 때문이다.

목적세 부과는 재원확보 외에 담배·주류·휘발유 제품의 가격 상승과 이로 인한 소비량 감소로 일정 수준의 건강증진 효과를 기대할 수 있다. 건강위해 소비는 중독성이 있어 합리적인 소비행위를 일탈할 수 있으므로 조세부과의 정당성을 가질 수 있다. 다만 건강위해 행위에 대한 조세는 형평성의 문제를 야기할 수 있다. 이들 기호재의 특성상 해당 소비액이 소득에서 점하는 비율이 큰 저소득층이 세금을 더 많이 부담할 수 있기 때문이다. 하지만 건강위해에 노출된 저소득층에게 보험급여로 그 이상의 혜택이 돌아갈 수 있다면 이 조세는 타당성을 지닐 수 있다.

이처럼 재원조달의 다양화를 위한 간접세 방식의 목적세 도입은 일정 수준의 필요성이 인정되지만 간접세가 지닌 소득에 대한 역진성, 예상되는 기금 사용의 비효율과 의료비 증가, 그간의 목적세가 보여준 각종 부작용 등의 문제를 종합적으로 고려할 때 지금의 목적세 도입 논의는 적절치 못한 것으로 평가할 수 있다.

재원조달체계 개편, 슬기로운 해법은?

최근 건강보험의 재정확충을 위한 의료비 재원조달체계 개선 논의가 활발하다. 국가재정 운용계획 보건·복지 분야 작업반과 보건복지부 자문기구인 보건의료미래위원회 등에서 이루어지고 있다. 보건의료미래위원회는 2011년 8월 17일의 전체회의에서 직역에 관계없이 소득에 따라 건강보험료를 부담하도록 보험료 부과체계 개편안을 의결한 바 있다.

주요 골자는 2012년 7월부터 건강보험 직장가입자도 임대·사업·이자·배당 소득 등 종합소득이 일정 기준을 넘으면 근로소득에 부과하는 건강보험료와 별도로 종합소득에 대해 건강보험료를 부과하고 지역가입자의 경우 재산·자동차 등에 대한 보험료 부담 비중을 단계적으로 낮추는 것으로 되어 있다. 중장기적으로는 직장·지역에 관계없이 부담능력에 따라 보험료를 책정하는 소득 중심의 부과체계로 일원화할 계획이다. 이러한 보건의료미래위원회의 보험료 부과체계 개편안은 지금까지 지적되어 온 직장가입자와 지역가입자 간의 보험료 형평성 문제를 어느 정도 해소할 것으로 보인다.

그렇지만 의료비 조달체계 전반에 대한 개선책이 아닌 보험료 부과체계 위주의 부분적인 개선책이어서 아쉬움이 없지 않다. 이유는 인구 고령화의 진전, 보장성의 확대, 새로운 의료기술의 발달 등으로 의료비 지출의 증가가 예상되는 상황에서 건강보험의 재정수지를 균형시키기 위해서는 의료비 재원조달체계의 재검토가 불가피하다고 보기 때문이다. 하지만 의료비 지출에 따른 재정확충에 너무 급급하면 기본 원칙과 틀이 무시된 의료비 재원조달체계가 될 가능성이 있다.

따라서 재원조달체계를 재검토하고 재정확충방안을 고려할 때는 국민들이 감내 가능한 수준인지, 국가재정에 여력이 있는지, 후세대에 부담을 남기는 방식인지, 그리고 주요국의 그간의 역사적 경과 등을 종합적으로 고려하여 해법을 모색해야 할 것이다. 물론 이를 논의하는 과정에서 국민들이 납득할 수 있도록 투명성과 설명책임성이 담보되어야 할 것이다. 이하에서 구체적인 방향과 방안을 정리한다.

첫째, 기왕의 의료비 지출을 정해진 것으로 보고 부족한 재원을 확보하는 단선적인 대응이 아니라, 의료비 지출의 억제에 대한 충분하고 적절한 대책을 세운 후에도 부족하다고 판단되는 재원의 확보책을 세운다. 절약의 여지가 많다고 알려진 약제비 절감방안을 먼저 세우고, 보장성 강화책도 비용효과성이 검증되지 않거나 이해관계자 사이에 공감대가 충분히 형성되지 않은 분야에 대한 재검토를 통해 투입 재원이 효율적으로 사용될 수 있도록 장치를 마련한 후[17] 재원 확보방안을 모색한다. 지출 측면에 대한 고려는 시늉으로 하고 수익자부담만을 내세워 수지적자를 보험료 인상이나 국고지원 확대로 처리해서는 안 된다는 것이다.

둘째, 가입자 소속이 직장·지역의 어느 쪽이든 시간을 갖고 소득을 기준으로 한 보험료 부과체계로 일원화한다. 지금처럼 보유재산을 소득으로 환산하여 소득에 추가하는 것은 가입자 지불능력을 제대로 평가한 것이라고 할 수 없다. 물론 국민연금이 미성숙하여 많은 노인들이 보유 재산규모에 비해 적은 소득을 얻고 있는 현실을 감안할 때, 현행 방식이 일정한 설득력을 지니고 있는 것은 부정하기 힘들다. 하지만 시행과정에서 적지 않은 마찰을 빚고 있고, 지불능력에 걸맞지 않은 보험료를 납부하는 가입자가 적지 않음도 사실이다. 국민연금의 성숙과 더불어 보험료 부과체계를 소득 중심으로 바꿔나간다. 다만 그 시점에 대해서는 현재 재산 부과점수 비중이 큰 노인층 가입자의 소득수준 변화와 지역가입자의 소득수준 파악 정도 등을 고려하여 결정한다. 아울러 건강보험 보험료 부과를 위한 별도 종합소득 기준금액 설정을 검토하고 근로소득 외 종합소득도 보험료 부과대상 소득에 포함시킨다.

셋째, 직장가입자 피부양자 인정기준이 2011년 7월에 강화되었는데 현행 수준으로 적합한 것인지 지속적으로 관찰하여 추가적인 강화방안을 모색한다. 상식 이하의 인정기준이 장기간 허용되면서 건강보험 재정에 미친 마이너스 효과는 작지 않을 것이다. 법 개정으로 '소유하고 있는 토지, 건축물, 주택, 선박 및 항공기의 지방세법 제10조에 따른 과세표준액의 합이 9억 원(형제자매의 경우는 3억 원)을 초과하는 자(단, 등록장애인, 국가유공자는 피부양자 인정)'가 직장가입자의 피부양자 자격을 상실하고 지역가입자로 편입되면서 보험료를 내게 되었다. 이 같은 규정이 장기간 법제 속에 남아 있었던 배경에는 직장가입자가 지역가입자에 비해 보험재정에 기여하는 바가 더 크다는 인식이 자리 잡고 있었음이 분명하다. 2000년의 제도통합과 2003년의 재정통합이 지닌 '건강보험을 통한 소득재분배 강화'의 취지를 고려할 때 만시지탄의 제도 개정이 아닐 수 없다. 개정안에 담긴 9억 원을 6억 원으로 낮추는 방안을 포함하여 적용대상 확대를 검토한다.

넷째, 건강보험에 대한 국고지원(법 92조)이 부칙에 의해 2011년 말로 종료되었으므로 2012년 이후의 국고지원에 대한 대책을 마련한다. 2012년 4월 시점에서 아직 법 개정이 이루어지지 않고 있는데 그간의 논의경과로 보면 연내에 개정될 것으로 전망된다. 이때 국고지원 규모가 총예상보험료의 일정 비율로 되어 있는 현행 방식을 당분간 유지하되 의료비 지출 증가율이 정부가 세운 일정 목표 수준 이하로 억제되면 국고지원 규모를 추가적으로 늘려나가는 방안을 모색한다.[18] 이때 가입자의 비용의식이 저하될 우려가 있으므로 보험주의 원칙은 최대한 유지해나간다.

한편 추가적인 국고지원 재원 마련과 관련하여 간접세 형태의 목적세 도입을 주장하는 이들이 있는데, 이는 그간의 목적세 운영에서 빚어진 재원낭비 등의 부작용과 한 번 도입되면 쉽게 폐지하기 힘들다는 점을 고려할 때 신중하게 접근해야 한다. 국고지원이 필요하다면 매년 편성되는 정부예산의 일부를 할애받는 것이다. 참고로 재원에서 보험료 비율을 줄이고 국고지원 규모를 늘리면 추가적인 소득재분배 효과가 기대되는 것은 사실이다.

우리의 보험료 수준이 OECD 국가와 비교하여 아직은 낮은 편이고 고령화, 의료기술의 진보 등을 고려하면 일정 수준까지의 보험료 인상은 불가피할지 모른다. 문제는 세계 최고 수준인 의료비 증가율을 끌어내려야 하는데 이때 보험료 인상에 대한 가입자 반발과 국고지원 방식을 유효하게 활용할 수 없겠는지 지혜를 짜내는 것이 중요하다는 사실이다.

다섯째, 법 92조에 규정된 국고지원금의 용도가 ① 가입자 및 피부양자에 대한 보험급여 ② 건강보험사업에 대한 운영비 ③ 도서·벽지·농어촌, 노인, 장애인, 국가유공자, 휴직자, 실업자인 임의계속가입자 등의 보험료 경감 등으로 규정되어 있는데 ①의 규정 때문에 ③ 부문에 어느 정도의 예산을 써야 할지가 모호하다. 국고지원 그리고 법조항의 취지에 따라 ③의 취약계층에 대한 지원효과가 커지도록 지원금을 운영하는 정책이 필요할 것이다. 즉 국고지원의 형평성과 효과성을 제고하기 위해서는 대상자 선별기준을 재정립하고 그들에 대해 보험료와 본인부담금 등을 지원하는 방향으로 제도를 개선할 필요가 있다.

제**6**장

국민건강보험
진료보수 지불제도 개선방안

진료보수 지불제도란?

진료보수 지불제도는 국민건강보험을 위시한 건강보험에서 진료로 발생한 비용을 환자나 보험자가 진료기관에 지불하는 방식이다. 여기에는 진료행위를 하는 의료공급자와 진료를 받은 환자만이 아니라 그 환자를 피보험자로 하는 보험자가 관계되며, 이들의 이해를 객관적 입장에서 조정해야 하는 정부도 관계된다. 따라서 진료보수 지불제도는 의료공급자인 병원 등의 경영에 심대한 영향을 미칠 뿐만 아니라 진료비를 지불해야 하는 환자와 그를 대리하는 보험자의 재정에도 큰 영향을 미친다.

이렇듯 당사자 간 이해관계가 첨예하게 부딪칠 수밖에 없으므로 진료보수 지불제도의 개편은 어느 일방에 치우친 의사결정으로 해결될 수 있는 문제가 아니다. 따라서 이들 간의 첨예한 이해의 충돌을 해결하기 위해서는 객관적인 연구를 기초로 서로 납득할 수 있는 수준으로 이해를 조정해야 하는데, 이와 관련하여 정부의 역할이 중요하게 부각된다.

진료보수 지불제도는 진료행태와 의료비 총액 등에 영향을 미치는데, 기본적으로 〈표 6-1〉과 같이 유형화할 수 있다. 이 같은 유형화는 기관과 연구자에 따라 다소 상이한데, 이 표는 WHO와 세계은행의 분류방식을 토대로 작성한 것이다. 이에 대한 추가적인 정보는 〈부표 6-1〉에 소개되어 있다.[1] 이들 방식은 각각 장단점이 있으며, 그러한 점들은 제도를 시행하는 여건과 맞물려 더 커지거나 축소될 수 있다. 따라서 어느 나라에서 성공적으로 시행하고 있다고 하여 다른 나라에서도 통용되는 것이 아니라 주어진 의료환경과 조화될 수 있어야 한다. 이하에서는 이들 제도의 일반적인 장점과 단점에 대해 알아본다.

　　먼저 행위별수가제(fee for service)는 서비스 항목별로 가격을 매겨 그러한 서비스를 제공했을 때마다 비용을 지불하는 방식이다. 이 제도는 의료공급자가 예산의 제약을 느끼지 않고 의료서비스를 제공하기 때문에 의료의 질을 높게 유지할 것으로 기대할 수 있으나, 재정적 위험을 전적으로 보험자가 지게 되는 제도이다.[2] 그런데 현실의 행위별수가제 하에서 의료공급자는, 첫째 서비스 종류를 여러 가지로 증가시켜 진료비 총액을 높이며, 둘째 진료시간의 단축이나 기타의 방법으로 서비스의 질을 저하시켜[3] 더 많은 환자를 보게 되며, 마지막으로 의사가 해야 할 일을 간호사나 의료기사에게 위임시키고 더 많은 환자를 보게 된다는 것이다. 이러한 행위들은 의료공급자가 자신의 이익을 극대화시키는 방법이며 이로 인해 의료비가 증가한다.[4] 또한 개별 진료행위에 대한 청구 및 심사 등으로 인해 제도 유지를 위한 관리비가 진료보수 지불제도의 여러 방법 중 가장 많이 소요된다. 따라서 이 제도가 성공하기 위해서는 우선 의료서비스의 가격이 적절해야 하며, 불필요하게 의료서비스가 제공되지 않아야 하고, 관리비를 최소화할 수 있어야 한다.

포괄수가제는 질병군을 나눈 후에 질병의 치료결과가 동일하다면 동일한 보상을 하는 것으로, 진료행위의 묶음을 기초로 시간당 정액 또는 방문당 정액으로 지불하거나 환자군별 진료비를 지불하는 방식이다.[5] 이는 1980년대 초반에 미국에서 메디케어의 적용을 받는 급성기 입원환자에의 보수 지불방식으로 위해 개발[6]된 후 세계 각국에서 채택되고 있다.[7] 미리 정해둔 지불 단위별로 단가가 책정되어 있어 진료량이나 서비스 수준에 상관없이 진료비가 지불된다. 지불 단위는 건별로 할 수도 있고 일정한 분류체계에 따른 진단명별로 할 수도 있다.

후자 방식의 포괄보상제를 DRG(Diagnosis Related Group) 기반의 분류체계를 이용한 포괄수가제라고 한다.[8] 이는 당초에는 급성기 입원 같은 단기입원에만 적용되었으나, 점차 적용범위를 넓혀 장기요양환자에게까지 적용되고 있다. 포괄수가제는 행위별수가제에 비해 의료 공급 기관의 위험이 커지고 대신에 보험자의 위험은 줄어든다. 즉, 포괄 보상제는 단일 건 내에서 발생하는 진료비의 증가로 인한 위험은 의료공급자가 지는 대신에 진료 건 수가 늘어나서 발생하는 진료비 증가 위험은 보험자가 진다.

일당제(per diem fee)는 병원 입원 일수를 고려하여 지불하는 방식이다. 이는 입원 시 소요된 의료자원에 대한 정확한 측정을 하지 않고 획일적으로 일당 비용을 계산하므로 비용의 정확한 산정이 어렵지만 운영이 편리하고 관리비가 적게 든다는 것이 장점이다. 역사적으로는 유럽 국가들에서 사회보험이 적용되는 병원에서 적용되어 왔으며 현재는 정신과 입원이나 노인요양병상에 대해 적용되고 있다.

인두제(capitation)는 보험자와 계약을 맺은 의료공급자가 정해진 기

<표 6-1> 진료보수 지불제도 유형

기관	지불방식	지불제도특성			적용 요양기관	혼합사례
		지불률 설정	지불액 결정	지불기준		
W H O	1. 봉급제[1]	사전[4]	사전	산출	병원	핀란드 1: 60% 4: 15% 5: 20%
	2. 총액예산제	사전	사전	투입, 산출	병원	
	3. 포괄수가제[1] DRG	사전	사전	산출	병원	2+3 호주, 뉴질랜드, 독일, 이탈리아, 노르웨이, 덴마크
	4. 행위별수가제[2] FFS	사후[4] (사전)	사후 (사후)	투입 (산출)	의원	
	5. 인두제 (일반의)	사전	사전	산출	의원	2+4 네덜란드, 체코, 폴란드
	6. 일당제	사전	사후	산출	병원	
World Bank	7. 투입기반품목 예산제[3]	사전	사전	투입	의원, 병원	4+5 영국, 포르투갈, 슬로바키아
	8. 성과지불제 P4P	사전	사후	성과	의원, 병원	

주: 1) 세계은행 분류에는 이 두 방식이 없고 투입기반품목예산제, 성과지불제, case-based(여기서 소개하지
   않음)의 3개가 추가됨
   2) 괄호 안은 (고정액+행위별수가) 방식
   3) 투입기반품목예산제는 (input-based) line item budget 방식
   4) 사전(prospectively)은 서비스 제공 전의 지급률과 지급액 결정, 사후(retrospectively)는 서비스 제공
   후 결정을 지칭
자료: WHO(2007), pp.4-5, table 1, World Bank(2009), p.4 table 1, p.8 table 3, Schneider(2007), p.3
   table 1을 토대로 작성

간 동안 관리하고 있는 환자수에 따라 일정액의 보수를 지불하는 방식
이다. 보수를 지불하는 방법은 환자별로 차별을 두지 않는 방법과 환
자의 연령, 성, 거주지 등에 따라 차별을 두는 방법이 있다. 다만 기관
이나 조직, 네트워크에 대해 인두제를 적용할 때 서비스 공급자의 경제
적 동기는 등록된 환자를 포괄하는 전체 서비스 범위 안에서 가능한
한 비용효과적으로 관리하는 것이므로 기관이나 네트워크가 받는 보

상수준을 정할 때 대개는 의사에 대한 보수, 재료비, 자본비용 및 인건비는 공급자당 추정 환자수를 고려하여 계산한다. 한편 지나치게 한 공급자에게 환자가 몰리는 상황을 방지하기 위해 공급자에게 할당되는 총환자수에 상한선을 두기도 한다. 이 방식은 진료비를 일정 수준으로 유지하기에 적절하지만 의료의 질을 개선하기 위한 유인이 부족하다는 단점이 있다.

봉급제(salary)는 보험자가 의료공급자와 계약을 맺고 계약기간 동안의 의료서비스를 제공한 후에 일정 금액의 봉급을 받는 방식이다. 영국같이 정부가 의료서비스 공급에 직접 참여하는 경우에 국영병원 등의 의료기관에 속해 있는 개인 의료공급자에게 적용하는 보상방법이다. 의료비를 낮은 수준에서 유지할 수 있게 하나 의료의 질을 높이기에는 한계가 많은 방식이라고 할 수 있다.

통제력이 강한 예산제는 일정 기간 동안 제공된 서비스나 물적 자원의 비용을 전체 액수로 보상하는 방식[9]으로, 총액예산제와 총액계약제가 있다. 총액예산제는 '주어진 기간 동안 공급자가 제공하는 진료 서비스와 약품에 대해 총비용을 사전에 미리 책정하고 책정된 만큼의 금액을 보상하는 방식'이다.[10] 총액예산제는 국가 전체 의료비나 해당 서비스 부문에 대한 전체 비용통제에 효과적인 수단이며, 비용을 가격과 수량의 함수로 단순화시킬 때 정해진 전체 비용의 틀 안에서 자율적인 비용구조를 적용할 수 있는 장점을 지닌다. 반면 단점으로는 동일 질병 환자라 하더라도 병원에 따라 제공되는 의료서비스가 달라지는 문제가 있고, 과거 비용을 기준으로 예산이 정해지므로 성과에 따른 지불이 이루어지기 어려운 점을 들 수 있다. 또한 의료공급자의 투입이나 산출이 안정되지 않고 급격히 변화할 경우에는 총액 규모를 둘러싸고 논란이 일 수 있다.

총액예산제와 유사한 방식으로 총액계약제가 있다. 총액계약제는 보험자와 의료공급자 간의 계약으로 의료비 총액을 결정하는데, 양자 간 합의를 중시한다는 점이 총액예산제와 다르다.[11] 이 방식은 의료공급자가 전적으로 위험을 떠안는 총액예산제와 달리 양자가 협의를 통해 일정 정도의 위험을 공유하므로 보험자나 의료공급자 모두에게 위험이 따른다. 이런 점에서 지나친 통제와 일방적인 결정이 내려지는 총액예산제에 비해 의료공급자 측에게 상대적으로 수용성이 높은 방식이라고 할 수 있다. 그러나 총액계약제든 총액예산제든 주어진 예산 하에서 효율성을 추구하는 것이므로 비용이 많이 드는 고품질의 의료서비스 공급이 제한되고 의료서비스의 양이 적정 수준 이하로 공급될 가능성도 있다. 결국 질적 측면에서 최적의 의료량을 정확하게 측정하기 어렵기 때문에 예산의 제약이 의료공급을 제약하는 결과가 초래될 우려가 남는다.

마지막으로 성과보상제(P4P: Pay for Performance)는 진료나 검사결과에 따라 보상을 차별화하는 방식으로 OECD 19개국에서 시행되고 있다.[12] 이 제도는 장점에도 불구하고 성과를 평가하는 객관적 기준을 만들기 어려워 환자와 의료공급자 간에 분쟁의 소지가 있고, 근본적 치료는 어려우나 고통을 해소하거나 완화하는 진료의 필요성에 대한 논란을 촉발하기도 한다.[13]

우리나라 보수 지불제도의 발전과정

우리나라에서 현재 시행되고 있는 진료보수 지불제도는 행위별수가제를 기본으로 하되 포괄수가제와 일당제가 병행하여 사용되고 있다. 행위별수가제는 의료보험제도의 도입과 함께 시작되었으나, 수가제도는 그보다 훨씬 오래된 역사적 산물이다. 즉 의료보험제도가 시작되기 훨씬 전인 1951년 9월부터 '국민의료보험법'이 제정·공포되어 의료보수에 관하여는 소관 지방 행정의 장의 허가를 얻도록 한 것이 최초의 수가정책이라고 할 수 있다.

그 후 1966년부터 1971년까지 6년간 이루어진 5차례의 연구가 의료보험제도 시행과 관련한 수가제도에 중대한 영향을 미쳤으며, 후속의 국민의료비 연구도 수가제도에 큰 영향을 미쳤다.[14] 이어 1973년 2월에는 '의료법'[15]을 전문개정하면서 허가제를 인가제로 바꾸었다. 그리고 의료보험제도가 도입된 1977년 이후에는 당시 서울 시내 12개 대형 종합병원 관행수가의 75% 수준[16]으로 정해진 수가고시제가 시행되었다. 이렇게 시행된 수가고시제는 1977년 당시의 486개 의료보험조합 1748개 사업장, 피보험자 수 116만명, 피부양자 수 193만 8000명에 적용되었다.[17]

2000년 7월 1일부터는 의료보험이 국민건강보험으로 개편되면서 수가계약제에 따른 새로운 수가를 적용하게 되었다. 수가계약제는 보험자인 국민건강보험공단 이사장과 의약계 대표자가 상호 협의하여 수가를 정하도록 한 것이다. 그런데 양자 간에 계약만료일의 75일 전까지 체결이 이루어지지 않으면 보건복지부장관이 직권으로 건강보험정책심의위원회의 심의를 거쳐 수가를 결정·고시할 수 있다. 이러한 제도 변화와 함께 2001년에는 미국의 자원기준 상대가치(RBRVS: Resource Based Relative Value Scale)를 기초로 상대가치를 적용하게 되었고, 이후 몇 차례의 개정을 거쳐 2006년에 신상대가치를 도입하였다. 그런데 수가에서 큰 역할을 하는 '상대가치점수'[18]는 계약대상도 아니고 조정기간도 없으며, 보건복지부장관이 건강보험정책심의위원회의 의결을 거쳐 고시하고 있다. 다만 수가의 절대적 수준을 조정하는 환산지수[19]는 국민건강보험공단과 의료계 간 협상을 통해 결정되는데, 2008년부터 의과병원, 의과의원, 치과, 한방, 약국 등으로 구별하여 달리 적용하고 있다.

그동안 행위별수가제가 진료비를 증가시키고 진료과 간 수입의 불균형과 심각한 진료행태 왜곡을 가져온다는 점이 지적되어 왔다. 이에 1997년부터 포괄수가제[20]가 세 차례에 걸쳐 시범사업으로 운영되다 2003년부터 7개 질병군으로 입원한 경우에 공급자의 선택에 따라 적용되고 있다.[21] 최초 시범사업에 54개 기관, 3차 시범사업에 1645개 기관이 참여하였다.

이와 같이 많은 기관이 참여했음에도 불구하고 포괄수가제의 한계점들이 드러나자 이를 극복하고자 신포괄수가제가 도입되었다. 신포괄수가제는 2008년에 20개 질병군에 대해 신포괄수가 모형이 개발된 후 2009년 4월부터 일산병원에서 시범사업으로 적용되었다. 2010년 7월 1일부터는 기존 일산병원 입원환자 대상 20개 질병군 신포괄수가모형 시범사업을 항암치료, 정상분만 등 76개 질병군으로 확대하였다. 이로써 기존 20개 외에 56개 질병군을 추가하여 질병군이 총 76개로 확대됨으로써 일산병원 입원환자의 약 50%에게 포괄수가제가 적용되고 있다.

이 같은 신포괄수가 모형[22]은 일당·정액방식을 혼합하여 환자가 병원에 입원한 재원일자에 따라 진료비가 달라지도록 하여 조기퇴원을 유도하도록 설계되었으며, 일정 금액 미만 치료재료나 수술 행위료 등은 포괄수가를 적용하되, 고가의 검사·수술료, 비급여항목 등에 대해서는 별도 보상하도록 하여 지불정확도를 높였다. 또한 일정 금액 미만 비급여항목을 포괄수가에 포함하였고, 비급여항목의 급여전환으로 환자본인부담 금액이 줄어드는 등 진료비 감면효과가 발생하도록 하였다.[23]

그간의 시범적 운영에 대한 경험을 토대로 정부는 2012년 7월까지 7개 질병군에 대한 포괄수가제를 전국의 병의원급에 먼저 의무적용하고, 2013년 7월부터는 종합병원급 이상의 의료기관에도 적용하여 전체 의료기관으로 확대시행키로 하였다. 적용대상 질병군은 맹장·탈장·치질·백내장·편도·제왕절개·자궁부속기수술이다. 이번 결정으로 포괄수가제 참여방식은 지금까지의 선택적 참여에서 의무참여, 즉 당연적용으로 바뀌게 되었다. 이번 조치로 포괄수가제를 적용받는 요양기관의 숫자가 27% 증가하고 추가적용되는 요양기관도 610개 기관에 달할 것으로 전망된다(부표 6-3).

왜 진료보수 지불제도가 논란이 되고 있는가

수가제도의 발전과정에서 정부와 국민건강보험공단은 행위별수가제로는 보험재정의 지속가능성을 유지하기 어려울 것으로 보았다. 그런데 이러한 인식은 건강보험이 실시되기 훨씬 이전부터 시작되었는데, 이는 1994년에 의료보장개혁위원회가 행위별수가제의 재정관리적 한계점을 극복하기 위한 방안으로 질병군별 포괄수가제 도입을 건의한 데서 확인할 수 있다.

그렇다면 현재 추진되고 있는 포괄수가제 사업에 대한 평가에 앞서 행위별수가제의 문제점을 살펴보는 것이 필요하다. 현행 행위별수가제는 행위별 점수와 점수당 단가를 표시하는 방법으로 운영되는데, 정부의 수가 통제로 시장가격과 괴리되는 부분을 일선의 병의원이 유인진료로 해결하고 있어[24] 성공적으로 운영되고 있다고 보기 어렵다. 이는 통계로도 잘 확인되는데, 2003년부터 2009년까지 입내원의 1인당 평균 진료비의 증가율이 수가의 연평균 증가율 2.62%를 훨씬 상회하고, 내원일수도 2003년의 14.64에서 2009년의 18.11로 증가하여 빈도와 강도 모두 증가하고 있다.[25]

또한 급여비용을 엄격히 통제하자 이를 비급여비용으로 전가하여 수입을 보충하는 현상도 발생하고 있다. 더구나 비급여영역을 민영건강보험이 보충적으로 보장하면서 의료공급자들은 이를 적극 활용하고 있다. 이는 결과적으로 보험료를 물가상승률이나 경제성장률보다 높게 올려도 보장수준이 오히려 하락하거나 답보하는 현상을 초래하기도 했다.

나아가 진료과목별로 비급여영역의 편차가 크기 때문에 의료공급자가 수입을 극대화하려는 목적으로 진료하면 진료행태가 왜곡된다. 이렇게 되면 상대가치에 입각한 행위별수가제도는 적절한 수준의 의료서비스 공급 유도에 적합한 방식이 될 수 없다.

문제는 이러한 현상이 의료서비스의 공급자 측과 수요자 측 모두에 의해 야기되고 있다는 점이다. 의료서비스의 제공은 다음과 같은 이유로 공급자 측이 주도하는 특성이 있다. 첫째, 의사는 의료윤리에 입각하여 최선의 의료서비스를 제공하여 환자를 가능한 한 빠르고 확실하게 원래의 건강상태로 회복시키려고 한다. 둘째, 환자도 다소 비용부담이 되더라도 더 나은 의료기술을 적용한 진료방법을 선호한다. 셋째, 의사와 환자 간에 정보 비대칭성(asymmetric information)이 존재하여 진료비용을 고려한 최적의 진료기법이 선택되기 어렵고, 이것은 결국 법정급여의 범위를 벗어나 비급여로 처리되는 진료가 선택되는 결과를 초래한다.

이러한 특성은 여러 연구결과들을 통해서 보고되고 있다.[26] 이들 연구에 따르면 의원급을 대상으로 외래급여비 지출요인을 분석한 결과 의사 연령이 낮을수록 의료장비나 의약품에 대한 의존도가 높아 내원일당 평균 급여비가 높게 나타났다.[27] 그리고 의사의 연령이 낮고 개원기간이 짧을수록, 고가장비를 보유한 의원일수록, 경쟁 정도가 높을수록 건당 진료비가 높다.[28]

민간의료공급자가 주도하는 의료시장에서 공급자들은 일정 수준 이상의 수입을 확보하기 위하여 진료건수를 늘리거나 진료건당 비용을 높였고, 이로 인해 의료비 지출이 늘어났다. 이처럼 행위별수가제는 진료의 빈도와 강도를 높여 의료비를 증가시키는 요인으로 작용하고 있으나, 진료의 만족도는 높아지지 않고 있다. 특히 긴 대기시간 대비 짧은 진료시간에 대한 불만이 큰데, 이에 대해 의료공급자들은 대신 의료의 질과 접근성이 좋지 않느냐 하는 반론을 펴고 있다. 어쨌든 다소간 논란의 소지는 있으나 현재 시행되고 있는 진료보수 지불제도인 행위별수가제는 명백하게 문제점을 안고 있다고 볼 수 있다. 이러한 행위별수가제의 문제점을 해결하기 위해 DRG 기반의 포괄수가제가 지난 1997년부터 시범사업 형태로 시작되어 최근에는 신포괄수가제의 시행과 단계적인 포괄수가제 시행으로 발전하고 있다.

이렇듯 과거부터 진료보수 지불제도 개선을 위한 노력이 기울여져 왔는데 최근 들어 진료보수 지불제도 개편이 논란이 되고 있는 것은 무엇 때문일까? 이는 의료비의 급증으로 건강보험 재정의 지속가능성이 현저히 낮아졌기 때문이다. 우리나라는 소득 증가, 인구고령화의 급속한 진행, 의료기술의 발전 등으로 의료비가 지난 2001년 이후 10년간 연평균 11.7%의 증가율을 보였다. 최근의 의료비 증가속도는 OECD 국가들 중에서 가장 빠른 것으로 나타나고 있다. 물론 이러한 증가속도에도 불구하고 국내총생산에서 의료비가 차지하는 비중은 OECD 국가들 중 29위로 아직은 그 수준이 심각한 상황이라고 말하기는 힘들다.

그렇지만 이러한 증가속도가 이어지면 심각한 재정 악화로 이어져 건강보험의 보장성이 제고되기도 어렵거니와 국가재정에도 부담으로 작용할 우려가 크다. 한 연구에 따르면 2020년 건강보험의 재정규모는 2010년의 약 33.9조 원보다 2.6배나 큰 87.4조 원에 이르러 현재의 재정방식으로는 제도의 지속가능성에 한계가 있을 것으로 지적되고 있다.[29] 의료비 증가는 다양한 요소에 의해 영향을 받지만 보험자 입장에서는 자신들이 통제할 수 있는 요소인 진료보수 지불제도를 개선하여 의료비 증가를 억제하려는 유인을 갖기 때문에 지속적으로 문제를 제기하고 있다.

진료보수 지불제도 개혁시도는 실패한 것인가

앞서 살펴보았듯이 행위별수가제도의 문제점을 개선하기 위해 DRG 기반의 포괄수가제를 시범 운영한 후 본사업을 2003년 1월부터 시행하고,

이를 개선한 신포괄수가제를 시행하고 2012년 7월부터 단계적인 포괄수가제가 시행되지만 여전히 문제점이 남아 있다. 본래 포괄수가제는 동일한 질병군에 속하면 동일한 비용을 지불하므로 유인수요가 발생하지 않아 의료비를 적절히 통제할 수 있다. 그러나 이조차도 비용에 맞추어 의료서비스를 제공하므로 서비스의 질 저하 문제가 있고 가격통제를 벗어나기 위해 청구 시 질병군을 조작하는 등의 부정도 문제점으로 지적되고 있다.

그간의 국내 DRG 기반의 포괄수가제도는 적용되는 질병군의 범위가 제한적이었고 의료공급자의 참여도 선택적이었다. 물론 세 차례의 시범사업과 본사업을 하는 동안 의료공급자의 참여가 크게 늘었지만, 질병군의 범위는 그대로 유지되었다. 이 사업의 성공 여부는 DRG 기반 포괄수가제도의 도입의 기대효과를 기준으로 평가해볼 수 있다.

보건복지부는 2003년 7월에 DRG 시행상의 문제점을 보완하여 2003년 하반기 중 7개 질병군 포괄수가제를 적용하겠다는 계획을 밝히면서 다음과 같은 네 가지 효과를 기대한다고 하였다.[30] 첫째, 환자 입장에서는 실질적인 보험급여범위의 확대와 비급여범위 축소로 환자 본인부담금이 행위별수가제에서보다 경감된다. 둘째, 요양기관 입장에서는 진료의 자율성 보장 및 진료비 청구 업무의 간소화에 따른 행정비용 절감효과, 그리고 수가계산 방식의 간편화·단순화로 진료비 부담과 관련한 환자와의 마찰 감소와 비용효과적인 진료에 따른 진료수익 증가이다. 셋째, 지불 단위가 세분화된 행위별수가제에 비해 지불 단위의 포괄화로 수가기준 관리가 용이해진다. 넷째, 불필요한 행위 및 약제·재료사용 감소로 보험재정의 증가를 억제한다.

이러한 기대효과에 대한 평가와 관련된 전문가들의 연구결과는 다음과 같다. 먼저 행위별수가제보다 DRG 기반의 포괄수가제의 의료비가 사실상 더 높게 나타나 기대와 다른 결과를 가져왔다는 해석이다.[31] 다음은 제한적인 범위이긴 하지만 포괄수가제를 시행한 결과 행위별수가제에 비해 건당 진료비 증가율이 낮고 건당 입원일수도 낮은 것으로 나타난 반면 서비스의 질은 떨어지지 않은 것으로 나타났으며,[32] 포괄수가제가 저수가, 비급여 증가, 진료행태 왜곡 문제를 해결할 가능성을 제시하고 있다[33]는 해석이다.

유의할 점은 DRG 기반의 포괄수가제를 통한 의료비 통제가 일정 정도 효과가 나타나고 서비스의 질이 떨어지지 않은 것으로 평가되는 경우에도 도입 취지와 달리 공급자가 선택적으로 참여함으로써 효율성 향상보다는 공급자 수입 확충의 통로를 넓혀준 결과를 초래하고 대형 의료기관의 참여율이 극히 저조하다는 문제점이 있다는 사실이다.[34] 이러한 평가들에 반해 정부는 포괄수가제가 비교적 단순한 수술에 적합한 모형으로 개발되어 암이나 중증질환 등 복잡한 수술을 포함하는 전체 질병군으로 확대하기 어려웠다는 인식을 갖고 있다.[35]

그런데 신포괄수가제 시행이라는 사실을 통해 알 수 있듯이 DRG 기반의 포괄수가제 도입을 통한 진료보수 지불제도 개혁은 사실상 한계에 이른 것으로 평가될 수 있다. 따라서 새로 도입된 신포괄수가제를 평가할 필요가 있다. 그런데 신포괄수가제에 대한 평가도 분분하여 제도의 효율성을 높일 수 있다는 점에서 높이 평가하는 이들이 있는가 하면 공급자 친화적 모형이어서 지출합리화 방안과 거리가 있다고 이의를 제기하는 이들도 있다.[36] 이러한 입장의 차이는 객관적인 근거에 따르기보다 논자가 어떠한 이해집단을 대변하고 있는가와 관련이 깊은 것으로 판단된다.

먼저 의료정책 전문가 집단에서는 신포괄수가제가 포괄수가제의 많은 문제점을 극복한 제도라는 긍정적 평가[37]와 사실상 행위별수가제에 일당제를 가미한 것에 지나지 않는다는 평가로 나뉘고 있다.[38] 의료공급자들은 선택제로 적용될 때에는 수입을 억제하지 않을 것으로 판단하고 반대의견을 제시하지 않았으나 의무적용 시에는 일부 의료공급자들의 집단적 반발이 예상된다.

보험자인 국민건강보험공단은 신포괄수가제가 진료비 억제기능을 제대로 하지 못하고 있다고 평가하고 있다. 이는 새로운 진료보수 지불제도로 신포괄수가제 대신 총액계약제나 총액예산제의 도입을 모색하고 있는 데서 확인된다. 이렇듯 신포괄수가제가 행위별수가제 중심의 진료보수 지불제도의 대안인가에 대한 논란이 남아 있는 상황에서 정부는 2012년 7월부터 7개 질병군 입원환자를 대상으로 포괄수가제를 의무시행하기로 결정하였다. 질병군이 시범사업에 비해 제한되긴 하였지만 일단 물꼬를 텄다는 점에서 의의를 부여할 수 있을 것이다. 2013년 7월로 예정된 종합병원급 이상의 대형병원에까지 순조롭게 시행이 확대될지 아직은 불확실하지만 그간의 시범사업 기간이 제법 길었고 또 시행착오와 여기서 배운 경험이 많았기 때문에 다소간의 마찰은 있겠지만 정착될 가능성이 없지 않다.

이번 7개 질병군 포괄수가제 당연적용을 계기로 앞으로는 대상 질병군을 단계적으로 확대하면서 사업의 성과를 지켜보고, 또한 전체 의료비 증가의 추이를 함께 고려하여 총액계약제나 총액예산제 도입의 필요성 여부를 검토하게 될 것으로 전망된다.

외국의 진료보수 지불제도, 어떻게 발전해왔나

　주요국들의 경험을 통해 볼 때 진료보수 지불제도는 나름의 발전경로가 있는 것으로 보인다(표 6-2). 가령 18세기나 19세기로 거슬러 올라가면 유럽에서는 인두제, 일당제, 봉급제와 같은 정액제 위주로 진료비가 지불되었고, 일부에 한해서 행위별수가제가 적용되었다. 당시는 사회보험이 없어 길드 등 다양한 공제조직들이 보험자 역할을 하면서 정액제 방식을 선호했고 병원도 지금과 같은 진료와 치료를 위한 입원시설의 기능보다 수용시설로서의 기능이 컸기 때문이다. 다만 자비 진료 시에는 행위별수가 방식으로 지불하였다고 한다.

　이러한 상황에서 사회보험방식의 건강보험과 NHS가 도입되고 병원도 근대화되면서 수가지불제도는 변화를 겪게 된다. 물론 초기에는 과거에 행해졌던 지불방식인 인두제나 봉급제가 그대로 적용되었지만, 의사들이 조직화되고 영향력이 커지면서 행위별수가제가 확산된다. 영국처럼 병원을 국가가 직접 운영하는 경우에는 봉급제가 주로 적용되었다. 또한 의료공급자의 영향력이 커지는 데 대응하여 사회보험자의 영향력도 커지면서 1970년대와 1980년대에 걸쳐 총액예산제를 도입하여 의료비 지출을 통제하고자 했다.

　사회제도의 근대화와 더불어 행위별수가제도 진화하는데 대표적인 것이 관련 비용을 정확하게 산정하기 위한 다양한 방법론의 개발이다. 이 중 미국에서 2001년에 개발된 자원기준상대가치(RBRVS) 방법이 가장 널리 사용된다. 이후 의사 업무량의 상대가치에 대해서는 미국 하버드대학의 샤오(Hsiao) 교수팀이 수량추정(magnitude estimation)법을 사용하여 개발하였다.

<표 6-2> 주요국의 진료비 지불제도

국가	의원	병원	비고
미국	RBRVS (행위별수가제)	DRG 병원근무의: RBRVS	• RBRVS 1992년부터 적용 • DRG 1983년부터 적용
영국	봉급제, 인두제, 행위별수가제	건당지불제/DRG+총액예산제 병원근무의: 병원봉급	• 일반의GP지불체계는 2004년 부터 인두제와 Quality Points 혼합
프랑스	행위별수가제	건당지불제/DRG 병원근무의: 병원봉급	• 2004년부터 전면 적용
독일	행위별수가제	건당지불제/AR-DRG(호주형 DRG) 병원근무의: 병원봉급	• 병원은 2004년 이전까지 일당 진료비제. 2004년부터 AR-DRG 도입
네덜란드	행위별수가제, 인두제	조정총액예산제 +건당지불제/ DBC 병원근무의: 행위별수가제	• 2000년 이전까지 병원은 고 정총액예산제, 이후 변동 총 액계약제 • 2004년부터 DRG와 유사한 DBC 지불체계
벨기에	행위별수가제	예산제+APR-DRG 병원근무의: 행위별수가제	• AP-DRG는 1994년 도입 • 2002년 이후 APR-DRG
호주	행위별수가제	사전총액예산제+건당지불제/ AR-DRG 병원근무의: 병원봉급	• AR-DRG는 호주형 DRG 지 불체계
일본	행위별수가제	대학병원: DPC 일반병원: 행위별수가제 병원근무의: 병원봉급	• DPC는 Diagnisis Procedure Combination, 2003년 대학병 원에 도입

주: 건당지불제는 Payment per case를 지칭
자료: 김양균(2010, p.18). Paris, V., M. Devaux and L. Wei(2010, pp.33-39)

그럼에도 불구하고 행위별수가제로 인한 문제점이 해결되지 않자 이를 극복하는 차원에서 포괄수가제가 개발된다. DRG 기반의 포괄수가제는 미국의 메디케어가 입원에 대한 진료보수 지불제도(HCFA-DRG)[39]로 1980년대 초반에 채택한 것이 시초이다. 이것은 후에 R-DRG(Refined DRG)로 발전한다.

DRG 기반의 포괄수가제는 호주는 물론 프랑스, 독일, 네덜란드, 벨

기에, 영국, 스웨덴 등 유럽 국가들이 연이어 채택하였다.[40] 프랑스는 다른 나라에 비해 비교적 일찍 관심을 기울여 1983년에 DRG 도입을 위한 실험을 거쳐 자국에 맞는 형태로 변형시켜 질병군별 진료비 자료 (GHM: Groupe Homogène des Malades, 프랑스식 DRG)라는 형태로 도입하였다. 프랑스는 DRG 분류를 총액예산제 하에서 각 시설에 대한 지불액을 조정하기 위한 병원관리 지표로 사용했다. 그 후 2004년부터는 부분적으로 DRG/PPS(Prospective Payment System) 틀로 이행하였다. 이에 따라 공공병원은 질병군별 진료비 자료에 의거하여 예산을 배정받으며, 민간병원은 1일당 포괄지불제를 1일당 정액제와 함께 적용한다.

독일의 경우에도 일찍이 1984년부터 DRG 도입을 검토했으나, 곤란하다는 결론을 얻고 도입하지 못했다. 그러다 1998년에 들어선 사회민주당과 녹색당 연립정권이 2000년 6월까지 새로운 진료보수 지불방식을 결정하여 2004년에 호주에서 개발한 AR-DRG(Australian Refined DRG)를 독일 사정에 맞게 변경하여 G-DRG(German DRG)를 도입하였다. 그 후 2009년부터는 G-DRG에 의한 1건당 포괄지불방식이 전면적으로 적용된다.

네덜란드는 변동 총액계약제를 적용하면서 2004년부터 DRG와 유사한 진단치료군(DBC: Diagnose-Behandeling-Combinatie) 지불제도를 적용하고 있다. DBC는 1994년부터 정부 차원에서 추진되어 2002년 1월부터 전 병원으로 확대되었다. 이를 기초로 2004년부터 DBC에 기초한 병원예산 지불을 할 수 있게 되었다.

벨기에는 1983년에 의료개혁을 천명하면서 DRG 도입을 밝힌 후 수년에 걸쳐 정리된 퇴원 데이터에 기초하여 1994년에 HCFA-DRG를 변형한 AP-DRG(All Patient DRG)를 도입하였다. AP-DRG는 병원예산의 배분에 사용되고 동시에 지방의료계획에서 자원배분의 지표로 사용되었다.

이렇듯 유럽 국가들에 DRG가 도입된 것은 이들 국가에서 운영하던 총액예산제가 전체 비용을 통제하는 데 유리한 점이 있지만, 병원 간 서비스의 차이와 병원의 성과가 비용(즉 예산)시스템에 반영되기 어려운 점을 개선하기 위해서였다. 이들 국가에서는 포괄수가제가 총액예산제의 운영에서 생긴 단점을 극복하기 위한 제도로 이해되고 있다.[41]

사회보험방식으로 건강보험을 운영하는 국가들과 달리 영국에서는 1986년부터 효율적인 의료비 배분을 위한 의료활동 측정방법을 모색하던 중에 1989년에 HCFA-DRG 도입 여부가 검토되었다. 그러나 영국의 여건에 맞지 않는다는 이유로 도입이 유보되고 진료행위의 효율성을 평가하기 위한 정보 수단으로 이용할 수 있는 분류의 도입이 바람직하다는 결론이 났다. 그리하여 HRG(Health Resource Group)가 개발되어 HRG에 근거한 자료에 입각하여 각 시설과 보건당국이 진단군 분류별로 가격과 그 예정량을 계약하는 방식이 채택되었다. 또한 표준적인 비용계산 매뉴얼에 따라 각 병원에서 HRG별 비용 자료가 수집되는 체제가 정비되었다.

영국과 마찬가지로 NHS 방식의 의료체계를 가지고 있는 호주는 1980년대 초부터 DRG 도입을 검토하여 APR-DRG(All Patient Refined DRG)를 기초로 개발된 AN-DRG(Australian National DRG)가 1993년 이후 채택되었다. 그 후 정치한 AR-DRG가 개발되었다.

한편 대만의 경우에도 행위별수가제를 기초로 전 국민건강보험을 시작하였는데, 현재는 총액계약제를 기반으로 행위별수가제, 포괄수가제, 인두제 등이 결합된 형태로 운영되고 있다.[42] 총액계약제는 1998년

244

에 치과부터 도입되기 시작하여 한방, 의원급, 병원급으로 점차 적용범위를 넓혀 2002년 7월부터는 전체 의료기관에 적용되고 있다. 4개 부문별로 배정된 예산은 치과, 한방, 의원 부문의 경우 6개 지역으로 인구수에 따라 배분되는데, 행위별수가제는 이렇게 배분된 예산이 지역 내 의사들에게 배분될 때 적용된다. 포괄수가제는 위 3개 부문이 아닌 병원의 일부 진료에 대해 적용된다.

한국과 일본에서도 DRG 기반의 포괄수가제의 도입을 위한 시도가 계속되고 있다. 한국은 행위별수가제의 문제점을 극복하기 위해 포괄수가제(K-DRG)를 시범적으로 도입한 후 2012년 7월부터 본격 시행에 나섰다. 일본은 2003년 4월에 82개 특정기능병원(우리의 상급종합병원 상당)에서 DPC(Diagnosis Procedure Combination)라는 입원의료비 정액지불제도를 도입하였다. 엄밀히는 DPC/PDPS(Per-Diem Payment System)이다. 이후 이 제도 적용 병원의 이름이 2006년부터 'DPC 대상병원'으로 바뀌었다. 매년 늘어나 2012년도에는 1505개에 달하고 대상 병상수는 47만 9539개에 이른다.

진료보수 지불제도, 어떻게 개혁할까

국민건강보험공단이 마련한 「2011년 사업운영계획서」를 보면 2011년부터 3년에 걸쳐 목표진료비제 도입방안을 마련하겠다고 되어 있다. 목표진료비제란 실제 의료비가 목표치를 초과하면 차년도 환산지수를 인상하는 방식이다. 최근에는 의료비 절감대책 차원에서 2012년의 전면도입을 목표로 총액예산제 도입을 검토하였다고 한다. 이에 따라 2011년 5월 20일의 국민건강보험공단 주최 공청회에서는 총액계약제 도입이 주장된다. 공청회에서는 총액계약제를 시행하더라도 실효성을 높이기 위해서는 비급여를 최소화하는 노력이 필요하다고 하면서, 전체 총액목표제(soft cap) → 지역별 총액목표제(soft cap) → 지역별 총액상한제(hard cap)의 단계로 진행하는 것이 바람직하다는 주장이 나왔다.[43] 물론 총액계약제에 대한 논의가 이번이 처음은 아니다. 이미 2004년에 일부 연구자들에 의해 총액계약제가 검토되었는데, 이들은 다소간 시행착오는 있겠지만 중장기적으로 도입이 가능하다고 생각하였다.[44]

그렇다면 국민건강보험공단은 그동안 행위별수가제도의 대안으로 여겨지던 포괄수가제 대신에 왜 총액예산제의 도입을 추진하는 쪽으로 입장을 바꾼 것일까? 이는 포괄수가제에 이어 신포괄수가제까지 시험하고 있지만 의도한 대로 의료비 절감효과가 크지 않았다고 판단하기 때문인 것으로 보인다. 그러나 이러한 결과는 포괄수가제가 전면적으로 도입되지 않고 선택적으로 도입된 상황이 의료공급자가 이윤극대화 행위를 하기에 적합하여, 효율적으로 운영되는 병의원은 포괄수가제를 선택하고 비효율적으로 운영되는 병의원은 행위별수가제를 채택함으로써 진료비 총액이 상승한 것이라고 해석할 수 있다.[45] 따라서 다소간 성급하게 결론을 내리고 있다고 볼 수도 있고, 유럽 주요국의 사례에 비추어보면 우리나라가 순서를 바꾸어 진료보수 지불제도를 개선하려 하고 있는 것으로 이해할 수도 있다.

한편 의료공급자들의 입장에서는 총액예산제가 의료공급자에게 리스크를 완전히 전가시킬 것을 우려하여 그 도입을 절대 반대하고 있다.[46] 또한 정부가 2011년 4월부터 구성하여 운영해온 보건의료미래위원회는 의료비 절감을 위한 행위별수가제 등 지불제도 개선방안을 5년 이상 걸리는 중장기 과제로 선정함으로써 차기 정부의 몫으로 돌려놓았다.

이렇듯 진료보수 지불제도 개편을 둘러싸고 입장에 따라 다양한 의견이 표출되고 있다. 그러면 어떻게 이들 다양한 입장을 아울러서 합리적이고 바람직한 안을 이끌어낼 수 있을까? 이를 위해서는 어떠한 구체적인 개혁방안을 결정하기에 앞서 진료보수 지불제도를 둘러싼 환경을 먼저 살펴볼 필요가 있다. 이는 앞서 살펴본 많은 진료보수 지불제도가 다양한 의료환경 속에서 진화해온 역사적 산물이기 때문이다.

우리나라는 의료공급 측면에서 볼 때 2008년 병상기준으로 공공 공급이 10% 수준이고, 민간 공급이 90% 수준이다.[47] 이렇듯 민간 중심의 공급체계이면서 내부적으로는 주치의제가 확립되지 않은 채 3차 진료기관에 대한 선호도가 높은 실정이다. 이러한 상황이 진료비 지불제도 개선 시 고려되어야 할 것이다. 또한 의료비 재원이 기본적으로 사회보험에 의해 조달되나, 여전히 환자본인부담을 포함한 민간재원의 비중이 높다. 그리고 우리나라에서는 의료공급자에게 건강보험이 당연적용되어 건강보험 지불제도 개편은 양면성을 갖는다. 개편안이 합리적이고 타당성이 있으면 전면적인 적용으로 효과성이 높아질 수 있는 반면, 합리성과 타당성이 낮은 개편안이라면 시장을 크게 왜곡시킬 수 있다.

이와 같은 의료공급자 측 사정과 재원조달에 관한 이해를 기초로 고려가능한 진료보수 지불제도 개혁안은, 첫째 공급자와 보험자 간에 상생할 수 있는 체계를 만드는 것이 되어야 한다. 진료를 통해 비용이 발생할 경우 이에 따른 재무적 위험을 의료공급자와 보험자가 공정하게 분담할 수 있는 시스템을 만들 수 있어야 한다. 둘째, 의료의 질이 일정 수준 이상으로 유지될 수 있어야 한다. 개혁을 통해 재정절감 효과는 거두었지만 국민들이 의료서비스의 질에 대해서 불만이 높아진다면 성공하였다고 평가하기 어려울 것이기 때문이다. 셋째, 의료서비스 양이 적절한 수준으로 공급될 수 있어야 한다. 의료의 질도 유지되고 비용도 절감되나 적절한 양의 의료서비스가 공급되지 못하면 소비자들은 의료접근성에 대해 불만을 가질 것이다. 넷째, 진료보수 지불제도는 일반 국민들이 이해하기 쉬워야 한다. 진료보수의 상당 부분을 보험자인 국민건강보험공단이 지불하지만 나머지 상당 부분은 본인이 부담하기 때문이다. 이상의 네 가지 관점 모두를 고려하여 진료보수 지불제도의 개혁이 접근되어야 할 것이다.

어쨌든 중요한 것은 새로운 진료보수 지불제도는 의료공급자가 과잉진료를 통해 수입을 극대화하려는 동기를 억제하면서 의료서비스의 질이 낮아지지 않도록 하는 것이다. 현재는 수가에 대해서 정부가 엄격히 통제하고 있으나 진료량은 의료공급자의 재량에 맡겨질 수밖에 없어 이를 적절히 통제할 방법을 찾아야 한다. 그런데 지금 질병별로 적정 진료량 개념이 정립되어 있는 것이 아니기 때문에 진료행위가 과잉인지의 여부를 판단하는 것은 어렵다. 이러한 점에서 포괄수가제는 공급량과 가격을 동시에 통제하여 의료비 지출 확대를 억제할 수 있다는 점에서 의미를 갖는다.

또한 진료보수 지불제도의 합리적 개편은 진료과목별 수가수준과 전체 수가수준의 조정을 동반한다. 이는 그동안 행위별수가제가 상대가치 체계와 맞물려 파생시킨 진료과 간 수입의 불균형과 진료행태 왜곡을 개선해야 하기 때문이다. 만약 이러한 상태가 지속된다면 우리의 의료산업이 기형적으로 발전할 뿐만 아니라 일부 진료과에서 진료를 제공할 수 없을 가능성도 배제하기 어렵다.

주요국의 사례를 볼 때 진료보수 지불제도는 단일 제도로 존재하기보다 여러 제도와 혼합되어 그리고 의료공급자의 사정에 대한 고려와 더불어 주요 정책목표 달성에 기여하도록 설계되고 운영되어야 한다. 이는 진료서비스의 공급이 일정 체계 하에서 다양한 층위에 속하는 의료공급자들에 의해 제공되고, 그 과정에서 의료기관 소속 의사들의 이해관계도 중요하기 때문이다.

이러한 점을 고려할 때 의료서비스 공급체계가 장기적으로 주치의제 도입을 기초로 개선될 것이라는 전제 하에 1차 의료공급자는 행위별수가제를 인두제로 전환시키고, 2차 및 3차 의료공급자는 병원에 대해서는 포괄수가제를 적용하고, 병원 소속 의사의 진료행위에 대해서는 행위별수가제를 적용하는 것이 바람직할 것이다. 물론 1차 의료공급자와 병원 소속 의사의 진료행위에 적용되는 행위별수가제도는 현행 방식이 아니라 진료량의 급격한 증가를 억제할 수 있는 장치인 의료량 성과기준(VPS: Volume Performance Standard)이나 지속가능 성장률(SGR: Sustainable Growth Rate) 등의 목표의료비 방식이 도입된 형태가 되어야 할 것이다.

병원에 대한 포괄수가제 적용은 현행 신포괄수가제를 전면도입하되 의사 비용과 병원 진료비용을 분리하는 방식을 고려한다. 건강보험정책심의위원회는 2012년 2월의 논의에서 '포괄수가제 발전방안'을 의결하여 병의원과 종합병원급 이상의 요양기관에 단계적으로 포괄수가제를 시행하기로 결정하였다. 포괄수가 수준 적정화, 7개 질병군 환자분류체계 정비, 급여적성평가 시범도입, 적용 질병군 확대 검토, 객관적

정책평가, 수가 조정체계 규정화 등의 상세 내용은 향후 포괄수가제 발전협의체의 논의를 거쳐 건강보험정책심의위원회에서 확정, 시행될 예정이다. 아쉽게도 이번 발전방안은 의사 비용과 병원 진료비용의 분리방식을 채택하지 않았다.[48]

한편 총액계약제나 총액예산제는 국민의료비 증가율이 일정 수준 범위 내로 안정되고 건강보험의 보장수준이 현재보다 크게 개선된 수준(80% 내외)에 도달했을 때 시행을 검토하는 것이 적절할 것이다.

효과적인 진료보수 지불제도 확립을 위한 과제

진료보수 지불제도는 그 자체의 개편만으로는 전체 의료비 억제라는 목표를 달성하기 어렵다. 이상적인 진료보수 지불제도가 도입된다 하더라도 그 주변 여건이 마련되어 있지 않으면 실패할 수 있다. 따라서 진료보수 지불제도는 다음과 같은 제도 개선과 함께 추진되는 것이 요망된다. 의료공급체계의 정비, 정보공개 체계와 비급여 수가 통제체제의 확립 등이 그것이다.

먼저 우리나라는 앞서 지적하였듯이 의료공급의 90%가 민간에 의해 이루어지고 있는데, 의원급과 병원급 간 역할 분담이 모호하다. 따라서 주치의 제도를 도입하고 의료공급자 간의 역할 분담을 명확히 해야 한다.

다음으로 진료보수 지불제도를 개편하더라도 그것이 지속적으로 그리고 제대로 운영되기 위해서는 관련 당사자들 간에 적정한 수준의 진료가격 탐색 장치가 필요하다. 이를 위해서는 무엇보다 정확한 정보의 집적과 공개가 필요하며, 이를 기초로 합리적으로 협상할 수 있는 메커니즘을 만들어내는 것이 중요하다.

마지막으로 보수 지불제도 개편은 주로 건강보험급여비용 통제를 1차적인 목적으로 하고 있는데 지금처럼 급여의 보장수준이 높지 않고 비급여 수가에 대한 통제장치가 없는 상황에서는 의료 왜곡의 문제가 고스란히 남게 된다. 따라서 비급여 수가를 적절한 수준에서 통제할 수 있는 장치가 필요하다. 이를 위해서는 민영건강보험자인 보험회사가 의료공급자들과 비급여 수가를 협상을 통해 계약할 수 있도록 관련 제도를 개선하는 것이 한 가지 방안으로 고려될 수 있을 것이다.

제 7 장

민영건강보험,
소비자 관점에서 바라본다

민영건강보험이란?

민영건강보험이란 '민영'이라는 용어가 의미하듯이 정부기관이 아닌 기업, 즉 보험회사 등에서 판매하는 보험상품을 말한다. '민영' 대신 '민간'이라는 용어를 사용하기도 한다. 일부에서는 '민영의료보험'이라는 용어를 사용하는데 이 용어는 통상 민영보험회사에서 판매하는 질병보험만을 의미한다. 따라서 민영의료보험이란 용어는 엄밀히 말하면 민영보험회사에서 판매하는 다른 건강 관련 상품, 예를 들면 소득보상보험, 상해보험 및 간병보험은 배제된다는 문제가 있다고 볼 수 있다.

보험회사에서 판매하는 건강보험 상품은 크게 질병보험, 상해보험, 간병보험, 그리고 소득보상보험으로 구분할 수 있다. 질병보험은 민영건강보험의 가장 대표적인 형태로 1970년대 후반부터 판매된 '부인병보험'과 '성인병보험'이 효시다. 그러나 1970년대 질병보험은 크게 판매되지 못했으나, 1980년대부터 판매되기 시작한 '암보험'을 계기로 질병보험은 성장하게 되었다. 현재 질병보험은 대표적으로 암보험, 특정질병보험, CI보험 등이 있다.

암보험은 우리나라 사망원인 1위를 차지하는 암이라는 단일질병을 보장하는 보험으로 보장급부로 암진단자금, 입원비, 수술비, 요양비 및 통원치료비 등이 있다. 암보험의 보험기간은 60세, 70세, 80세 만기를 선택할 수 있는 경우가 많으며, 보험료는 납입기간 동안 평준보험료(level premium)를 납부하는 것이 일반적이지만 일부 보험은 연령이 높아질수록 보험료도 증가하는 형태도 있다. 또한 역선택을 방지하기 위하여 통상 90일의 대기기간(waiting period)을 두고 있다.

특정질병보험은 암 외에 우리 국민의 주요 질병인 뇌졸중, 심근경색 등 특정질환을 집중적으로 보장하는 보험이다. 특정질환이란 한국표준질병사인분류에서 정한 대표적인 질병으로, 3대 질병에는 암·뇌혈관질환·허혈성질환이 있고 7대 질병에는 심장질환·뇌혈관질환·간질환·고혈압·당뇨병·만성 호흡기질환, 위궤양 및 십이지장궤양 등이 있다. 특정질병보험은 남성·여성·어린이 등에 한정한 상품으로 다양하게 개발되었으나, 급부내용은 대부분 암 및 특정질환으로 인한 진단급부, 수술 및 입원비를 정액으로 보장하고 있다. 이 보험들은 주계약 외에 진단확정 시 지급하는 진단생활비 특약, 장기간호 특약, 질병 또는 재해로 인한 입원 특약, 사망보장 등 다양한 특약상품을 추가로 선택할 수 있다.

치명적 질병(CI: Critical Illiness)보험은 2002년 하반기부터 판매되기 시작한 보험으로서 중대한 암, 뇌졸중, 심근경색 등의 질병으로 고액의 치료비가 요구되는 질병에 대해 발병 시 보장금액의 일부(50~100%) 또는 일정 금액을 생전에 지급하고 나머지 금액을 사망 시 지급한다. CI보험은 남아공의 생명보험회사 소속 의사가 평소 종신보험에 가입한 계약자가 막상 암과 같은 큰 병에 걸렸을 때 상당한 금액의 보험료를 적립해놓았음에도 불구하고 치료비로 사용하지 못하고 죽음을 맞이하는 경우를 자주 접하고 나서 고안한 보험이다.

상해보험은 질병보험과 달리 일상생활, 여가생활 중에 우연히 발생한 사고로 인해 상해를 입거나 장애상태가 된 경우 일정 금액의 보험금을 지급하는 보험이다. 상해보험은 전통적으로 손해보험회사에서 실손보상의 형태로 공급되어 왔다.

간병보험은 장기간병보험으로 불리기도 하는데, 가입자가 보험기간 중 질병이나 재해 등으로 타인의 도움이 필요한 장기간병 상황에 처했을 때 간병인 비용 등 관련 급부를 제공하는 보험이다. 현재 생명보험회사에서는 일부 주보험으로 장기간병 상품을 판매하고 있지만, 대부분 암보험, 질병보험 또는 종신보험에서 특약으로 판매하고 있다. 인구 고령화로 인해 치매 등 노인성 질환이 급증하고 핵가족화로 인해 노환 수발이 가족에 의해 이루어지지 않으므로 간병보험 수요는 크게 증가할 것으로 예상된다.

소득보상보험이란 질병이나 상해로 인해 취업불능 상태로 판정되었을 경우 상실소득의 일정 금액을 보장해주는 보험이다. 다른 선진국과 달리 우리나라의 건강보험에서는 상병급여제도가 없으며, 국민연금이나 산재보험에서 상병으로 인한 소득상실 일부를 보전하고 있으나, 보장수준이 불충분하여 가계의 생계뿐만 아니라 사회안정을 위협하고 있는 실정이다. 따라서 이를 보충하기 위한 수단으로 소득보상보험이 필요하나 아직까지 우리나라에서는 소비자의 인식 부족 등으로 판매가 본격화되지는 못한 상황이다.

민영건강보험 가입 현황

현재 민영건강보험의 실제 규모는 정확하게 파악되지 않고 있는데, 여기에는 세 가지 이유가 있다. 첫째, 현실적으로 많은 질병상해보장이 주계약이 아닌 특약의 형태로 판매되고 있어 주계약 보험료에서 어느 정도가 건강보험 관련인지를 파악하기가 매우 어렵기 때문이다.

둘째, 보험회사에서 판매되는 많은 건강보험 상품의 보험료에는 저축보험료가 포함되어 있는데 이 부분은 민영건강보험 보험료 규모를 추계할 때 제외되어야 하지만 대부분 이를 간과한다. 예를 들면 민영건강보험을 비판하는 측에서는 국민건강보험의 1인당 월 평균 보험료가 3만 3000원인 데 비해 민영건강보험 보험료는 1인당 12만 원이나 된다고 주장한다. 하지만 이 통계는 민영건강보험료에 포함된 저축보험료를 무시한 숫자라서 비교의 의미가 없다.

셋째, 보험회사에서 건강보험 통계정보를 별도로 공시하고 있지 않다. 질병·상해보험은 보험업법에서 제3보험으로 별도 분류되고 있음에도 불구하고, 이와 관련된 통계가 별도로 공시되지 않고 있다. 보험상품은 통상 담보하는 위험 종류별로 이루어지므로 손해보험의 경우 자동차보험, 화재보험, 특종보험 등으로 구분된다. 생명보험은 기본적으로 피보험자의 사망에 따른 유가족의 소득상실을 보전하는 보험이므로 담보위험을 기준으로 분류한다면 동일한 보험이다. 따라서 생명보험은 보장방법 등 계약내용에 따라 생존보험, 사망보험, 생사혼합형 등으로 구분된다. 그런데 손해보험에서는 보험회사의 재무정보에서 담보위험이 아닌 상품구조에 따른 분류인 장기손해보험을 별개의 보험처럼 보험종목에 추가하고 있다.

<표 7-1> 민영건강보험의 위험보험료 추이

(단위: 억 원, %)

회계 연도	정액형		실손형		계	
	위험보험료	증가율	위험보험료	증가율	위험보험료	증가율
2003	26,694	–	3,596	–	30,290	–
2004	31,062	16.4	3,833	6.6	34,895	15.2
2005	45,209	45.5	5,232	36.5	50,441	44.6
2006	50,768	12.3	6,799	30.0	57,567	14.1
2007	56,096	10.5	9,232	35.8	65,328	13.5
2008	61,880	10.3	12,974	40.5	74,854	14.6
2009	68,156	10.1	18,296	41.0	86,452	15.5

주: 생명보험의 실손형 위험보험료 실적은 다년간의 보험료를 한 번에 납입하는 일시납이 있어서 해당 연도의
실적을 파악하기가 곤란함. 따라서 수지상등의 원리에 따라 지급보험금을 합산하여 계산함
자료: 조용운(2010)

　　제3보험인 질병·상해보험이 손해보험에서는 대부분 장기손해보험으로 분류되어 있고, 생명보험에서는 별도의 구분 없이 여러 보험종목에 분산되어 포함되어 있다. 날로 커지는 민영건강보험의 역할과 비중을 고려할 때 보험업계 스스로 이를 재정비해야 할 필요가 있다. 나아가 보험회사의 공시정보는 금융감독원에서 공시하는 금융통계정보시스템의 구조를 따르므로 보험회사뿐 아니라 금융감독원도 이 같은 문제의 개선을 위해 노력하는 것이 요망된다.

　　이러한 한계에도 불구하고 현재로서는 판매된 보험상품 실적의 전수자료를 기초로 민영건강보험 규모를 추정하는 것이 가장 정확하다고 할 수 있다. 보험개발원의 자료를 근거로 추계된 조용운(2010)에 의하면 2009년의 민영건강보험의 총보험료 수입은 정액형과 실손형을 합친 위험보험료(사업비 제외)가 8조 6452억 원이었다(표 7-1). 정액형이 6조 8156억 원, 실손형이 1조 8296억 원으로 전년 대비 41.0% 증가하였다.

한편 강성욱 외(2011)는 민영건강보험의 규모를 33조 원으로 추정하고 있다.[1] 이는 패널에 속한 개인과의 인터뷰를 근거로 당사자의 건강보험 지출보험료를 찾아내고, 이를 근거로 국가 전체의 민영건강보험 규모를 추계하는 방식을 사용하고 있다. 하지만 이 방법은 시장규모를 엄밀하게 추정했다고 하기에는 자료의 객관성과 방법론에 한계가 있다. 하지만 패널 가구에 대한 인터뷰를 통한 이러한 작업이 보험회사 자료를 직접 추출하는 방식을 보완하는 의미는 있을 것이다. 향후 민영건강보험의 규모는 인구의 고령화 등으로 그 규모가 점진적으로 확대될 것으로 전망되지만, 국민건강보험의 보장범위 확대로 인해 질병보험의 경우에는 축소될 가능성이 크다.

한편 한국의료패널자료에 의하면 민영건강보험은 국민건강보험을 보충하는 역할을 하고 있는데, 2009년 기준 조사대상 가구의 78%가 가입하고 있고 가구당의 보험상품은 평균 3.62개 이다(표 7-2). 이 자료를 근거로 우리나라 가구가 초과보험 상태가 아닌가 하는 추측이 나올

〈표 7-2〉 민영건강보험 가입 일반현황

구분	2008년	2009년
가입 미가입	77.0% 23.0%	77.8% 22.2%
가구당 평균 가입개수	3.48개	3.62개
조사대상 총 가구수	7,006가구 / 21,787명	6,300가구 / 19,641명
총 가구당 월평균 보험료*	128,730원 / 206,908원	132,192원 / 213,626원
가입 가구당 월평균 보험료*	175,294원 / 271,969원	176,555원 / 276,638원

주: 보험료 납부기간이 완료되었으나 민영건강보험의 보장을 받는 보험, 종신/연금보험에서 특약 형태로 의료보장을 받는 경우는 포함하고, 보험료 납입 연체로 실효된 경우는 제외
  * 월평균 보험료의 앞에 제시된 액수는 종신·연금 제외, 뒤에 제시된 액수는 종신·연금 포함 금액임
자료: 정영호(2011)

수 있는데 이는 성급한 판단이다. 민영건강보험의 종류가 광범위하고 저축성 성격을 포함하는 등 특성도 다양하여 3,62개의 민영건강보험은 어린이상해보험, 여성암보험, 정액보험, 간병보험, 암보험 등 부보대상이 다를 수 있고, 특정한 위험만을 담보할 수도 있으며 보장범위에 따라 다르기 때문이다.

민영건강보험의 문제점을 말한다

민영건강보험에 대해서 많은 비판이 있지만 크게 세 가지를 들 수 있다. 하나는 정책적 이슈로 국민건강보험공단이나 건강보험 '사회보험주의자'들이 주장하는 것으로 민영건강보험에 가입하고 싶다고 해서 제한 없이 가입할 수 있는 것이 아니라는 '접근성 문제'이다. 두 번째는 소비자가 제기하는 문제로 민영건강보험 가입 당시 정확하게 그 상품의 내용을 알지 못하고 타 상품과 비교하기도 어려우며 나아가 사고 발생 후 보상 시점에서 거절하는 등 보상에 대한 민원이 많다는 것이다. 즉 정보의 비대칭 문제이다. 마지막으로 정책적 이슈이기도 하고 소비자 이슈이기도 한 세 번째 문제는 사업비가 높다 보니 보험가입자에게 돌려주는 보험금(보험금지급률)이 적다는 것이다.

접근성 문제를 어떻게 해결할 것인가

건강보험은 정부에서 사회보험으로 운영하는 것이 옳다고 주장하는 이들인 건강보험 사회보험주의자의 관점에서 본 민영건강보험의 치명적인 문제는 접근성이다.[2] 민영보험의 기본원칙은 '좋은 리스크'는 인수하고 '나쁜 리스크'는 거부하는 것이므로, 건강한 사람은 보험료가 싸지만 노인이나 건강하지 못한 사람은 보험료가 비싸다. 문제는 민영건강보험이 국민건강복지의 한 축이 되기 위해서는 이 민영보험 원칙과 함께 사회보험 원칙인 모든 시민이 가입할 수 있다는 원칙이 동시에 고려되어야 한다. 리스크를 차별하는 민영보험의 원칙을 건강보험에 적용하다 보니 리스크가 높은 계층으로 분류되는 노령층이나 기왕증이 있는 사람들은 민영건강보험에 가입하기 어렵거나 가입할 경우 보험료가 너무 비싸다. 건강리스크가 높은 사람은 건강보험이 더욱 절실한데 이들을 외면하면서 민영보험이 건강보험의 한 축이라고 주장하는 것은 자기기만이 아닐까.

접근성 문제는 민영건강보험의 원칙인 공평한 차별에 대한 도전이자 근본적인 문제제기이다. 공평한 차별(fair discrimination)은 고위험자에게는 높은 보험료를 부과하고, 저위험자에게는 낮은 보험료를 부과하는 민영보험의 핵심이며 근본이다. 공평한 차별 원칙을 적용하면 젊은 사람은 매우 적은 보험료를 내겠지만, 노인이나 기왕증이 있는 사람은 보험에 가입하기가 어려울 수 있다. 이 접근성 문제를 예로 들면서 사회보험주의자들은 민영보험으로는 너무 부작용이 많기 때문에 건강보험은 사회보험으로 운영하는 것이 옳다고 주장한다. 특히 이익을 보고 영업하는 보험회사는 고위험군을 회피하거나 거절하여 소위 돈이 되는 저위험군과 중산층 이상만을 대상으로 하고 있다고 비판한다. 이 비판은 합당한가, 아니면 억지인가?

이 비판은 동전의 양면처럼 맞기도 하고 틀리기도 하다. 전 국민의 건강복지 차원에서 이 접근성 비판은 타당하다. 하지만 민영보험회사에게 공평한 차별을 해서는 안 된다고 주장하는 것은 억지다. 민영건강보험은 당연히 고위험자를 차별해야 생존하며 그렇지 않을 경우 파산의 위험에 직면할 수밖에 없다. 이 딜레마를 극복하기 위해서는 민영건강보험의 자리매김이 중요하다. 즉 보험업계는 민영건강보험이 사회보험인 건강보험을 보충하여 국민복지의 한 축이 되고자 하는 것인지, 아니면 특정 소비자의 욕구만을 충족하는 민영보험 상품의 하나로 남을 것인지에 대한 위치 설정이 필요하다. 즉 보험회사가 민영건강보험에 일정 수준의 공공성을 도입할 것인지, 현재처럼 고위험자를 차별하여 공공성 측면을 간과할지에 대한 입장 정리가 필요하다.

현재 보험업계의 입장은 모호한 듯하다. 이는 과거의 관성을 벗어날 수 없기 때문일 수도 있고 이익극대화를 위한 전략적 선택일 수 있다. 보험업계는 민영건강보험이 건강보험을 보충하는 상품으로 공적 기능이 크다고 강조하면서, 다른 한편으로는 정부의 상품 규제가 많아 민영보험으로서의 창의성과 차별화를 이룰 수 없다고 항변한다. 즉 보험회사들은 민영건강보험의 공적 기능을 강조하면서 민영건강보험에 대한 세제 혜택이 필요하다고 주장하지만, 다른 한편으로는 사적 보험계약을 강조하면서 정부의 과도한 상품 규제가 철폐되어야 한다고 지적한다.

민영건강보험이 건강보험을 보충하여 국민복지의 한 축이 되어야 한다는 주장은 민영건강보험이 확대되어야 한다는 논리로 이어질 수 있다. 하지만 2000년대 후반부터 국민건강보험의 보장성 확대와 건강보험 사회보험주의자의 민영건강보험에 대한 비판이 강해지면서 소비자들 중에서도 민영건강보험보다 국민건강보험 보험료를 더 내고 급여를 확대하는 것이 더 효과적일 것이라고 생각하는 이들이 늘기 시작했다. 이 시점에서 보험업계는 현 민영건강보험의 기능에 대해 보다 분명하게 견해를 정리할 필요가 있다. 보험업계가 민영건강보험의 위치 선정을 제대로 하지 못하고 우왕좌왕할 때 정부와 국회에서 민영건강보험의 역할과 기능을 축소하여 재설정할 가능성도 없지 않다.

필자는 한정된 소비자를 대상으로 민원을 야기하는 '덜 규제받는 현상태'보다 좀 더 엄격한 규제를 받지만 국민 전체를 대상으로 한 건강보험으로 자리매김되는 것이 장기적으로 보험업계에 유리하다고 판단한다. 여기서 엄격한 규제는 네덜란드, 프랑스 그리고 미국의 메디갭(Medigap) 상품에 적용되는 규제수준을 염두에 둔 것이다. 현 민영건강보험의 패러다임은 크게 바뀌어야 한다.

즉 국민민영건강보험(대다수의 국민이 가입하는 기본적인 민영건강보험 상품)에 대해서는 모든 소비자가 가입할 수 있도록 하고, 고위험자에 대해서는 특정한 풀(pool)을 보험업계가 공동으로 인수하고 보험업계와 정부가 같이 관리하면 어떨까. '국민민영건강보험'이란 대부분의 국민이 필요하다고 인식하는 상품으로, 자동차보험에서 의무가입해야 하는 대인배상책임보험과 유사한 개념이다. 하지만 국민민영건강보험 외 건강보험 상품은 다른 사보험과 마찬가지로 공평한 차별을 자유롭게 할 수 있도록 하는 것이 바람직하다. 이 접근성 문제를 해결하기 위해서는 미국의 메디갭, 독일이나 프랑스에서 시행하는 빈곤층에의 정부 보조금 지급을 통한 보험가입 지원 등의 방식도 함께 생각할 수 있을 것이다.

현재 우리나라 건강보험은 공보험자에서는 국민건강보험공단이 단일보험자이고 사보험자에는 다수의 보험회사가 있다. 건강보험의 특성상 사회보험 형태가 바람직하고, 지금의 우리나라처럼 단일보험자 형태(통합주의)가 다수의 보험자 형태(조합주의)보다 유리한 점도 많다. 다만 민영건강보험의 역할이 축소되고 사회보험인 국민건강보험이 건강보험을 독점할 경우 개인의 자율적 선택권이 배제되고, 국가재정 지원 규모가 한층 커지고, 보험료가 '세금화'할 우려가 있다는 점도 기억해야 할 것이다.

정부가 국민건강보험공단의 독점적 운영을 국민을 대리하여 감독하겠지만, 팔은 안으로 굽는다고 규제하는 정부는 종종 국민보다 국민건강보험공단이나 의약계의 이해관계를 우선시하는 경우가 많다는 의구심도 있다. 따라서 필자는 완전 독점적인 사회보험 구조보다 민영건강보험이 일정 부분의 역할을 하는 것이 소비자 만족에 더 기여할 것이라고 본다.

비교할 수 없는 민영건강보험, 어떻게 해결할까

앞에서 논의한 접근성 문제는 정책적 이슈로 보험소비자가 직면한 현실 문제는 아닐 수 있다. 보험소비자에게 가장 큰 문제는 가입하는 상품을 잘 모른 상태에서 민영건강보험에 가입하는 '정보의 비대칭' 문제이다.[3] 사실 우리나라 건강보험 상품은 미국이나 유럽에 비해 매우 복잡하다. 주계약에 특약이 몇 개씩이나 추가되어, 내가 가입한 보험이 어떤 위험을 보장하는지 잘 알지 못한다.

우리의 민영건강보험은 가계의 78%가 가입하고 있는 보편적인 상품이지만 가입자의 만족도는 낮은 편이다. 특히 가입자가 인식하는 보장범위와 실제 보장범위의 차이, 즉 '보장범위의 인식 차이'에 의한 문제가 매우 심각하여 사고 발생 후 민원이 많이 발생한다.[4] 특히 민영건강보험 상품은 과도한 광고와 좁은 보장범위 등의 정보 비대칭 문제 외에 높은 사업비 문제로 많은 비판을 받고 있다. 이러한 문제는 보험회사들이 제공하는 보험서비스의 질이나 효과보다는 좋은 상품으로 포장시키는 '마케팅'과 공격적인 영업에 더 관심을 보인 결과이다. 일반적으로 암보험이라고 했을 때 모든 '암'에 대한 진단비, 치료비 및 수술비를 다 보장하는 것이 아니다. 통상 보험설계사가 보험 판매 시 설명을 하긴 하지만 보험가입자가 이해하기 어려울 뿐만 아니라 어떤 경우에는 그 설명이 형식적이라 중요한 정보가 전달되지 않을 때도 많다. 그러다 보니 보장범위가 협소하다는 것을 알게 된 상당수 가입자들이 해약하기도 한다.

그렇다면 소비자는 왜 보험에 가입하고 왜 해약하는 것일까? 민영건강보험에 가입하는 이유는 예상대로 '가계의 경제적 위험을 회피하기 위해서'가 가장 큰 이유로 나타났다. 가입자 중 7%는 보험설계사의 권유에 의해서 가입했다고 한다(부표 7-1).

민영건강보험에 가입한 후 해약하는 이유는 무엇일까? 가장 중요한 세 가지 이유는 경제적으로 부담이 되어서(37%), 보상범위가 협소해서(29%), 그리고 수령한 보험금에 대한 불만(19%)으로 나타났다(부표 7-2). 위의 세 가지 이유를 요약하면 보험가입자는 지출한 보험료에 비해 혜택이 적다고 생각해서 해약하는 것이다. '보험에서의 해약은 기본적으로 보험가입자에게 손해'라는 사실을 상기하면 건강보험은 분명히 '완전판매'되지 못하고 있다. 소비자는 가입상품의 보장내용을 이해하고 가입하기보다는 가입범위나 보장내용에 대해 잘 모른 채 가입하고 있다.

민영보험 상품의 해약 문제는 건강보험만의 문제는 아니지만, 건강 복지와 직접 관련이 있는 민영건강보험의 해약은 심각한 문제이다. 민영건강보험의 해약 문제는 보험업계가 소비자에게 적절하게 보험상품을 설명하고 있는지를 나타내는 지표인데, 지금의 해약빈도를 보면 우리 보험업계의 가야 할 길이 상당히 멀다는 것을 알 수 있다.

민영건강보험의 또 다른 정보 비대칭 문제는 보험가입자가 건강보험 상품을 비교하기 어렵다는 것이다. 사과와 오렌지를 비교하는 것처럼 같은 암보험이라고 하더라도 각기 보장하는 범위를 비교하기 어렵기 때문에 현명한 선택을 할 수 없다. 이렇게 동일한 종류의 상품도 비교하기 어렵기 때문에 민영건강보험 시장에는 '유효경쟁'이 존재하기 어렵다. 대부분의 보험회사는 암보험을 판매하고 있지만 각기 조금씩 다른 보험범위와 보장금액 때문에 어떤 상품이 더 싼지, 아니면 동일한 보험료로 어떤 상품의 보장범위가 더 넓은지 알 수가 없다. 보험협회의 보험상품 비교 사이트를 이용해보아도 크게 달라지는 것은 없다.

민영건강보험 상품의 비교가능성을 제고하기 위해서는 '상품의 표준화'가 가장 바람직한 대안이다. 민영보험회사를 가장 적극적으로 활용하는 네덜란드는 민영건강보험을 사회보험의 틀에서 운영하기 때문에 우리나라와는 제도적 차이가 있지만 민영건강보험 '표준화'에 관한 한 좋은 벤치마킹 사례이다. 정부가 건강보험 상품의 표준적인(기본적인) 보장범위를 지정함으로써 정보 비대칭 문제를 완화할 수 있다는 것을 보여주고 있다.

정부에서도 정보 비대칭 문제를 해결하기 위해 2009년에 실손보험의 상품 표준화를 시도하였다. 이때의 표준화를 통해 생명보험회사와 손해보험회사의 실손의료보험의 차이가 해소되었고, 보장 급부가 상당히 표준화되었다. 이러한 제도개선의 방향을 모든 민영건강보험으로 확대한다면 정보 비대칭 문제가 상당 부분 해결될 수 있을 것이라고 기대한다.

보험가격에 대해서도 공시를 통해 어느 정도의 정보를 공개하고 있지만 아직 부족하다. 민영건강보험 같은 보장성보험에서는 소비자가 회사별 보험료 수준을 비교할 수 있도록 보험료 지수 및 보장위험별 연간보험료를 공시하도록 하였다(2010. 10). 보험료 지수란 (영업보험료 현가총액/표준순보험료)로 정의되며 해당 상품의 보험료가 표준순보험료 대비 높거나 낮은 수준을 나타낸다. 보장위험별 연간보험료는 (보장위험별 납입보험료 현가총액/보험금현가총액)×(기존보험금)으로 정의되며 암진단, 사망 등 1년 동안 위험을 보장받는 데 필요한 영업보험료를 의미한다. 그러나 지금까지도 대부분의 상품은 보장범위가 표준화되어 있지 않고, 회사별 상품의 실질적인 모집수수료나 보험료를 비교할 수 없어 실효성이 낮다.

소비자가 원하는 표준화 수준은 어느 정도일까? 아마 자동차보험 정도의 표준화를 기대할 것이다. 자동차보험은 보험료 비교가 아주 용이한데 이는 표준화 덕분이다. 이 정도의 표준화를 위해서는 정부가 '민영건강보험법'을 도입해서 민영건강보험에 대한 전면적인 검토와 표준화 작업에 나서야 할 것이다. 상품 표준화와 동시에 고위험자에 대한 풀(pool) 구성, 저소득자를 위한 보험료 지원제도도 필요한데 보험규제 당국 외에 범정부 차원의 제도 개선이 요망된다.

민영건강보험의 보험금지급률, 규제해야 하나?

민영건강보험에 대한 세 번째 비판은 보험회사의 운영과 관련된 것으로 민영건강보험의 높은 사업비와 낮은 보험금지급률(손해율)이다. 두 사안은 연결되어 있기도 하고 독립적이기도 하다. 보험회사 사업비가 독점적으로 운영되는 국민건강보험보다 높은 것은 너무 당연하다. 어느 나라에서도 시장에서 경쟁하는 민영보험회사가 거의 독점적으로 운영되는 사회보험기관보다 사업비가 낮을 수 없기 때문이다. 민영보험회사는 특정 소비자층에 소구하기 위해서 또 타 보험회사와 경쟁하기 위해서 마케팅과 영업비용, 상품 개발비용이 많이 소요될 수밖에 없다. 문제는 이런 차이를 인정하더라도 민영건강보험의 사업비가 너무 높아 실제로 보험가입자에게 돌려주는 보험금이 너무 낮다면 보험의 본래 기능이 제대로 발휘되지 못하는 것이다. 소비자는 '내가 병에 걸려도 받을 수 있는 보험금이 정말 보잘것없겠구나. 내가 잘못된 보험상품에 가입한 것은 아닐까' 하는 의구심이 들 것이다.

그렇다면 소비자 입장에서 민영건강보험의 사업비는 어느 정도가 적정할까? 이 질문에 대한 정답은 없지만 소비자들은 민영건강보험이 국민건강보험을 보충하는 건강복지의 한 축이므로 사업비에 대한 적절한 제한이 필요하다고 생각할 것이다. 물론 민영건강보험이 국민의 건강복지를 담당하는 한 축이기보다는 특정 소비자만을 대상으로 리스크를 인수하는 사적 보험상품이라고 한다면 이야기는 달라진다. 사업비 규제가 필요한 이유는 사업비를 어느 정도로 제한해야 보험소비자에게 돌아가는 보험금 비중이 높아지기 때문이다.

민영건강보험이 국민의 건강복지를 구성하는 축이 되는 경우에는 사업비와 보험금지급률에 대한 상식 차원의 규제가 있어야 할 것이다. 시장경제라고 해서 사업비나 보험료 관련 규제가 있을 수 없다고 생각하지 않는다. 현재 우리나라는 물론이고 다수의 국가에서 모든 국민의 필수품이 된 자동차보험에 대해 사실상 가격통제를 통해 사업비를 간접적으로 규제하고 있다. 과거 미국 매사추세츠 주에서는 자동차보험 대인배상보험의 경우 자동차보험회사의 '공정한 이윤' 제도를 도입한 바 있고 지금도 관리경쟁제도를 자동차보험에 도입하고 있다.

민영보험 상품에 대한 사업비나 보험금지급률에 대한 규제는 매우 엄격한 규제로서 민영보험산업의 근간을 해칠 수 있다는 주장도 일리가 있다. 민영보험산업의 핵심이 낮은 손해율을 통해 이익을 얻는 것인데 이에 대해 최소한의 손해율을 규정한다는 것은 민영보험회사의 언더라이팅, 상품개발 및 손해사정의 효율성 기조를 파괴하는 것이 되기 때문이다.

그러나 민영건강보험이 다수의 국민을 위한 건강복지 상품이 되기 위해서는 적절한 사업비 규제가 있어야 할 것이다. 이 경우 민영건강보험 상품을 국민 다수를 대상으로 하는 '국민민영건강보험'과 자유롭게 선택할 수 있는 기타 민영건강보험으로 구분하여 전자에 대해서는 엄격한 규제를, 후자에 대해서는 현재처럼 시장규율에 맡기는 방식이 적절할 것이다.

보험회사 입장에서 보면 민영건강보험으로 들어오는 순수한 위험보험료(사업비 제외)에 비해 지급보험금이 더 많아 적자가 나는데 사업비 규제는 과하다고 항변할 수 있다. 사실 2005년부터 2008년까지 4년간의 자료를 보면 실손형의료보험의 위험보험료 대비 지급보험금 지출 비율은 평균 116%이며, 정액형보험의 경우는 95%이다. 즉 위험보험료

기준으로 보면 민영건강보험은 사실상 적자상품이다. 하지만 이 통계치는 사업비를 제외했다는 문제가 있다. 실제로 소비자는 위험보험료 대비 지급보험금 비율을 고려하기보다 본인이 낸 보험료 대비 지급보험금 비율 같은 간편한 잣대로 해당 건강보험 상품의 '질'을 판별한다.

　민영보험의 사업비와 보험금지급률 규제는 복잡하고 민감하다. 따라서 우리 민영보험 상품의 사업비를 OECD 주요국 민영보험회사의 그것과 비교분석하고, 지금의 사업비가 얼마나 효율적으로 집행되고 있는지 등을 면밀히 조사하는 작업이 선행되어야 한다. 구체적인 근거 없이 기준을 말하기는 어렵지만 직관적으로, 모든 국민이 가입할 수 있는 '국민민영건강보험'은 실제 사업비가 전체 보험료의 15% 이하이거나 보험금지급률(사업비를 포함하여 계산한 손해율)이 80% 이상이어야 소비자가 수긍할 것이다. 하지만 모든 민영건강보험 상품에의 사업비 규제는 시장경제 원칙에 반하며 자칫 시장을 황폐화시킬 수 있어 '국민민영건강보험' 등에 제한적으로 적용하고 민영보험회사가 스스로 새로운 규제환경에 따라서 신시장 개척 등을 준비할 수 있도록 점진적으로 도입하는 것이 필요할 것이다.

건강보험과 민영건강보험의 조화가 필요하다

　민영건강보험은 이익을 추구하는 보험회사가 운영하기 때문에 무조건 축소되어야 한다고 극단적인 시각도 있다. 민영건강보험에 대한 비판적 인식의 근저에는 국민적 연대를 중요시하는 사회보험주의자의 철학 위에 민영건강보험이 건강보험의 적자를 가중시킨다는 현실적인 비판의식도 자리 잡고 있는 듯하다. 하지만 학자들의 연구결과를 보면 민영건강보험이 건강보험 적자의 원인이라는 지적은 여전히 논쟁 중이다.[5]

그리고 그간의 이론과 실증분석이 제시했듯 정부가 독점적으로 서비스를 공급하는 방법과 민간이 시장에서 경쟁을 통해 공급하는 방법은 장단점이 있다. 공공기관(국민건강보험공단)의 독점방식은 비효율, 재정지원 및 환자 불만족 등의 문제를 야기하며 시장에서의 민간기업(보험회사) 간 경쟁을 통한 방식은 정보의 비대칭과 접근성 문제를 발생시킨다. 따라서 국가와 시장은 서로 경쟁하고 보완하면서 국민에게 상품과 서비스를 공급할 수 있다.

국민에 대한 건강복지는 현대 국가가 모든 국민에게 제공해야 할 핵심적인 서비스라는 관점에서 건강보험은 민영보험회사보다 공공기관이 주도하는 것이 바람직하다. 그렇다고 민영보험회사의 역할이 필요 없다는 것은 아니다.

미국을 제외한 OECD 주요국에서는 민영보험회사가 건강보험에서 일정한 역할을 수행하고 있다. 민영보험회사는 유효한 경쟁을 통해 보다 좋은 의료서비스를 제공하고 있으며, 공적건강보험에 만족하지 못하는 소비자의 수요를 충족시키고 있다. 대표적인 예인 네덜란드는 민영보험회사의 참여를 통해 공적건강보험 시장에 '관리경쟁' 개념을 도입하여 의료비 지출의 증가 억제에 나서고 있다.

우리는 국민건강보험을 민영건강보험이 보충하는 형태로 운영되고 있는데 국민건강보험과 민영건강보험이 갈등관계에 있다. 민영건강보험의 증가가 국민건강보험 적자의 원인이며, 보험회사의 이익극대화 행위가 국민건강복지의 적이라고 비판하는 건강보험 사회보험주의자가 상당수 있다.

사회적 연대를 통해 소득재분배를 중시하는 사회보험주의자들은 민영건강보험이 소득재분배와 사회복지에 사용되어야 할 개인의 잉여자금을 가로채고 있다는 비판적 인식을 갖고 있다. 이에 대해 민영보험의 역할을 주장하는 시장론자들은 사회보험주의자들이 소득재분배와 형평성을 지나치게 강조하여 건강보험 재정 지출규모를 늘려 국가재정에 부담을 주고 보험회사 등 민간기업의 창의적 활동을 위축시킬 것이라고 경고한다.

사회경제가 발전해가면서 두 진영의 철학적 또는 가치적 차이가 두드러지고 이들이 충돌하는 것은 어느 정도 이해할 수 있다. 문제는 역사적 경과 속에 지금의 법제가 있고 이를 바꿔나가는 데는 상당한 시간과 비용이 소요된다는 점이다. 따라서 이해관계자 대표가 머리를 맞대고 법제 개정의 필요성 여부를 예의 검토하여 해법을 찾고, 이를 이해관계자 다수가 받아들여 새로운 길로 단계적으로 이행해갈 수 있어야 한다. 이렇게 되기 위해서는 구호를 앞세운 운동 차원의 접근이 아닌 대화의 장 마련과 대타협 시도 등 공생과 윈-윈의 자세가 필요하다. 결국 국민 다수가 공감하는 새로운 길을 찾아 나가기로 할 경우, 법제 변경으로 피해를 보는 집단을 설득하고 보상 등의 조치로 끌어안으면서 집단 스스로가 기존 패러다임을 바꿔나가야 한다.

일부에서는 국민건강보험의 보험료를 대폭 인상하여 60% 정도인 국민건강보험의 보장률을 90%로 대폭 강화하자고 주장한다. 이 주장은 매우 매력적이며 운동 구호로서 폭발력이 있을지 모르지만 장기적인 재정 문제를 생각하면 전문가의 동의를 얻기는 힘들다.[6]

이러한 급진적인 보장성 강화보다 더 시급하게 또는 적어도 동시에 해결해야 할 보건의료와 건강보험 정책은 없는지, 그러한 변화에 희생자는 없는지 또는 다수 국민의 입장은 어떤 것인지, 이 같은 정책 변화가 예상대로 효과가 나올 것인지, 정책 변화를 반대하는 개인이나 기업에 대해서는 좀 더 조사하고 연구해야 할 것이다. 현실적 대안은 급격히 증가하는 건강보험 지출구조를 먼저 개선하고 보장범위는 국민들이 수용하는 범위에서 서서히 높여가는 것일지 모른다. 지금은 민영건강보험 문제점을 확실하게 개선하여 민영건강보험이 국민건강보험을 보충하여 국민건강복지의 한 축을 떠맡도록 하는 것이 중요하다.

주요국의 민영건강보험의 현황은 어떤가

미국을 제외한 모든 OECD 국가에서 건강보험의 주축은 공적건강보험이다. 국민복지의 핵심 축인 건강보험에서 민영건강보험은 공적건강보험을 보충하는 형태를 취하고 있다. 민영건강보험이나 보험회사를 활용하는 방법은 나라마다 조금씩 다른데 대표적인 세 나라를 살펴보자.

프랑스

프랑스는 오랜 공적건강보험제도 역사를 가지고 있으며 민영건강보험은 보충형 보험으로 공적건강보험을 보조하고 있다. 민영건강보험은 공적보험의 급여대상인 보건의료서비스와 처방 의약품에 국한하여 공적건강보험이 지불해주지 않는 비용을 분담하고 있다.

프랑스 국가 전체적으로 건강보장에 대한 총재정 지출규모는 1996년 GDP의 9.4%에서 2009년에는 11.8%로 증가했으며, 동 기간 동안 건강보장에 대한 공공재정 지출 비중 역시 76.1%에서 78.1%로 다소 증가하였다(부표 4-3). 같은 기간 동안 국민 개인의 의료비 지출 비중은 조금 줄었다. 프랑스는 2000년부터 보편적 의료보장에 관한 법(CMU)을 통과시켜 모든 시민에 대한 의료보장을 실시하고 있다.

프랑스 인구의 92% 정도가 대부분 고용주를 통해 보충형 민영건강 보험에 가입되어 있다. 2000년 이후에는 저소득층(실업자, 저소득층, 편부모 보조금 수령자)과 피부양자들은 소액이나 무상으로 민영건강보험에 가입할 수 있다. 이러한 제도로 약 500만 명 정도가 혜택을 받고 있으며, 수급자는 바우처로 여러 보험회사로부터 급여를 제공받을 수 있다. 최근 영리 보험회사들이 정신치료나 침술 등 공적보험 급여대상이 아닌 영역에 진출하여 서비스를 제공하며, 민영건강보험 의료비는 프랑스 총의료비의 13.6%이다(2009년 기준). 프랑스 공적건강보험의 재정은 총의료비의 78.1%를 점하며 일반정부가 5.6%, 사회보장기금이 72.5%이다(부표 4-3). 한편 이를 조달원에 따라 살펴보면 고용자와 종업원이 내는 사회보험료(급여세) 43%, (목적)소득세(CSG) 33%, 담배세와 주세 8%, 그리고 정부보조금 2%, 사회보장기관이전 8% 등으로 구성된다.[7]

독일

독일은 유럽의 국가들 중 의료비 지출이 가장 많은 나라이다. 2009년 기준으로 GDP의 11.6%를 의료비에 지출했는데 전체 의료비 중 공적 지출의 비중은 1996년 82.2%에서 2009년 77.3%로 감소하였다. 사적 지출은 1996년 9.5%에서 2009년 22.7%로 증가하였다.

독일은 연소득 5만 유로(월 평균 4167유로, 2011) 이하의 근로자는 의무적으로 공적보험의 가입자가 되고, 공무원과 이 소득 이상의 근로자(전 인구의 약 20%에 해당)는 자발적으로 공적보험이나 민영건강보험 중 하나를 선택할 수 있는 제도를 운용하고 있다. 민영건강보험은 주로 대체형 건강보험의 역할을 하고 있다. 현재 독일 인구의 88%가 공적보험에 가입하고 있으며, 나머지 12%가 민영건강보험에 가입하고 있는데 대부분이 공무원이거나 자영업자이다. 군인과 경찰 등은 다른 제도를 적용받고 있다. 2009년 이전에는 전체 인구의 1%가 건강보험에 가입하지 않았는데 2009년부터는 모든 독일인이 의무적으로 건강보험에 가입하도록 바뀌었다. 이와 달리 장기간병보험은 1995년부터 모든 사람이 의무가입하도록 법제화되었다. 최근에는 고급의료시설을 이용할 수 있고 본인부담의 치과진료를 급여대상으로 제공하는 보충형 민영건강보험도 등장하였다.

민영건강보험의 가입자는 위험도가 반영된 보험료를 지불하고, 피부양자에게는 별도의 보험료가 부과된다. 연령의 증가와 더불어 보험료율이 상승하는 것을 억제하기 위해 피보험자가 젊었을 때 지불하는 보험료 중 일부를 저축하여 노령에 대비하는 노령준비금(aging reserves)이 법에 의해 강제되고 있다. 독일은 최근 법개정을 통해 민영건강보험회사들 간의 경쟁을 강화하기 위해 노력하고 있다. 2009년의 경우, 민영건강보험 부문 지출이 독일 총의료비의 9.6%를 차지하고 있다.

전통적으로 국가가 책임지는 사회주의 의료를 운영해오던 독일도 네덜란드식 경쟁체제를 도입하였다. '의료보험자 경쟁촉진법안' 제정 후 매년 보험자의 5~8%가 바뀔 수 있는 완전경쟁체제의 구축을 시도하고 있다. 전에는 환자가 병의원을 방문할 때 무료였으나, 2004년부터 10유로(약 1만 5000원)의 분담금(copayment)이 부과되고 있다.[8]

네덜란드

네덜란드는 2006년부터 공적건강보험이 민영보험회사를 통해 운영되고 있다. 2005년까지는 3만 유로 이상의 소득자와 그 가족들은 공적건강보험에서 제외하였다. 그러나 새로운 건강보험법이 통과되면서 건강보험에 '관리에 의한 경쟁' 개념을 도입하여 효율성을 제고하려는 건강보험으로 개편되었다. 즉 공보험 형태의 건강보험조합과 사보험 형태의 민영보험회사 건강보험이 각각 운영되던 시스템을 통폐합하여 모두 민영보험회사가 되었다. 국가 건강보험을 민간기업에 맡긴 것이다. 모든 국민은 보험회사가 제공하는 건강보험에 반드시 가입해야 하지만 가입자가 보험회사를 선택한다. 국민들은 추가적으로 보충형 민영건강보험에 가입할 수도 있다.[9]

사회적 민간보험(Social-Private Insurance)으로 운영되는 네덜란드 제도는 우리나라의 자동차보험과 구조적으로 비슷하지만 보험료 지불능력이 없는 저소득층에게 정부가 보험료를 지원해준다는 측면에서 사회보험적 특성이 훨씬 강하다. 정부는 건강보험회사들이 담합을 못 하도록 하고, 보험료 상한선을 제시하는 등 감독 역할을 하고 보험회사는 가입자를 더 많이 확보하기 위해 다양한 상품을 개발하였다. 가입자는 자신에게 가장 유리한 조건의 건강보험 상품을 선택했는데 2006년의 시행 첫해에 국민의 18%가 보험회사를 바꿨다. 유럽 대부분의 나라에서 건강보험을 공공기관이 독점하는 방식과는 극명한 대조를 이룬다. 보험회사 간의 가입자 확보 경쟁이 치열해지면서 보험료는 예전보다 10% 정도까지 내려가고 2005년 이전에 120여 개이던 건강보험회사가 생존을 위해 흡수·합병되면서 2년 만에 20여 개로 줄었다. 그런데 상위 5개 회사가 1650만 명 전체 국민의 90%를 가입자로 확보

하여 시장집중도가 높아지고 있다.[10]

네덜란드의 보험회사는 병력이나 나이 등으로 환자를 차별할 수 없다. 그 대신 국가가 보험재정 가운데 일부를 지원해 손해를 보상해주고 있다. 보험회사들은 부가서비스를 다양하게 하고, 경영효율화를 통해 이윤을 남기기 위해 경쟁한다. 또 특별의료비제도(AWBZ: Algemene Wet Bijzondere Ziejtejisten)를 통해 보험접근성이 떨어지는 고액중증환자 및 장기요양환자 등에게 의료보장을 제공하고 있다. 적용대상은 전 국민이며 일정 소득 이상인 자는 의무적으로 가입해야 하고 보험자는 민영보험회사이다. 급여 대상자는 장기요양환자, 고액중증환자, 장애인, 정신질환자 등이며 수급자격이 관대하다. 지금은 늘어나는 의료비 때문에 대상자 스스로의 책임을 강조하는 비용억제 정책을 추구하고 있다. 각국의 의료제도를 평가하는 국제기구인 보편적 복지 기금(common wealth fund)이 2009년 11월 미국·영국·독일 등 선진 7개국을 대상으로 환자 만족도를 조사한 결과, 네덜란드가 가장 만족도가 높은 것으로 나타났다.[11]

고령화가 일찍 시작된 유럽은 건강보험의 지속가능성에 대한 문제를 일찍부터 인식하여 건강보험제도 개선에 다양한 노력을 기울여왔다. 그중 민영보험회사 간의 경쟁을 통해 해법을 모색하고 있는 네덜란드의 사례는 특징적이다. 우리는 국민건강보험공단이 독점적으로 건강보험을 운영하고 있기 때문에 다수의 민영건강보험회사가 있는 네덜란드는 상황이 꽤 다르다. 하지만 네덜란드 개혁사례가 시사해주는 바에 대해 검토, 고민하는 것이 필요할 것이다.

'국민민영건강보험' 도입을 검토하자

사기업인 보험회사의 발전과 성장을 위해서는 정부의 규제는 적으면 적을수록 바람직하다. 하지만 건강보험과 같이 공공성이 강한 분야에는 정부의 잘 설계된 규제, 즉 일종의 관리경쟁이 필요하다. 대부분의 선진국은 건강보험에 관리경쟁의 원칙을 활용하고 있다. 우리나라에서도 보험회사가 운영하는 민영건강보험의 공공성을 확보하기 위해서는 민영건강보험에 대한 접근성 문제를 해결해야 하며, 상품의 표준화를 통한 비교가능성을 제고시키고, 나아가 사업비 규제를 통해 보험금지급률을 올려야 할 것이다.

먼저 민영건강보험의 공공성을 논하기 위해서는 우선 공급자인 보험업계의 입장 정리가 필요하다. 민영건강보험이 건강보험을 보충하여 국민건강복지의 한 축이 될 것인가, 즉 자동차보험과 같은 상품 표준화를 통해 정부의 규제를 받을 것인지, 아니면 지금처럼 한정된 소비자를 대상으로 좋은 리스크를 선별하여 인수하는 전통적인 민영보험 원리를 적용받고자 할 것인지에 대해 보험업계가 심각하게 고민해야 한다. 전술한 바와 같이 민영건강보험이 지금처럼 한정된 소비자만을 대상으로 하고, 높은 사업비와 정보의 비대칭 문제를 해결할 수 없는 상황이 장기간 지속되기는 어렵다. 이러한 상황이 지속된다면 정부는 국민건강보험의 보험료를 급격히 인상해서라도 민영건강보험 시장을 축소시키려고 할 것이다. 따라서 보험업계는 과거의 관성에 의지하지 말고 민영건강보험의 공공성을 확보하여 국민건강복지의 한 축으로 자리매김하는 것이 기업전략 관점에서도, 또 국가재정을 위해서도 바람직할 것이다.

그렇다면 민영건강보험이 공공성을 확보하면서도 보험회사가 효율적인 운영으로 이익을 취할 수 있는 윈-윈 방안은 무엇일까. 이는 민영건강보험을 큰 틀에서 개혁하는 것이다. 민영건강보험을 모든 국민이 자유롭게 가입할 수 있는, 곧 가입을 거부할 수 없는 '국민민영건강보험'과 기타 자율적으로 운영하는 민영건강보험으로 구분하는 방안이 고려될 수 있다. 국민민영건강보험의 운영은 지금의 자동차보험과 유사한 정도로 표준화되어야 하며, 모든 국민이 가입할 수 있고, 고위험자(고령화, 기왕증 환자 등)는 별도로 풀을 구성하여 손해를 모든 민영보험회사와 정부가 공유한다. 그 외 자율적으로 운영하는 민영건강보험은 지금같이 민영보험의 공평한 차별을 적용하여 운영토록 한다.

국민민영건강보험은 우리의 건강보험 시장을 염두에 둔 제도로 선진국에 동일한 제도는 없다. 가장 유사한 제도는 미국의 노인층 사회보험인 메디케어를 보충하는 민영건강보험인 메디갭이다. 하지만 국민민영건강보험은 전 국민을 대상으로 하므로 범위가 훨씬 넓다. 국민민영건강보험은 2009년의 실손의료보험 표준화 작업보다 더 과감하고 광범위한 상품 표준화와 정부 규제가 필요한 분야로 사업비에 대한 규제도 요구된다. 표준화 상품이므로 과다한 사업비를 사용하는 것은 보험회사나 가입자 모두에게 손해일 수 있다. 사업비 범위를 일정 수준(가령 15%) 이하로 규제하며, 사업비의 주요 항목인 모집수수료 및 광고비에 대해 규제를 엄격히 해야 할 것이다.

나아가 국민민영건강보험의 가입비용을 최소화할 수 있는 제도 설계가 필요하다. 사업비 규제와 더불어 일부에서는 지급보험금 수준(손해율 혹은 보험금지급률)이 일정 수준 이상 되도록 하자는 주장도 있으나 이는 지나친 규제일 수 있다. 국민민영건강보험의 경우 사실상 언더라이팅(좋은 리스크를 선택)을 통해 이익을 취할 수 없으므로 지급보험금 사정을 통해 보험사기나 의료진의 도덕적 해이를 적극 제어해야 이익을 창출할 수 있을 것이다.

국민민영건강보험 제도에서 중요한 점은 민영보험회사가 지급보험금을 검토하거나 통제할 수 있는 수단을 지녀야 한다는 사실이다. 이 보험에서는 건강한 사람을 받아 이익을 창출하기 어렵고, 효과적인 지급보험금 심사를 통해 비로소 이익을 창출할 수 있다. 즉 지급보험금 심사기능이 있어야 하며 이 기능을 민영보험회사가 직접 수행할 수도 있고 아니면 건강보험심사평가원과 같은 제3기관에 위탁할 수 있을 것이다.

제**8**장

민영건강보험, 보험회사 관점에서 바라본다

보험의 원리와 건강보험의 특징

보험은 1인의 재산이나 소득상실 위험을 만인(萬人)이 분담하는 인류가 만든 최고의 위험관리 수단이다. 한 사람의 위험은 보험료를 매개로 보험회사로 전가되고 보험회사는 같은 처지에 있는 여러 사람의 위험을 모은(pooling) 다음 다시 이들 사이에 분산시킨다. 보험이 만들어지기 위해서는 보험계약자의 위험은 동질의 것이어야 하고, 위험의 크기에 따라 보험료가 비례적으로 늘어나야 한다. 예를 들자면 자동차보험은 자동차 운행과 관련된 위험만을 다루며, 사고위험이 높거나 고가의 자동차를 소유한 운전자에게 그만큼 보험료를 더 내도록 한다.

보험료가 위험의 크기에 비례하기 때문에 보험계약자는 보험에 가입할 때 가능한 한 자신의 위험이 적은 것처럼 보이려는 유인을 갖게 된다. 이 같은 행동이 가능한 것은 보험자가 보험계약자에 대한 정보를 정확하게 파악하기 어려운 정보의 비대칭성(asymmetric information)이 존재하기 때문이다.

정보의 비대칭성에 의해 보험회사가 직면하는 문제점은 보험계약 시점을 전후로 나타난다. 첫째, 보험계약 이전에 역선택(adverse selection)이 발생한다. 즉 보험회사는 개인의 손해 확률을 일일이 알 수 없기에 다수의 평균적인 손해 확률에 맞추어 보험료를 정하므로 실제로 평균보다 높은 손해 확률을 가진 사람이 보험에 가입하고, 이보다 안전한 사람은 가입하지 않는 현상이 발생한다. 예컨대 보험회사에서 암보험을 개발할 때에는 평균적인 사람들의 암 발생확률을 기준으로 보험료를 결정하지만, 일단 출시하고 나면 가입하고자 하는 사람들은 주로 암 발생가능성이 높다고 믿거나 이미 암에 걸린 사람이라는 것이다.

따라서 보험회사가 역선택을 방치하면 예상보다 많은 보험금을 지급하게 되어 파산을 면하기 어렵게 된다. 보험회사로서는 역선택을 방지하기 위한 여러 방책을 마련할 수밖에 없는데, 가장 대표적인 것이 계약심사로 청약을 받을지의 여부와 인수 시 적정한 보험료를 결정하는 일을 하게 된다. 대부분의 민영건강보험에서 가입 전에 간단한 건강진단을 요구하는 이유가 여기에 있다.

둘째, 보험계약 이후에는 도덕적 해이(moral hazard)가 발생한다. 보험계약자는 손해 발생 시 대신 보상해줄 자가 있으므로 보험가입 이전만큼의 손해방지 활동을 하지 않게 된다. 즉 계약자가 화재보험에 가입한 이후에는 불조심을 소홀히 할 가능성이 있으며, 심지어 보험금을 목적으로 방화를 하는 보험사기도 범할 수 있다. 따라서 보험회사는 자기부담금 제도를 통해 손해의 일부를 보험계약자가 부담하도록 하거나 보험금 지급에 앞서 사기 여부를 심사한다.

보험회사가 보험계약자에 대한 정보 비대칭성으로 가장 골치를 앓는 보험이 바로 건강보험이다. 자동차보험에서는 계약자의 운전경력이나 자동차 가격 등 객관적이고 확보가 용이한 정보가 있다. 생명보험의 경우 미리 액수를 정하는 정액보험이기에 계약자가 손해를 부풀릴 유인이 적으며, 보험금을 타기 위해서는 본인이 사망해야 하므로 도덕적 해이는 상당히 감소한다. 자살을 하더라도 계약 후 2년이 경과해야 보험금이 지급되므로 기다리는 동안 불순한 동기가 사라질 가능성도 높다.

그러나 계약자의 건강상태는 본인 스스로가 밝히기 전에는 드러나기 어렵기 때문에 건강보험은 역선택에 취약하다. 더욱이 개인의 병력은 민감한 개인정보로 법에 의해 엄격하게 보호받는다. 또한 계약자가 건강보험의 혜택을 누리기 위해 일부러 건강을 해칠 유인은 없겠으나, 예전보다 의료서비스를 자주 이용할 가능성이 높다. 거기에 일부 의사의 유인수요까지 작용하면 보험금 지급이 크게 증가할 수 있다. 의학기술의 발달로 인해 보험회사가 예기치 못한 보험금을 지급하는 일도 자주 발생한다.

따라서 건강보험은 정보의 비대칭성이 심하고 보험회사가 의료서비스의 양을 통제하기 어려워 상품개발 단계에서 보험금을 정확하게 계산하는 것이 매우 어렵다. 또한 건강보험은 계약자의 건강과 관련되어 있고, 보험자와 계약자 사이에 의료기관이 있기에 이해관계자가 얽히고설킨 민감한 보험이다. 따라서 보험회사는 민영건강보험을 취급할 때 상품의 설계와 언더라이팅을 거쳐 판매에서 보험금 지급에 이르기까지 매우 조심스럽게 접근해야 한다. 이 과정 중 어느 한 곳에서 흠이 있을 경우, 보험회사나 소비자에게 피해가 발생하고 결국 보험산업의 건전한 발전이 저해된다.

민영건강보험의 문제점은 많은 연구자들의 보고서에서 자세히 제시되고 있으므로 여기서 다시 정리하는 것은 큰 의미가 없을 것 같다. 따라서 사례를 통해 문제점을 도출하고 그 해결책을 모색하는 것이 독자의 이해에 도움이 될 것이다. 아래에 소개하는 여성시대건강보험은 민영건강보험이 얼마나 도덕적 해이에 취약하며 의료기술의 발전을 쫓아가기 어려운지, 그리고 복잡한 이해관계를 안고 있는지를 보여주는 좋은 사례이다.

여성시대건강보험의 쓰라린 교훈

여성시대건강보험은 S생명에 의해 1998년에 출시된 상품으로서 월 2~3만 원만 불입하면 고혈압, 자궁암, 당뇨, 골다공증, 요실금 등 여성의 주요 12대 질환에 대해 치료비·입원비 등을 보장해주는 국내 최초의 여성전용 건강보험 상품이다. 이 상품의 특별한 점은 바로 많은 중년 이상 여성의 말 못할 고민이었던 요실금을 보장하는 최초의 상품이었다는 것이다. 요실금이란 본인 의지와 관계없이 재채기나 웃음만으로도 소변이 새는 증상인데, 성인 여성의 30%, 65세 이상 노년 여성의 40~55%가 이 질환을 갖고 있지만 수치심이나 정보 부족으로 대부분 적절한 치료를 받지 못하고 있다고 알려져 있다.[1]

따라서 이 질병을 담보하는 보험을 처음 만든 S생명은 많은 여성들에게 희소식을 전한 셈이었다. 당연히 여성시대건강보험은 당시 최고의 히트상품이 되었고, 상품을 개발한 임직원은 표창과 승진의 기쁨을 누렸다. 물론 다른 생명보험회사들도 항상 그래왔듯이 재빨리 유사품을 출시하였고, 이후 일부 손해보험회사도 그 대열에 동참하였다.

그런데 여성시대건강보험이 히트한 후 2년쯤 지나자 일부 지역을 중심으로 요실금수술 청구가 급증하더니 곧 전국적으로 확산되었다. 보험회사에서 청구 내역을 보니 대부분의 요실금수술이 세간에서 '이쁜이수술'로 불리는 여성 성형이었다. 이 수술은 출산이나 노화 등으로 약화된 여성을 회복시키는 수술이다.

요실금과 여성 성형과는 서로 연관성이 떨어지나 일반인들이 이것을 정확하게 이해하기 어렵다.[2] 일부 산부인과를 중심으로 요실금치료를 이유로 입에 담기 민망한 이 수술이 빈발하기 시작하였다. 속을 들여다보면 많은 여성들이 요실금치료를 위해 이쁜이수술을 받은 이유는 바로 요실금치료 시에 최대 500만 원이라는 적지 않은 보험금이 정액으로 지급되기 때문이었다. 계약자들은 보험금이 수술비와 입원비보다 높아 차액을 챙길 수 있었다.

물론 수술을 받은 많은 여성들이 요실금으로 고생하는 분이라 믿고 싶지만, 설계사가 한 마을의 아주머니들을 대거 여성시대건강보험에 가입시키고 단체로 산부인과로 데리고 가는 황당한 사례는 무엇을 의미하는가? 어느덧 여성시대건강보험은 '부인은 짭짤한 부수입을 올려 좋고 설계사는 수수료 챙겨 좋고 더불어 남편까지 행복해지는' 그야말로 일석삼조의 로또로 변질된다.

생명보험회사로서는 전혀 예상치 못한 결과에 당황할 수밖에 없었다. 부랴부랴 요실금과 여성 수술은 서로 무관하다는 의학 전문가의 의견을 앞세워 문제가 된 병의원들을 방문하여 부당진료에 대한 항의와 설득작전을 펼친다. 그 결과 황당한 보험금 지급이 한풀 꺾인다. 당시 관련된 보험금 지급액은 밝혀진 바 없으나, 승승장구하던 상품개발자들이 하루아침에 옷을 벗었으니 손실이 상당했을 것으로 짐작된다.

잠시 숨을 돌리던 여성시대건강보험의 요실금 문제는 2000년대 중반에 들어와 새로운 국면을 맞는다. 2006년에 국민건강보험이 요실금 치료를 급여대상에 포함시킨 것이다. 또한 상당히 복잡하고 효과도 적었던 요실금수술이 인조 테이프를 이용한 기법이 개발되면서 이전에 비해 합병증이 적고 회복기간도 단축되며 비용도 50만 원 수준대의 저렴한 수술로 바뀐다. 하지만 여성시대건강보험은 정액보험으로서 실비와 무관하게 200~500만 원을 지급하므로 보험계약자는 최대 450만 원의 차액을 챙길 수 있게 되었다. 그 결과 요실금수술 붐이 다시 일어난다.

금융감독원에 따르면 일부 보험회사의 요실금수술 보험금 지급이 2002년 대비 2006년에 6.5배로 증가하였고, 건강보험심사평가원도 요실금수술은 2001년의 234건에서 2005년에는 6727건으로 28.7배 폭증하였다는 자료를 낸 바 있다. 심지어 요실금을 이유로 여성 성형을 12회 시술받은 여성까지 나타나는 지경에 이르게 된다. 이 여성은 한 회 450만 원씩 총 5400만 원을 챙기기 위해 수술로 인한 고통과 번거로움을 감수했다고 볼 수밖에 없다. 그야말로 도덕적 해이가 극심한 지경에 달한다.

짐작건대 2006년에만 최소 200억 원이 요실금수술 보험금으로 지급되었을 것으로 추정된다. 그런데 이 금액은 빙산의 일각일 뿐 보험의 특성상 잠재되어 있는 보험금이 어마어마하다는 점이다. 어림짐작으로 200~500만 원 정도의 요실금 보험금이 지급되는 보험에 가입한 여성이 100만 명이라면, 생명보험회사들은 계산상 최대 2~5조 원의 보험금을 지급해야 한다. 물론 모든 가입자가 수술을 받지는 않을 것이다. 그래도 생명보험회사들로서는 가입자의 10%가 시술을 받는다면

2000~5000억 원, 20%를 넘으면 조(兆) 단위의 보험금을 지급할 것을 각오해야 한다.

이렇게 생명보험회사들이 속수무책으로 요실금수술 보험금을 지급하던 2007년 초 요실금수술에 대한 건강보험의 요양급여 기준이 바뀐다. 과거에는 간편하고 저렴한 패드테스트(pad test)만으로 요실금수술의 타당성이 인정받았으나, 요류역학검사(urodynamic test)를 반드시 시행하여 그 수치가 일정 수준 미만인 경우에만 건강보험 급여가 가능하도록 기준이 바뀐 것이다.[3] 한마디로 요실금 진단기준이 강화된 것인데, 산부인과 의사들은 이 기준이 의학적 근거가 없고 선진국에서는 찾아보기 어려운 잘못된 것이라고 이의를 제기한다. 또한 일부 의사들은 그 배후에 생명보험회사들이 있다고 지적한다. 물론 국민건강보험공단으로서는 요실금수술의 급증으로 인한 재정 악화를 막기 위해 진단기준을 강화할 수밖에 없었을 것이다.[4]

의학정보에 어두운 환자에게 불필요한 의료서비스를 제공하는 의사의 행위가 문제인지, 보험금을 줄여보려는 보험회사의 로비가 문제인지는 좀 더 두고 볼 일이다. 다만 우리가 유념해야 할 문제의 핵심은 요실금이 여성 성형으로 치료될 수 있는가 하는 점이다. 흥미로운 것은 요실금에 대해 산부인과보다 전문적일 것으로 판단되는 비뇨기과에서는 이 같은 논쟁에서 한 발자국 물러나 있다는 사실이다. 그 이유는 독자들이 자유롭게 생각해보기 바란다.

지금도 생명보험회사, 국민건강보험공단, 계약자와 의사들이 요실금수술을 놓고 첨예하게 대립하고 있다. 상반된 투의 아래 두 기사는 요실금을 놓고 벌어지는 문제점을 적나라하게 보여주고 있다.

서울지방경찰청 광역수사대는 보험설계사와 짜고 '이쁜이수술'을 하러 온 환자에게 실제 시술하지 않은 수술까지 한 것처럼 꾸며 4000만 원 상당의 보험금을 가로챈 혐의(의료법 위반 등)로 산부인과 원장 유 모(46) 씨에 대해 구속영장을 신청했다고 31일 밝혔다. 또 경찰은 유 씨와 짜고 보험금을 타낸 보험가입자 18명과 보험설계사 30명, 병원 사무장 등 총 49명을 불구속 입건했다. 유 씨 등이 이 같은 수법으로 가로챈 보험금은 85차례 6억여 원에 달했다.

(출처: '없는 병 만들어 이쁜이수술' 동아일보 2011.6.10)

지난해 11월 30일 서울지방경찰청 광역수사대는 요실금 진단검사 결과를 조작해 수술을 받게 한 뒤 국민건강보험공단을 상대로 요양급여비를 청구해 가로챈 혐의(사기)로 의사 18명, 간호과장 1명, 의료기기 판매업자 3명 등을 불구속 입건했다. 경찰에 따르면 입건된 의사 및 간호과장은 요실금 환자들을 진료하는 과정에서 요류역학검사 결과 수치가 요양급여 혜택을 받을 수 없는 수준으로 나오자 의료기기 판매업체 직원을 통해 이미 요류역학검사를 받아 요양급여 청구기준인 120cmH2O 미만이 나온 다른 환자의 검사결과 데이터를 넘겨받아 요실금 수술을 시행한 뒤 공단을 상대로 요양급여(1건당 80만 3050원)를 받았다. 이번에 입건된 19개 병원의 총 요류역학검사 조작건수는 861건, 청구금액은 약 7억 원에 달한다. 하지만 이번에 입건된 의사들은 물론 산부인과 개원의 전체가 나서 이번 사건의 본질이 '잘못된 정부 고시 때문에 의사와 환자들이 불필요한 고통을 받고 있는 것'이라 주장하면서 위헌소

송까지 불사하겠다고 으름장을 놓고 있어 사건의 파장이 점점 확

대되고 있다. 여기에 더해 학문적 근거 여부에 대한 논란과 S생명

보험회사의 압력설까지 등장하면서 사태는 더욱 복잡한 양상을

띠고 있다.

(출처: '의사들이 사기쳐 vs 요류역학검사 자체가 사기' The Korean

Doctor's Weekly 2010.2.8)

민영건강보험의 문제점과 과제

여성시대건강보험을 통해 나타난 민영건강보험의 문제점과 과제가
무엇인지를 간략하게 살펴보자. 우리는 이 장에서 보험회사의 관점에
서 민영건강보험의 문제점을 접근하며, 소비자 관점에서 본 문제점은
이 책의 제7장에서 다루고 있다.

첫째, 민영건강보험의 운영이 의학기술의 발전을 따라가지 못함에
따라 보험금을 예측하기가 힘들고, 이를 만회하기 위해 보험금 지급심
사를 강화하면 계약자의 불만이 커지고 보험회사의 이미지가 실추되
기 쉽다. 의사가 아닌 보험회사의 상품개발자로서는 여성 성형이란 주
간지 광고에나 있는 것이지 요실금치료 수단으로 등장할지를 상상도
못했을 것이다. 더욱이 상품을 개발할 때 테이프 시술은 존재하지도
않았다. 이 같은 사례는 암보험에서도 나타난다. 과거 보험회사들이
암보험을 만들 당시에 적지 않은 암이 혈액검사로 진단이 가능할지는
꿈에도 생각하지 못했었다.

둘째, 당시 생명보험회사들은 요실금에 대한 정확한 자료를 가지고 있지 못했다. 민영건강보험이 본격 개발된 지 20년이 된 지금도 보험회사들은 질병 관련 자료를 질적으로나 양적으로 충분히 확보하지 못해 보험료 산출에 어려움을 겪고 있다. 더욱이 국민건강보험의 진료정보에 보험회사의 접근이 전혀 허용되지 않고 있다. 건강보험 정보는 개인의 병력을 포함하므로 사생활 차원에서 철저히 보호받아야 한다. 그러나 개인에 대한 식별정보 없이 무작위로 추출된 진료기록 샘플은 정확한 통계 확보 목적에 한하여 보험회사 측에 접근을 허용하는 것이 검토될 수 있다. 그런데 보험회사의 건강보험 정보 접근을 개인정보의 유출로 보는 주장이 보다 설득력을 얻고 있다.

셋째, 보험회사와 의료기관과의 의사소통과 상호 견제 수단이 없다. 보험금이 생명보험처럼 정액이거나 손해보험처럼 시가(市價)나 대체비용 등 객관적 기준에 따라 결정되는 보험과 달리 민영건강보험에서는 보험금 수준을 의사가 결정한다. 물론 건강보험수가라는 가격이 있으나 이는 건강보험이 적용되는 의료서비스에 한정되고, 이마저도 서비스의 양과 종류는 의사가 정한다. 그런데 최근 건강보험이 적용되지 않는 비급여가 빠르게 늘고 있다.

많은 의사들이 환자의 건강 회복을 위해 최선의 노력을 기울이기에 그에 따라 발생하는 비용에 대해 조심스럽게 접근할 수밖에 없다. 그러나 의료서비스 비용이 합리적인지에 대한 판단을 의사나 환자에게만 맡길 수는 없다. 또 보험이 계약자가 보험료를 낸 후 가능한 한 많은 보험금을 타도록 만들어진 제도도 아니다. 하지만 계약자가 민영건강보험에 가입한 이후 계약자의 권리를 앞세워 의료기관을 쇼핑하듯 드나들고 그로 인해 보험회사가 적자에 빠져 사업을 접거나 보험료를 대폭 인상할 수밖에 없다면 이는 사회적으로 결코 바람직하지 않은 결과일 것이다.

더욱이 의사의 유인수요(physician's induced demand)도 결코 좌시해서는 안 될 이슈이다. 의료서비스는 그 내용에 대해 거의 대부분의 환자가 무지하여 정보의 비대칭성이 크고, 환자의 생명 및 건강과 관련된 서비스이므로 그 소비가 다른 서비스에 비해 가격 비탄력적인 특징을 가지고 있다. 따라서 의사가 자신의 경제적 이익을 위해 환자에게 과도한 의료서비스를 받도록 유도하는 유인수요를 유발할 수 있다.

이 같은 유인수요의 원인으로 의료서비스의 수요와 가격이 일정한 상황에서 의사수가 증가하면 1인당 의사수입이 줄어들고, 이를 벌충하기 위해 진료량이 증가할 수 있다는 목표수입가설(target income hypothesis)이 제시되어 일정한 설득력을 얻은 바 있다.[5] 이후 의사는 모든 환자에 대하여 진료량을 늘리지 않고 치료비가 높은 환자에 대하여 선택적으로 진료량을 증가시킨다는 보다 정교한 이익최대화가설(profit maximization hypothesis)이 제시되었다.[6] 물론 의사의 진료행동을 단순히 수입과 비용으로 설명하는 것은 무리가 있기에 의사의 유인수요는 학문적 가설로서 제시되어 왔다. 하지만 적지 않은 병의원들이 '나이롱' 환자로 병상을 채우고 있는 우리의 현실을 볼 때 이 같은 가설이 가설로만 그치지 않는다는 느낌이 든다.

넷째, 보험회사의 영업제일주의도 비난받아 마땅하다. 여성시대건강보험이 처음 나왔을 때 500만 원이면 대기업 부장의 월급에 해당하는 적지 않은 금액이었다. 요실금에 500만 원을 정액으로 지급하겠다는 것은 실제로 필요한 비용보다 훨씬 많은 보험금을 제시함으로써 판매를 유인하겠다는 의미였다. 당시 생명보험은 규제로 인해 건강보험에서 실손이 아닌 정액으로 지급할 수밖에 없었던 탓도 있으나, 비슷한 시기에 등장한 암보험에서 나타난 암진단금 경쟁에 비추어볼 때 사후에 얼마나 보험금이 지급될지 상관없이 일단 팔고 보자는 인식이 보험회사에서 팽배했던 것은 부인하기 힘들 것이다.

암진단금의 경우 1000~2000만 원에서 시작하더니 한때 8000~9000만 원을 지급하며 보험회사끼리 누가 많이 주나 경쟁이 붙었던 적이 있었다. 그런데 1~2mm짜리 갑상선 종양이 그리 많이 발견될 줄을 누구도 예측하지 못했다. 갑상선암은 좀 쉽게 이야기하면 자식이 공부 못하고 남편이 바람을 피워 속 썩일 때 주로 중년 여성들에게 발병한다고 한다. 그런 갑상선암을 흉터 없이 간단한 수술로 해결하고 거액의 암진단금으로 온 가족이 유럽 여행을 다녀와 화목해졌다는 자랑이 여기저기에서 들리고 있다.

암진단금이 본질적으로 어떤 성격을 가진 보험금인지 딱 잘라 이야기하기 어렵다. 암 치료비가 워낙 많이 드니 그 비용을 미리 목돈을 지급하는 것이라면 암의 종류에 따라 달라야 하는데 그렇지 않다. 혹자는 암진단금이 암환자가 직장을 그만두는 등 소득이 끊기게 되는 현실을 반영하여 소득상실을 보전하는 성격을 갖는다고 해석한다. 그러나 암환자의 소득수준도 다르거니와 소득 유무와 무관하게 암진단금이 제공되고 있어 충분한 설명이 될 수 없다. 이보다는 암진단금을 암이 환자에게 주는 정신적 쇼크에 대한 위로금이라고 보는 것이 타당할 것이다. 가령 그렇다면 우리나라의 암보험은 계약자의 정신적 쇼크를 보상하는 아마도 유일한 보험이 될 것이고[7] 당연히 엄청난 가입 유인이 발생할 수밖에 없다. 이처럼 암보험을 전 세계에 유례없는 로또로 변질시켜 놓은 곳이 우리나라 보험회사이다.

여성시대건강보험 사례가 던져준 과제는 무엇인가? 우선 보험회사가 정교한 상품개발 과정과 함께 엄격한 리스크 관리체계를 갖춤으로써 단기성과에 치우칠 수밖에 없는 임직원의 평가시스템을 보완해야 한다. 매출액 등 단기성과로 평가받는 보험회사 임직원이 먼 훗날 지급될 보험금을 신경 쓸 이유가 없다. 생명보험회사의 상장이 본격화됨에 따라 보험회사의 성과가 단기순이익이나 주가로 시장에서 평가받게 될 때, 보험회사에 대한 가장 큰 위협인 도덕적 해이가 외부의 보험계약자가 아닌 내부의 임직원으로부터 야기될 가능성이 더욱 커지게 된다.

한편 보험회사가 정확한 통계를 확보할 수 있도록 건강보험 자료와의 연계가 반드시 이루어져야 한다. 국민건강보험 측도 민영건강보험으로 인해 직간접적 영향을 받을 수밖에 없으므로 민영건강보험의 건전한 발전이 곧 국민건강보험의 재정에 도움을 준다는 사고의 전환이 필요하다.

또한 사회적으로 용인할 수 있는 수준으로 의사의 진료행위에 대한 통제가 이루어져야 한다. 건강보험에서는 보험자인 국민건강보험공단과 분리된 건강보험심사평가원에서 독립적으로 보험금 지급을 심사한다. 이렇게 한 것은 수지를 반드시 맞출 필요가 없어 보험금 지급이 자칫 방만해질 수 있는 사회보험의 속성을 통제하기 위한 정책적 필요가 있었기 때문이다. 동일한 진료비 통제수단이 민영보험회사에도 주어져야 하나 현재로서는 그 같은 길이 막혀 있다.

예컨대 보험회사와 의료기관이 계약을 맺고 적절한 비용통제 하에 의료서비스를 계약자에게 제공하는 방식이 고려될 수 있다. 미국의 HMO(Health Maintenance Organization)가 바로 그 같은 사례인데, 비록 과도한 비용통제로 계약자의 불만을 사고 있지만 기본적으로 추구하고자 하는 취지는 배울 필요가 있다.

이 밖에도 민영건강보험은 풀어야 할 숙제가 산적해 있다. 중복보상, 보험사기, 상품의 표준화, 의료서비스와의 연계 등 보험회사의 건전성과 소비자 효용의 제고 차원에서 많은 과제들이 있다. 중복보상은 보험계약자가 하나의 질병으로 여러 보험계약에서 보험금을 수취하면서 실제 손실 이상의 경제적 이득을 얻는 행위이다. 물론 그동안 눈앞의 영업실적 때문에 알면서도 모르는 채 마구잡이식으로 건강보험을 판매하고 중복보상을 해온 보험회사에 일차적인 책임이 있다. 2008년의 생명보험엔 실손보상 허용과 민영건강보험에 의한 의료서비스 유발 주장을 계기로 정부가 중복보상을 체크하는 시스템을 가동 중이이지만 그 효과가 나타날 때까지 다소 시간이 소요될 수 있다.

보험회사들이 민영건강보험을 매개로 고객들에게 건강검진이나 의사추천 등 부가서비스를 제공할 수 있는 기회도 주어져야 한다. 지금은 의료법 등에 의해 의료기관 이외의 어떠한 자도 의료 관련 행위나 의료기관 추천 등이 금지되며, 모든 의료기관은 건강보험에 당연히 가입해야 한다. 이 같은 규제환경에서 보험회사들은 내용이 뻔한 건강보험을 이리 쪼개고 저리 붙여 마치 신상품인 것처럼 계속 출시할 수밖에 없다. 그러다 보니 보험상품이 너무 복잡해져 소비자는 물론 보험전문가도 정확하게 이해하고 비교하기 어렵다.

독일 등에서 그러하듯이 보험상품은 표준화시켜 소비자들이 마치 레고(Lego)처럼 자신의 수요에 맞춰 정확하게 구입하도록 하고, 대신 보험회사가 건강진단이나 의료기관 추천 등 부수적인 의료서비스로 서로 경쟁하도록 허용하는 것이 검토되어야 할 것이다. 이렇게 되면 진료비 통제와 의료기관 간 경쟁 제고 효과를 거두면서, 보험회사가 소비자를 위한 상품개발에 노력할 수 있을 것이다.

여기서는 보험회사 입장에서 민영건강보험이 얼마나 어려운 상품인가를 짚어보았다. 우리 사회에는 여러 이해집단이 다양한 명분을 내세우고 있으나, 그 뒤에는 집단 이기주의가 도사리고 있다. 이 같은 이해관계가 일방에 치우치지 않고 가능한 한 사회적 비용을 줄이는 방향으로 합의가 이루어질 때 사회가 발전한다. 그런데 보험회사를 이익만을 추구하는 몰염치한 기업으로, 의사는 모두 선량한 직업인인 것처럼 바라보면 민영건강보험과 관련된 어떠한 문제도 풀 수 없다.

예컨대 국내 법은 병의원을 비영리기관으로 규정하지만 의료기관의 비용 속에 녹아 있는 의사의 고수입으로 인해 법의 목적이 상실된 지 오래이다. 의료기관의 비영리법인 원칙이 극히 사회주의적이라면, 비용으로 처리되는 고급 승용차 운영비는 극히 자본주의적인데, 양자가 사이좋게 공존하고 있다. 보험회사를 사회연대성을 깨는 자본주의의 첨병처럼 매도하는 일부 전문가들에게 묻고 싶다. "늘 그러한 것은 아니겠지만 일선의 병의원에서 의사 본인과 그 가족이 타고 다니는 고급 승용차 관련 지출을 병의원 비용으로 처리하여 국민의 보험료 부담을 늘리는 것을 어떻게 설명하겠느냐"고 말이다.

한편 민영건강보험의 과제 중 가장 중요한 것은 민영건강보험이 우리나라 의료서비스 전달체계에서 국민건강보험과 어떻게 역할 분담을 할지인데, 이 책은 초지일관 그 해답을 찾고자 고민하고 있다.

제9장

소득보상보험,
왜 우리는 없는가

소득보상보험의 중요성 증대

소득보상보험은 영어로 Disability Income Insurance이며 직역하면 불능보험(不能保險)이다. 불능이라는 의미는 일반적으로 취업불능 상태를 의미하므로 취업불능보험이라는 표현이 적절할 수 있지만 우리나라와 일본에서는 취업불능에 따른 소득상실을 보상한다는 의미에서 보다 이해하기 쉬운 소득보상보험의 명칭으로 사용되고 있다. 일본의 손해보험회사는 소득보상보험, 생명보험회사들은 장기취업불능보장보험이라는 이름으로 판매하고 있으며 영국에서는 PHI(Permanent Health Insurance)라 부르고 생명보험 분야에서 취급하고 있다. 이처럼 일본과 영국의 명칭은 서로 다르지만 보장내용에는 큰 차이가 없다.

소득상실 위험의 원인은 실업, 질병·상해, 장해 등처럼 매우 다양하고 이와 관련된 공·사 소득보상제도가 존재한다. 그러나 일반적으로 소득보상보험이라고 할 때는 피보험자가 질병이나 상해로 인해 취업불능 상태가 될 경우 일정한 소득감소·상실을 보상해주는 보험을 의미한다. 이러한 소득보상보험은 건강보험의 한 종류로 볼 수 있으며 공·

사 건강보험의 범주는 각 국가별 사회보장제도의 성격에 따라 많은 차이가 있다.

일반적으로 소득상실의 경제적 효과는 의료비용의 지출에 따른 경제적 효과보다 커 가계에 심각한 영향을 미칠 수밖에 없다. 예기치 못한 질병이나 상해로 인한 소득상실은 가정의 생계와 자녀교육을 곤란하게 하여 사회적 리스크로 진전될 가능성이 있다. 최근과 같이 노동시장의 양극화가 점점 심화되어 가는 상황에서 열악한 근로환경에서 근무하는 근로자는 상위 소득계층보다 상대적으로 질병이나 상해위험에 보다 노출될 가능성이 크다. 또한 의사, 변호사 등 전문직 종사자나 고소득 계층은 질병 및 상해에 따른 소득 감소·상실 비용이 클 수밖에 없어 이들을 위한 소득보상보험이 요구되고 있다. 따라서 피보험자가 업무와 무관한 부상이나 질병으로 일을 할 수 없는 경우에도 사적소득보상제도를 통해 소득상실분을 보전해줄 수 있는 사적소득보상보험이 중요시되고 있다.

우리나라 공적소득보상제도의 현실

우리의 대표적인 공적소득보상제도는 국민연금의 장애연금과 산업재해보상보험법에 의해 지급되는 상병보상연금을 들 수 있다. 그런데 국민연금의 장애연금은 일상생활 중에 발생한 질병이나 상해에 의해 소득이 상실되는 경우 보상이 이루어지는 데 반해 산업재해보상보험법에 지급되는 장해보상연금은 업무 중의 재해로 인해 후유장해가 발생하는 경우 지급되므로 이 점에서 근본적인 차이가 있다. 따라서 일상생활 중에 발생하는 질병이나 상해로 인한 소득상실액을 보상하는 사적소득보상보험과 직접적으로 대비되는 공적소득보상제도는 국민연금의 장애연금이다(부표 9-1).

국민연금의 장애연금은 국민연금 가입자가 가입 중에 발생한 질병이나 부상이 완치되었으나 신체적 또는 정신적 장해가 남았을 때 이에 따른 소득감소 부분을 보전함으로써 자신과 가족의 안정된 생활을 보장하기 위한 연금이다.

장해 정도에 따라 일정한 급여를 지급하며 장애등급 결정과 이를 위한 장애심사는 국민연금공단이 하고 있다. 장애는 1~4급으로 구분되어 있으며 장애연금을 지급받기 위해서는 국민연금공단의 장애심사를 받아 장애등급에 해당하여야 한다. 따라서 장애인 등록증만으로 장애연금을 지급받을 수는 없다.

국민연금법에 의하면 장애등급이 1급, 2급, 3급인 경우는 각각 기본연금액 100%+부양가족연금액, 기본연금액 80%+부양가족연금액, 기본연금액 60%+부양가족연금액을, 장애등급 4급인 경우는 기본연금액의 225%를 일시에 지급하도록 되어 있다. 따라서 기준소득 월액이 230만 원 가입자가 3급의 장애등급을 받을 경우 장애연금은 월 30만 원 수준이며 소득액을 직전 소득으로 환산하면 약 22만 5000원 수준이다.

표준소득자의 적정 소득대체율이 70%라고 단순 가정할 경우, 161만 원(=230만 원×70%)의 생활자금이 필요한 데 비해 장애연금으로는 22만 5000원을 수령할 수 있어 공적소득보상을 보완할 수 있는 사적소득보상제도의 역할이 필요하다.

또한 우리나라 산업재해보상보험법에서는 업무상 사유[1]로 상해를 당하거나 질병에 걸린 근로자에게 요양으로 취업하지 못한 기간에 대하여 휴업급여를 지급하되, 1일당 지급액은 평균임금의 100분의 70에 상당하는 금액으로 하도록 규정되어 있다.[2] 또한 근로자가 업무상 사유로 부상을 당하거나 질병에 걸려 치유된 후 신체 등에 장해가 있는 경우 장해보상연금 또는 장해보상일시금을 장해급여로 지급하고 있다.

다만 노동력을 완전히 상실한 장해등급의 근로자에게는 장해보상연금을 지급하고 장해등급청구 사유 시 외국에서 거주하고 있는 근로자에게는 장해보상일시금이 지급된다. 또한 근로자가 질병으로 인해 요양한 지 2년이 경과한 이후에도 질병이 치유되지 아니한 경우와 요양으로 인해 취업하지 못하였을 때에는 휴업급여 대신 상병보상연금을 근로자에게 지급한다.[3]

국내 보험회사의 소득보상보험 판매실적

국내 일부 민영보험회사가 2000년 이후 소득보상보험을 판매한 바 있지만 지금은 전 민영보험회사가 판매하지 않고 있다. 대한생명과 교보생명은 소득보상보험을 공동으로 개발하였지만 판매하지 못하였으며, 생명보험회사 중 유일하게 소득보상보험을 판매한 경험이 있는 동양생명 역시 2006년에 판매한 지 3개월 만에 중지하였다.

동양생명이 판매한 바 있는 수호천사 소득보상보험은 질병이나 재해 등 기본적인 보장기능 외에 일정한 소득원을 가진 직장인이 질병이나 사고 또는 타의적인 이유로 실직한 경우 소득금액의 비율에 따라 보상해주었다. 따라서 국내 최초로 소득상실의 위험이 큰 질병과 재해에 대한 보상, 그리고 실업보상을 결합한 새로운 형태의 상품이었다. 즉 질병이나 사망의 경우가 아니더라도 본인의 의사와 관련 없는 갑작스러운 실업 시에도 소득상실위로금을 지급하여 실업에 따른 손실을 보상해주는 등 보장범위가 매우 넓은 소득보상보험이었다.

LIG화재는 2004년에 소득보상보험을 판매한 후 3년이 지난 2007년 중반에 판매를 중지함으로써 민영보험회사 중 가장 오랜 기간 동안 소득보상보험을 판매한 보험회사로 기록되고 있다. LIG화재의 소득보상보험은 질병이나 상해 등으로 소득을 잃게 되었을 때 예전 소득의 60% 수준을 보상해주었다. 상해나 암·뇌혈관질환 등 치명적 질병으로 91일 이상 장기 입원했을 때 소득보상금을, 화재나 폭발 또는 차량과의 충돌 등으로 영업을 못하게 되었을 때 휴업손해를 보상해주었다. 이 보험은 소득의 증가나 물가상승 등을 감안해 매년 8%씩 소득보상금이 증가하도록 설계되었고 보험료는 가입자가 월납, 연납, 3월납, 6월납 중에서 선택하도록 하였다.

현재 소득보상보험의 성격을 조금이나마 유지하고 있는 보험은 2011년 7월부터 판매하고 있는 동부화재의 '무배당 프로미라이프 스마트 가정 종합보험'이다. 이 보험의 상해·질병 구직급여지원금 특별약관에서 "피보험자[4]가 보험기간 중 보장개시일[5] 이후에 질병 또는 부상으로 실업상태가 된 후, 고용보험법에 정한 고용보험의 법적요건을 충족하여 구직급여수급자격을 인정받고 실업인정기간에 대하여 구직급여를 수령한 경우에는 보험가입금액을 상해·질병구직 급여지원금으로 지급한다"라고 규정하고 있다.

따라서 고용보험의 법적요건을 충족하지 못해 구직급여를 수령하지 못하면 상해 및 질병에 따른 구직급여지원금(보험금)을 받을 수 없다. 보험계약일로부터 1년 미만인 경우는 보험가입금액의 50%를, 보험계약일로부터 1년 이상인 경우는 보험가입금액의 100%를 정액으로 지급하므로 소득에 비례하여 보험금을 지급하는 전형적인 소득보상보험과는 괴리가 있다. 즉 상해나 질병으로 업무수행이 불가능한 경우 위로금 차원에서 일정한 확정금을 보험금으로 지급하고 있을 뿐이다.

이처럼 2000년 초 보험회사가 판매를 중지한 대부분의 소득보상보험과 특별약관 형태로 판매하는 보험은 주계약이 아닌 특약 형태로 되어 있다. 또한 가입자의 도덕적 해이를 우려하여 실손형보다 매년 일정액을 지급하는 정액형으로 판매하였다.

그러면 우리나라에서 왜 소득보상보험의 판매가 부진했을까? 아마도 중상이나 중질환 이외의 소득상실위험은 도덕적 해이의 우려가 크고, 장해등급 판정에 의료기관의 주관적 개입이 많으며, 소득보상 보험료 산정을 위한 통계자료 부족 등으로 인해 보험회사들이 판매에 소극적이었기 때문일 것이다. 소비자 또한 자신의 소득이 완전 노출되는 것을 꺼리는 경향이 있으며 보험회사가 판매하고 있는 실손의료보험이 소득보상보험의 역할을 어느 정도 대체할 수 있다는 것도 소득보상보험의 개발과 판매가 부진한 원인으로 작용하였을 것이다.

선진국(미·일) 소득보상보험의 특징

공적소득보상보험

미국의 공적소득보상보험으로는 연방정부에 의해 운영되고 있는 사회보장 소득보상보험(SSDI: Social Security Disability Insurance), 주에 의해 운영되고 있는 산재보험(Worker's Compensation Program), 그리고 소수의 주에서 운영되고 있는 단기소득보상보험이 있다. 이와 같은 공적 소득보상보험은 보상한도가 존재하고 여러 제약조건이 있어 사실상 질병이나 상해에 따른 소득상실을 보상받기 어렵다. 또한 피보험자는 심각한 물리적 또는 정신적 상해가 존재하고 최소한 1년 동안 소득상실 상태가 유지되어야 SSDI 급부금을 받을 수 있는 등 급부조건이 매우 까다롭다. 게다가 SSDI 급부금이 연방 빈곤수준인 연 1만 8400달러에도 훨씬 미치지 못해 소득상실 이전의 소득을 대체하지 못하고 있는 실정이다.

또한 미국의 모든 주는 업무 중의 질병으로 소득을 상실하면 산재보험을 지급하고 있다. 산재보험 역시 SSDI처럼 급부금이 제한되어 있으며 급부금은 소득상실 이전 소득의 2/3 수준이다. 국가안전위원회(National Safety Council)의 조사에 의하면 직업과 관련 없는 질병에 의한 소득상실이 전체의 89.5%, 직업과 관련 없는 상해에 의한 소득상실이 전체의 6.6%인 반면 직업과 관련이 있는 질병이나 상해에 의한 소득상실은 3.9%에 불과해 소득상실의 대부분은 직업과 관련 없는 질병 또는 상해에 의해 발생하는 것으로 나타나고 있다. 이러한 점에서 직업과 관련이 있는 질병과 상해에 의한 소득상실만을 보상하는 산재보험에 큰 한계가 존재하고 있다.

또 하나의 공적소득보상보험은 캘리포니아, 하와이, 뉴저지, 뉴욕, 로드아일랜드, 푸에르토리코 등 6개 주에서 제공하고 있는 일시소득보상보험(Temporary Disability Program)이다(부표 9-3). 일시소득보상보험은 업무와 관련이 없는 상해나 질병으로 소득이 상실된 경우에도 보상하고 있어 사회보장 소득보상보험 및 산재보험과 차이가 있다. 그럼에도 보상기간이 대부분 26주에 불과하고 최대보상한도가 설정되어 있는 등 제약요건이 많다.

일본은 업무상의 질병과 부상으로 인해 취업불능이 된 경우에는 산재보험에서 휴업보상급부나 장해보상급부를 지급한다. 그러나 업무 외 질병과 상해로 인해 취업불능이 된 경우에는 최장 1년 6개월분의 상병수당금(표준보수의 60%)을 건강보험이 지급한다. 또한 공적연금에서는 일상생활 중에 발생한 질병이나 상해에 의해 장해가 확정된 경우에 장해연금을 지급하고 있다.

사적소득보상보험

미국의 사적소득보상보험에서는 피보험자가 업무와 무관한 부상이나 질병으로 일을 할 수 없는 경우에 보험금을 지급한다. 소득보상보험은 보장기간에 따라 단기소득보상보험(Short Term Disability), 장기소득보상보험(Long Term Disability)이 있으며 가입주체에 따라 단체보험과 개인보험으로 구분된다.

단체 단기소득보상보험에서는 장해가 발생하여 1~30일이 지난 후 90~180일까지, 단체 장기소득보상보험은 장해가 발생하여 90~180일이 지난 후 65세까지 보험금이 지급된다. 개인 단기소득보상보험은 장해가 발생하여 7~30일이 지난 후 2~5년까지, 개인장기소득보상보험은 장해가 발생하여 30~90일이 지난 후 65세 또는 종신까지 보험금이 지급된다. 단체보험은 개인보험에 비해 보험료가 상대적으로 저렴하고 매년 보험요율이 갱신되며 일반적으로 고용주가 보험료를 부담한다.

〈표 9-1〉 소득보상보험의 전형적 형태

	단체보험		개인보험	
	단기소득보상보험	장기소득보상보험	단기소득보상보험	장기소득보상보험
보험금 지급 기간	장해발생 1~30일 후부터 90~180일 까지	장해발생 90~180일 후부터 65세까지	장해발생 7~30일 후 부터 2~5년까지	장해발생 30~90일 후부터 65세 또는 종신까지
보험료	- 개인보험보다 저렴 - 매년 요율 갱신 - 일반적으로 고용주 부담		- 단체보험보다 비쌈 - 일반적으로 요율 고정 - 피보험자 개인 부담	

보험
급부
	- 소득 비례하여 매년 증가
	- 급부는 소득의 일정비율(예: 60%)
	- 사회보장, 산재보험 적용으로 급부금
	  감액
			- 급부금 고정(정액)
			- 초과수당, 보너스 등도 담보 가능
			- 일반적으로 사회보장, 산재보험 적용으
			  로 급부금 감액되지 않음	

휴대성	전직(고용관계 종료) 시 담보 불가		전직 시 담보 가능	
세제	일반적으로 보험료는 소득공제 (보험급여는 과세)		일반적으로 보험료는 과세대상 (보험급여는 비과세)	

자료: America's Health Insurance Plan(2004), p.27

또한 단체보험은 소득에 비례하여 매년 급부액이 증가하지만 개인
보험은 정액으로 보험급부가 고정되어 있다. 단체보험에서는 사회보장
및 산재보험에서 보험급부가 이루어지면 그 부분만큼 공제하지만 개인
보험에서는 공제하지 않는다. 전직으로 인해 고용관계가 종료되면 단
체보험에서는 휴대성에 입각한 담보가 불가능하지만 개인보험에서는
담보가 가능하다. 또한 단체보험의 보험료는 일반적으로 소득공제 대
상이 되지만 개인보험의 보험료는 그렇지 않다.

한편 일본의 보험회사는 소득보상보험의 판매에 신중한 태도를 취
해왔다. 그 결과 의사회를 중심으로 한 단체소득보상보험을 판매하게
되었고 보상기간은 1년 내지 2년이라는 비교적 단기간이었다.

예를 들어 니혼코아 손해보험회사가 판매하고 있는 소득보상보험은

부상이나 질병에 의해 취업불능이 되었을 때 소득보상보험금, 부상으로 사망한 때 사망보험금, 후유장해가 발생한 때 후유장해보험금을 지급하고 있다(부표 9-2). 또한 일상생활은 물론 업무에서부터 레저활동에 이르기까지 국내외 사고를 모두 보상하며 입원기간 중으로 담보를 한정하는 '입원 담보특약'을 부가할 수 있다. 소득보상 보험료는 일반 보험계약과 비교할 때 약 36% 정도 저렴하며 보험기간 중 사고가 없으면 보험료의 20%가 환급된다.

이 소득보상보험의 보험금 지급기간은 면책기간(보상되지 않는 기간) 종료일 다음 날부터 계산하여 1년간이며 보험료는 가입하는 사람의 연령, 직업, 보상기간 등에 따라 상이하다. 보험 가입대상자는 일을 하여 수입이 있는 사람으로 만 15세 이상 64세 이하의 사람으로 가입을 한정하고 있다. 소득보상보험금은 1개월당의 휴업보상액이며 보험기간은 1년이다. 직장이 있는 사람은 월평균 소득액 범위 내에서, 공적의료보험에 의한 급부내용(상병수당금) 등을 감안한 후 보험금액을 정하고 있다. 가입 시에 이미 부상을 입었거나 질병에 걸려 의사의 치료를 받고 있거나 의사의 지시로 약을 복용하고 있는 경우에는 그 부상과 질병에 대해서는 보험금을 지급하지 않고 있다.

그런데 최근 손해보험회사가 판매하고 있는 소득보상보험은 보상기간이 정년이나 70세인 장기의 취업불능·장해 리스크를 담보하고 있다. 히타치 캐피탈 손해보험회사가 판매하고 있는 장기소득보상보험은 보상을 최장 퇴직연령까지 설정할 수 있고 면책기간은 90일(연휴와 병가 등의 활용으로 소득상실이 발생하지 않은 상황 반영)이다. 90일 면책은 회사원인 경우에 휴직 개시로부터 2~3개월은 연휴와 병가의 활용으로 실질적으로 소득상실이 발생하지 않는 점을 고려한 것이며, 도덕적 위험에 대한 대책이다.

장기소득보상보험에서는 취업불능의 객관적인 판정이 곤란하여 상품설계가 어렵다는 문제가 지적되고 있지만, 그럼에도 도쿄해상, 손보재팬, 니혼코아(日本興亞)손보, 후지(富士)화재, 히타치캐피탈(日立capital)손보, 닛세이도와(ニッセイ同和)손보 등이 주력 보험상품으로 판매하고 있다. 이처럼 일본에서 장기소득보상보험이 새로운 보험으로 주목받기 시작한 것은 사회보험과 생명보험, 손해보험에서 대응할 수 없었던 리스크를 이 보험이 담보하기 때문이다.

영국에서는 소득보상보험이 PHI라는 명칭으로 판매되고 있으며 보험상품의 유형에는 개인형과 단체형이 있으며 계약기간이 단기인 경우는 없고 60세나 65세 만기연령 중 하나를 선택하도록 되어 있다.

소득보상보험의 선진국 동향

대부분의 선진국은 공적소득보상제도를 운영하고 있으나 충분한 보상이 이루어지지 않고 있다. 즉 영국은 국가보험(national insurance), 미국은 사회보장 소득보상보험(social security disability insurance)에서 사회보장의 일환으로 최소생계를 지원하고 있다. 또한 독일과 프랑스는 건강보험과 관련된 공적보험을 통해 상병수당 형태로 소득보상금을 지원하고 있다. 그러나 이러한 공적소득보상제도는 지급금액의 상한이 낮고 지급기간에 제한이 있어 보상이 충분하지 않다는 문제가 있다.

따라서 공적소득보상보험의 기능을 보완하는 사적소득보상보험이 보편화되어 있다. 왜냐하면 산재보험과 같은 공적소득보상보험과 달리 사적소득보상보험은 피보험자가 업무와 무관한 부상이나 질병으로 일을 할 수 없는 경우에도 보험금을 지급하기 때문이다. 이에 따라 선진국에서는 보장기간에 따라 단기소득보상보험, 장기소득보상보험, 가입주체에 따라 단체보험, 개인보험과 같은 다양한 소득보상보험이 개발되고 있다. 이 밖에 고한도 소득보상보험과 핵심인력소득보상보험 등이 있다.

이러한 소득보상보험에는 도덕적 해이 우려가 상존하고 있기 때문에 1980년대에 들어와 북미 지역의 보험회사들은 보상청구(claim)의 적극적인 검증에 더욱 중점을 두고 있다. 그러나 적극적인 보상청구 검증은 피보험자의 도덕적 해이를 억제하는 측면이 있으나 근본적으로 보상청구를 줄이는 데는 어느 정도의 한계가 있다. 이러한 한계를 극복하기 위해 북미를 중심으로 복직프로그램을 병행하여 운영하는 추세이다.

치료프로그램은 주로 장기간 치료를 요하는 사람들을 위한 것이고 예방프로그램은 며칠 동안 일을 하지 못한 후나 병가 전에 예방조치를 취하는 프로그램이다. 복직프로그램은 보험금을 청구한 사람들을 빠른 시일 내에 직장에 복귀시켜 보상청구액을 줄임으로써 보험회사의 사업성과를 개선하는 데 목적이 있다. 보상청구 관리 또는 복지프로그램에 대한 1달러 투자당의 사업성과는 단체보험이 13달러, 개인보험 20달러의 개선효과가 있는 것으로 보고되고 있다. 또한 보험회사는 이 프로그램을 통해 단순한 보험금 지급기관의 역할에서 벗어나 취업불능 상태의 근로자에게는 회복을 위한 동반자로서, 그리고 해당 회사에는 경영지원자로서의 역할을 수행하고 있다.

소득보상보험을 도입하려면

지금 우리나라에는 미·일 등 선진국과 같은 사적소득보상보험이 판매되지 않고 있다. 따라서 사적소득보상보험에 의한 공적소득보상보험의 보완기능은 없는 셈이다. 보험회사는 소득보상보험 시장의 성장성이 낮고 수익성 또한 높지 않다고 보고 이 시장에의 진출에 적극적이지 않았다. 그렇다면 그간의 소득보상보험 판매과정을 통해 나타난 우리의 문제점과 대응책에 대해 살펴보자.

먼저 가입자의 도덕적 위험인 역선택에 대한 충분한 대비가 이루어져야 한다. 말 그대로 도덕적 위험은 보험금 급부를 부정으로 얻을 목적으로 병 상태를 속이고 보험계약을 체결하는 것이다. 이러한 위험을 줄이기 위해 미·일 등 선진국은 면책기간의 설정에 매우 신중하였고 소득보상보험의 인수기준 완화[6]에 신중하였다. 또한 소득보상보험 가입자의 소득 관련 자료를 체계적으로 정비하여 소득수준이 객관적으로 파악 가능하도록 노력하였다.

반면 우리나라는 면책기준에 대한 객관적인 기준이 모호하고 유연한 인수기준을 취하였을 뿐만 아니라 소득수준 파악을 위한 자료도 충분히 집적되지 않았다. 특히 직장근로자는 실질 소득수준이 연말정산 등 각종 자료를 통해 소득 파악이 일정 수준 가능하지만 자영업자는 소득파악하는 데 한계가 있었다.

둘째, 보험요율 산출을 위해 질병 및 재해율 통계의 집적이 요구된다. 소득보상보험의 요율 설정은 일반적으로 5단계(매뉴얼 기재요율, 경험요율, 허용급부율, 사정자에 의한 조정, 최종제시요율)를 거친다. 따라서 소득보상보험에서의 보험요율 산정을 일반보험에서의 보험요율 산정과 비교할 때 그 과정이 복잡하고 꽤 기술적인 기법이 요구된다. 이와 같은 요율 산정과정에서 필요한 재해 및 질병과 관련된 통계자료는 필수적이며 특히 경험위험률 산출에는 성별, 연령별, 휴직기간별, 산업별 등의 위험률 통계가 필요하다. 이러한 보험요율 산출의 어려움과 관련 자료의 부재로 인해 다양한 소득보상보험의 개발이 어려웠다.[7]

셋째, 취업불능에 대한 표준화된 기준을 마련해야 한다. 표준화된 취업불능의 정의가 존재하지 않고 개별 사마다 정의를 달리하면 취업불능의 객관적 기준이 없어 가입 시 혼선이 있을 수 있다. 미국에서도 이러한 점을 감안하여 완전 취업불능, 부분적인 취업불능에 대한 정의를 명확히 하고 이 기준에 의해 소득보상보험을 개발하고 있다. 우리는 상해와 질병으로 인한 취업불능 상태를 객관적으로 판단할 수 있는 기준이 마련되어 있지 않아 정부에서 제공하는 장애인 판정기준을 통해 취업불능 상태의 여부를 판단, 평가하고 있다. 취업불능에 대한 불명확한 기준은 가입자와의 분쟁이 우려되고 자칫 가입자의 도덕적 해이를 가져올 수 있기 때문에 보험회사가 어떻게 객관적인 취업불능 기준을 마련하고 적용하느냐가 또 하나의 과제라고 할 수 있다.

넷째, 공·사 소득보상보험 간의 유기적인 연계가 요구된다. 현재 우리나라는 사적소득보상보험의 부재로 공적소득보상보험과의 연계가 전혀 이루어지지 않고 있다. 공적소득보상제도를 보완하기 위한 사적소득보상보험이 미비한 상황이다. 따라서 어느 수준까지 공적소득보상보험이 보장할 것인지, 사적소득보상보험의 역할을 어느 정도까지 가져갈 것인지에 대한 검토가 있어야 할 것이다.

다섯째, 소득보상보험에 대한 고객 인지도를 향상시키려는 노력이 요구된다. 소득보상보험을 활성화하기 위해서는 우리나라 소비자의 소득보상보험에 대한 인식의 변화를 가져오게 할 대책이 마련되어야 한다. 우리나라의 근로자는 민영건강보험에의 가입을 통해 소득보장보험의 기능 일부를 대체하려는 경향이 강해 소득보상보험에 대한 가입수요가 상대적으로 낮다. 기업 역시 종업원의 복지 차원에서 소득보상보험을 활용하려는 수요가 없어 수요자 측면에서 소득보상보험 활성화 유인이 존재하지 않는다는 문제가 있다.

또한 소득보상보험의 영업활동 대상을 제도 도입 초기에는 의사, 변호사 등 고액소득자로 특화하고 점차 일반 소비자로 확대하는 보험회사의 영업전략 부재도 지적될 수 있다. 왜냐하면 이들 소비자층은 소득수준이 높기 때문에 다른 일반 소비자에 비해 보다 적극적으로 구매하려는 경향이 크기 때문이다.

소득보장 기능을 높이려면

노동시장의 양극화 등으로 인해 질병과 상해에 따른 소득상실위험은 더욱 증대될 것이다. 따라서 공적소득보장보험을 보완할 사적소득보장보험의 개발과 도입이 요망되고 있다. 그럼에도 불구하고 우리의 경우 미·일 등 선진국과 달리 소득보상보험의 판매가 전혀 이루어지지 않아 소득보상보험을 통한 소득보장 기능이 아예 없다. 따라서 소득보상보험의 기능을 제고하기 위한 보험회사와 정부의 노력 외에 소득보상보험의 필요성에 대한 소비자의 인식전환이 요구된다.

보험회사는 리스크 관리자로서의 역할을 강화한다는 차원에서 소득보상보험의 개발에 보다 관심을 가져야 할 것이다. 또한 공적소득보상보험의 보장 한계를 사적소득보상보험으로 보완하여 보험회사의 위상을 높이고 새로운 성장시장으로 자리매김시키겠다는 자세의 전환이 요구된다.

이를 위해서는 미·일 등 선진국의 사례를 벤치마킹하여 보험요율 산출 자료의 집적, 가격산출기법 배양, 그리고 가입자의 도덕적 해이 방지를 위한 적정한 면책기간, 인수조건, 취업불능 기준을 마련하고 표준화된 보상청구 검증 시스템을 개발해야 한다. 그리고 공적소득보상보험과 연계된 상품을 만들어 과도한 보상가능성을 차단하고 변호사, 의사 등 전문직을 대상으로 하는 단기 소득보상보험 개발에 먼저 초점을 맞추되, 점진적으로 단체보험과 연계한 소득보상보험을 개발해 나가야 할 것이다.

정부 또한 소비자의 사회안전망 구축 차원에서 보험회사의 소득보상보험 개발을 적극적으로 지원·독려할 필요가 있다. 현재 공적소득보장보험의 역할이 매우 제한적임을 인식하고 어느 수준까지 사적소득보상보험의 역할을 가져갈 것인지에 대한 종합적인 검토가 요구된다. 이를 위해 공·사 소득보상보험 간의 유기적인 역할 분담을 위한 가이드라인을 사전에 설정하는 것이 바람직하다. 또한 종업원 복지 차원에서 기업의 소득보상보험 가입이 활발하게 이루어지도록 약관 등 관련 제도의 재정비에 관심을 가져야 할 것이다.

소득보상보험이 활성화되지 않은 또 하나의 큰 이유는 이 보험에 대한 소비자 인식 부족에 있다. 소득상실의 경제적 파급효과가 의료비용의 지출에 따른 경제적 효과보다 훨씬 큼에도 불구하고 소득보상보험에 대한 인식이 미흡하여 판매가 부진하였기 때문이다. 따라서 소득보상보험에 대한 인식전환을 위한 보험회사와 정부의 공동의 노력을 통한 대책 마련이 요구된다.

제10장

민영건강보험,
윤리적으로 문제없는가

민영건강보험의 윤리적 논란과 유래

우리는 요즘 '나이롱' 환자, 과잉진료, 운전자 바꿔치기, 위장 실종 등과 같이 유쾌하지 못한 소식들을 자주 들으며 살아가는 것 같다. 모두 보험과 관련된 말들이다. 보험은 인류가 사회적 후생 증대를 위해 창안한 위대한 제도로 칭송되어 왔다. 마크 트웨인이 "은행은 맑은 날 우산을 빌려주었다가 비가 올 기미만 보이면 돌려달라고 하지만, 보험은 맑은 날 우산을 보관하고 있다가 비가 오면 우산을 돌려준다"고 말한 바와 같이 보험회사는 개인이나 기업의 리스크를 인수하는 것을 핵심 사업으로 하는 금융회사이다. 그러나 모든 제도에 음양이 있듯, 보험제도가 운영되는 과정에서 시공(時空)을 초월하여 항상 비윤리적이고 심지어 극악한 범죄행태들이 발생해왔다.

건강보험은 인간의 질병과 상해를 대상으로 하므로 본질적으로 화재보험과 같은 재산을 대상으로 하는 보험에 비해 윤리적 측면에서 문제가 훨씬 더 복잡해진다. 건강보험의 윤리적 이슈는 넓게 볼 때 생명윤리, 의료윤리 등을 포함하며, 따라서 관련된 이해관계자도 매우 다양하다. 여기에서는 범주를 한정하여 영리를 목적으로 하는 건강보험이 적절히 작동하기 위해 그 운영과정에서 핵심적 역할을 하는 보험서비스 공급자, 소비자 그리고 의료서비스 공급자와 관련하여 발생하는 윤리적 측면을 개괄적으로 살펴본다.

보험의 종류를 불문하고 보험이라는 금융서비스의 독특한 특성이 다양한 윤리적 문제를 야기한다.[1] 세무회계나 법률서비스처럼 보험서비스는 무형성, 비분리성, 이질성, 소멸성의 성격을 갖는다. 보험서비스는 일반 제품처럼 보거나 만질 수 없고, 생산과 소비가 분리되는 것이 아니라 동시에 발생하며, 동일한 보험회사가 개발하여 제공하는 상품이라도 어느 판매 인력이 어떻게 소비자와 잘 소통을 하느냐에 따라 소비자의 서비스 만족도가 달라지며, 제품처럼 재고로 쌓아둘 수도 없다.

또한 금융서비스로서 갖는 복잡성과 장기성이 보험에서는 두드러지게 나타난다. 보험상품은 주계약 및 특약이 다양하게 결합된 상품으로 판매되므로 정기생명보험이나 자동차보험 같은 소수 보험종목을 제외하면 일반인들이 이해하기 쉽지 않다. 생명보험이나 건강보험의 경우 상품에 따라서는 종신토록 보험계약이 지속되는 초장기 성격을 가지며, 보험금 지급 사유 발생 시 보험회사는 계약 이행을 위해 고객의 자산을 신중히 관리하여야 할 수탁자로서의 책임(fiduciary responsibility)을 갖는다. 이에 따라 소비자보호가 중요한 이슈로 부각된다.

한편 보험은 금융서비스 중 전반적으로 정보의 비대칭성 문제에 가장 크게 노출되어 있다. 정보의 비대칭성이란 보험에 가입하고자 하는 소비자가 자신의 위험도에 대해 보험회사보다 더 많이 알고 있는 상태를 말한다. 보험회사가 가입 신청자의 리스크를 적절히 평가하고 통제하지 못한다면 수지타산을 맞출 수 없는 저렴한 가격으로 보험서비스를 판매하므로 손실을 보게 될 것이고, 이런 현상이 심화되면 회사의 재무건전성에 문제가 생길 수 있다. 아울러 보험사고가 발생하였을 때 보험계약상 보상해야 하는 사고가 아님에도 불구하고 사기적 보험금 청구처럼 이를 제대로 파악하지 못하여 보험금을 지급하는 일이 발생할 수 있다. 결론적으로 정보의 비대칭성은 역선택과 도덕적 해이를 본질적으로 수반하게 되며 이런 문제가 통제되지 못하는 상황이 발생하면 최악의 경우 보험서비스 공급이 중단되는 시장실패가 생기게 된다.

보험서비스의 무형성과 복잡성으로 인해 소비자가 적절한 보험상품을 선택하기 위해서는 서비스 공급자로부터 충분히 정보를 제공받고 자문을 받을 필요가 있다. 이러한 측면이 미흡해질 때 불완전판매가 발생하게 되고, 소비자의 신뢰를 상실하게 된다. 보험영업과 관련된 불완전판매는 후술하듯 국내외적으로 논란이 많았다. 예컨대 생명보험의 경우 승환(乘換)과 관련된 잡음이 많았으며, 금융감독원의 보험리콜 명령도 있었고, 손해보험의 경우 리베이트는 고질적인 문제이다.

보험서비스의 복잡성은 자연스럽게 다양한 관련 전문가를 필요로 한다. 보험상품의 개발 및 판매와 관련된 보험계리사, 보험중개사 등과 같은 보험 전문가뿐만 아니라 보험사고 발생 시 보상을 위해 해당 분야 전문가의 적절한 서비스와 자문이 필수적이다. 피부에 와 닿는 일상적인 예로 자동차보험과 건강보험을 들 수 있다. 자동차 정비를 필요로 하는 교통사고가 발생하였을 때, 정비 전문가의 적절하고 윤리적인 서비스가 필수적이다. 만약 정비업체가 지나치게 수리하거나 부당요금을 청구한다면 자동차 손해율은 상승할 것이고 이는 결국 다수의 보험계약자에게 보험료 인상부담으로 귀착될 수 있다. 자동차 정비서비스보다 더욱 복잡한 의료서비스가 내재된 건강보험의 경우도 마찬가지다. 상해나 질병 사고를 당한 피보험자가 의료 전문가로부터 의료서비스를 제공받는 과정에서 과잉진료나 허위청구 행위가 만연되면 건강보험의 건전한 운영은 불가능하다. 즉 보험제도가 제대로 운영되기 위해서도 인간의 생명을 다루는 의료 전문가의 사회적 책임과 윤리성이 요청된다.

계약의 장기성은 소비자에게 또 다른 위험요인이 된다. 즉 계약체결 당시 적절히 판매되었다 할지라도 보험계약을 장기적으로 유지하는 동안 보험회사가 약속한 사항을 적절히 이행하지 못하는 상황이 벌어질 수 있다. 예컨대 예기치 않은 경제적 상황이 발생하여 예시한 계약자배당을 지급하지 못할 수 있다. 또 의료기술의 발전으로 조기 암진단이 가능해짐에 따라 정액형 암보험을 대거 판매한 보험회사가 파산하거나 재정건전성이 급격히 악화되어 보험사고를 당한 피보험자가 적절한 피해보상을 받지 못하는 상황이 발생할 수도 있다. 계약갱신형 상품 같은 경우 보험회사가 예상치 못한 실적악화로 보험료를 크게 인상한다면 경제적 부담으로 계약 유지를 못하는 계약자가 속출할 수 있다.

고객의 자산을 신중하게 운용하여야 하는 공공성은 윤리적 이슈에 대해 생각하게 하는 또 다른 원천이기도 하며, 감독당국이 보험자산 운용에 대해 다양한 규제를 하는 근거이기도 하다. 지속가능경영의 관점에서 자산운용 시 보험회사가 '사회적으로 책임 있는 투자(SRI: Socially Responsible Investment)'를 하는 것이 점차 세계적으로 보편화되어 가고 있는 추세이기도 하다.

정보의 비대칭성 문제는 보험경영에 심각한 문제를 야기할 수 있으므로 보험회사는 이를 방지하기 위해 가능한 많은 정보를 수집하고

자 한다. 이는 보험모집 및 언더라이팅 과정에서 특히 유용하게 사용된다. 그러나 이렇게 사용된 정보가 윤리적 문제를 야기시키는 경우가 발생할 수 있다. 예컨대 동일한 위험 등급에 속하거나 동일한 위험도를 가진 피보험자 및 피보험 목적물을 대상으로 보험료 등에 부당한 차이를 두거나 지역, 성별, 결혼 여부, 신체적 장애 등을 이유로 인수를 거절하거나 인수조건 등에서 부당하게 차별하는 행위 등이 이에 해당한다. 또한 후술하는 바와 같이 유전체정보에 입각하여 유전자 이상이 없는 사람에게는 보험을 팔고, 이상이 있는 사람에게는 판매를 거절한다면 과연 그러한 언더라이팅 기준이 사회적으로 용인될 수 있는가 하는 논란이 불거진다.

보험회사 마케팅의 윤리적 문제

일반적으로 마케팅 분야에서의 윤리적 이슈는 제품, 가격, 광고·판촉·홍보, 판매 및 유통, 마케팅조사와 관련하여 발생할 수 있다.[2] 제품 관련 윤리 문제는 도요타자동차의 리콜사태에서 보는 바와 제품안전 및 제조물 책임과 관련된 문제들이다. 가격 관련 윤리 문제는 가격은 전과 동일하게 받으면서 제품 용량을 줄이는 것과 같이 불명확하거나 오해를 유발하는 가격책정 행위를 말한다. 광고·판촉·홍보 측면의 윤리 문제는 매출 증대만을 목표로 과도하게 성적(性的)인 측면을 부각시키거나 거짓 정보나 과장된 주장으로 소비자를 오도하거나 기만하는 제반 행위를 말한다. 판매 및 유통 관련 윤리 문제는 판매실적을 올리기 위해 영업사원이 정보를 왜곡하거나 다이렉트 마케터(direct marketer)가 고객의 동의 없이 고객정보를 유통하거나 수많은 스팸메일을 보내는 행위 등을 말한다. 마케팅조사 관련 윤리 문제는 마케팅조사의 결과가 제품의 위해 가능성을 시사하고 있음에도 이를 숨기는 것과 같이 소비자를 기만할 가능성이 있는 조사결과를 소비자 의견을 바꿀 목적으로 사용하는 것을 말한다.

이러한 제반 마케팅 관련 윤리적 문제 중 건강보험과 같은 가계성 보험과 관련하여 특히 문제가 되는 것은 판매 및 유통, 그리고 광고·판촉·홍보 측면이다. 이는 금융감독원에 접수된 보험민원의 추이에서 확인할 수 있다. 즉 보험민원 건수는 1999회계연도의 9294건에서 2009회계연도의 4만 441건으로 4.3배가 증가하였는데, 보험금 지급 관련 민원은 3.2배 증가한 반면 보험모집 관련 민원은 10배 넘게 증가했다. 모집 관련 민원은 전체 민원의 약 30%를 차지한다.

사실 보험모집과 관련된 고객 불만은 세계적으로 공통된 보험산업의 고질적인 문제이다. 특히 보험 가입과정에서 모집인 등 판매자의 귀책사유로 소비자가 불만을 제기하는 불완전판매가 많은 비중을 차지한다. 이러한 불완전판매를 줄이기 위해 건강보험 분야의 경우 약관의 표준화와 같은 투명성 제고 노력이 각국에서 시도되고 있다. 불완전판매의 유형은 예시오류, 사기판매, 부정승환으로 구분할 수 있다.[3]

예시오류란 가입설계서 등 계약자에게 제시하는 판촉물 등에 불명확한 표현이나 과장표현을 사용하여 계약자의 합리적인 판단을 저해하는 행위다. 그 예로 해약환급금의 과대계상, 보험가입과 관련된 다양한 부실설명 등이 이에 해당한다. 부실설명의 예로는 일정 기간 경과 후 해약 시 납입보험료 전액이 환급 가능하다고 설명하거나 보장성 보험을 저축성보험으로 설명하며, 보장이 불가능한 것을 가능하다고 설명하는 행위 등이 이에 해당한다. 2009년 금융감독원은 대표이사 문책을 포함한 제재조치를 보험회사에 취한 바가 있는데, 이는 일부 손해보험회사들이 실손의료보험을 판매하면서 중복보상이 되지 않음에도 불구하고 이를 확인하거나 설명하지 않고 판매한 불완전판매 사례를 적발하면서 취해진 것이다.

사기판매란 생명보험을 연금으로 속여 판매하는 등 상품의 성격을 속여 판매하거나 계약자의 동의를 구하지 않고 판매하는 행위를 말한다. 관련 예로서는 피보험자의 병력 및 직업에 대한 부실고지를 유도하거나 고의로 누락하는 행위, 본인 의사 없이 계약체결 후 임의로 자동이체를 신청하거나 계약자 또는 피보험자의 자필서명 없이 계약을 체결하는 행위, 상품을 임의로 변경하여 계약하거나 계약금액을 임의로 증액하는 행위 등이 이에 속한다.

부정승환이란 승환에 따른 장단점 등을 명확하게 설명하지 않고 승환을 유도하여 결과적으로 계약자에게 피해를 주는 행위를 말한다. 일본의 경우, 1997년의 닛산생명 파산 이후 계약의 해약, 승환 등과 관련하여 많은 민원이 야기되었다. 또한 영업사원의 불법행위와 불충분한 설명으로 변액보험 관련 소송이 잇달았고, 보험회사의 패소로 생명보험회사의 신뢰성에 심각한 타격이 가해졌다.

유럽 및 미국 등에서도 보험판매와 관련된 소송이 적지 않았다. 예컨대 영국에서는 1988년부터 1994년까지 직역연금에 잔류하거나 가입하는 것이 유리한 사람들을 대상으로 개인연금을 구입하도록 하는 연금판매회사들의 불완전판매가 크게 문제가 된 바 있다. 미국의 경우 특히 1990년대 중반에 불완전판매로 인해 초대형 생명보험회사들이 거액의 손해배상을 하고, 이에 따라 해당 생명보험회사의 신용등급 하락은 물론 업계의 신뢰도 추락을 초래하였다.[4] 미국 생명보험협회 조사에 의하면, '생명보험회사가 높은 윤리수준을 갖고 있다'는 문항에 동의하는 비중이 1968년에는 50%였으나 1994년에는 24%로 하락하였다.[5]

우리나라의 경우 건강보험의 판매와 관련하여 상품설명 과정에서 계약자의 의문사항에 대해 적절한 전문지식을 갖고 효과적으로 설명하고 있는지에 대해서는 의문이 든다. CI보험, 즉 중대질병보험의 경우에는 보험회사 내부적으로 기준을 정해 자격이수제도를 채택하고 있지만, 일반 건강보험의 경우에는 아직 그러한 고려가 충분하지 않기 때문이다. 이에 따라 건강 관련 전문지식이 부족한 보험설계사가 충분하고 적절한 설명을 하지 못한 채 건강보험 상품을 판매하고, 이것이 다시 보상단계의 민원으로 이어지는 문제점이 생길 개연성이 크다.[6]

또한 최근 홈쇼핑 채널을 통해 민영건강보험이 많이 판매되었다. 홈쇼핑 채널은 건강보험 상품의 활성화에 크게 기여하였지만 매출극대화를 위한 과장광고와 부실설명 사례가 적지 않았다. 예컨대 '유리한 내용만을 반복하여 강조하고 소비자에게 불리한 사항은 음성안내 없이 자막처리하거나 축소하여 방송'하거나 홈쇼핑사 PD 등의 보험에 대한 이해도가 낮아 쇼호스트가 주요 내용에 대해 설명하지 않거나 보장내용 설명 시 과장된 안내와 자극적인 멘트를 하는 경우가 많았다.[7] 홈쇼핑업체가 보험대리점으로 등록되어 있음에도 불구하고 모집 사용인인 쇼호스트가 판매자격증을 보유하고 있지 않는 등 다양한 문제점이 홈쇼핑을 통한 보험 광고와 판매에서 발생하였다. 또한 보험업계는 협회를 통해 보험광고를 사전 심의하는 자율규제 장치를 적절히 활용하지 못하는 한계를 보이기도 하였다. 이는 결국 보험소비자의 만족도 저하와 보험산업의 이미지 실추를 가져오게 되었다. 이러한 문제에 대

한 파장이 커짐에 따라 금융감독원은 보험협회의 보험광고 심의기준
을 대폭 강화하도록 지도하고, 과장광고에 대한 제재금 한도를 1억 원
으로 상향조정하며, 홈쇼핑 같은 통신판매 보험상품에 대한 청약철회
기간을 15일에서 30일로 연장한 바 있다.[8] 특히 2011년 초부터 시행된
개정보험업법에서는 허위과장광고 규제의 근거를 마련한 바 있으며,
세부적으로 시행규칙에 의해 보험판매광고 시 필수 안내사항, 금지사
항 및 보험협회의 광고심의 근거 등을 마련하였다.

보험회사의 보상행위, 윤리적 문제는 무엇인가

보험사고 발생으로 제기되는 보상과 관련된 사항은 보험소비자의 권
익에 대단히 중요하기에 이에 대한 규제가 통상 세부적으로 이루어지
고 있다. 미국을 보면 보상과 관련된 광범위한 불공정 관행을 구체적
으로 열거하여 규제하고 있다. 예컨대 쟁점이 되는 약관조항에 고의로
부실하게 설명하거나, 불필요하게 보험금 지급을 지연하거나 거절하며,
보상에 대한 면·부책을 알리지 않고, 적은 보험금액을 제시함으로써
피보험자나 보험수익자가 소송을 유발케 하는 행위 등이 불공정 사례
로 예시되고 있다.

최근 보험금 미지급과 관련된 일본의 사례는 좋은 예라고 할 수 있
다. 2005년에 일본의 메이지야스다생명은 보험회사에게 과거 병력과
건강상태 등을 고지해야 하는 보험계약자의 의무에 대한 설명을 충분
히 하지 않고 가입자와 보험계약을 체결하고는 나중에 그가 보험금을
청구하니까 고지의무 위반을 이유로 보험금 지급을 거절했다. 이런 사

례들이 사회적 문제로 대두되자 일본 금융청은 2005년부터 7회에 걸쳐 28개 보험회사에 대한 보험금 지급 실태를 조사하여 영업정지 등의 강력한 조치를 취한 바 있다. 일본의 보험금 미지급 사례를 유형별로 나누어보면 다음과 같았다.[9]

- 고지사항과 인과관계가 없는 보험사고에 대한 지급 거절
- 주계약 보험금만 지급하고 특약 부분에서 발생하는 보험금을 미지급한 경우와 보험금 청구안내를 소홀히 하여 발생한 보험금 미지급
- 모집조직의 불완전판매와 고지의무 위반 등을 조장하고 보험금 청구단계에서 계약요건 불비를 이유로 보험금 지급을 거절

기왕증 관련 사례

암보험에 2006년 2월 25일 가입한 후 보험계약자는 뇌부분의 암진단을 받음에 따라 2008년 8월 7일 암진단보험금 4000만 원을 청구하였다. 이 사람은 과거에 입천장 부위의 암진단을 받고, 수술 및 방사선 치료를 받은 바 있으며 지속적으로 추적 관찰한 결과 별 이상이 없었다. 그러나 보험회사는 2008년 7월 진단받은 뇌 및 뇌막의 속발성 악성신생물은 과거 입천장암이 재발하여 수술한 것이므로 계약이 무효라면서 보험금 지급을 거절하였다. 상법 644조 및 해당보험 약관 제4조에 의하면 보험계약 당시 보험사고가 이미 발생한 경우 보험계약이 무효 처리되며, 다만 보험회사는 이미 납입한 보험료를 돌려주게 되어 있다. 금융감독원 금융분쟁

조정위원회는 약관조항상 보험계약 무효사유는 보험에 가입한 이후 90일이 경과하기 이전 암진단 확정이 내려진 경우인데, 본 사안의 경우 암진단 확정은 90일이 경과한 이후 진단을 받은 것이며, 과거 암진단 이후 약 5년 6개월 동안 치료한 적이 없다가 금번에 진단을 받은 것이므로 이는 새로운 암으로 보아야 한다는 결론을 내렸다. 이에 따라 보험회사는 신청인인 보험계약자에게 4000만 원의 암진단보험금을 지급하라고 주문하였다.

(출처: 금융감독원 분쟁조정 사례, 결정일자: 2009.3.24, 조정번호: 제2009-32호)

이러한 유형의 보험금 미지급은 국내에서도 요즘 특히 문제가 되고 있다. 금융감독원에 접수된 보험민원 중 보험금 지급 관련 민원이 약 44%를 점유할 정도로 많은 논란이 되고 있다.

이 때문에 금융감독원은 일본의 사례나 국내 보험민원 추이를 감안하여 감독행정상의 대응조치들을 취해오고 있다. 즉 보험금 지급에 관한 모범규준을 개선하여 보험금 청구서류를 간소화하고, 보험금 지급 안내서비스 대상을 확대하며, 청약 관련 보험금 부지급 심의위원회 운영 등 보험금 지급 업무를 개선토록 하고, 미지급보험금 관련하여 보험회사의 자율개선 실적 등이 미흡한 회사에 대해서는 현장검사를 실시하고 제도개선 이행실태를 점검하는 것 등이 이에 해당한다.[10]

보험회사의 언더라이팅과 윤리적 문제

보험회사의 언더라이팅은 보험제도가 건실하게 운영되기 위해 아무리 강조해도 지나치지 않은 핵심 관리기능이다. 교과서적으로 말하면 언더라이팅은 보험가입을 신청한 피보험자를 평가, 분류하고 선택하는 과정이다. 선택이란 피보험자의 리스크 정도를 평가하여 해당 보험계약을 인수할 것인지 또는 거절할 것인지를 결정하는 행위이고, 분류란 선택된 개별 리스크를 유사한 기대손실을 지닌 일정 그룹(class)에 배정하는 과정을 말한다. 이렇게 보면 언더라이팅은 통상의 번역용어인 '청약인수'보다 광의의 개념이라고 할 수 있다.

따라서 언더라이팅의 주요 목적은 도덕적 해이나 역선택 등의 측면을 포함한 리스크 분석을 통해 각 리스크 특성에 적절한 보험료가 부과되게 함으로써 보험회사에 전반적으로 안전하고 수익성이 있는 보험계약을 인수하게끔 하는 것이다. 즉 언더라이팅은 대수(大數)의 법칙에 의거한 보험 메커니즘이 적절히 작동토록 하는 보험회사의 핵심 기능인 것이다. 이러한 이유로 홀톰(Holtom, 1973)은 "언더라이팅은 보험의 일부분이 아니라 언더라이팅이 곧 보험"이라고 말하기도 한다.

속칭 '요실금보험'으로 널리 알려진 S생명의 여성시대건강보험(이 책의 제8장 참조)은 언더라이팅의 중요성을 말해주는 좋은 사례이다. 요실금에 관한 자료를 적절히 확보하지 못했고, 의료기술이 발전하여 여성성형을 요실금치료로 시술할 수 있게 되는 것도 예측하지 못하였으며, 테이프 시술은 더더군다나 예측 불가능한 일이었다. 또한 실손보상이 아닌 정액형 보상으로 판매하다보니 계약자와 병의원의 도덕적 해이, 심지어는 이러한 보장을 받을 목적으로 보험에 가입하는 역선택 현상이 발생했던 것이다. 사후적으로 분석해보면 언더라이팅의 총체적인 실패 사례인 것이다. 요실금보험과 같은 실패를 겪지 않기 위해 보험회사는 전통적으로 계약자의 리스크를 파악하기 위한 다양한 노력을 해오고 있다. 건강진단과 개인병력에 관한 의료정보의 공유, 최대선의의 원칙에 기반한 고지의무 부과 등이 이에 속한다.

민영보험의 중요 원칙 중 하나가 보험료 부담의 형평성이다. 자동차 사고가 발생할 가능성이 높은 운전자는 높은 보험료를 내야 하고 사고 가능성이 낮은 운전자는 보다 저렴한 보험료를 내는 것이 민영보험의 형평성이다. 만약 동일한 보험료를 낸다면 우량 운전자가 불량 운전자를 지원하는 교차보조 현상이 발생하게 되고, 이런 현상이 극단적으로 발생하면 시장실패가 발생하게 된다. 이것은 민영건강보험의 경우에도 마찬가지이며, 바로 이 점이 민영보험과 사회보험과의 결정적인 차이점이다. 보험회사가 리스크를 적절히 평가하여 공평한 보험료를 부과할 수 없을 경우 요실금보험과 같은 실패가 발생하며, 이러한 현상이 심해지면 보험회사의 재정건전성마저 위협받을 수 있다.

유전체(genome) 정보의 사용은 이런 맥락에서 보험회사에게 유용한 정보가 될 수 있다. 인류 생명체 연구의 혁명적 시도인 '인간 유전체 프로젝트(HGP: Human Genome Project)'는 1984년에 시작하여 여러 난제를 극복하면서 2001년 인간 유전체 서열의 초안을 발표하였다. HGP의 목표는 유전학의 순수 연구 외에 인류에게 발생하는 질병들의 원인이 되었던 유전자들을 확인하고, 서열의 어느 부분에 돌연변이가 발생했는지를 조사하기 위한 것이다. 이러한 연구를 통해 인류는 선천적 혹은 후천적 질병에 관련된 유전자들을 비롯하여 피부색, 신장, 지능, 운동 능력 등 개인의 특성과 연관된 유전자의 역할과 상호 관계를 이해할 수 있을 것으로 생각된다. 즉 HGP의 성공은 인류에게 다운증후군이나 헌팅턴병 같은 유전병의 퇴치뿐만 아니라 지금도 난치병인 암을 치료할 수 있을 것이며 장차 자신의 몸에 어떠한 병적 위험이 닥칠 것인지를 미리 알아서 이에 대비할 수 있을 것이라는 기대를 갖게 한다.[11]

보험회사는 이러한 유전체정보를 활용하여 특정 계약자가 미래에 사망할 가능성이나 암이나 당뇨병과 같은 특정 질병에 걸릴 가능성을 보다 정확하게 예측할 수 있다. 예컨대 백인 여성에게 높은 빈도로 발생하는 유방암의 경우 BRCA1과 BRCA2라는 두 유전정보의 이상에 기인한다는 것이 밝혀졌다. 따라서 암을 보장하는 상품을 파는 건강보험회사는 여성 고객들에게 이러한 유전자들의 이상 유무를 진단하도록 요구하고 이상이 발견되면 보험가입을 거절하거나 보다 높은 보험료를 부과할 것이다. 즉 보험가입을 신청한 계약자가 신청 당시 건강상태가 양호해 보일지라도 유전적으로 20~30년 후 보험사고가 발생할 것으로 예상된다면 보험회사는 언더라이팅 관점에서 건강보험 청약을 거절하거나 보다 높은 보험료를 부과할 수 있다. 따라서 보험 메커니즘이 제대로 작동하게 되고, 그럼으로써 영리성을 확보할 수 있게 하므로 보험회사가 유전체정보를 활용할 수 있도록 해야 한다는 논리가 가능해진다.

실제적으로 개인이 갖고 있는 유전정보의 차이로 인해 보험가입상의 한 차별이 발생했던 것으로 보고되고 있다. 예컨대 미국 캘리포니아 주의 한 남성은 다발신경섬유종증 유전자가 있다는 이유로 질병 징후가 없었음에도 불구하고 직장을 옮겼을 때 건강보험 가입을 거절당한 바 있다. 또 텍사스의 한 여성은 실제로는 그녀의 엄마가 헌팅턴병으로 진단받은 바가 없음에도 불구하고 담당 의사가 그 병으로 사망했을지도 모른다는 언급을 의료기록에 남겨놓았기 때문에 생명보험과 장애보험 가입을 거절당했다.[12] 최근 일부 미국의 건강보험회사는 여성 고객들에게 BRCA1과 BRCA2와 같은 특정 유전자들의 이상 유무를 진단하도록 요구하고 이상이 발견되면 건강보험을 팔지 않으려는 시도를 하여 논란이 되기도 하였다.

바로 여기에서 보험서비스 공급을 통해 영리를 추구하는 보험회사와 공공적 성격을 갖는 보험서비스를 제공하는 보험회사가 충돌하게 된다. 유전체정보를 영리 목적으로 활용하여 리스크를 분류하고 선택하는 것이 과연 사회적 관점에서 볼 때 바람직한가라는 문제가 제기되는 것이다.

이와 관련하여 참고할 만한 예는 미국의 자동차보험이다. 미국의 자동차보험회사들은 자동차 보험료를 산정할 때 인종 변수를 사용할 수 없게 되어 있다. 자동차사고 및 운전경력, 운전자가 사는 지역, 주행거리, 차량 종류 등과 같은 변수를 활용하여 계약자가 부담하는 보험료를 차등화 할 수 있지만 인종이 다르다 하여 차등화할 수 없다. 심지어 통계적으로 특정 인종의 보험사고가 높다는 통계적인 증거가 있어도 이를 이용하지 못하게 되어 있다. 이민자로 이루어진 미국이라는 사회의 통합을 저해할 수 있기 때문이다.

민영보험회사는 영리를 추구하지만 공공적 성격을 갖는 금융서비스를 공급하기 때문에 어느 나라든 예외 없이 정부의 감독을 받는다. 이미 10년 전부터 4000여 종 이상의 질병이 유전자와 관련된 것으로 밝혀지고 있는바, 만약 이런 유전정보를 갖고 있는 보험회사나 고용주가 현재 아무 문제가 없음에도 불구하고 보험가입을 거절하거나 고용기회를 제공하지 않는다면 유전적으로 열등한 사람들은 사회생활을 제대로 할 수 없게 될 것이다. 이는 우리가 지금 장애인에 대한 차별을 규제하고 동등한 사회의 일원으로 합류토록 하기 위해 다양한 지원조치들을 취하는 공공정책에도 위배된다. 따라서 보험회사가 유전체 이상에 의해 가망고객을 차별하는 것은 공공정책적 관점에서 적절치 않다. 사실 이런 맥락에서 미국 캘리포니아 주는 오래전에 생명보험, 건강보험 또는 장애(disability)보험을 판매하는 보험회사가 개인의 유전체 이상을 이유로 보험가입을 거절하거나 높은 보험료를 부과하는 것을 금지하였고[13] 뒤이어 여러 주에서 규제되던 것이 '유전체정보차별금지법(Genetic Information Nondiscrimination Act of 2008)'이라는 연방법으로 발전되었다. 유사한 이유로 유전체 검사정보가 오남용되지 않도록 비밀보장이 제대로 이루어져야 함은 말할 것도 없다.

보험소비자가 야기하는 윤리적 문제

보험서비스는 비분리성이라는 특성을 갖고 있기에 건강보험의 소비자는 일반 소비자이면서 동시에 생산활동에 참여하는 일반 근로자와 같다. 의류 판매 사업자가 하소연하는 애로 중 하나가 가게에서 쇼핑한 소비자가 판매자의 사후서비스(AS) 정책을 악용하여 구입한 정장을 실제로 사용한 후 환불을 요구하는 행태이다. 일반 기업의 생산활동에 참여하는 근로자가 장인정신까지는 발휘하지 않더라도 급여를 받으면서 기본직무를 태만히 하거나 사보타지 같은 행동을 하지 말아야 함은 물론이다.

마찬가지로 건강보험의 소비자도 최대선의에 입각해서 자신의 리스크에 대해 보험회사에 정확하게 고지하는 등의 의무를 적절히 이행해야 하고, 보험금의 청구도 과다하게 하거나 사기적으로 하지 말아야한다. 그럼에도 불구하고 정보의 비대칭성 문제로 인해 오래전부터 보험금을 과다청구하거나 부정직하게 또는 범죄적 의도를 갖고 청구하는 사례가 존재해왔다. 이러한 비윤리적·범죄적 행태를 통제하기 위한 보험회사와 소비자의 숨바꼭질은 보험제도가 존재하는 한 지속될 것이다.

소비자의 과잉의료 소비

일단 보험에 가입한 계약자는 보험사고가 발생하더라도 보험회사가 손실을 보상하기 때문에 손실예방에 대해 무관심해지거나 사고를 줄이기 위해 적절한 주의를 행사하지 않는 경향을 보인다. 이러한 경향을 보험학 교과서에서는 도덕적 해이 중 정신적 위태(morale hazard)라고 부른다.[14] 혹자는 이를 연성보험사기(soft fraud)로 부르기도 한다.[15] 정신적 위태는 건강보험에서 가입자가 의료서비스를 적절한 수준 이상으로 소비하거나 의사 쇼핑과 같은 행태로 나타난다.

의료소비자가 필요 수준보다 더 많이 의료서비스를 소비하면 건강보험회사의 보험금 지출이 증가하고 보험료가 인상될 수 있다. 보험료 인상은 결국 가입자 모두에게 건강보험의 유용성을 떨어뜨리고, 건강이 양호한 사람은 보험에 가입하지 않거나, 보다 유리한 조건을 제공하는 다른 보험회사로 옮기게 된다. 이러한 현상이 극단적으로 심화되면 결국 보험제도가 붕괴될 수가 있다. 이러한 과잉소비 유인을 통제하기 위해 보험회사는 정률제의 공동보험(co-insurance) 장치를 통해 소비자가 의료비의 일부를 스스로 부담하게 하는 자기부담금 제도를 오래전부터 활용해왔다.[16] 이러한 통제장치의 경제적 타당성은 경제학자들에 의해 오래전에 규명된 바 있다.[17]

우리의 경우 암과 같은 중증질환에 비해 감기 같은 경증질환에 대해 높은 보장을 하다 보니 병원에 가서 진찰받고 약을 타 오는 비용이 종합감기약 하나 사 먹는 것과 크게 다르지 않을 정도이며, 그러다 보니 진료비와 약값이 전체적으로 늘고 있다는 지적을 받는 것도 동일한 맥락이다.[18]

소비자의 사기적 청구

보험사기는 오래전부터 보험회사의 골칫거리였다. 일반적으로 보험사기는 성공하면 득(得)이 많지만 실패하면 실(失)이 낮은 것으로 인식되고 있다. 우리나라에서도 보험가입이 선진국 수준으로 보편화됨에 따라 수법이 다양한 보험사기가 심각한 문제로 대두되고 있다. 여기서 말하는 보험사기는 사고나 상해를 고의로 유발하거나 조작함으로써 보험금을 편취하는 것으로 경성사기(hard fraud)로 구분된다. 요실금보험에서와 같이 실제로는 여성 성형수술을 하고 요실금수술을 한 것처럼 고액의 보험금을 편취하는 행위, 자동차사고를 빙자하여 위장입원하는 속칭 '나이롱' 환자 등이 이에 속한다.

보험사기는 음성적이고 불법적으로 발생하기 때문에 그 규모를 정확히 측정하는 것이 사실상 불가능하다. 보험산업 규모가 세계적으로 가장 큰 미국에서 보험사기로 인한 피해는 탈세에 이어 두 번째 큰 규모의 화이트칼라 범죄로 추정되고 있다.[19] 특히 1969~1990년 사이에 파산한 302개의 보험회사 가운데 보험사기로 파산한 회사는 약 30%에 이르는 것으로 추정된 바 있다.

국내 보험사기 규모도 상당한 것으로 추정되고 있다. 금융감독원은 보험업계 전체적으로 연간 지급보험료 27조 4000억 원의 12.4%가 보험사기로 누수되며, 보험사기 규모 총액이 2010회계연도 기준으로 약 3조 4000억 원에 이르는 것으로 추정하고 있다. 손해보험협회는 2008회계연도에 자동차사고로 입원한 환자 중 외출 등으로 자리를 지키지 않아 위장환자로 추정되는 부재환자가 8만 8079명에 달하며 이로 인해 지출된 보험금이 치료비 299억 원과 합의금 566억 원 등 총 865억 원에 이르는 것으로 추정하였다. 한편 금융감독원의 자동차보험 사기 적발실적도 해마다 증가하여 2010회계연도 기준으로 보험사기 적발금액은 약 2001억 원이며 적발인원은 5만 4994명인 것으로 집계되고 있다.[20] 금융감독원은 민영보험회사들이 보험사기로 편취된 보험금 중 약 15%만 적발한 것으로 추정하고 있다.

독일 집단 보험사기 사건

1930년대 초, 독일의 슈리스비히 지역에서 800명 이상의 사람들이 연루된 집단 보험사기에 대한 재판이 있었다. 이 사건은 1926년에 어느 작은 마을에서 친척을 방문한 남자로부터 시작되었다. 그 남자는 손발에 바르면 일시적으로 수포나 염증이 생기는 비밀 연고를 가지고 있으며, 이 연고로 상처나 병을 위장하는 것은 아주 쉬운 일이라고 선전했다. 이 작은 마을에서는 연고가 팔리기 시작했고 상해보험계약이 체결되고 뒤이어 상해사고가 속출했다. 일차적으로 불의사고에 의한 취로불능 시 지불되는 일당이 관심사가 되었다. 많은 사람들이 일당 20마르크의 보험금을 받았고, 복수의 보험회사에 가입한 사람들은 더 많은 보험금을 받았다. 이 연고의 소문이 여기저기 퍼지면서 인근 마을 주민들도 이 돈벌이에 가담했다. 몇몇 사람은 5년 동안 이렇게 해서 3만 마르크를 벌었다. 이 지역 의사들도 환자를 돌보지 않고 대량으로 진단서를 발급하여 1통당 5마르크의 요금을 챙겼다. 미싱 판매원까지도 가난한 주민에게 미싱을 팔기 위해 의사로부터 진단서를 받아 주민들에게 나누어 주는 등의 일이 벌어졌다. 이 보험사기 사건으로 18개 보험회사가 손해를 입었다. 함부르크의 한 보험회사가 너무 빈번히 발생하는 상해사고를 수상히 여겨 경찰에 의뢰했고, 경찰 조사에 의해 집단 보험사기 사건의 전모가 드러났다.

(출처: 쯔키타리 카즈키요, 『보험과 범죄』, 도서출판 두남, 1997, pp.206-207)

독일 집단 보험사기 사건(박스 참조)과 비슷한 일이 최근 태백시에서 적발되어 많은 사람들을 놀라게 했다. 2011년 11월 초 언론매체에 크게 보도된 이 보험사기 사건에는 인구 5만 명의 소도시 인구의 약 1%인 주민 400여 명이 연루되고 사기금액은 140여 억 원에 달하였다. 보도내용을 보면 어떻게 이런 일이 발생할 수 있었는지 어이가 없다. 예컨대 보험설계사 출신 윤 모(여·56) 씨는 2005년 5월 남편과 아들, 딸, 사위 등의 명의로 보험에 가입한 후 당뇨와 관절염, 염좌 등을 이유로 차례로 병원에 허위입원시켰고, 2011년 2월까지 이런 수법으로 병원에 입원한 날이 윤씨 889일, 남편 585일, 아들 113일, 딸 389일, 사위 44일 등 가족을 모두 합치면 2000일이 넘었으며, 윤 씨 가족이 허위환자로 둔갑해 받은 보험료가 5억 5000만 원에 달했다는 것이다. 이는 경영난에 허덕이던 이 지역의 세 병원이 공모에 가담하였기에 가능했다. 3개 병원 입원치료 환자의 95%는 가짜 환자였으며, 이들 병원은 2007년 1월부터 2011년 3월까지 환자들을 허위로 입원시키고 건강보험공단에 요양급여비를 부당 청구하는 수법으로 모두 17억 1000만 원을 가로챈 혐의를 받았다. 금융감독원도 한 지역에서 이런 금액과 인적 규모의 보험사기 발생은 처음이라고 발표하였다.[21] 사상 초유의 '허위입원 보험사기' 사건을 적발한 경찰관은 1계급 특진했다고 한다.

이처럼 늘어가는 사기적 보험금 청구를 줄이기 위해 보험회사는 자체적으로 보상조직 내에 SIU(Special Investigation Unit)라는 특수조사팀을 운영한다. 국내 손해보험회사들은 1990년대 후반부터, 생명보험회사들은 2002년부터 운영하고 있는데 이를 강화하는 추세이다. 아울러 보험업계와 금융감독 당국은 보험사기 관련 전산시스템을 구축하여 갈수록 지능화되는 보험사기 혐의자를 추출해내기 위해 노력하고 있다.

보험사기와 관련하여 주목할 점은 일반 소비자가 관용적 태도를 갖는다는 점이다. 미국의 경우, 1995년의 보험사기 조사에 의하면 보험사고를 과장해서 보험금을 받는 행위에 대해 전체 소비자의 24%가 긍정적인 반응을 보였다. 최근 이루어진 국내 설문조사에 의하면 보험사기에 대한 용인도를 묻는 질문에 대해 응답자들이 미국보다 더 관용적으로 나타났다. 국민들을 경악시킨 강호순 연쇄살인사건과 같은 극악한 범죄가 아닌 이상 보험을 이용하여 보험회사로부터 보험금을 타내는 것에 대해 별반 죄의식이 없는 것으로 이해할 수 있다. 그리고 보험사기

범을 검거해야 할 검찰이나 경찰도 실적에 별 도움이 되지 않고 인력도 불충분하기에 수사 의지도 약하다.

  보험사기는 사회보험의 재정에도 큰 영향을 미친다. 민영보험뿐만 아니라 건강보험, 산재보험, 고용보험 등과 같은 사회보험을 포함하면 우 보험사기로 누수되는 보험금은 연간 최소 3조 원 이상으로 볼 수 있다. 국가적 과제로 대두된 양극화 해소를 위해 복지 관련 예산이 갈수록 증가될 수밖에 없는 상황에서, 관련 보험금의 누수를 적절히 통제하지 못하면 국가의 재정건전성 확보 차원에서도 문제가 아닐 수 없다. 재정건전성이 얼마나 중요한가는 유럽의 재정위기가 명백히 보여주고 있다. 일본의 경우 보험사기로 인한 보험금 누수는 많아야 우리의 10분의 1에 불과한 것으로 추정되고 있다.[22] 따라서 지금은 보험 전문가들이 오래전부터 주장해왔던 보험사기죄의 신설을 진지하게 검토해야 할 시점이다. 보험사기죄가 보험사기에 대한 경각심을 고취시키고, 갈수록 지능화하고 조직화되는 보험사기에 적절히 대응할 수 있도록 하는 유용한 제도적 장치로 기능할 것이기 때문이다.[23]

마산 어린이 손가락 절단 사건

  1998년 9월, 경남 마산에서 3인조 복면강도가 들어와 아이와 아버지를 묶고 초등학생(10살)의 새끼손가락을 절단하고 20만 원을 탈취해 가는 사건이 발생하여 사회적 공분을 야기하였다. 범인을 잡고 보니 아버지가 아들을 피보험자로 하는 상해보험(보험금 1000만 원)을 들고 아들의 손가락을 가위로 절단한 후 강도의 소행으로 허위신고한 자작극인 것으로 드러났다. 어린 아들은 "처음에 아팠지만 5분쯤 울고 나니까 괜찮았어요. 아빠가 손가락을 자르면 돈 많이 받아서 학원도 다니고 밀린 급식비도 낼 수 있다고 해서 참았어요"라고 하여 IMF 외환위기로 힘겹게 살고 있던 많은 이들의 가슴을 슬프게 하였다. 아버지 강 씨는 3년 전 부인과 이혼한 뒤 아들과 단둘이 살아왔으며, 막노동을 하다 폐결핵과 심한 편두통으로 일을 할 수 없게 되고, 점을 배운다며 집을 비움에 따라 아들은 점심 때의 학교 급식만으로 끼니를 때워왔다. 당시 아들은 아버지를 감싸며 같이 살고 싶다고 호소했다. 아버지는 정신병력 등을 이유로 선처를 받아 3개월 만에 풀려났고, 두 부자를 격려하는 많은 성금이 답지했었다. 그러나 석방 이후 부자의 생활을 조사한 SBS「그것이 알고 싶다」의 보도는 다시 많은 사람들을 경악하게 했다. 아버지는 아들이 정신적으로 문제가 있다고 주장하면서 수년 동안 정신과 치료제를 복용하게 했던 것이다. 이는 성금과 후원금을 탕진한 후 아들이 장애판정을 받아 국민기초생활보장 급여를 받을 수 있도록 하기 위한 것이었다.

의료 전문가가 야기하는 윤리적 문제

과잉진료 및 증가하는 비급여진료

건강보험과 관련하여 발생하는 도덕적 해이는 소비자와 의료 전문가 모두에게 발생한다. 전술한 것처럼 소비자는 보험가입 후 질병예방에 둔감해진다거나 병에 걸린 후 치유 노력을 덜하거나 의료소비가 증가하는 경향을 가질 수 있다. 한편 의료 전문가는 보험으로 인해 환자가 더 많이 방문하게끔 하는 유인을 갖는다. 우리의 경우, 진료비 지급체계가 의료행위에 따라 진료비가 정해지는 '행위별수가제'이기 때문에 수입을 늘리기 위해 한 번 방문으로 끝낼 수 있는 환자를 두 번, 세 번 오게 하는 것과 같은 과잉진료가 발생한다.[24] 이는 공적보험인 건강보험의 재정을 악화시키는 주요인으로 지적되어 왔다. 이에 따라 그동안 종종 진료량과 연계하여 총진료비를 통제할 수 있도록 포괄수가제나 총액예산제 등이 논의되어 왔다.

국민건강보험의 기본특징이 저부담-저보장 체계이다 보니 의료서비스 공급자는 수익 증대를 위해 비급여항목을 개발하거나 비급여 수가를 인상하는 진료행태를 보이게 되었다.[25] 비급여 부분은 전액을 환자가 부담하므로 환자가계의 파탄까지도 초래할 수 있는 재정적 영향을 주기에 많은 논란의 대상이 되어왔다.

허위청구와 과다청구

건강보험처럼 민영보험도 의료서비스 공급자가 과다청구하거나 허위청구하는 문제에 직면해 있다. 이는 국내 손해보험회사가 자동차보험을 판매하면서 정비업체와 의료기관의 과다 및 허위 청구에 시달려온 것과 동일하다. 태백시의 허위입원 보험사기 사건이 좋은 예이다. 민영건강보험의 경우 허위 및 과다 청구의 문제는 건강보험보다 더 심각할 수 있다. 민영보험에서는 비급여 수가가 전적으로 요양기관의 결정에 따르며 허위 및 부당 청구에 대한 감독시스템이 아주 미흡하기 때문이다.

의료리더십포럼(2006)이 의료서비스 공급자의 보험금 편취행위에 대한 최근 법원의 판결 사례를 게시한 내용을 전재하면 다음과 같다.

⊙ 나이롱 환자에게 허위 입원사실확인서 발급 및 보험금 편취

[사례 1]

전남 ○○지역의 일가족, 친인척 등 보험가입자 약 100여 명이 보험금을 편취하기 위하여 허위의 질병으로 특정 지역의 병의원에 치료를 받는 과정에서 일부 병원에서 환자들의 간호일지 및 검사기록지 등을 허위로 작성하거나 혈액검사 결과 GOP/GTP 수치가 36/42인 것을 136/142로 변조하는 등의 방법으로 경미한 환자를 마치 중대질병 환자인 것처럼 위장하여 장기간 입원한 것처럼 허위로 입원사실확인서를 발급, 환자로 하여금 보험회사로부터 입원급여금을 편취토록 하고, 병원에서는 환자의 입원기간을 늘리거나 허위의 치료사실을 근거로 국민건강보험공단에서 지급되는 요양급여비를 편취한 사실이 수사기관에 적발되어 현재 일부 병원이 폐업하는 등 의료계에 충격적인 사건이 발생하였다.

[사례 2]

부천 소재 ○○병원에서는 경미한 질병 환자를 유치, 장기입원하도록 한 후 잦은 외출 외박을 하였음에도 '나이롱' 환자들이 거액의 보험금을 수령할 수 있도록 허위 입원확인서를 발급하고, 병원장은 건강보험공단을 상대로 보험금을 편취한 사건이 적발되었으며, 대법원에서는 병원장에 대하여 사기죄와 더불어 허위의 입원확인서를 발급한 사실에 대하여 사법 사상 최초로 사기방조죄를 인정하였다. 즉 대법원은 입원치료 시 고액의 보험금이 지급되는 특약에 가입한 환자들의 경우 의료진의 지속적인 관리와 관찰을 받을 필요가 없어 통원치료만으로도 충분히 치료의 목적을 달성할 수 있었음에도, 의사가 입원을 허가하여 형식상으로 입원치료를 받도록 한 후 입원확인서를 발급하여 보험회사로부터 보험금을 편취하는 것을 용이하게 한 것에 대하여 사기방조죄를 적용한 것이다. (대법원 2004도6557, 대법원 1부)

⊙ 보험금 편취 의사 법정구속(서울북부지방법원 2005고합304)

[사례 3]

서울북부지방법원 제11형사부는 2001.1.1부터 2004.5.30까지 총 3,081회에 걸쳐 11개 보험회사에 진료비를 허위청구하여 총 148,552,900원을 편취한 서울 ○○병원 원장 ○○○에 대하여 징역 2년을 선고하고 법정 구속하였다. 법원은 판결문에서 "의사 ○○○는 이 사건의 한가운데 서 있고, 그 모든 범죄로 인한 이익을 향수하는 지위에 있음에도 불구하고 다른 피고인들에게 모든 책임을 전가하고 자신만 책임에서 벗어나려고 하는 등 개전의 정이 보이지 않고 사회적으로 존경받는 지도적인 위치에 있으면서 환자를 성실히 치료함으로써 청렴성을 지켜야 할 의사가 갖은 방법으로 보험금을 부당청구, 이득을 취하여 실형을 선고한다"고 판결하였다.

제**11**장

국민건강보험과 민영건강보험의 협력모형 모색

우리나라는 세계에서 가장 빠르게 전 국민에게 공적건강보험을 제공하는 데 성공하였다. 그러나 보험료 부담을 증가시키지 못하여 급여수준도 높이지 못함으로써 저부담-저급여 구조가 고착화되어 국민들의 만족도는 높지 않다. 또한 인구의 고령화가 급속히 진행되면서 노인의료비가 빠르게 증가하여 국민의료비 지출의 증가속도도 빠르다. 더구나 비급여를 중심으로 의료비가 급증하고 있어 향후 경제적으로 감당하기 어려운 상황도 예상된다. 이러한 여러 문제점들을 어떻게 극복하여 국민들의 만족도가 높은 건강보험 체계를 구축할 수 있을지 살펴보기로 한다.

의료비 증가로 보장수준 정체

우리나라는 인구고령화가 급속히 진행됨에 따라 진료비가 빠르게 증가하고 있다. 65세 이상 노인에게 지출되는 의료비는 2003년의 국민건강보험 총진료비 중에서 21.3%를 차지하였으나, 2011년에는 33.3%에 이르렀다. 그렇지만 의료비 증가는 앞서 언급하였듯이 인구고령화만으로는 설명되지 않는다. 특히 신의료기술의 보급과 관련된 비급여 지출의 급증은 비급여 수가가 적절히 통제되지 못하는 상황에서 의료비 급증의 중요한 원인으로 꼽힌다.

이렇게 의료비가 빠르게 증가함에도 건강보험의 보장수준은 정체상태를 보이거나 오히려 후퇴하는 양상을 보여왔다. 즉 우리나라는 세계에서 가장 빠르게 전 국민에 적용되는 공적건강보험제도를 운영하고 있지만 보장수준은 2007년 기준으로 OECD 국가 중에서 세 번째로 낮다. 이처럼 보장수준이 낮은 것은 급여비를 효율적으로 관리하지 못한 탓도 있지만, 가능한 한 빨리 전 국민에게 건강보험 혜택을 제공해야 한다는 정책목표를 달성하기 위해 의료보험을 도입할 때부터 보험료 부담을 무겁게 할 수 없어 재정적으로 제약받아 왔기 때문이다.

물론 정부는 그동안 보장수준을 높이기 위해 보험료율을 소비자물가상승률보다 빠르게 인상하면서 급여를 확대해왔다. 이러한 노력은 특히 참여정부 시절에 강화되었는데, 건강보험 재정수지에 대한 우려로 인해 보장수준은 그다지 높아지지 않았다. 그리하여 2004년에 61.3%였던 국민건강보험의 보장수준(건강보험보장률)은 2007년에 64.6%로 높아졌으나, 당초에 목표한 70%에는 크게 미치지 못했다(부표 11-1). 더구나 2008년에는 62.2%로 낮아지기까지 했는데, 2009년에 64.0%로 다소 회복되기는 했어도 2007년 수준에는 미치지 못하고 2010년에는 62.7%로 더 떨어졌다.[1]

이렇듯 국민건강보험의 보장수준이 정체되는 현상은 향후 고령화 등의 요인으로 급여비 지출이 급격히 증가하는 데 비해 재정수입이 그에 상응하여 증가하지 못한 데 크게 기인하고 있다. 또한 건강보험의 급여에 대한 통제가 강화되자 이를 비급여진료를 늘려 벌충하려는 의료서비스 공급자의 시도에서도 비롯된다.[2] 향후 의료비 지출이 빠르게 증가하나 국민들이 건강보험료 인상에 소극적이어서 재정수지 적자가 예상[3]되고 비급여진료를 적절히 통제할 장치가 마련되지 않을 경우 보장수준 정체가 지속될 수 있다.

전 국민이 가입대상이나 사각지대 줄지 않아

우리나라는 건강보험을 실시한다고 하나 사실은 전 국민을 건강보험의 가입대상으로 할 뿐이지 실제는 그렇지 못하다. 이는 낮은 소득수준 등으로 인해 건강보험의 가입대상에서 제외되어 의료급여를 받는 계층이 존재하고 있고 가입대상이더라도 보험료를 6회 이상 체납하여 급여가 제한[4]되는 이들이 있기 때문이다. 의료급여를 받는 계층은 의료급여를 받기 때문에 일정 수준의 보장을 받고 있지만, 보험료 체납으로 급여가 제한되는 가입자는 보장을 받지 못하는 문제점이 있다.

실제로 2010년 8월 10일 기준 6개월 이상 체납 건수는 154만 4000건으로, 1년 이상 체납이 38만 8000건, 2년 이상 체납이 71만 7000건에 달하고 있다(부표 11-2). 그리고 이들 장기체납자들 중 지역가입자의 보유재산 현황을 살펴보면 소득이 전혀 없는 이들이 74.4%에 달하며, 재산이 없는 이들도 81.3%에 이른다. 이와 함께 소득 1000만 원 미만이 90만 세대로 96%에 달하고, 재산이 1000만 원 미만이 81만 명으로 87%에 달하는 등 생계형 체납자가 대부분이다. 건강보험 제한조치가 대부분 빈곤층을 대상으로 이뤄지고 있음을 알 수 있다.[5]

또한 비급여 등 본인부담금이 무거워지면 진료 자체를 포기함으로써 의료 사각지대가 발생할 수 있는데, 실제로 치료를 포기한 경험이 있는 가계는 조사대상 가계 기준으로 12.1%였다.[6]

이와 같은 의료보장 사각지대의 발생 원인을 고려할 때 향후에도 경제와 금융위기의 가능성이 상존하며, 건강보험의 보장성이 획기적으로 제고될 가능성도 높지 않을 것으로 예상되어 의료보장 사각지대가 그대로 온존되거나 확대될 가능성이 높다.

공급자 환경을 바꿀 의료산업화

의료시장 개방과 의료산업화 등의 영향으로 건강보험의 운영과 관련하여 중요한 축의 하나인 의료공급자 관련한 환경도 빠르게 바뀌고 있다.

의료시장의 개방은 경제의 글로벌화와 맥락이 닿아 있다. 구체적으로 의료시장 개방은 WTO DDA(Doha Development Agenda) 협상과 FTA 협상 등을 통해 이루어지고 있다. 우리나라의 경우 그 이전의 우루과이라운드에서는 보건의료 분야를 한 분야도 양허하지 않았으나, 2001년 11월 이후 의료서비스 분야도 중요한 협상대상이 되면서 이에 대한 논의가 활발하게 진행되기 시작하였다.

이에 따라 원격의료, 국내환자의 해외진료, 국내 의료시설, 약국, 의약품 도·소매업, 복지시설에 대한 외국인 투자, 국내에서의 외국 의료인의 의료서비스 제공이 협상대상이 되었다. 최근 글로벌 금융위기로 인한 투자부진으로 경제의 글로벌화가 다소 주춤거리고 있지만 향후 지속될 것으로 전망되므로 의료시장의 글로벌화도 지속될 것이며, 우리 의료시장의 개방도 확대될 것이다.

의료시장 개방과 관련하여 추진되고 있는 것이 의료관광의 활성화이다. 의료관광의 활성화는 해외환자 유치라는 형태를 띠게 되는데, 맥킨지의 전망에 따르면 전 세계 의료관광객은 2005년의 1900만 명에서 2010년에 4000만 명이 되고, 이에 따라 시장규모도 2004년의 400억 달러에서 2012년에는 1000억 달러로 확대될 것으로 전망되었다.[7] 우리나라도 2013년의 외국인 환자 20만 명 유치를 목표[8]로 의료관광 활성화를 위해 노력[9]하고 있는데, 우선은 국내의 의료기술이 앞서 있거나 가격경쟁력이 있는 분야를 중심으로 이루어지고 있다. 이에 따라 의료관광을 통한 해외환자 유치가 의료시스템을 개혁하는 촉매제가 될 가능성이 높다.

의료시장의 개방과 함께 의료분야의 큰 변화를 이끌고 있는 이슈가 의료산업화이다. 의료산업화 이슈는 이미 참여정부 시절부터 추진되어 왔다.[10] 참여정부는 의료산업[11]을 차세대 국가 성장동력으로 인식하고 이를 획기적으로 발전시키고, 의료체계의 개선을 통하여 국민들의 질 높은 의료서비스 이용을 보장하고자 하였다.

의료산업화는 이명박 정부에서도 '신성장동력으로서의 의료서비스 산업 육성'이 중점 국정과제로 채택되어 적극 추진되었다. 이에 따라 이명박 정부는 의료산업화와 관련하여 투자개방형 의료법인의 도입과 민영건강보험의 활성화를 추진하려고 하였다. 투자개방형 의료법인 도입은 의료서비스의 질적 향상과 다양화를 목적으로 하고 있으나, 논란이 많아 아직 결론을 내리지 있지 못하고 있다. 민영건강보험의 활성화는 의료분야의 투자확대와 다양한 의료서비스 확충이 목표인데, 민영건강보험 상품의 표준화는 부분적으로 추진되었으나 공·사 보험 간 정보공유는 국민건강보험을 옹호하는 측의 반발에 부딪혀 추진되지 못했다. 향후 추진 내용과 방법의 일부 변경이 예상되지만 경제의 지속적 성장을 위해 의료산업화는 계속하여 추진될 가능성이 높다.

소비자보호가 부족한 민영건강보험

민영건강보험은 생명보험회사와 손해보험회사가 모두 취급할 수 있는 제3보험이다. 일반적으로 민영건강보험의 범위에는 의료비보상보험, 소득보상보험, 장기간병보험이 포함되는데, 우리나라에서는 의료비보상보험 위주로 판매되고 있다. 시중에서 판매되는 의료비보상보험의 범주에 들어가는 상품 유형으로는 개인대상의 실손의료보험, 암보험, 상해보험, CI보험 등이 있다. 그리고 민영건강보험은 그 자체가 주계약의 형태로 판매되기도 하지만 많은 경우에 다른 보험계약에 특약 형태로 붙여 판매된다.

민영건강보험의 위험보험료(순보험료에서 저축성보험료를 뺀 부분으로 보장보험료라고도 함)는 2009년에 8조 6452억 원[12]으로 2003년의 3조 290억 원에서 2.8배 성장하였다. 같은 기간에 정액형 보험[13]이 2.6배 성장한 데 비해 실손형 보험[14]은 5.1배 늘었는데 이는 실손형 보험에 대한 적극적인 마케팅과 소비자선호 변화로부터 기인하는 현상이다. 하지만 여전히 정액형 보험의 비중이 78.8%로 훨씬 크다(표 7-1).[15]

이렇게 민영건강보험이 빠르게 성장하고 있지만 그에 맞추어 소비자보호를 위한 노력이 뒤따르지 못한 것이 사실이다. 그동안 소비자보호를 위해 개인의 실손의료보험을 대상으로 상품의 표준화, 중복계약 방지를 계약정보 조회 등의 제도개선이 이루어졌다. 그럼에도 불구하고 고연령자와 저소득층의 보호에 여전히 취약하며, 모호한 보장범위, 상품판매 시의 미흡한 설명, 판매채널의 전문성 부족 등으로 인해 다수의 분쟁이 발생하고 있다. 따라서 민영건강보험은 적절한 지원조치와 더불어 표준화와 간소화에 초점을 맞춘 규제를 강화하는 개혁이 필요한 상황에 있다고 할 수 있다.

보험시스템의 효율성 제고해야

우리나라는 국민건강보험의 높은 본인부담으로 인해 사회보험 방식을 택한 다른 국가에 비해 민영건강보험이 빠르게 성장하고 있다. 그럼에도 불구하고 다른 나라보다 공적건강보험과 민영건강보험 간의 연계와 협력을 위한 체제는 미흡한 상황이다. 공적건강보험 중심의 운영이 지속되면서 민영건강보험은 취약한 사업환경 하에서 업무영역을 넓혀가고 있다. 그 결과 민영건강보험의 상품과 시장이 왜곡되고 있을 뿐아니라 국민들의 선택권이 제약되고 소비자보호가 소홀해지는 사태가 초래되고 있다.

반면 공적보험인 국민건강보험은 중심적 위치에 있음에도 불구하고 효율적으로 보장성을 강화하지 못하고 있다. 이는 재원이 부족한 측면에 원인이 있기도 하지만, 그보다 보장범위에서 정책 우선순위가 모호하고 보험급여가 효율적으로 지급되지 못하기 때문이다. 참여정부 이후 보장범위의 조정에서 문제가 있었을 뿐만 아니라 보수지불제도 개혁이 지지부진하여 한정된 재원이 효율적으로 사용되지 못하고 있다.

이러한 점을 고려할 때 민영건강보험의 활성화는 보험회사들의 마케팅 노력에 힘입은 바도 크지만 결정적 이유는 국민건강보험의 보장 수준이 빠르게 높아지지 못하는 상황에서 건강상실로 인해 발생할 수 있는 재무적 리스크에 가계가 스스로 대비하고 나선 데 있다고 할 수 있다.

이는 2000년대 중반 이후 실손형 개인의료보험이 활성화되고 있는 데도 불구하고 여전히 정액형 암보험에 대한 수요가 높은 데서 확인된다. 암의 경우 국민건강보험의 암 환자 산정특례제도[16]로 인해 암 발생 5년 동안 5%만 본인이 부담하므로 정부는 위암의 경우 500~600만 원의 비용이 든다고 한다. 그런데 비급여를 포함하면 실제 환자가 부담하는 진료비는 2000만 원 이상이라는 지적이 있다.[17]

한국보건사회연구원의 조사에 따르면 민영건강보험에 신규 가입한 이유로 '불의의 질병 및 사고로 인한 가계의 경제적 부담을 경감하기 위해'가 46.3%로 가장 높았고, 다음으로 '건강보험의 서비스 보장이 부족하다고 판단해서'가 35.5%로 둘을 합하면 81.8%에 이른다(표 7-3).

따라서 민영건강보험의 활성화를 단순하게 보험회사의 영업 강화나 건강보험의 민영화 추진 등과 같은 관점에서 바라보기보다 본질을 파악하려는 노력이 필요한 시점이다. 즉 현재 민영건강보험이 활성화되고 있는 것은 국민들이 불의의 질병이나 사고로 인한 재무적 리스크를 크게 생각하고 있는 데 반해 국민건강보험이 제대로 역할을 수행하지 못하는 데 기인하고 있다고 볼 수 있다. 물론 국민건강보험의 보장성을 강화하기 위해 보험료율을 인상하는 데 동의하는가에 대한 질문에는 많은 수가 반대하는 데서 알 수 있듯이 국민들의 인식이 늘 일관성을 가지고 있는 것은 아니라는 점을 유념해야 한다.

이제부터는 민영건강보험의 성장을 부정적 시각 일변도로 바라보는 것에서 벗어나 상호 협력을 통해 국민의 건강보장을 강화할 수 있는 동반자적 시각에서 바라보는 것이 필요할 것이다. 이러한 시각에서 출발하여 업무 절차상 공동의 노력으로 건강보장시스템 전반을 효율화할 수 있는 영역을 찾아서 협력하는 것이 필요하다. 그리고 이는 공·사 건강보험 간 협력체계 구축을 통한 개혁으로 이어질 수 있다.

외국의 건강보험 개혁 사례와 교훈

의료비 지출 증가 억제를 위한 개혁

의료비는 인구의 고령화, 의료기술의 발전, 의료공급의 증가, 소득 증가 등 다양한 원인에 의해 증가한다.

주요 국가에서 고령화는 국민의료비 지출 증가의 유일한 원인이 아니지만 중요한 요인의 하나이다. 고령화가 진행되면서 의료비가 빠르게 증가하는 것은 노인들이 질병에 취약하기 때문으로 만성적 질환은 완치가 어렵다. 따라서 소위 노인성 질환에 대해서는 급성기 질환과는 다른 접근법이 필요하다. 또한 노인이 되어 은퇴하면 경제활동의 중단으로 연금 등 일정 규모 이하의 소득으로 생활해야 하므로 높은 보험료 부담이 부담스러워질 수 있다.

이에 네덜란드에서는 고령자 의료비 및 간병비용 조달을 위해 1968년부터 특별의료비제도(AWBZ)를 실시해왔고, 독일은 1995년부터 고령자간병보험을 시행하고 있으며, 일본도 독일의 사례를 본받아

2000년부터 개호보험을 도입하였다. 이들 사례는 대부분의 국가가 공적건강보험의 틀 안에서 노인에게 특별급여를 제공하는 것과 대조적이다.

아울러 주요국은 의료공급자 측의 요인으로 의료비 지출이 증가하는 것을 억제하기 위해 진료보수 지불제도 개혁을 시도하였다. 이 개혁은 의료공급자의 영향력이 커지는 데 대응하여 서구의 사회보험자인 공공기관이 1970년대와 1980년대에 걸쳐 총액예산제를 도입한 데서 비롯된다. 그러나 개업의에 대해서는 이전처럼 행위별수가제가 적용되는 경우도 있었으며 비용을 정확히 산정하기 위해 2001년에 자원기준상대가치(RBRVS) 방법이 개발된다.

한편 행위별수가제로 인한 문제점을 극복하기 위한 방법의 하나로 포괄수가제가 개발된다. DRG 기반의 포괄수가제는 미국의 노인대상 공적건강보험인 메디케어가 입원에 대한 진료보수 지불제도(HCFA-DRG)[18]로 1983년에 도입한 것이 최초이다. 이후 노인 외 환자에게 적용가능하고 환자상태가 고려된 R-DRG(Refined DRG)로 발전하여 호주, 프랑스, 독일, 네덜란드, 벨기에, 영국, 스웨덴 등이 DRG 기반의 포괄수가제를 채택하였다.[19] 이들이 DRG를 도입한 것은 이들 국가에서 운영하던 병원 총액예산제가 전체 비용을 통제하는 데 유리한 점이 있지만, 병원 간 서비스의 차이와 병원의 성과가 비용(즉 예산)시스템에 반영되기 어려운 점 등이 있었기 때문이다. 이들 국가에서는 포괄수가제가 총액예산제의 운영에서 생긴 단점을 극복하기 위해 도입된 것으로 이해할 수 있다.[20]

한편 소득의 증가 등 가입자 측에 원인을 둔 의료비 증가에 대응하기 위해 본인부담제 확대, 의료전달체계 개선 등이 시도되었다. 독일은 환자본인부담제도를 1983년에 도입한 이래 본인부담률이 1991년, 1993년, 1994년, 1997년에 인상하였다.[21] 영국도 NHS서비스 중 보조서비스에 해당하는 세탁서비스, 식사보조서비스 등을 급여대상에서 제외하여 유료화하였다. 치과서비스는 정액부담제였는데 그 상한액이 서서히 인상되었으며 안과서비스 부문 역시 1989년부터 정액일부부담이 도입되었다. 일본 역시 의료보험재정의 적자 문제에 대처하기 위해 1997년 9월부터 본인 20% 부담, 노인보건제도에서의 이용자 일부부담 신설, 외래약제의 일부부담 인정 등 환자부담을 인상하는 방향으로 의료보험제도를 개정한 바 있다.

그리고 의료전달체계 개선을 통한 의료비 억제를 위해 많은 국가에서 주치의 제도를 도입하여 게이트키퍼(gate keeper)의 역할을 맡김으로써 대형병원에 가서 진료를 받는 환자가 늘어 의료비가 늘어나는 문제에 대응하였다.

시장기능의 내부화로 공적보험의 효율성 제고[22]

앞에서 살펴본 진료보수 지불제도의 전환, 환자본인부담제 도입 등과 같은 건강보험의 개혁은 의료비 억제의 효과는 있지만 필요한 의료서비스를 적절하게 공급하지 못하거나 서비스의 질적 저하를 초래할 가능성이 있다. 따라서 각국에서는 의료서비스의 질을 유지하면서 의료비용을 억제하기 위해 의료시장 내에 경쟁원리를 도입하는 정책이 활발히 시행되고 있다. 또한 공적건강보험의 가장 큰 문제점으로 지적되고 있는 것이 공급자들이 비용을 절감하고 서비스를 개선하려는 유인이 없다는 점이다.

이러한 문제점을 극복하기 위해 소비자에게는 의료공급자와 보험자를 선택할 수 있는 권한을 부여하고, 의료공급자와 보험자에게는 소비자 확보를 위해 경영혁신을 단행하고 효율성 증진을 위해 노력하도록 강제할 필요가 있다. 의료공급자 간 경쟁과 보험자 간 경쟁의 확대는 의료비 증가를 억제하는 측면 외에 소비자의 선택권을 확대한다는 측면을 가지고 있다. 물론 소비자의 선택권 확대는 그 자체가 목적이기보다는 의료공급자 간·보험자 간 경쟁 확대를 통해 건강보험의 효율화를 달성하기 위한 것이다.

영국의 경우 조세방식의 의료보험에서 거시적 효율성은 일정 수준 달성할 수 있었으나 과도한 중앙집중화에 따른 폐해로 자원할당에서의 낭비와 비효율을 초래하였으며 획일적 적용으로 인해 소비자의 선택권이 무시되었다. 이에 따라 1989년과 1996년 사이에 의료보장의 개혁이 집중적으로 이루어졌는데 그 핵심 내용은 NHS 내부에 시장원리를 도입하여 의료서비스의 구매자인 지역보건당국이 의료서비스 공급자를 선택할 수 있도록 한 것이다.

NHS 개혁은 1990년대 초부터 시작되었는데,[23] 개혁의 핵심적 내용은 기존의 NHS 조직을 의료서비스의 구매자와 공급자로 구분하는 것이다. 과거의 NHS 조직은 지역보건당국이 중앙정부로부터 할당받은 예산을 관할지역 내 병원에 총액예산의 형태로 재배정하여 주민들에게 의료서비스를 공급하는 방식으로 운영되었다. 그러나 제도개혁에 따라 새로운 제도에서는 지역보건당국이 주요 구매자가 되고, 병원 등이 공급자가 되어 회계연도 초에 어느 병원이 어떤 종류의 의료서비스를, 어떤 가격에, 얼마만큼 제공할 것인지에 관해 계약을 맺는다.

따라서 지역보건당국의 기능은 여러 병원들에서 우수한 진료와 비용효과적인 의료서비스를 구매하는 것으로 변경되었으며 병원도 구매자의 선택에 따라 실제로 제공한 진료량에 따라 지역보건당국으로 부터 진료비를 받게 되었다. 이 과정에서 대부분의 병원이 기금(NHS Trust)을 설립하여 보건당국의 감독으로부터 독립하였으며 공립병원도 직원의 채용, 자비환자의 수용, 의료 이외의 사업 실시 등을 스스로 결정할 수 있게 되었다. 영국의 NHS 개혁은 의료서비스의 민영화 개념과는 달리 공공부문 내에서 시장원리를 도입하는 소위 내부시장 원리를 적용한 것으로 어느 정도 효과를 보이고 있는 것으로 평가된다.

독일과 같은 사회보험방식의 의료보험 하에서도 소비자의 공급자 선택을 제한함으로써 공급자의 효율성 증대를 위한 노력을 억제하는 결과를 초래하였다. 독일은 1989년의 건강보장개혁법을 계기로 질병금고 선택권이 부분적으로 허용되기 시작하여 1993년에는 건강보장구조개혁법(GSG)의 실시를 통해 부담의 공평성을 확보하면서 의료보험에 시장경제원리를 더욱 확대시켰다. 즉 1993년 개혁에서는 가입대상자를 제한하는 질병금고의 정관을 폐지하여 임의가입자 외에 모든 피보험자에게 근무지나 거주지의 질병금고 중에서 자유롭게 선택할 수 있도록 하였다.

이에 따라 피보험자는 1997년 1월 1일부터 가입할 질병금고를 자유롭게 선택할 수 있게 되었다.[24] 질병금고 선택권의 확대조치 이후 각 질병금고가 보험료를 기준으로 가입자 유치경쟁에 나서면서 가입자는 본인에게 가장 유리한 질병금고를 선택할 수 있게 되었다. 이때 질병금고의 위험선택(risk selection)을 방지하기 위해 각 금고는 가입자의 지역과 업종을 초월하여 피보험자를 가입시키도록 요구받았다. 이러한 구조개혁에 대해 질병금고는 경영효율성을 높여 경쟁력을 강화하는 방향으로 대응하였다.

네덜란드에서는 1992년부터 질병금고 가입자에게 2년에 1회씩 타 질병금고로 이동하는 것을 허용하였다. 이를 계기로 위험에 따른 보험료, 의료서비스의 질, 의료공급자의 명성 등에 기반한 보험자 간 잠재적 경쟁이 치열해졌다. 이와 함께 질병금고들은 지역적으로 영업구역을 확장하는 것이 허용되어 다른 주에서도 가입자를 모집할 수 있게 되어 거의 모든 질병금고가 전국적인 영업을 하고 있다.

개혁 전인 1941~91년 사이에는 기존의 질병금고 간 합병을 제외하고는 새로운 질병금고의 설립이 없었으나, 질병금고 시장의 진입 자유화 이후 1992년부터 몇 개의 민영건강보험회사들이 새로운 질병금고 조직을 설립하였다. 그 후 2006년부터 건강보험법이 시행되면서 네덜란드에 거주하는 모든 개인은 민영건강보험에 의무적으로 가입하게 되었고 이 과정에서 민영건강보험사 간의 경쟁이 심해졌다.

이렇듯 건강보험자 간의 경쟁의 심화는 보험자에게 건강상태가 양호하지 못한 피보험자를 기피하도록 유인할 수 있다. 이러한 위험선택 문제를 방지하기 위해서 독일과 네덜란드에서는 리스크를 조정한 의료보험료 징수체계를 도입하였는데 네덜란드에서는 1993년부터 위험조정인두제(risk-adjusted capitation payment)가 시행되었고, 독일에서는 1994년부터 '위험균등화법안'이 시행되었다.

네덜란드에서 1993년에 실시된 위험조정인두제는 고위험자, 노령인구, 기왕증자 등이 불이익을 받지 않고 종합적인 의료서비스를 받을 수 있도록 하기 위해 도입되었다. 보험자는 중앙기금으로부터 자신의 피보험자 집단의 위험에 따른 위험조정보험료를 지불받으며 피보험자는 자신이 선택한 보험자와 급여범위에 따라 보험료를 지불한다. 따라서 보험자의 수입은 중앙기금으로부터 교부받은 위험조정인두불(人頭

拂)과 피보험자가 납입한 보험료의 합이 된다. 모든 보험자들에게 실제 소요비용과 위험조정인두불은 일치하지 않고 차이가 발생하므로 보험자들은 보험료 부분에서 경쟁하게 되는데 이 부분이 보험자들로 하여금 효율적인 운영을 하도록 유인하는 것이다. 이런 제도 하에서는 각 보험자들이 낮은 보험료를 부과하고 양질의 의료서비스 제공을 위해 경쟁하게 된다.

독일도 네덜란드와 유사하게 보험자간 소득·연령구성·부양율·성비 등 리스크의 차이를 조정하여 부담을 공평화하기 위한 재정조정을 단행하였다.[25] 소득, 부양율, 연령구성, 성비에 따라 수입과 지출 면에서의 격차요인을 고려한 부담의 공평화 조치로 소득이 높고 고령자의 가입률이나 부양률이 낮은 보험자가 많이 기여하고, 소득이 낮고 고령자의 가입률이나 부양률이 높은 보험자가 교부를 많이 받는다. 실제로 위험 구조조정을 시행한 실적을 보면 대체로 지역질병금고, 연방광산근로자조합 등이 기여에 비해 교부금을 많이 수령하였으며 기업질병금고, 동업질병금고, 생산직근로자보충금고 등에서는 교부금보다 많이 기여하였다. 따라서 실제로 보험자 간 경쟁은 경쟁조건을 비슷하게 조정한 상태에서 이루어지게 된다. 즉 위험균등화 법안의 시행으로 4개 요소에 의한 위험구조 격차가 시정되어 질병금고 간 경쟁조건이 균등화되므로 조정 후에 발생하는 재정격차는 각 질병금고의 경영상 책임에 의한 것으로 볼 수 있다. 이와 같은 재정조정을 통하여 피보험자가 보험자를 선택할 때 적용인구의 특성보다는 경영능력과 실적을 기준으로 결정하고, 보험자가 양질의 피보험자만을 선별할 필요가 없도록 함으로써 시장원리에 따른 진정한 경쟁 동기를 유발할 수 있게 되었다.

민영건강보험의 활용 확대와 규제 강화

주요국의 건강보험 개혁은 기존의 운영방식과는 다른 방향으로 이루어지면서 일정 방향으로 수렴하는 모습을 보이고 있다고 해석할 수 있다. 하나는 서유럽 국가들을 중심으로 기존의 공적건강보험 중심의 제도가 낳은 폐해를 극복하기 위해 시장요소를 도입하는 움직임이며, 다른 하나는 미국과 같이 민영건강보험 중심의 제도 운영이 낳은 시장중심주의의 폐해를 극복하기 위해 정부 규제를 통해 공적건강보험 요소를 강화하는 움직임이다.

전자에 해당하는 서유럽 국가의 대부분은 국민들에게 사회보험방식으로 건강보험을 제공해왔다. 그런데 이들 국가에서는 계속하여 이러한 방식으로 건강보험을 제공할 경우 고령화 등으로 급격히 증가하는 의료비 지출을 감당하기 어렵다는 판단 하에 건강보험 개혁을 추진해왔다. 이들 국가 중에서 민영건강보험의 역할 확대와 관련하여 눈여겨볼 만한 국가로는 영국, 네덜란드, 프랑스 등이 있다.

영국의 민영건강보험은 세 가지 유형이 있다. 자발적으로 가입하는 보충형 의료보험(VMI: Voluntary Medical Insurance)과 NHS가 제공하는 서비스와 많은 점에서 중복되는 개인의료보험(PMI: Private Medical Insurance), 그리고 본인부담금을 현금으로 보전해주는 건강현금플랜(Health Cash Plan)[26]이 그것이다. 조세를 재원으로 하여 운영되는 NHS에 의해 포괄적인 의료서비스가 제공되는데도 민영건강보험이 다양하게 발달하고 있는 것은 수치로 나타나는 높은 보장수준에도 불구하고 여전히 해결되지 않는 문제가 있기 때문이다. 진료에 대한 빠른 접근권, 쾌적한 진료환경, 전문의에 대한 폭넓은 선택권, 더 나은 진료시설과 진료시기 등의 장점이 있기 때문에 민영건강보험, 특히 개인 민영건강보험이 유지되고 있다.

물론 영국 공정거래청(Office of Fair Trading)의 조사에 따르면 용어의 명확성이 부족하고 상품의 비교 가능성이 어렵다는 문제가 지적되어 2000년에 자율규제기관인 GISC(General Insurance Standards Council)가 생겨났고,[27] 2004년에는 판매과정과 상품정보 제공을 개선하기 위해 민영건강보험 업무기준(Practice Requirement for PMI)을 만들었다. 2005년부터 이러한 기능을 이양받은 FSA는 판매과정이 투명한지, 그리고 소비자가 상품을 평가하기 위해 필요한 정보가 보험자와 상품에 대해 명확하고 일관되게 제공되는지에 초점을 맞추어 감독하였다.

한편 영국에서의 상품개발 추세는 보장수준에 비해 가격을 낮추기보다 건강촉진과 질병예방에 초점을 맞춰 건강관리비용 지불상품이나 다른 보험상품과의 결합을 강화하는 것으로 나타나고 있다. 이렇게 판매되고 있는 민영건강보험 상품은 전체 국민의 12%를 보장하고 있는데, 이들은 주로 45~54세의 연령에 속하며 고소득자들이다.[28] 최근 들어서는 단체보험시장이 확대되는 경향을 보임에 따라 개인보험시장은 축소되는 경향을 보이고 있다.[29]

영국은 네덜란드나 프랑스 등 다른 유럽 국가들에 비해서는 민영건강보험의 발달이 미약하지만, 조세에 의한 포괄적 보장에도 불구하고 가입자수가 늘고 있어 많은 시사점을 주고 있다.

네덜란드의 건강보험은 2005년의 개혁[30]으로 기존의 3층 체계에서 2층이 크게 바뀌었다. 그 결과 1층에는 전 국민 강제가입의 장기간병보험(AWBZ), 2층은 강제가입하되 민영보험회사가 경쟁하는 건강보험, 3층은 건강보험에서 보장하지 않는 급여를 보장하는 보충형 건강보험이다. 이에 따라 민영보험회사는 고소득층만이 아닌 전 국민 대상의 사업이 가능해졌다. 이와 함께 임의가입의 민간보험 영역이었던 3층의 보충적 영역에서는 고급입원서비스(luxury hotel service), 일부 치과진료, 장기 물리치료 등의 서비스를 제공한다. 그런데 보충형 민영건강보험에는 전 인구의 약 92%(2007년 기준)가 가입하고 있다.

프랑스는 사회보험방식으로 포괄적인 보장을 제공하고 있으나, 정액 본인부담(copayment), 정률본인부담(coinsurance), 공제금(deductible) 형태의 본인부담금[31]이 적지 않아 보충형 방식의 민영건강보험을 보급되어 있다. 프랑스의 민영건강보험은 외래진료일당 정액부담금, 입원일당 본인부담금, 왕진의사비용, 의치와 안경에 대한 정부고시 가격과 실제 가격의 차액, 기타 공적건강보험에서 보장해주지 않는 일부 서비스를 보충보험 형태로 보장하고 있다. 그런데 최근 들어서 실업률이 높아지고 근로비용에 대한 관심이 높아지면서 생겨난 공적 지출의 증가에 대한 압력을 낮추기 위해 점점 더 민영건강보험의 의존도를 높이고 있다. 그 결과 민영건강보험으로부터의 재원조달 비중이 1995년에 12.2%였으나 2009년에는 13.6%로 상승하였고 공적건강보험도 77.1%에서 76.6%로 높아졌다.

이러한 변화는 건강보험 외 부문의 부담감소를 나타내는 것인데, 이로 인한 부작용을 줄이기 위해 민영건강보험에 대한 정부의 규제가 늘어났다. 즉 프랑스 정부는 2년 이상 가입 시 계약을 종료하거나 보장수준을 낮추는 것을 금지하였으며, 단체보험에 가입한 은퇴자나 퇴직자가 은퇴나 퇴직 후에도 이전에 속했던 기관을 통해 보충급여(complementary benefit)를 받을 수 있도록 하였다. 또한 보조금을 지급하면서 단체보험 형태의 건강보험 가입을 고용주에게 촉구하였다.[32]

한편 시장에 기초하여 민영건강보험 중심의 제도를 운영해온 미국은 앞서 언급한 국가들과는 달리 공공성을 강화하여 의료보장을 확대하려는 노력을 기울여왔다. 이는 선진 의료시스템을 갖추고 있음에도 불구하고 전 국민에게 적용되는 공적건강보험이 없어 저소득자 등 취약계층을 중심으로 건강보험을 갖지 못한 사람이 2010년 기준으로 전체 인구의 15.4%인 4600만 명에 이르고 있었기 때문이다.

이에 오바마는 대통령 선거공약으로 공적건강보험의 도입을 내세우고 당선되어 취임 후 상·하원을 움직여 관련 입법에 성공함으로써 100년 동안 노력해온 보편적 보장체계 구축의 첫 단추를 꿰었다. 개혁의 배경에는 민영보험회사 중심으로 건강보험을 제공하는 것이 의료의 접근성을 떨어뜨리고 지나친 의료비 지출을 야기한다는 문제의식이 있었다. 이러한 문제를 해결하기 위해 오바마 정부는 공적보험(메디케이드)의 확대와 정부승인 보험에의 가입 의무화 등 공적건강보험의 역할을 강화하고 민영건강보험에의 규제강화를 통한 사각지대 해소에 건강보험 개혁의 초점을 맞추었다. 2012년에 예정된 대통령선거 등 각종 선거의 결과에 따라 구체적인 대응방안이 확정될 예정이다.

이상에서 보았듯이 영국, 네덜란드, 프랑스에서 시도되고 있는 민영건강보험의 적극적 활용과 미국에서 시도되고 있는 공적건강보험의 기능 강화와 민영건강보험에의 규제 강화는 상반된 방향에서의 개혁이지만 보장성 강화라는 공통된 목표 하에 공적건강보험과 민영건강보험 간의 적절한 역할 분담과 효율성 제고를 위한 조치임을 확인할 수 있었다. 이러한 추세를 감안하면 건강보험은 시장에 완전히 맡길 수도 없고, 그렇다고 정부의 통제 하에 획일적으로 운영될 수도 없는 부문이라고 할 수 있다. 공적건강보험과 민영건강보험은 적절히 역할을 분담하여 양자 간 기능의 조화를 꾀하는 것이 필요할 것이다.

한국형 공·사 협력모형 구축

공·사 건강보험 간 협력체계 구축이 시급하다

지금까지 살펴보았듯이 공적건강보험 중심의 정책 운영기조를 바꾸어 민영건강보험을 체계적으로 활성화하여 공·사 건강보험의 협력모형을 만드는 것이 요망된다. 이를 통해 의료보장 강화라는 목표 하에 형평성과 효율성을 동시에 추구하는 정책을 추진해야 한다. 구체적으로는 형평성과 효율성을 적정한 수준에서 추구하기 위해 기초적이고 필수적인 서비스에 대해서는 건강보험의 역할을 강화하고, 그 이상의 추가적인 서비스와 선택적 서비스에 대해서는 민영건강보험을 활성화하여 대응토록 하는 방향으로 가는 것이 바람직할 것이다.

국민건강보험과 민영건강보험은 서로 연계되어 있었음에도 불구하고 두 보험이 중장기적으로 상생할 수 있는 체계적인 청사진이 정부 차원에서 마련되지 못했다.[33] 그 배경에는 민영건강보험을 국민건강보험 발전의 장애물로 인식하는 경향이 시민운동단체는 물론이고 보건복지부 당국자에게도 광범위하게 깔려 있었다는 현실이 있다. 이렇게 인식의 간극이 큰 상황에서는 민영건강보험은 국민건강보험과의 조화를 고려하지 않고 성장·발전할 수밖에 없어 국민경제 전체적으로 비효율이 증대되고 있다.

이러한 상황을 극복하려면 먼저 사회보험 전문가와 민영보험 전문가, 그리고 정부와 소비자 대표 등으로 가칭 '건강보험발전위원회'를 구성해야 한다.[34] 건강보험발전위원회는 국민건강보험과 민영건강보험이 안고 있는 문제점에 대한 기본적인 이해를 토대로 조화와 협력의 기본 방향과 원칙을 정해야 할 것이다. 이때 해외에서 전개되고 있는 개혁

사례를 객관적으로 정리하여 우리에게 주는 시사점을 참고해야 함은 말할 것도 없다. 다만 우리의 국민건강보험체계가 서구와 꽤 다르고 민영건강보험 역시 규모만 커졌지 민영보험회사가 보험자로서의 기능을 제대로 수행하지 못하는 등 서구와 큰 차이를 보여 조화와 협력의 기본방향 및 원칙을 정하는 것이 쉽지 않을 수 있다.

이같은 어려움이 예견되지만 접근가능한 분야에서부터 협력해가는 것이 필요할 것이다. 대표적인 분야가 통계의 집적과 급여에 대한 심사와 평가, 보험사기 방지를 위한 정보교환 등이다. 즉 위험률 산출을 위한 통계를 집적하기 위해 공동으로 투자하고 건강보험 비급여 등에 대한 보험금 지급과 관련하여 진료가 적절히 이루어졌는지를 확인하기 위한 심사·평가 업무의 공동활용을 위한 협조, 그리고 보험사기 방지를 위한 공동조사 활동의 강화 등이다.

먼저 위험률 산출을 위한 관련 통계의 집적은 적정한 보험료 산출을 통해 소비자에게 합리적인 보험상품을 제공하기 위해 필요하다. 이는 보험회사가 지급보험금을 세부 내역별로 정리하여 보험료 산출에 적합하게 통계로 집적해야 할 것이나, 현실적으로 통계분류가 어렵거나 누락된 부분이 많다. 이러한 문제를 해소하기 위해서는 국민건강보험의 통계를 적절히 활용해야 하는데 이를 개인 의료정보로 오해하여 반대가 심하고 민영건강보험이 활성화되면 건강보험이 위축될 수 있다고 판단하여 협력이 어려운 상황이다. 그러나 양자가 보완·보충적 관계에서 건강보험을 운영하고 있으므로 각자가 보유하고 있는 통계를 공유함으로써 건강보험 전체에 걸친 위험과 그에 따른 비용을 정확히 파악할 수 있다.

추가로 협력할 수 있는 분야가 심사·평가 업무 부분이다. 주된 논점은 심사기능을 민영보험회사가 단독으로 수행할 것인지, 건강보험심사평가원을 활용할 것인지의 문제이다. 전자에서는 별도의 기관 설립에 따른 법적 근거 확보는 물론 추가적인 비용 부담, 건강보험 보험금 지급과의 연계 곤란 등의 문제점이 제기된다. 후자에서는 민영보험회사가 보험금 지급을 통제하는 기능이 전자에 비해 약해지고 고객 정보가 누출될 우려가 있다는 문제점이 제기된다. 두 방안 모두 장단점을 가지고 있으므로 어느 방안이 절대적 우위에 있다고 하기 어려우나, 실손의료보험이 빠르게 확대되고 있고 도덕적 해이의 가능성도 높아지고 있어 보험금 지급과 관련한 심사기능 확보를 서둘러야 한다.

공·사 간 협력이 가능한 세 번째 분야는 보험사기 방지활동이다. 이는 보험사기가 발생하면 부정적 영향이 민영건강보험에 국한되는 것이 아니라 국민건강보험에까지 미치기 때문이다. 그런데 지금의 보험사기 방지활동은 국민건강보험과 민영건강보험 간의 협력 없이 별도로 이루어지고 있다. 국민건강보험은 건강보험심사평가원과의 협력 하에 보험금 부정청구를 적발하고 있고, 민영건강보험에서는 건강보험에 국한되지 않지만 '보험업법'과 동 시행령에서 규정하는 '보험조사협의회'를 구성하여 대응하고 있다. 그러나 두 활동 간의 적극적인 연계나 교류가 없어 건강보험 분야에서의 보험사기 방지활동에 어려움이 있다.

보험사기를 방지하기 위해서는 개인의 건강 관련 정보의 적절한 공유가 필수적인데, 국민건강보험공단이 프라이버시 보호라는 입장을 강하게 내세워 공유가 힘들다. 그러나 이렇게 원칙적 입장에서만 접근하기보다 유관 기관 간의 협력을 통해 개인의 프라이버시를 보호하면서 보험사기를 방지할 수 있도록 개인 의료정보를 적절히 활용하는 방안을 모색하는 것이 필요하다.[35]

실제로 국민건강보험공단은 2011년에 진료비 64억 3022만 원을 허위·부당하게 청구한 요양기관을 국민의 신고로 적발하고 환수하는 조치를 취한 바 있다.[36] 이는 신고에 의한 것이므로 국민건강보험공단과 건강보험심사평가원이 보험조사협의회와 협력[37]하여 적극적인 조사와 단속에 나서면 훨씬 큰 규모의 허위·부당 청구 사례를 찾아낼 수 있을 것이다.

국민건강보험 개혁의 핵심은 효율성 제고

국민건강보험은 1989년의 전 국민 개보험 실시 후 한때 400개가 넘었던 의료보험조합을 통합하여 단일보험자가 관리하는 제도로 2000년 7월에 출범하였다. 이때 관리체계가 보험자인 국민건강보험공단과 진료의 심사와 평가를 수행하는 건강보험심사평가원으로 이원화되었다. 단일체계로 전환한 것은 리스크 풀을 하나로 만들어 건강보장의 보편성과 관리효율을 높이기 위함이었다. 그러나 직장·지역 가입자 간의 이해가 상충하여 보험요율 인상을 통한 안정적인 재원조달이 힘들어지고 있다. 그동안의 보험요율의 인상수준은 소비자물가상승률보다 높았으나, 지역가입자의 소득 파악률 향상에 한계가 있어 지역가입자의 부담 증대가 쉽지 않았다. 그 결과 여전히 저부담-저급여 구조에서 벗어나지 못하고 있다.

또한 관리체계의 단일화에도 불구하고 보험료 징수가 제대로 이루어지지 않고 보험사기로 인한 재원누수 방지에도 한계를 보이고 있다. 더구나 진료보수 지불제도가 행위별수가제로 운영되면서 광범위한 유인진료가 발생하고 있는데 이를 해결하지 못하고 있다.

이렇게 볼 때 향후 국민건강보험 개혁의 핵심은 효율성 제고라고 할 수 있다. 이를 위해 먼저 진료보수 지불제도를 획일적인 행위별수가제에서 의료공급자별 특성을 고려한 혼합방식으로 전환하여 의료비 관리효율을 높인다. 즉 병원에 대해서는 지금 시험적용 중인 신포괄수가제에 2012년 7월 이후 의무적으로, 그렇지만 단계적으로 시행될 7개 질병군별 포괄수가제를 적용·정착시키고, 개원의 등을 대상으로는 행위별수가제를 적절히 개선하여 적용한다.

다음으로 재원조달 체제를 개혁한다. 지금은 소득 파악이 어렵다는 이유로 직장가입자와 지역가입자 간의 보험료 부과방식이 다르다. 보험료 부과와 관련된 민원이 너무 많이 발생하고 있는바 점진적으로 부과 단위를 소득으로 통합하고, 소득의 포괄범위를 넓혀가야 할 것이다.

세 번째는 관리의 효율성을 높이기 위해 내부시장 제도를 활성화한다. 국민건강보험공단은 1만 2400여 명의 직원이 6개 본부 178개 지사에서 2011년 기준으로 38조 9000억 원 규모의 건강보험 재정을 5000억 원대의 관리비로 운영하여 중앙정부 일반회계 예산 대비 1.4% 수준의 비용이 지출되고 있다. 이는 2004년의 4% 수준에 비하면 크게 낮아진 것일 뿐만 아니라 1.8%의 대만과 2.1%의 일본과 비교해서도 낮은 수준이다. 그러나 관리의 효율성은 단지 투입예산만으로 평가하기보다 보험료 징수와 보험금 지출에서의 효율성 등 관리목표를 기준으로 평가해야 할 것이다.

그런데 이에 대한 본격적 연구가 이루어진 것이 없기 때문에 아직은 정확하게 말하기 어렵다.[38] 그러나 조직의 거대화에 따른 의사결정 구조의 문제, 비용효율화를 위한 메커니즘의 내부화 미흡 등 조직운영과 관련한 사안들이 개선과제로 남아 있다. 이러한 문제점을 개선하기 위해서는 재정지출 권한을 분권화하는 방식으로 내부경쟁체제를 도입하는 것이 우선적으로 검토되어야 할 것이고, 이렇게 해서도 관리효율이 향상되지 않거나 의료비 지출이 억제되지 않을 때에는 규모의 경제가 최적화하는 수준으로 보험자를 다원화하는 방안 등도 고려할 수 있을 것이다.

내부경쟁체제 도입은 경쟁 단위와 평가지표의 선정, 책임과 권한의 배분 등을 고려해야 한다. 국민건강보험공단의 계획에 따르면 2011년에는 평가기준 표준안 마련과 경쟁체계 토대 구축을 통해 내부경쟁체제 구축, 2012년에는 성과 중심 문화 형성과 경쟁체계 구축 강화를 통한 내부경쟁체계 강화, 그리고 2013년에는 통합성과관리시스템 운영과 평가결과 환류를 통한 성과 중심 조직문화의 정착이 예상된다. 그러나 이 계획은 전략적 목표가 추상적이고 모호하며 좀 더 구체적이고 직접적이어야 한다.

나아가 공적 보험자의 다원화는 의료비 지출 억제가 힘들고 관리효율이 낮아지는 등 독점에 따른 비효율이 두드러질 경우를 상정한 것이다. 이러한 개혁은 상황이 매우 악화된 것을 전제로 한 것으로 다음과 같은 대응책이 고려될 수 있을 것이다.

과거와 같이 직역이나 지역을 기준으로 한 조합다원주의가 아니라 전국단위로 다수의 보험자를 두되 보험자가 리스크선택을 하지 못하게 하며, 보험자간의 위험조정장치 도입으로 보험자간 재정불균형을 완화시켜줌으로써 보험자가 서비스 및 관리운영상의 품질과 효율성으로 경쟁할 수 있도록 한다. 각 보험자는 정액의 보험료를 받고 소득비례로 받은 보험료는 위험도가 높은 가입자가 많은 보험자에 더 배정해준다. 이렇게 되면 조합 간 경쟁은 동일한 비용을 가지고 얼마만큼 효율성을 높여 보험료 인하효과를 발생시킬 수 있는가 하는 문제로 귀결될 것이다. 즉 보험자 간 경쟁으로 절감된 성과를 사후적으로 보험자와 가입자가 공유할 수 있을 때 경쟁에 의한 효율성 제고가 달성될 수 있다.

민영건강보험 개혁의 핵심은 공공성 제고

민영건강보험은 정액형 보험에서 실손형 보험으로 바뀌어가고 있다. 민영건강보험이 여러 가지 여건상 불가피하게 존재할 수밖에 없다면 국민들의 복지수준 향상에 제대로 기여할 수 있도록 지원과 규제를 병행하는 것이 필요하다.

민영건강보험의 활성화를 위해 지원이 필요한 이유는 다음과 같이 정리될 수 있다.

먼저 국민건강보험의 보장수준을 급격히 높이기 어려운 상황에서 국민들을 감당하기 힘들 정도의 의료비에 따른 재무적 리스크로부터 보장하기 위해 사적건강보험의 활성화가 필요하다. 전 국민에게 건강보험이 일률 적용되고 있으나 보험료를 급여생활자와 비급여생활자로 구분하여 징수함으로써 보험료 인상에 따른 저항이 거세어 보장수준 제고가 더디게 이루어지고 있다. 급여생활자의 경우는 소득의 투명성이 확보되는 데 반해 자영자, 전문직 등의 경우는 소득의 투명성이 확보되기 어려워 보험료 인상을 두고 가입자 간에 갈등이 발생하고 있다. 이러한 상황이 지속된다면 향후에는 예산 확보가 제때 이루어지지 못해 건강보험의 재정적자가 일상화되면[39] 보장성을 높이지 못해 국민들은 높은 수준의 본인부담금을 감수할 수밖에 없을 것이다. 이처럼 국민을 예기치 못한 큰 의료비에 따른 재무적 리스크로부터 보장하기 위해서는 민영건강보험의 활성화가 필요할 것이다.

다음으로는 건강보험에 내재되어 있는 비효율을 개선하기 위해서이다. 민영건강보험은 기본적으로 다수의 보험자가 경쟁하는 방식으로 운영되므로 효율성을 촉진할 수 있는 메커니즘이 내재되어 있다고 할 수 있다. 그런데 강제적용되는 공적보험이 경쟁을 통해 효율성을 높이기 어려울 경우 독점적으로 운영되는 공적보험의 보장범위를 적정한 수준으로 유지하고, 그 이외의 시장은 경쟁원리가 작동될 수 있는 민영건강보험에 맡기는 것이 적절한 방안일 수 있다. 따라서 기본적인 수준의 의료보장을 위한 보험은 국민건강보험이 맡고 그 이상의 보장을 위해서는 민영건강보험을 활성화시켜 개인의 자조 노력을 키우는 역할을 하도록 하는 것이 필요할 것이다.

이를 위해서는 민영건강보험이 취약한 상황에서 운영되지 않도록 하기 위해 비급여 수가의 결정, 보험금 지급과 및 진료비 심사 등의 분야에서 정부와 국민건강보험공단 측의 지원이 절실한 상황이다.

먼저 민영건강보험이 지급하는 법정본인부담금 보충형의 급여는 건강보험 가격이 적용되므로 논란이 될 게 없지만 비급여 보충형의 급여에는 시장가격 결정 메커니즘이 없다. 의료공급자가 일방적으로 정한 가격으로 부담하고 이후 동 진료가 가입자의 보험상품 보장범위에 들어 있으면 조건 없이 해당 금액만큼을 보험금으로 지급하고 있다. 따라서 의료공급자와 민영보험회사가 개별적인 계약을 맺거나, 국민건강보험에서 하는 것처럼 의료공급자 단체와 민영보험회사 단체가 협의하여 가격을 정할 수 있도록 법적·제도적 장치를 갖추는 것이 필요하다.

이와 함께 보험금 지급의 편의성을 높이기 위해 보험금을 피보험자가 아닌 의료공급자가 직접 받도록 해야 할 것이다. 이에 대해서는 지금 보험업계와 정책당국, 그리고 국회 등이 실천가능한 방안을 모색하고 있다. 다만 이는 심사기능과 연계되어 결정될 수 있는 사안으로 심사기능이 확보되면 나머지는 기술적인 문제뿐이다.

마지막으로 민영건강보험에 대한 세제상 지원이나 재정적 지원을 검토할 필요가 있다. 현재는 다른 보장성보험과 통합하여 100만 원을 한도로 소득공제 혜택이 부여되고 있으나, 개인연금처럼 일정한 요건을 정한 후에 별도의 소득공제 혜택을 부여하는 방안을 검토할 수 있을 것이다. 이와 함께 프랑스의 CMU 사례에서처럼 보험료를 낼 수 없을 정도로 빈곤한 계층에 대해서는 정부의 재정지원으로 보험에 가입할 수 있도록 하는 방안도 검토될 수 있을 것이다.

이러한 지원조치들보다 훨씬 중요한 것이 민영건강보험의 공공성을 제고하기 위한 규제이다. 상품의 표준화와 간소화, 건강보험 판매 관련 제도의 개선, 공시 강화 등이다.

먼저 상품의 표준화는 금융감독원 주도로 추진되어 보장 비율을 90%로 축소한 후에 상해(입/통원)형, 질병(입/통원)형, 종합(입/통원)형 등 3개 유형으로 대분류하고 총 6종류의 상품별 조합이 가능하도록 하였는데, 2009년 10월 1일부터 시행 중에 있다.[40] 그런데 상품 표준화 이후에도 소비자가 이를 기초로 상품을 비교하여 구매하는 데는 어려움이 많다. 따라서 기존의 상품비교공시제도와 연계하여 표준화에 따른 효과가 극대화될 수 있게 해야 할 것이다.

다음으로 민영건강보험의 판매와 관련한 제도개선은 설명의무의 강화와 판매자자격제도 개선에 초점을 맞춘다. 최근 보험업법의 개정을 통해 변액보험 등 투자형상품에 대해서는 소비자보호장치가 강화되었으나, 건강보험은 적용대상이 아니다. 따라서 민영건강보험에 특유한 속성을 고려하여 설명의 의무를 강화하고, 민영건강보험의 판매자에게 일반적인 판매자격 이외에 건강 관련한 과목의 이수나 관련 시험에의 합격을 요구하는 방안이 검토될 수 있을 것이다.

마지막으로 의료정보 공시제도를 운영하여 보험료, 본인부담분, 의료공급자의 특성과 이용도, 의료공급자와 서비스 이용 시 제한사항, 연간 수행한 의료의 질에 관한 보고서 등을 공시하도록 함으로써 소비자보호를 강화해야 할 것이다.

건강보험 개혁을 위한 인식의 전환 필요

이제 우리는 건강보험 개혁 논의 시 보장성 강화를 통한 형평성 제고 못지않게 재원의 활용과 관리운영 측면에서의 효율성을 중시하고 서로 다른 여건과 속성을 지닌 소비자들의 선택권도 존중해야 한다. 이러한 점에서 보장성 강화, 형평성 제고, 효율성 제고, 선택권 존중이라는 네 가지 가치가 조화되도록 정책목표를 정하고 구체적인 실행방안을 마련하는 것이 필요할 것이다. 또한 의료공급자 등 특정 이해관계자의 이익보다 소비자인 국민들의 이익을 증대시킨다는 관점에서, 정부도 국민들에게 적은 비용으로 높은 수준의 보장을 제공할 수 있는 건강보험을 목표로 지속적인 개혁작업에 매진하고, 건강보험의 다른 이해 관계자들도 협력과 조화를 통한 공생을 추구함으로써 건강보험의 지속가능성을 담보해야 할 것이다.

제**12**장

노인장기요양보험,
이대로 좋은가

노인장기요양보험의 도입 경과와 배경

노인인구의 급속한 증가와 함께 노인성 질병으로 어려움을 겪는 사람들의 숫자가 늘고 있다. 이들의 노후 건강증진과 생활안정을 도모하고 그 가족의 부담을 덜어주기 위해 노인장기요양보험법이 2007년 4월에 제정되어 2008년 7월부터 시행되었다. 2012년 4월 기준으로 시행 5년째를 맞이하고 있다.

사회보장으로서의 노인장기요양보험은 사회보험방식이나 조세방식으로 운영될 수 있고,[1] 사회보험방식이라도 건강보험의 틀 안에서 함께 관련 제도를 운영하기도 한다. 우리나라는 건강보험과 구별되는 별도 사회보험이지만[2] 국민건강보험공단이 운영한다.

이 제도가 본격 논의된 것은 1997년 5월로, 정부와 여당(신한국당, 현 새누리당)은 노인수발보험제도 도입을 검토하지만 경제위기로 논의가 중단된다. 그런데 그해 말 대선에서 야당의 김대중 후보가 공약으로 노인보건법 제정을 통한 방문수발제도 도입을 제안하나 불발에 그치고 대통령이 된 후인 2001년 8월에 도입의 필요성을 언급한 후 2002년 말

대선에서 여당의 공약으로 제시된다. 이후 2003년 3월 보건복지부 내에 공적노인요양보장추진기획단이 설치되고 2004년 3월에 공적노인요양보장제도실행위원회가 구성되면서 제도 도입을 위한 구체적인 실무작업이 추진되었다. 정부는 관련 내용을 법안화하여 2005년 10월 노인수발보장법[3]으로 입법예고하였으나 2006년 2월의 국회 제출 시에는 법안명을 노인수발보험법으로 바꾸었다. 이후 1년여에 걸친 국회 논의과정에서 명칭이 노인장기요양보험법으로 바뀌었다.[4]

한편 법안명을 둘러싸고 정부와 국회에서 논란이 지속되는 동안 정부는 본격적인 시행에 앞서 2006년 7월부터 9개월간 수원, 강릉 등 전국의 6개소에서 1차 시범사업을 진행하였고 이후 12개월과 15개월에 걸친 2차(8개소) 및 3차(13개소) 시범사업을 거쳤다. 이러한 과정을 거쳐 2008년 3월에는 노인장기요양운영센터가 개소되어 장기요양인정 신청을 접수하고 등급을 판정하기 시작하였으며, 2008년 7월부터 장기요양보험료를 부과·징수하고 요양급여를 제공하면서 전면시행된다.

노인장기요양보험은 고령이나 노인성 질병 등으로 인하여 6개월 이상 동안 혼자서 일상생활을 수행하기 어려운 노인 등에게 신체활동이나 가사활동을 지원하거나 간병서비스 등의 장기요양급여를 제공한다. 기본원리는 사회적 연대, 즉 경제적으로 여유 있는 세대나 계층이 그렇지 못한 세대나 계층을 지원하여 사회구성원 공동의 행복을 추구한다는 원리에 입각하고 있다. 이 보험이 제공하는 요양급여에는 배설, 목욕, 식사, 취사, 조리, 세탁, 청소, 간호, 진료의 보조 또는 요양상의 상담 등이 포함되며, 가입자의 건강기능 수준의 유지나 향상(재활서비스 포함)과 관련된 보건, 의료서비스는 일절 배제된다.

이 보험이 도입된 배경에는 우리의 급속한 인구고령화와 이로 인한 노인성 질환자의 빠른 증가라는 현실이 있다. 우리의 65세 이상 노인인구 비율은 1970년 3.1%로 G20[5] 국가 중 최하위였으나 2010년에 11%, 2015년에는 12.9%로 올라가 10위권이 될 것으로 예상되고 있다. 노인 이슈가 사회문제로 대두되고 있으며 내용의 핵심은 이들의 질병과 건강 문제이다.

2002년 이후 8년 사이에 국내의 노인성 질환자수는 206%, 진료비는 420%로 늘었다(부표 12-1). 특히 65세 이상 노인의 진료비가 544%로 증가하여 노인성 질환자의 진료비 증가를 주도하고 있다. 노인성 질환자의 진료비 추이를 살펴보면 2004년을 기점으로 가파르게 증가하는데 65세 미만자보다 65세 이상자의 진료비가 더 빠르게 늘고 있다.

이하에서는 노인장기요양보험의 운영실태를 평가하고 미래지향적 관점에서 개선과제들을 모색해본다.

노인장기요양보험 도입으로 장기요양리스크 대비

고령화가 진행되면서 중풍·치매 같은 장기질환으로 육체적·경제적 고통을 겪는 이들이 늘고 있다. 이러한 장기질환으로 요양이 필요한, 즉 경제적 손실이 따르는 위험을 장기요양리스크(long-term care risk)라고 부른다.

장기질환자 본인과 가족에게 경제적 충격으로 작용할 장기요양리스크를 미국, 독일, 일본 등은 장기요양보험(long-term care insurance)을 통하여 완화해오고 있다.

노인장기요양보험은 기존의 노인복지서비스체계와 다른데 차이점이

〈표 12-1〉 노인장기요양보험과 기존 노인복지서비스체계 비교

구분	노인장기요양보험	기존 노인복지서비스 체계
관련법	노인장기요양보험법	노인복지법
서비스 대상	보편적 제도 장기요양이 필요한 65세 이상 노인 치매 등 노인성질병을 가진 65세 미만자	특정 대상 한정(선택적) 국민기초생활보장 수급자를 포함한 저소득층 위주
서비스 선택	수급자 및 부양가족의 선택에 의한 서비스 제공	지방자치단체장의 판단(공급자 위주)
재원	장기요양보험료+국가 및 지방자치단체 부담+이용자 본인부담	정부 및 지방자치단체의 부담

자료: 국민건강보험공단

〈표 12-1〉에 정리되어 있다. 기존의 노인복지는 서비스 대상이 저소득층 위주로 한정된 반면 노인장기요양보험은 그 대상을 노인성 질환을 가진 국민으로 확대하였다. 장기요양서비스를 받는 선택권도 공급자인 지방자치단체장에서 수요자인 본인과 부양가족으로 바뀌었다. 재원도 정부와 지방자치단체 예산 외에 국민 전체가 부담하는 보험료와 본인부담이 추가되어 지속가능한 조달체계로 바뀌었다.

노인장기요양보험의 재원은 장기요양보험료(건강보험료의 6.55%, 2012년 기준), 국가부담, 본인일부부담으로 조달된다. 노인장기요양보험의 가입자는 건강보험 가입자와 동일하여 건강보험료와 통합징수되며, 장기요양보험요율은 보건복지부장관 소속 장기요양위원회의 심의를 거쳐 대통령령으로 정한다.

장기요양보험료 예상수입액의 20%는 국고에서 부담하고, 의료급여 수급권자의 장기요양급여비용, 의사소견서발급비용, 방문간호지시서 발급비용 중 국민건강보험공단이 부담해야 할 비용과 관리운영비 전액은 국가와 지방자치단체가 분담한다. 국민기초생활보장 수급권자는 제외하고 장기요양서비스에는 본인일부부담금이 있다. 의료급여수급 권자는 본인일부부담금의 50%를 감해주지만 장기요양급여의 월 한도 액 초과분과 비급여 장기요양급여 항목은 의료급여수급권자와 국민기 초생활보장 수급권자라고 하더라도 전액 본인부담이다.[6]

노인장기요양보험의 대상자인 장기질환자의 규모와 의료비용 현황 을 보면 2009년 8월에는 수급자 노인이 25.2만 명으로 전체 노인인구 의 4.8%이던 것이 2011년 말에는 29만 명(동 5.8%)으로 증가하였다(부표 12-2).[7] 수급자의 특성은 80세 이상 후기 고령자가 47%, 여성 71%, 치 매·중풍 환자 54%로 나타나고 있다(2011년 3월 기준).

급여이용자는 장기요양 인정자의 85% 수준이며, 급여를 이용하지 않는 주된 사유는 병원입원 중(42.4%), 가족수발 선호(31.6%), 입소대기 (4.3%), 비싼 본인부담금(3.5%) 등으로 나타났다.[8] 자격별 급여 이용률은 국민기초생활보장수급자의 이용률이 88.6%로 가장 높고 의료급여수급 자가 79.3%로 가장 낮다. 급여 종류별 이용현황은 재가급여와 시설급 여가 각각 68.5%와 31.5%의 분포를 보이고 있다.

급여는 현물급여가 원칙이며 현금급여는 매우 제한적으로 허용된 다. 현물급여에는 노인요양시설과 노인요양공동생활가정에 대한 '시 설급여'와 방문요양, 방문목욕, 방문간호, 주야간보호, 단기보호, 복 지용구 등의 '재가급여'가 있고, 현금급여는 가족요양비로 제한을 두 고 있다. 급여수준은 최중증 1등급이 시설급여 월 146만 원,[9] 재가급 여 월 114만 원[10] 수준이며, 시설급여의 법정본인부담금은 급여비용 의 20%, 그리고 식재료비와 추가 침실비용은 본인의 추가부담이다(부 표 12-3).

장기요양서비스 인프라는 서비스 공급기관과 서비스 제공인력으로

378

구분할 수 있다. 서비스 공급기관은 인력 및 시설 기준 충족 시 지자체에 장기요양급여 제공기관으로 신청하여 시군구청장의 지정을 받아야 하며, 서비스 제공인력은 지자체별로 인력 및 시설 기준을 충족하면 지정받을 수 있는 요양보호사 교육기관에서 240시간의 이론, 실기, 실습교육을 통해 배출한다.

장기요양의 관리운영은 보건복지부가 장기요양에 대한 정책을 결정하는 주무부처이고, 장기요양보험료율, 가족요양비 지급기준, 재가 및 시설 급여비용 심의 등은 장기요양위원회가 관장한다. 실무 담당기관은 국민건강보험공단으로서 자격관리, 보험료 부과징수, 등급판정위원회 운영 및 등급판정, 장기요양인정서 작성과 표준장기요양계획서 제공, 장기요양급여 관련 이용 지원, 장기요양급여 제공내용 확인 등의 업무를 수행한다. 장기요양기관의 지정과 요양보호사 교육기관 지정은 지방자치단체의 권한이다.

노인장기요양보험의 평가

노인장기요양보험은 노인장기요양보험법(2007년)에 근거하고 있으며 독일(1994년), 일본(2000년)의 제도처럼 사회서비스 모형을 지향하고 있다. 기본적 취지는 보편적 보장제도의 도입으로 폭넓은 대상자에게 혜택을 제공하는 것이다. 한편 재정의 부담을 줄이려는 관점에서 제도 설계 시 일본 등에 비해 사적부담이 높고 보장대상을 장기요양 수요가 높은 사람으로 제한하며, 운영기관을 국가나 지방자치단체가 아닌 공공기관 즉 국민건강보험공단으로 지정하여 효율성을 높이려고 하였다.

정부는 제도 도입을 앞두고 '서비스 없는 보험'이란 비난에 직면하였기 때문에 서비스 인프라 확충에 노력하였으며, 서비스 공급자 진입장벽인 국가표준 인력 및 시설기준을 최대한 완화하였다. 다만 제도가 제공하는 서비스에서 의료서비스 성격의 서비스를 기본적으로 배제하였기 때문에 장기요양서비스와 의료서비스 공급기관 간의 연계가 미흡하다는 문제점이 지적되고 있다.

노인장기요양보험 시행 후 문제점으로 부각된 것은 요양서비스 전달시스템이 잘못 설계되었고 독일·일본의 사례처럼 양질의 요양보호사 인력을 선발하고 유지하지 못하며, 제도에 대한 질적 평가와 모니터링 시스템 개발이 필요하다는 점 등이다.

한편 시행 후 3년간의 성과도 적지 않은 것으로 평가되고 있다. 성과는 크게 나누어 건강기능 개선, 경제적 성과, 사회적 성과의 세 가지로 나눠볼 수 있다.

먼저 건강기능 개선 여부의 경우[11] 서비스 이용자의 건강기능이 2년 사이에 전반적으로 개선되고 있다. 신체적 기능 (대소변 조절능력), 인지기능, 문제행동 및 의사소통장애, 욕창·도뇨관리, 재활영역, 입원일수 변화 등은 대부분 재가보다 시설에서 개선효과가 크게 나타나는데 신체적 기능(이동능력)에서는 재가가 더 큰 효과를 발휘하고 있다. 하지만 평가의 결과는 임상성과를 반영하는 서비스 질 지표의 개발, 평가결과의 공개를 통한 이용자의 합리적 선택 유도, 급여제공 과정과 결과에 대한 국제적 지침에 맞는 공통지표 구성, 시설 및 재가의 표준화된 기록지 양식과 DB 개발, 시설전담의, 노인전문간호사 배치를 통한 치매·중풍 환자의 지속적 관리 등 의료서비스와의 연계방안 구축 등이 필요하다[12]고 지적되고 있다.

다음은 경제적 성과로 이는 다시 고용, 부가가치, 그리고 건강보험 진료비 절약의 세 가지 측면에서 접근할 수 있다.[13] 고용 측면에서 장기 요양보험은 시행 후 3년 사이에 요양보호사 18만 명[14] 등 약 21만 개의 일자리를 창출하였다. 요양보호사 외에는 교육기관·복지용구 등 고령 친화산업 일자리 1만 명, 사회복지사와 간호사 등이[15] 2만 명이다. 근 무기관별로는 시설기관 4.4만 명, 재가기관 15.9만 명, 그리고 교육기관 8000명으로 구성된다.

부가가치는 시행 후 2년이 경과한 2010년에 4.3조 원, 3년이 경과한 2011년에 6.9조 원 수준으로 추정되고 있다. 여기서 부가가치라 함은 관련 산업에서 발생하는 인건비, 영업잉여, 혼합소득, 고정자산상각 등 의 값으로 우리나라 GDP에 기여하는 몫이다. 이어서 건강보험 요양급 여비에 미친 파급효과는 2009년 기준 9000~9900억 원 수준의 건강 보험 요양급여비가 절약된 것으로 추정되었다. 이는 같은 해 건강보험 요양급여비 28조 9200억 원의 3.1~3.4%에 해당하는 값이다.[16]

끝으로 사회적 성과[17]는 수급자와 그 가족의 제도에 대한 만족도가 지속적으로 높아가고 있는 점이다. 이는 부양의무자의 신체적·심리적 부담이 감소하고 경제적 사회적 활동 기회가 다소나마 증가하여 삶의 질 향상에 도움이 되고 있다는 사실이다. 다만 평가자는 성과지향적인 제도 운영을 위해서는 수발부담 감소 여부에 대한 만족도 조사를 넘어, 등급판정-서비스 이용을 위한 지원-서비스 내용 등 각 영역별 평가체계 마련이 필요하다고 지적하고 있다.

서비스 전달 시스템
우리가 택한 서비스 전달 시스템의 특징은 다원화된 서비스 공급자의 의도적인 중복과 경쟁원리 도입을 통해 서비스 수급자에게 선택권을 부여하여 수요자 중심의 서비스 전달시스템을 구축하려는 것이었다. 이 과정에서 서비스 공급량을 조절하거나 서비스의 수요와 공급 간 관계를 조정하는 케어 매니지먼트(care management)[18] 등의 관리시스템은 배제되었다. 이처럼 케어 매니지먼트 체계가 도입되지 않은 상태에서 상한이 있는 재가급여에 대한 급여 믹스(mix)를 전적으로 수급자에게 맡기는 당황스러운 상황이 발생하였다. 케어 매니지먼트 체계는 처음에 발의되었던 일본모형의 노인수발보장법에는 포함되어 있었으나 이후 개정 논의과정에서 빠졌다.

또한 요양서비스 제공기관의 선별에 대한 규제가 미약하여 서비스 공급자가 너무 많아지는 문제가 발생하였다. 서비스 제공기관이 지역별로 편중분포하고 서비스 이용권과 선택권을 제한하는 문제도 발생했다.

서비스의 질 관리

장기요양서비스 만족도 조사결과에 의하면 지난 2년 사이 전반적인 서비스 수준의 만족도는 향상되었다.[19] 요양보호사의 친절성, 신속성, 의사소통 등 직원 서비스에 대한 만족도가 비교적 높고, 그 결과 주변에 추천할 의향도 다소 개선된 모습을 보여주고 있다. 반면 시설 서비스에서 식사의 질에 대한 만족도가 낮고, 운영프로그램 평가에서 여가프로그램의 만족도가 가장 저조하였다.

2009년에는 장기요양기관에 대한 평가가 시행되어 서비스 정보 제공과 경쟁을 통한 서비스 수준의 향상을 꾀하였고, 방문요양 중심의 재가급여를 '종합재가' 중심으로 개편 중에 있으며 시설의 인력배치 기준에 따른 수가 가감산제도를 도입하여[20] 서비스 제공기관의 역량 강화를 유도하고 있다.

하지만 일부 소규모 요양기관은 영세하여 교육역량의 한계로 서비스 수준을 높이는 것이 쉽지 않으며, 요양기관 평가에서 객관적 지표에 의한 평가체계와 성과보상체계가 갖춰지지 않아 미비로 서비스의 질 향상에 걸림돌이 되고 있다.

한편 서비스 질 관리와 관련된 핵심적 사항이 요양보호사의 자질 문제인데 이는 요양보호사의 처우와도 밀접하게 연관되어 있다. 2011년 12월 기준 약 24만 명의 요양보호사가 활동하고 있으며 이들을 양성하는 교육기관은 948개이다. 하지만 요양보호사의 월소득은 평균 약 90만 원(입소 95만 원, 재가 79만 원)으로 열악한 상태이다.

제도 도입 이후 양질의 교육환경 조성을 위한 교육기관 시설과 인력의 최소 기준 마련, 요양보호사의 처우 개선을 위한 2010년의 표준근로계약서 권고와 재가기관 평가 시 종사자 복지수준 반영 등의 정책이 추진되었다. 그러나 현장밀착형 직무교육과 훈련시스템이 갖춰져 있지 않고 보수교육 프로그램이 취약하며, 요양보호사의 직업적 자긍심 부족과 직업의 안정성 부족으로 이직률이 높게 나타나는 문제점이 지적되고 있다.

재원조달

제도 시행 후 2년 만에 보험료율이 2.5% 포인트 상승하고 가입자 1인당 평균 보험료가 3년 만에 79%가 상승하는 등 보험료 수입이 빠르게 증가하고 있다. 장기요양급여비 지출도 3년 사이에 매우 빠르게 증가하였으나 최근 증가세가 둔화되고 있다. GDP 대비 장기요양급여

<표 12-2> 노인장기요양보험의 지출과 보험료

구분	2008	2009	2010	2011
총지출(억 원)	7,518	20,238	27,456	27,714
총지출/GDP비율(%)	0.07	0.19	0.23	0.23
보험료율(건보료기준, %)	4.05	4.78	6.55	6.55
평균보험료(원)	2,700	3,090	4,439	4,822

자료: 국민건강보험공단 「장기요양보험통계」 외

비 지출의 비율도 2011년에 0.23%로 2010년과 같은 수준을 보여 증가세가 둔화되고 있다. 이는 당국이 노인장기요양보험의 지급요건을 엄격히 통제하고 있기 때문인 것으로 이해할 수 있다(표 12-2).

우리는 제도 발족 초기부터 급여지출과 보험료의 급속한 증가를 막아 제도의 지속가능성을 확보하기 위해 엄격한 재정관리시스템의 구축해 오고 있다. 재가 15%, 시설(입소) 20%라는 상대적으로 높은 본인일부부담 비율을 유지하고 있고, 대상자를 1~3급의 중증질환으로 한정하며, 재정과 수요관리 기능을 통합운영하고 있다. 그리고 시행 이후 불법·부당 행위 방지를 위해 요양보호사 방문일정 사전등록제(2009.1), 부당행위 신고포상금제(2009.4), 유인·알선, 자격증 대여·양도 시 요양보호사 자격증 취소규정 신설(2010.4)의 조치를 취했다.

그럼에도 불구하고 장기요양기관의 불법·부당 청구가 근절되지 않음에 따라 지방자치단체의 현지조사 확대 등 관련 행정을 강화하고 있다. 그 결과 부당청구율이 감소세를 보이고 있다.[21] 보건복지부는 이 같은 감소세를 법적·제도적으로 뒷받침하기 위해 노인장기요양법 개정을 준비하고 있다. 불법 유인·알선 행위 금지, 불법기관 행정처분 실효성 강화, 불법기관 명단 공표, 업무정지에 갈음하는 과징금 부과 신설 등의 조치를 담은 개정법률안이 입법예고(2011.8)와 국무회의 통과(2012.1)를 거쳐 국회에 제출될 예정이다.

노인요양시설

2011년 6월 말 기준 국내 장기요양기관은 1만 5195개소로 시설요양기관 3967개소, 재가 요양기관 1만 1228개소이며 정원은 14.6만 명이다. 시설요양기관은 규모가 큰 노인요양시설과 노인요양공동생활가정으로 구분된다.[22] 이 중 수도권 지역에 시설 1819개소(45.9%), 재가 4746개소(42.3%)로 전체의 40% 이상이 밀집되어 있다.[23]

외국의 노인요양시설 현황을 살펴보고 이를 우리와 비교해보자. 노인인구 비율이 23.1%(2010)로 초고령사회에 진입한 일본의 경우, 중앙정부 설립 노인요양시설은 전체의 3.9~6.4%이며, 비정부기관 설립 시설이 93.6~96.1%를 점한다. 비정부기관은 주로 사회복지법인이나 의료법인이다. 미국은 노인인구 비율이 13.1%(2010)인 고령화사회로 노인인구 집단은 공적건강보험인 메디케어의 수혜자이나 장기요양서비스 보장은 미미하다(부표 12-4). 정부 설립 요양시설이 7.7%, 비정부기관 설립이 92.3%를 차지한다. 비정부기관의 다수는 메디케어와 메디케이드를 운영하는 CMS(center for medicare and medicaid services)의 인증을 받아 운영되고 있다. 호주의 노인인구 비율은 13.4%(2010)인데 1974년부터 전 국민 의료보험인 메디케어가 서비스를 제공하고 있으며, 정부 설립 요양시설이 11.7%, 비정부기관 설립 시설이 88.3%를 점한다. 비정부기관은 종교단체와 자선단체가 큰 비중을 차지한다.

우리의 경우 노인요양시설의 설립주체는 사회복지법인이 53.2%로 가장 많고, 개인 20.2%, 종교단체 12.9%, 시·구립 9.7%의 순이다(수도권 지역 대상 표본조사 결과). 일본이나 호주보다 개인의 비중이 꽤 높은데 이는 제도 도입 시 의료기관의 개입을 배제하는 과정에서 개인사업자의 노인요양시설 설립을 쉽게 허용해주었기 때문인 것으로 분석된다.

노인장기요양보험 개선방향 모색

서비스 전달 체계

현행 노인장기요양보험은 장기요양서비스와 의료서비스를 구분함으로써 수급자의 건강악화와 급성질환 발생 등의 문제점을 야기하고 있고, 기존 노인보건복지서비스 및 지역사회 민간서비스와의 연계도 미흡하다. 노인장기요양보험은 장기요양급여를 통해 노후 건강증진을 도모토록 규정하고 있지만 건강증진을 위한 의료서비스 제공을 사실상 금지하고 있다. 바람직한 노인의료·장기요양체계는 급성기질환 의료서비스는 2·3차 의료기관, 아급성기질환 의료서비스는 요양병원, 장기요양서비스는 요양시설, 지역사회서비스는 요양병원, 요양시설, 가정이 공동으로 제공하는 것이다. 이러한 시점에서 보면 노인장기요양보험의 단기적 개선방향으로 다음의 일곱 가지를 고려할 수 있다. 이 중 많은 내용이 보건복지부와 보험자인 국민건강보험공단, 지방자치단체 주도하의 제도 개편을 필요로 한다.

첫째, 장기요양보험 수급자에 대한 의료 단절을 해결하기 위해 우선 주치의 성격의 시설전담의,[24] 노인전문간호사를 배치한다. 지금의 촉탁

의나 협약의료기관으로는 요양기관의 의료서비스 수요를 충족시키기 어려우므로 건강보험의 지불보상체계를 갖춘 전담의나 주치의 제도를 도입한다. 이를 통해 건강기능의 유지와 향상이 필요한 치매·중풍 환자를 지속적으로 관리토록 하고 의료서비스와의 연계가 모색될 수 있도록 관련 제도를 정비하고 행정조치를 강구한다. 수급자 대상의 시범사업 후 성과를 보고 등급 외 노인[25] 등으로 확대한다.

둘째, 노인장기요양보험의 등급판정을 신청하였으나 제외된 등급외자에 대해 보장성을 우선적으로 확대하고, 지자체와 건강보험공단은 등급외자 정보를 공유하는 등 연계 강화를 위한 지침을 마련하고 업무협조 체계를 강화한다.

셋째, 장기요양기관 평가를 정기화하고, 평가대상을 규모별로 구분하여 평가하며, 평가지표를 개선하고 평가결과를 공개하여 수급자의 선택권을 강화한다.

넷째, 평가지표에 요양보호사 직무교육, 시설 내 의료서비스 강화를 위한 전담의제 추진상황, 임상적 성과를 반영한 서비스의 질, 안전관리, 수급자 인권강화 관련 지표를 포함시키고 이들 지표의 비중을 높인다.

다섯째, 시설 및 재가 서비스의 기록지 양식을 표준화하고 이를 토대로 관련 정보를 DB화한다.

여섯째, 요양시설과 요양병원이 제공하는 고유의 서비스를 차별화하고 그에 맞춰 수가를 조정하며, 관련 정보를 수급자에게 제공하여 스스로가 입소할 곳을 자의로 선택할 수 있게 하며, 입소자의 양자 간 이동이 원활히 이루어져 수급자가 응당 있어야 할 곳에 있도록 하고 재원의 낭비도 방지한다.

다음은 장기적 관점에서의 개선방안으로 통합케어(integrated care)[26]의 제공을 시도하는 것이다. 이는 노인장기요양서비스가 가지는 복합성과 재정 문제 등을 고려한 대안의 하나로, 이 안이 성공하기 위해서는 케어 매니지먼트의 도입과 공급 네트워크 구축이 선결되어야 한다. 케어 매니지먼트의 구성요소에는 케어 매니저(care manager), 평가사정 도구, 케어플랜이 있다. 공식적인 케어 매니저가 없는 우리로서는 케어 매니저 자격제도를 새롭게 도입해야 하고, 다양한 케어를 제공하는 기관들이 동일한 평가사정 도구를 개발하여 공유하며, 기능과 활용이 부족한 지금의 표준장기요양계획서를 수정·보완하여 케어플랜의 실효성을 확보해야 한다.

이상의 세 가지 인프라는 통합케어를 제공하기 위해 필요한 것인데, 현행 제도와 방식을 일부 바꿔서 시행하면 통합케어 제공의 효과를 거둘 수 있을 것으로 기대된다. 그리고 통합적 공급체계를 구축하기 위하여 보건복지부 내에 가칭 '노인서비스 통합제공체계 구축위원회'를 설치하여 건강보험과 노인장기요양보험, 그리고 노인보건복지서비스를 효과적으로 통합·제공하기 위한 방안을 모색하는 것도 검토해야 할 것이다.

서비스의 질 관리

노인장기요양보험의 성공 여부는 최종적으로 제공되는 서비스의 질에 의해 좌우되므로 서비스의 질 확보가 중요하다. 영국과 독일에서는 요양서비스 공급자와 건강보험공단 등의 제도 운영자가 계약을 맺어 서비스의 질을 모니터링하고 있으며, 미국에서는 평가인증제를 원하는 서비스 공급기관을 대상으로 시행, 그 결과를 인터넷에 공개하고 있다. 즉 국가 차원에서 최저기준을 설정하고 이를 담보하기 위해 제대로 평가하는 작업이 중요하며, 이를 소비자에게 공개하여 소비자의 서비스 선택폭을 넓혀주는 등 전달체계를 개선하고 있다.

우리도 시행 2년째인 2009년에 입소시설을 대상으로 자율신청 방식에 의거하여 평가하였다. 평가의 주관은 국민건강보험공단이 맡았고 기본적으로 2년에 1회 실시하는 쪽으로 방향을 잡고 있다. 재가시설(방문요양, 방문목욕, 방문간호, 주·야간보호)의 경우, 2010년에 역시 자율신청 방식으로 평가하였다.[27] 두 차례 평가의 목적은 장기요양서비스의 질을 높이고, 수급자의 장기요양기관 선택권을 보장하기 위한 것이었다.

평가에 대비하여 국민건강보험공단은 2006년부터 각계의 의견 수렴과 선행국의 사례조사 등을 통해 장기요양급여의 제공 기준, 절차, 방법 등에 대한 평가지표를 개발하고, 2차에 걸친 장기요양기관 모의평가를 통하여 5개 대분류 영역에 대한 총 106개의 입소시설 평가지표를 확정하였다. 나아가 장기요양기관 평가위원회를 구성하여 평가계획, 평가결과 공개범위 등을 심의하고, 지역본부별로 장기요양기관 평가자문단을 구성하여 공정성과 전문성을 도모하였다. 2009년 7월의 평가계획 공고 후, 평가대상 입소시설 1664개 기관 중 평가를 신청한 1227곳에서 1194곳을 대상으로 기관평가를 실시하였다. 33개 기관은 휴·폐업하거나 지정이 취소되어 평가대상에서 제외되었다.

평가 후 장기요양기관 평가위원회는 입소시설 정원규모(30인 이상, 10인 이상~30인 미만, 10인 미만)에 따라 각각 5개 등급으로 구분하나, 규모별 상위 10%의 기관을 우수기관으로 정해 공단 홈페이지 등을 통해 공표하고 이들 우수기관에 대하여 장기요양급여비용을 가산지급하였다.

2회째인 2011년의 기관평가는 시설급여 제공 장기요양기관이 대상이며 2010년 12월 31일까지 장기요양기관으로 지정받은 기관으로 평가개시일 현재 계속사업자여야 한다. 평가기간은 2011년 9월 1일에서 12월 15일까지이며 평가내용은 수급자의 만족도, 종사자의 전문성, 기관운영, 시설환경, 급여제공 과정 등에 관한 사항 등 98개 지표로 구성되어 있다. 평가단은 사회복지 및 의료분야 전문 직원으로 구성된 평가전담팀이다.

평가는 양날의 검과 같아 평가를 받는 기관의 업무수준이 일정 수준 이하로 떨어지지 않게 하는 효과는 있지만, 평가와 무관하게 해당 기관이 최고 수준의 업무수행 기관으로 발전하는 것을 제약하는 효과가 있다. 또 평가는 고만고만한 기관의 존립을 공공기관이 공인해주어, 그 기능이 다했거나 경쟁력이 떨어져 시장원리에 따라 퇴출되어야 할 기관의 퇴출을 막는 부정적인 효과도 있다. 이러한 점을 고려하여 장기요양기관 평가가 양질의 서비스를 제공하지 못하는 기관의 존립을 합리화시켜 주는 근거로 악용되지 않도록 '평가에 대한 평가'를 강화해 나간다.

한편 지금의 단종 재가서비스 기관 중심에서 포괄적 재가서비스 기관으로 전환을 유도하고 사례관리를 강화한다. 국내 방문요양기관은 아직도 공급과잉 상태로 생존을 위한 도덕적 해이 사례가 다수 나타나고 있다. 재가서비스 기관의 운영을 정상화하기 위해서는 기존 단종 서비스 제공기관을 주야간 보호서비스를 중심으로 방문요양, 방문목욕 등의 광범위한 서비스를 제공하는 포괄적 재가서비스 기관으로 재편해야 한다. 이렇게 하기 위해서는 포괄적 서비스 기관이 유리하도록 서비스 수가체계를 개선하는 작업이 선행되어야 한다. 바람직하기는 포괄적 재가서비스 기관이 수급자에 대한 사례관리를 종합적으로 수행하여 서비스의 효과성을 확보하고 질을 향상시킬 수 있어야 한다.

재원조달

노인장기요양보험의 재원확보는 아직까지 큰 부담이 없어 보이지만 인구고령화가 진전되고 건강보험 보험료가 지속적으로 상승하면 상황이 달라질 수 있다. OECD 국가 평균보다 건강보험 보험료가 낮다고 필요시 보험료율을 인상하면 될 정도로 간단한 문제가 아니다. 지금은 건강보험 보험료에 연계하여 노인장기요양보험 보험료가 부과되므로 저항의 대상에서 벗어나 있는 것처럼 보일 수 있지만, 향후 건강보험의 재정 악화와 보험료율의 지속적 인상에 따라 국민적 저항에 직면할 수도 있다.

우리는 노인장기요양보험 도입 시 기존의 4대 사회보험에 추가하여 제5의 사회보험방식으로 노인장기요양보험을 도입, 시행해오고 있다. 그러나 일부 국가에서 그렇게 하듯이 장기적으로는 건강보험에 편입시켜 제도를 운영하는 것이 효율적일지 모른다. 왜냐하면 국민의 건강리스크를 보장하는 건강보험과 노인성 질환자의 장기요양리스크를 보장하는 노인장기요양보험은 크게 보면 건강리스크를 보장하는 동질적인 보험이기 때문이다. 별도로 구분하여 운영하는 것은 불필요한 행정관리의 중복으로 비용을 낭비하는 측면이 있고, 보험료를 내는 소비자 관점에서도 이중 부담이라는 인식을 갖게 되어 향후 두 보험의 보험료율 인상 시 부정적인 반응이 나올 수 있다.

노인장기요양보험이 도입된 것은 노인성 질환에 따른 고령자의 삶의 질 악화를 최소화하면서 국민건강보험의 재정부담을 줄이고 이들 질환자 본인과 그 가족의 경제적·경제외적 부담을 덜기 위함이었다. 그러나 지금의 노인장기요양보험은 재정부담의 증대를 우려한 급여대상자 제한조치 등으로 인해 사회안전망으로서 한계가 있는 것으로 평가되고 있다. 게다가 노인성 질환자의 증가추세를 볼 때 장기요양시설의 수요와 공급은 지금보다 더 늘어날 것으로 예상된다.

이 같은 상황에서 고려할 수 있는 방안의 하나가 노인장기요양보험을 보완·보충할 수 있는 민영장기요양보험을 도입하는 것이다. 지금 민영보험회사에서 개발·판매하고 있는 장기간병보험은 정액형 보험뿐으로 노인장기요양보험을 보충할 수 있는 실손형 상품이 없다. 따라서 이러한 상품을 개발하여 시장수요에 대응하면서 노인장기요양보험의 제한적 보장성을 강화할 수 있도록 관계당국의 지도와 민영보험회사의 관심과 대응이 요망된다.

실손형 장기간병보험은 기본적으로 공적 보험의 본인부담금을 보장하되 공적보험인 노인장기요양보험에서 급여를 제공하지 않는 경증(輕症)질환에 대한 급여까지 보장하는 상품을 개발하여 소비자 선택폭을 넓히는 것도 검토할 수 있을 것이다. 그리고 공적보험의 획일적 서비스 제공에서 벗어나 노인성 질환자의 소득이나 개인적 수요에 맞추어 서비스를 추가하거나 고급화하는 방향도 고려될 수 있을 것이다.

장기요양시설

시설급여를 제공하는 노인의료복지시설에는 노인요양시설과 노인요양공동생활가정이 있다. 2011년 6월까지 노인전문병원이 노인의료복지시설에 포함되어 있었으나 이때의 법 개정으로 빠졌다. 노인요양공동생활가정은 수급자에게 '가정과 같은 주거여건을 제공'해야 하는 점이 노인요양시설과 다르다.[28] 2007년의 법 개정으로 치매·중풍 등 중증질환자를 모든 노인요양시설이 수용할 수 있게 되었지만 구 노인전문요양시설과 유료노인전문요양시설 수준의 시설을 갖춘 노인요양시설은 많지 않다. 노인장기요양보험 도입 이후 수준급 노인요양시설이 크게 늘었지만 아직 미흡한 상황이다. 특히 비싸지 않으면서 양질의 서비스를 제공받을 수 있는 노인요양시설의 확충이 요청되고 있다.

이때 참고가 될 수 있는 사례의 하나가 미국의 노인요양시설인 너싱홈(nursing home)[29]이다. 이곳은 중증장애나 만성질환인 중증 노인성 질환을 앓고 있는 노인들을 대상으로 요양서비스를 제공하는 곳이다. 일정 수준의 요건을 갖추면 공적건강보험인 메디케어, 메디케이드 운영당국인 CMS가 인증을 내주는데 이러한 곳이 미국 전체에 1만 7000개소 정도 된다.[30] 이곳은 통상의 병원이 주는 위압감과 막대한 비용의 부담 없이 가정 같은 분위기를 지닌 시설이다. 집에서 돌보기 힘든 중증 장애나 질환을 가진 환자들을 돌보는 시설로 운영비의 거의 대부분을 공적보험과 국가, 지방자치단체 등이 지원하는 곳이 많다.[31]

너싱홈의 장점은 만성질환 노인환자에게 종합적 재활 프로그램을 제공하므로 개인이 가정에서 하는 자가(自家)치료보다 효과적인 치료결과를 기대할 수 있다는 점이다. 즉 노인성 만성질환에 대한 직접적인 의학적 치료 외에 일상생활에 필요한 기본적인 서비스를 제공하여 지속적인 의식주 생활과 최소한의 사회생활이 가능하도록 해준다. 이 같은 효과는 환자 외 가족에게도 긍정적 효과를 나타내는 등 사회적 비용을 전반적으로 낮출 수 있다.

중앙부처의 역할

요양서비스의 질 관리와 서비스 연계에서 기관 간 역할 분담이 제대로 확립되지 않으면 제도의 운영과 발전이 지장을 받을 수 있다. 장기요양서비스 공급자에 대한 평가권한과 재계약 결정권이 국민건강보험공단과 지방자치단체로 이원화됨에 따른 주도권 다툼, 중첩되는 시장을 선점하기 위한 요양병원과 요양시설 간의 영역 다툼 등의 문제에서 중앙부처는 이들 간의 역할을 조정하고 업무가 협조적으로 진행될 수 있도록 강제하는 등 부문 간 역할의 조율과 총체적인 방향 설정의 관제탑 기능을 수행해야 한다.

현행 노인장기요양보험의 운영체계는 제도 운영의 관리주체는 건강보험공단(시군구 지사)이 관할하고 장기요양기관에 대한 평가 업무도 공단이 수행하여 서비스의 질 관리에 대한 일정 수준의 책임도 지고 있다. 그런데 장기요양기관의 지정취소, 영업정지, 폐쇄명령 등의 권한은 전적으로 자치단체장인 시장, 군수, 구청장이 갖고 있다. 사실 서비스 질의 유지와 개선을 강제하기 위해서는 평가결과를 요양기관 재계약 여부와 연동시키는 것이 중요한데 계약 당사자인 국민건강보험공단이 재계약 여부에 대해 주도적인 역할을 수행할 수 없어 서비스 질의 유지·개선의 실효성 확보가 과제로 남아 있다.

한편 장기요양서비스 제공에 따른 전 과정을 관리·감독하는 권한을 갖고 있는 공단이 평가기능까지 독점하고 있는 것은 문제라는 지적이 나올 수 있다. 이는 자칫 서비스 공급자에 대한 과도한 통제력으로 이어지고 공정한 평가를 훼손시킬 수 있는 가능성이 있기 때문이다. 그리고 중앙정부 이상으로 제도 운영에 많은 재정을 투입하고 있는 지방자치단체 입장에서는 이에 상응하는 역할과 권한을 요구할 수도 있다.

이러한 점에 대한 전반적인 고찰을 토대로 한 양 기관 간의 역할과 권한 조정작업은 중앙정부의 업무라고 할 수 있다. 향후 제도가 정착되는 과정을 지켜보면서 업무 재조정이 필요하겠다고 판단되면 미루지 말고 나서야 할 것이다. 노인장기요양보험을 둘러싼 국민건강보험공단과 지방자치단체 간의 체계적인 역할 분담과 업무의 연계성 강화에 대해 중앙정부는 앞으로도 지속적인 관심을 가져야 할 것이다.

실제로 중앙정부에 의한 각계의 의견수렴과 피드백 기능은 의사결정에 각 부문의 참여를 보장하면서, 정책당국이나 운영주체가 문제점을 신속하게 파악하여 대응할 수 있게 해주는 통로가 되어야 한다. 아울러 이는 제도가 경직화되고 공급자 주도 구조로 고착화하는 것을 막을 수 있는 필수적 기능이기도 하다. 이러한 기능을 강화하기 위해서는 노인장기요양위원회가 관계당국에 제대로 된 자문기능을 수행하고, 위원회 결정사항이 일정한 구속력을 가질 수 있도록 보장하는 것이 필요하다. 노인장기요양보험법은 장기요양위원회를 규정하고 있으나 활동의 초점이 주로 비용 관련 이슈에 맞추어져 있어, 위원회에서 제도개선에 관한 폭넓은 논의가 이루어지기 어렵게 되어 있다.[32]

나오며

우리의 인구고령화율은 2010년에 11.1%였는데 2020년에는 16%, 2050년에는 38%에 달할 것으로 예측되고 있다. 또 장기요양서비스 의존도가 높아지는 80세 이상의 후기 노령인구가 2020년에 전체 인구의 4%, 60세 이상 인구의 16%에 달하고, 2050년에는 각각 14%와 31%로 늘어날 전망이다.

한편 건강보험 진료비 중 노인진료비 비중은 2011년에 33.3%로서 매년 확대되고 있으며, 노인성 질환의 대표라 할 수 있는 치매유병률은 노인인구 536만 명 중 8.8%(47만 명, 2010)에 달하고 있으며 2020년 9.7%, 2050년 13.2%로 증가할 것으로 예상된다. 이러한 상황에서 노인진료비 부담에 따른 환자와 그 가족의 리스크를 완화하기 위해 노인장기요양보험이 2008년부터 시행되고 있는데 시행 3년에 따른 임상적·경제적·사회적 측면에서의 성과에 대한 평가결과를 소개하고, 5년째를 맞이한 시점에서 그간의 운영과정에서 드러난 제도적 문제점을 검토·평가하고 이를 토대로 개선방향을 제시하였다.

서비스 전달시스템과 질 관리, 지속가능한 재원조달과 운영주체간의 조정 및 피드백 기능 등에 관해 단기적·중장기적 관점에서 개선 가능한 방안을 제시하였다. 전달시스템의 단기적 개선방안의 하나로 주치의 성격의 시설전문의, 노인전문간호사의 장기요양기관 배치를 통한 수급자에의 의료접근성 제공을 제안하고 있다. 중장기적으로는 장기요양과 의료서비스가 통합된 구미형 통합케어 모형 개발이 필요할 것이라고 지적하고 있다.

아울러 우리에게 크게 부족한 노인전문요양시설의 확충과 관련하여 이용자 비용이 많이 들지 않으면서도 양질의 서비스를 제공받을 수 있는 노인전문요양시설의 확충이 필요한데 이때 참고 사례의 하나로 미국의 너싱홈 사례를 거론하였다.

다만 이 장에서 제시하고 분석과 정책적 제언은 노인장기요양보험의 전반에 걸친 종합적 처방이 아니고, 주요 과제 중심으로 단계적인 관점에서 개선방향을 제시하고 있다는 점에서 일정한 한계를 지닌다.

제13장

투자개방형 의료법인과
의료서비스산업의 선진화

의료분야의 규제완화와 관련된 논의 중 민영건강보험과 영리의료법인만큼 오랫동안 치열한 논쟁을 해온 이슈도 드물 것이다. 여기서는 의료분야에서도 시장기구가 정상적으로 작동하기 위한 주요 전제요건인 진입자 규제완화에 대해, 구체적으로는 영리의료법인 문제에 초점을 맞춰 논의한다.

앞의 제7장, 8장에서 살펴본 민영건강보험은 의료서비스 제공에 필요한 재원조달방식의 다각화에 기여하고 소비자의 차등화된 수요에 대응하는 다양한 보장 패키지를 제공함으로써 소비자 후생을 늘릴 수 있다. 민영건강보험이 시장기능의 장점을 의료분야에 살려 가입자 후생을 늘리는 것이라면, 영리의료법인은 시장기능과 산출 및 수익 증대를 추구하는 산업적 속성을 의료분야에 접목시키려는 시도로 볼 수 있다.

투자개방형 의료법인: 명칭 논란

영리의료법인이란 의료기관의 개설에 대한 제한을 완화하여 주식회사 형태의 법인에게 의료기관 개설을 허용한 형태를 말한다. 이 법인은 주식이나 채권의 발행을 통해 투자자로부터 의료기관의 시설투자와 운영에 필요한 자금을 조달할 수 있으며 수익이 발생하면 투자자에게 이를 배당할 수 있다.

국내에서는 영리의료법인과 투자개방형 의료법인은 거의 같은 개념으로 사용되고 있다. 2003년에 정부가 동북아중심병원과 서비스산업 육성 차원에서 의료산업을 논의하면서 '영리의료법인'이라는 용어가 등장하였다. 그런데 2008년 7월 이후 정부부처 내에서 이 용어 대신 '투자개방형 병원'을 사용하자는 의견이 제시되어[1] 정부는 2009년부터 지금까지 투자개방형 의료법인을 공식용어로 사용하고 있다.

정부가 용어를 바꾼 것은 영리병원은 용어에서 병원이 환자의 건강을 담보로 돈을 번다는 오해의 소지가 있고, 의료행위를 통하여 무제한의 영리추구가 가능하도록 하는 것처럼 비춰지는 측면이 있기 때문인 것으로 짐작된다. 정부가 용어를 변경해서라도 투자개방형 의료법인의 도입을 추진하는 것은 이 제도가 병원의 이익추구를 본격적으로 허용하기보다 병원사업에 필요한 재원조달원의 다양화[2]에 무게중심을 두고 있기 때문일 것이다. 이에 대해 투자개방형 병원의 허용을 반대하는 측은 '영리병원'이나 '영리법인 병원'이라는 용어를 줄곧 사용하고 있다. 이들은 용어 자체가 실상을 반영하고 있고 또 반대운동 추진에 큰 힘이 되고 있다고 판단하기 때문일 것이다.

이하의 논의에서는 정부가 택한 공식용어인 '투자개방형 의료법인'을 사용키로 한다.

국내 의료기관은 크게 나눠 공공의료기관과 민간의료기관으로 구분할 수 있다. 공공의료기관은 국가나 지방공사 등이 개설한 의료기관으로 설립주체가 국가나 지방자치단체인 국·공립 병원에는 국립의과 대학부속병원, 국립병원, 시립병원, 공사병원 등이 있다.

민간의료기관에는 학교법인, 사단법인, 재단법인, 의료법인, 사회복지법인 등이 설립한 법인병원과 개인병원이 있다. 민간 의료기관은 다시 영리 의료기관과 비영리 의료기관으로 구분할 수 있다.[3] 의사 개인이 개설한 의원과 개인병원 등의 의료기관은 영리의료기관으로 지분이 인정되고 잉여의 처분이 가능하다. 다만 의료법 제33조 제2항[4]에 따라 의사가 아닌 개인은 의원이나 개인병원을 설립할 수 없으며 영리법인에 의한 병원 개설도 허용되지 않고 있다.

이러한 법적 규제에 의한 개설주체별 의료기관 분포를 대한병원협회의 자료를 통해 살펴보면 2012년 5월 기준 개인병원은 전체 종합병원과 병원급 의료기관(요양병원 제외)의 약 63% 이상을 차지하고 있다. 대다수 의원의 개업행태를 고려할 때 우리의 의료공급체계가 비영리적 특성을 가진다고 보기 어려울 것이다(부표 13-1).

투자개방형 의료법인: 논의 경과

투자개방형 의료법인은 2012년 5월 현재 입법논의가 중지된 상태이다. 마지막으로 논의된 것은 2011년 7월의 당정협의로, 이 자리에서 청와대와 여당 간부[5]가 만나 그해 8월의 임시국회에서 제주도와 인천 송도 등 경제특구에 투자개방형 의료법인을 설립하는 법을 처리키로 합의하였다. 그러나 이후 국회에서 논의가 진전되지 못한 채 지금에 이르고 있다.

노무현 정부에서부터 논의되어 왔던 이 이슈가 9년이 지난 시점에서
도 제자리걸음을 반복하고 앞으로 나가지 못하고 있다. 이는 적지 않
은 국가적 손실이며 하루빨리 생산적인 논의[6]를 거쳐 추진 여부에 대
해 결론을 내려야 할 것이다. 이하에서는 투자개방형 의료법인에 대한
그간의 논의경과를 연도별로 정리한다.

국민의 정부·참여정부

국내 의료계에서 영리의료법인 논의가 시작된 시점은 1995년에 전개
된 세계무역기구(WTO) 우루과이라운드(UR)의 의료시장개방논의 때라
고 할 수 있다. 이후 2002년의 도하 개발 어젠다(DDA)에서 영리의료법
인의 국내사업 허용 문제가 본격화되기 시작했다. 정부는 2003년의 노
무현 대통령 지시로 경제자유구역 내의 동북아중심병원의 설립을 심
층적으로 검토한다. 동북아중심병원의 개념은 우리나라가 동북아 의
료 중심으로 발전하기 위해서는 세계 최고의 병원을 경제특구에 유치
할 필요가 있고, 이들 외국 병원에 영리법인 형태의 운영을 허용한다
는 것이다.

이후 2004년 말에 경제자유구역의 지정 및 운영에 관한 특별법
(2002.12 제정)이 개정되어 외국 병원의 내국인 진료가 허용되었다.
2005년에는 세 차례에 걸친 서비스산업 관계장관회의를 통해 영리의
료법인에 대한 논의가 있었고,[7] 이 자리에서 대통령 산하에 의료산업
선진화위원회를 구성하여 주요 이슈인 영리법인 의료기관의 개설 허
용이 의료서비스산업에 미치는 영향 등을 심층검토하기로 결정하였다.

2005년 10월부터 시작된 동 위원회 활동에서 제주특별자치도에 영리법인 병원을 개설하는 문제 등이 검토되었다. 하지만 이후 영리의료법인의 부작용을 최소화하면서 장점을 살려 도입하기 위한 논의보다 찬반 양측의 이념적 대립이 지속되면서 영리의료법인의 도입 논의가 답보된 상태로 2008년 초에 정권이 교체되었다.

MB정부

이명박 정부의 영리병원 논의는 2008년 3월 기획재정부의 대통령 업무보고에서 다시 시작되었다. 당시 기재부는 영리의료법인의 도입 검토, 민영건강보험 활성화(공·사 보험 정보공유 추진), 해외환자 유치 활성화 방안을 발표하였다. 같은 해 6월에는 보건복지부가 외국인 환자 유치를 위한 유인·알선행위 허용과 의료법인 간 합병을 허용하는 내용의 의료법 개정안을 발표하였다. 2009년 1월에는 정부[8]가 미래 한국을 이끌 3대 분야 17개 신성장동력 산업[9]을 선정하였는데 '글로벌 헬스케어'가 여기에 포함되었다. 그해 5월에는 외국인 환자 유인·알선을 허용하는 의료법 개정안이 국회를 통과하였다.

같은 해 5월, 영리법인 도입 허용 문제에 대해 기획재정부와 보건복지부가 입장 차이를 보여 객관적인 검증자료가 얻어질 때까지 정책결정을 미루기로 하였다.[10] 두 부처는 이후 '투자개방형 의료법인 도입 필요성 연구'에 대한 연구 용역을 공동 발주[11]하여 그해 12월 결과물을 얻었으나 여기서 단일 결론을 얻지 못했다. 이후 정부 내 의견이 정리되지 않은 상태에서 "시간을 갖고 충분히 논의하라"는 대통령의 지시로 논의가 유보되었다. 그러다가 2011년 7월의 당정협의에서 이 문제가 다시금 이슈로 부각되어 임시국회에서 논의될 뻔하였으나 수포로 끝나고 그때부터 별반 진전이 없는 상태로 지금에 이르고 있다. 그간의 논의 경과는 〈부표 13-2〉를 참조한다.

투자개방형 의료법인 도입이 의료민영화?

고용 없는 성장, 내수와 수출의 양극화 등 국내 경제의 문제점을 극복할 대안으로 서비스산업이 부각되어 왔다. 서비스산업은 고용창출 효과가 클 뿐만 아니라 지식기반서비스부문의 경쟁력 제고로 제조업 등 경제 전반의 성장잠재력 확충이 가능하다. 지식경제부(2010)에 따르면, 2000~2007년간에 창출된 일자리 중 257만 개가 서비스업 관련이었고 제조업은 17만 개에 불과하였다.

기존의 서비스산업은 생계형이면서 생산성이 낮았으나 교육과 의료서비스는 고부가가치형 서비스로 고용창출 효과가 높고 제조업과 융합 가능성이 높은 점이 특징이다. 지난 30여 년간 우리 사회의 최우수 인재들이 의학계열에 진학했다는 점도 의료산업 육성의 중요한 논거로 제시되었다.[12]

하지만 이 같은 정부 측의 시도가 성공하려면 의료분야에 대한 여러 규제조치를 완화할 필요성이 있다. 민영건강보험 활성화, 영리의료법인 허용, 요양기관 당연지정제도의 단계적 완화 등이 그것이다.[13] 이후 3대 규제완화는 치열한 논쟁 이슈로 부각되면서 형평성을 강조하고 국민건강보험 영역을 확대하고자 하는 시민단체나 전문가들의 강한 반대에 부딪쳤다. 이들은 이를 추진하는 그룹을 의료산업화라는 이름 하에 의료민영화를 추진한다고 강하게 비판하였고, 이것이 결과적으로 규제완화에 브레이크로 작용하였다.

2007년, 미국 건강보험의 냉혹한 현실을 풍자한 마이클 무어 감독의 다큐먼터리 영화 「식코」가 국내에 소개되면서 민영의료에 대한 두려움이 국내에 확산되었다. 이후 2008년 상반기에 미국산 쇠고기 수입이 광우병 사태와 맞물려 반미감정이 확산되면서 의료민영화의 두려움은 현실감을 띠고 사실 같은 얘기로 국민들 사이에 회자되었다.

전 국민 대상의 건강보험을 시행하고, 건강보험 요양기관 당연지정제를 운영하는 우리나라에서는 이와 같은 일이 결코 일어날 수 없다는 정부의 발표에도 불구하고 온갖 인터넷 괴담이 시중에 유포되었다. "한미 FTA가 성립하여 의료민영화가 추진되면 맹장수술비가 900만 원 아니 2000만 원까지 뛰어오를 것"이라는 얘기까지 나돌았다.

일부에서는 "투자개방형 의료법인이 허용되면 건강보험체계가 붕괴되고, 민영의료보험을 가진 부자들만 병원에 가고 가난한 사람은 병원에도 가지 못한다"고 부추기기도 했다. 이러한 괴담은 그 연장선상에서 제주특별자치도 내 영리병원 허용과 경제자유구역 내 외국 의료기관에 대해서도 객관적 사실과 다른 얘기로 끌고 갔다.

돌이켜보면 당시의 의료민영화 논의는 근거 없는 선동일 뿐이었다. 「식코」 역시 미국 건강보험 제도의 취약성으로 인하여 전체 국민의 20% 정도가 건강보험을 적용받지 못하는 현실을 풍자했을 뿐 투자개방형 의료기관의 허용과는 관련이 없는 얘기였다. 투자개방형 의료기관이 설립되더라도 건강보험 요양기관 당연지정제에 따라 누구든지 원하는 사람은 지금처럼 이들 병원에서 원하는 진료를 받을 수 있기 때문이다.

의료서비스산업: 규제완화로 선진화

의료서비스산업, 성장 가능성 높아

의료산업은 현대 생명공학기술을 바탕으로 생물체의 기능과 정보를 활용하여 인류의 건강증진, 질병예방·진단·치료에 필요한 유용물질과 서비스를 상업적으로 생산하는 산업을 말한다.[14] R&D 비중이 크고 원천기술 확보가 중요한 기술집약적 고부가가치 산업이다. 통상 의료산업에는 의료서비스 및 의료기기, 의약품 등이 포함된다. 이 중 의료서비스산업은 건강유지, 질병의 예방·경감·치료를 위해 적용되는 과학및 기술상의 모든 서비스를 제공하는 산업이다. 법적으로는 "국민의 건강을 보호·증진하기 위해 보건의료인이 행하는 모든 활동과 관련된 산업"을 지칭한다.[15]

의료서비스산업은 기존의 치료와 진료 중심의 의료행위 위주에서 고용과 부가가치를 창출하는 서비스로, 또 산업적 측면이 강조되는 추세로 변화하고 있다. 이러한 의료서비스산업의 성장률은 전체 경제의 성장률과 서비스업의 성장률을 상회하며, 2020년에는 시장규모가 가장 큰 산업의 하나로 부각될 전망이다(부도 13-1).[16]

의료산업의 가치사슬에서 의료서비스산업은 이전의 모든 산업에서 창출되는 생산가치를 최종적으로 수요자에게 전달하는 역할을 수행한다. 즉 의료서비스산업은 의료서비스 생산의 주체이면서 의료산업 제품과 기술의 소비주체이고, 생명공학·신약·첨단의료기기 등 고부가가치의 미래 유망기술을 활용하는 주체이다. 따라서 의료서비스산업을 통한 고용창출은 신약, 의료기기, 바이오산업 등 후방분야의 산업에도 큰 파급효과를 미칠 것으로 기대된다.[17]

또한 의료서비스산업은 타 분야에 비해 높은 성장잠재력과 일자리 창출효과가 기대되는 분야이다. 1인당 부가가치가 제조업의 1.8배이고 고용창출 효과도 타 산업보다 크다. 의료서비스산업의 취업유발계수는 19.5로 제조업(12.1)보다 60% 이상 크다.

근래 소득수준이 증가하고 고령화로 양질의 의료서비스에 대한 수요가 늘어나고 있으며, 국내 의료시장에서 대형 의료기관의 비중이 증가하고 있다. 이에 따라 의료서비스산업의 성장도 공급자가 주도하기보다 다양한 수요와 취향을 지닌 환자 즉 소비자가 주도하고 있다.

향후 의료서비스 시장은 의료서비스의 효율화와 다양화를 추구하는 방향으로 발전할 것이다. 의료서비스산업이 선진화되면 고용창출과 경제성장의 동력이 되는 미래 기간산업으로 발전하고 이 같은 의료선진화는 국민들의 다양한 의료수요에 부응하면서 건강증진에 기여하게 될 것이다.

의료서비스산업, 규제완화 실행해야

의료서비스산업의 선진화에 가장 필요한 작업은 산업에 대한 규제를 합리적으로 개선하는 것이다. 건강보험 등 공적 제도의 유지와 강화를 위해 필수 규제들은 존치시키되 정책목표가 불투명하고 시장기능을 저해하는 규제는 개선해나간다. 의료서비스산업에 대한 주요 규제는 의료서비스 공급자 관련 규제와 제공서비스 관련 규제로 구분할 수 있다.

공급자와 관련된 규제는 의료기관 개설에 대한 것으로 의료인과 의료법인 등에만 의료기관의 개설을 허용하고, 의사에게 한 개의 의료기관 개설만을 허용하는 것이 골자이다. 의료기관 제공 서비스 관련 규제는 정부가 고시한 의료서비스만 제공해야 하며[18] 의료법인의 부대사업을 한정하고, U-Health 서비스 범위, 외국 의료인의 국내 의료법인 취업 제한 등이다.

이들 규제 중 가장 논란이 되고 있는 대표적인 규제가 일반인과 영리법인에 대한 의료기관 설립 금지 등 의료서비스 시장진입 제한조치라고 할 수 있다. 이익배당이 금지되어 있는 비영리법인 체제에서는 개인의 모든 재산 출연이 설립과 동시에 사회적 공유재산이 되고 투자금 회수가 쉽지 않으므로 민간자본의 투자유인이 거의 없다. 이로 인해 신기술 의료나 첨단 의료 개발이 저해받고 있다.[19] 현실에서는 이 규제로 인하여 민간자본 조달이 각종 편법[20]을 통해 이루어지도 한다.

의료기관 개설에 대한 진입장벽 때문에 기존 병원의 독과점 현상이 심화되고 의료시장이 환자가 아닌 의사 위주로 움직이고 있다. 의료인 독점은 무자격 의료인의 난립을 방지하는 순기능도 있지만 공급자를 지나치게 보호하여 사회적 비효율을 초래할 수 있다. 오히려 의료기관 간 선의의 경쟁이 의료서비스의 질을 향상시키고 의료기관의 경영합리화를 촉진하는 등 긍정적 효과를 가져올 수 있다.[21] 즉 의료서비스 공급구조의 다양화가 의료기관의 경쟁을 유발시켜 운영 효율과 의료서비스의 질을 높이고, 소비자의 다양한 의료서비스 요구에 신속히 대응할 수 있게 해줄 수 있다.

또한 지금의 민간 비영리 법인 병원들은 대부분 규모가 확대된 개인병원으로 경영 면에서 전문화되지 못한 상태이다. 규모가 큰 국내외 민간자본이 참여하면 경영능력이 향상되어 양질의 의료서비스가 안정적으로 공급되는 등 효율성이 제고될 수 있다.[22]

한편 의료서비스산업의 활성화는 '고용 없는 성장'에 효과적인 대안이 된다. 의료산업의 취업유발계수는 아주 높다. 2009년 기준 매출액 1조 원당 고용규모는 서울아산병원 6951명, 삼성전자 948명, SK텔레콤 367명, 신한은행 314명이다.[23] 그리고 2005년부터 5년 사이에 의료서비스 분야에서 15.4만 명의 일자리가 창출되어 이 기간 중 전체 일자리 증가분인 65만 명의 약 1/4을 차지하였다.

이처럼 투자개방형 의료법인이 허용되면 의료기술의 발전, 의료서비스의 질 향상, 소비자 선택권의 확대에 따른 국민후생의 증대, 일자리 창출 등의 1차적 파급효과를 기대할 수 있다. 그리고 의료서비스 관련 산업이 발전하면서 추가적인 파급효과도 예상해볼 수 있다. 가령 투자개방으로 국내에 세계적인 병원기업이 들어서면 기존 병원들의 R&D 투자가 활성화되고 새로운 기술이 개발되면서 의료기기, 바이오제약, U-헬스(U-health), 건강관리 등 국내 다른 산업의 발전이 촉발될 것이다.

의료서비스, 제약, 의료기기 등을 포괄한 바이오헬스융합산업은 전 세계 규모가 3조 2000억 달러(2008년)로 추정되어 자동차산업의 두 배 규모이다. 그리고 지속적으로 성장하여 2015년에는 5조 2000억 달러 규모에 달할 것으로 예상된다.

이처럼 높은 성장잠재력을 지닌 시장에서 국제경쟁력을 확보하기 위해서는 9년째 논의만 거듭해온 투자개방형 의료법인 문제를 포함한 주요 규제조치에 대해 서둘러 결론을 내리고, 국내 의료서비스 시장의 재정비에 나서야 할 것이다.

투자개방형 의료법인 도입: 찬반 논리와 주요 논점

찬반 논리와 기대효과

투자개방형 의료법인의 도입에 찬성하는 측과 반대하는 측의 주장은 팽팽히 맞서 있다.[24] 찬성 측은 서비스 품질의 개선, 의료산업의 발전과 수출, 일자리 창출 등 경제적 부가가치 측면에서의 긍정적 효과를 내세운다. 의료서비스 공급에 시장의 개념과 경쟁 마인드가 확산되면 다양하고 고품질의 의료서비스를 환자들에게 제공함으로써 수익과 일자리가 늘고 소비자 후생도 증대시킬 수 있다는 것이다. 또한 전문경영인에 의한 의료기관의 경영으로 회계의 투명성과 경영의 효율성도 높일 수 있다고 주장한다.

반대 측은 저소득층의 의료접근성 약화, 국민의료비 증가, 건강보험 요양기관 당연지정제[25] 폐지, 건강보험체계 붕괴 등 공적 보장체계의 약화 등의 문제를 제기하고 있다. 이들은 진료과목의 불균형 심화, 의료비용 증가, 의료기관의 이윤추구, 영리자본 독과점적 지배 등 의료의 공공성 저하를 전면에 내세우고 있다(부표 13-3).

가령 투자개방형 의료법인이 허용되면 의료법인은 투자자의 자본금 투자에 상응하는 수익을 배분해야 한다. 따라서 의료기관이 고수익을

〈표 13-1〉 영리병원과 비영리병원 성과 차이 유무

전체 성과	기존 연구(25개) 검토 결과, 영리병원과 비영리병원 간 성과 차이는 없거나 불명확함	
의료 질 성과	영리병원이 높거나 비슷함(7개)	영리병원이 낮음(3개)
비용 성과	영리병원이 낮거나 차이 없음(7개)	영리병원이 높음(7개)

자료: 한국개발연구원·한국보건산업진흥원(2009) 외

내기 위해 수익성이 큰 진료과목에 집중하면 산부인과나 흉부외과 등 수익성 낮은 진료과목의 경우 의료수급에 차질을 초래하거나 진료과목 간 불균형이 초래될 수 있다.[26] 진료과목 간 불균형은 수익성이 낮은 진료과목에서 치료를 받아야 하는 환자의 의료서비스 접근성을 악화시키고 진료비용을 늘리는 부작용으로 이어질 수 있다. 그리고 이들 의료법인이 설립 초기보다 경영이 안정된 시기에 가격을 올릴 수 있다는 우려도 제기되고 있다.

한국보건산업진흥원의 추정치는 긍정적·부정적 효과를 함께 담고 있다. 외부 자본조달이 필요하고 전문병원 등으로 특성화가 가능한 개인병원 중 20%가 투자개방형 의료법인 병원으로 전환하면 1.3조~4.0조 원의 생산유발 효과가 기대되고 이로 인해 1만~3만 1000명의 고용창출이 예상되지만 국민의료비는 0.7조~2.2조 원 더 늘어나고 의사 998~1397명이 일시적으로 투자개방형병원으로 유출하면서 66~92개 중소병원이 폐쇄될 수 있다고 제시한다.[27] 반대 측에서는 의료비 증가 외에 의료서비스의 질도 떨어질 것이라고 주장하지만 관련 문헌에 대한 조사에 따르면 의료비와 의료서비스의 질에 대해서는 명확한 결론을 얻기 어려운 실정이다(표 13-1).

찬·반 측의 주요 논점

이하에서는 세 가지 논점에 대해 살펴본다. 첫째 내국인 환자 진료 허용, 둘째 의료양극화와 건강보험 붕괴, 셋째 지나친 영리추구의 가능성이 그것이다.

(1) 내국인 환자 진료 허용

경제자유구역의 지정 및 운영에 관한 특별법에서는 경제특구 내 외국 병원의 진료대상에 내국인을 이미 포함시키고 있다. 그런데 야당 등이 이들 병원이 내국인을 진료하면 안 된다고 주장하면서[28] 경제자유구역 관련법 개정안과 경제자유구역 특별법 제정안에서 내국인 진료 여부가 쟁점으로 등장하였다. 즉 내국인 진료 문제는 법적으로 허용된 사항이므로 정작 필요한 것은 이들 외국 의료기관의 설립과 운영에 대한 절차와 요건을 마련하는 것인데 이들 사항에 대한 입법이 지연되고 제출 법안도 그 내용이 미흡하다고[29] 판단되면서 국내에 진출하려던 외국 병원이 계획을 포기, 송도는 8년째, 제주는 5년째 관련 정책이 답보상태이다.[30] 2012년 4월에 국회결의가 필요 없는 하위법령 가령 시행령과 시행규칙 등에 근거규정을 마련하려는 시도가 행해지는 등 다소 변화가 감지되나 속도가 붙을지 미지수이다.

문제는 투자개방형 의료법인의 도입이 지연되면서 국내 병원계가 외화수입을 얻지 못하고 있다는 사실이다. 2000년대 초 우리와 비슷한 시기에 주식회사 병원을 중심으로 의료산업 육성에 나선 싱가포르는 2010년에 해외환자 72만 명 이상을 유치, 약 1조 원 이상의 진료비 수입을 벌었는데 우리는 8만 명, 1000억 원 수준에 머물고 있다.

(2) 건강보험의 붕괴와 의료양극화

반대 측이 일관되게 주장하는 것은 민영건강보험의 활성화를 통한 국민건강보험의 붕괴 가능성과 의료양극화이다. 이들은 이러한 가능성 때문에 민영건강보험의 활성화를 국민건강보험의 보장성이 70% 수준이 될 때까지 미루자고 한다. 이들의 주장이 주류사조가 되면서 지난 7년간 공공의료 확대와 국민건강보험의 보장성 강화가 최우선 과제로 추진되었다. 그러나 우리 건강보험의 보장성은 OECD 평균에 미치지 못하고 있다. 오히려 이 기간 중 민영건강보험이 활성화되어 의료비 재원조달에서 점하는 민영건강보험의 비중은 더 증대되었다.

민영보험에는 부자만 가입할 것이라는 의료양극화에 대한 우려는 민영건강보험에서보다 오히려 병원계에서 현실화되고 있다. 소위 '빅5' 병원에 고액진료비 환자가 몰리는 의료양극화 현상이 나타나고 있다.[31] 따라서 빅5 병원이 투자개방형 의료법인을 설립하면 양극화 정도가 심해질 가능성은 충분하며 이러한 점에서 반대 측의 주장은 일정한 설득력을 지닐 수 있다.

하지만 이러한 문제가 발생하지 않도록 투자개방형 의료법인의 설립 자격 제한 등의 대비책을 세워 대응에 나서면 그러한 효과는 최소화할 수 있을 것이다. 빅5 계열이 아닌 외국계 강소병원의 탄생은 경쟁을 통한 국내 병원계 선진화의 계기가 되어 빅5 의존도를 낮출 수 있다. 그리고 이들 병원에서 세계적인 수준의 의료서비스가 제공되면 중병으로 해외 원정진료에 나가야 할 중산층 환자들이 국내에서 치료를 받을 수도 있다. 또 이들 병원 수익의 일부를 적립하여 사회 취약계층 대상의 의료서비스 지원에 쓰는 것도 고려 가능할 것이다.

실제로 싱가포르의 외국계 주식회사 병원의 경우 2000년대 초 내원 환자 중 10%에 불과하던 내국인 환자 비중이 2011년에는 50%를 넘어섰다. 흥미로운 점은 주식회사 병원을 찾던 환자 중 일부가 싱가포르 국립병원 등 공공병원으로 흘러가면서 의료계 전체의 수익이 증가했다는 사실이다. 이 사례는 투자개방형 의료법인을 적절히 활용하면 공공병원과 국민건강보험의 재정이 개선될 수도 있음을 시사한다.

국내에 투자개방형 의료법인의 설립을 허용할 경우 위에서 언급한 문제들을 종합적으로 고려하여 단계적으로 접근, 파급효과를 보아가면서 확대폭과 시기를 조정하는 방안이 고려될 수 있을 것이다. 어차피 법에 따라 설립지역이 제한되어 있는 만큼 예정지인 인천 송도(최대 600병상), 제주(200병상) 중 어느 한 곳을 우선 허용하고 경과를 보아가면서 확대 여부와 확대시기를 조정한다. 이들 의료기관이 국내 공공의료와 건강보험의 체계, 건강보험의 보장성 수준, 총의료비 등에 미치는 파급효과 등을 종합적으로 검토하면서 대응해가면 우리의 현실에 맞는 방안을 모색할 수 있을 것이다.

(3) 지나친 영리추구의 가능성

영리법인이므로 주주배당을 늘리고 고용을 줄이며 비급여 의료서비스를 과다하게 제공할 수 있다는 우려가 제기되고 있다. 이 같은 우려는 어느 정도 예견 가능한 일이라는 점에서 설득력이 없지 않다.

하지만 빚이 없거나 적은 탄탄한 재무구조를 지닌 영리법인이라면 무리한 경영에 나서지 않을 것이며 이러한 점에서 재무구조가 취약한 비영리법인보다 소비자들은 영리법인에서 양질의 서비스를 저렴하게 받을 수도 있다. 물론 경영자가 건전하게 병원을 운영한다는 전제 하에서의 얘기다.

국내 의료기관의 재무구조는 타인자본 의존도가 높고, 단기 차입금 비중이 높은 불안정한 구조이다.[32] 국내 민간의료기관들의 타인자본 의존도는 69%로, 제조업(49.5%) 및 정보통신 서비스업(44.2%) 등 타 산업보다 높다. 총차입금 대비 단기차입금의 비중도 30%로 높은 수준이다. 이러한 결과는 자본조달 통로가 자기자본이나 은행권 차입, 고유

목적사업준비금 등의 각종 충당금으로 제한된 것과 연관성이 높다.

이에 비해 투자개방형 의료법인은 자본가 대상으로 주식이나 채권을 발행하여 낮은 비용으로 자본을 조달할 수 있고, 이사회 기능 강화를 통한 투명한 경영, 의사소통 구조의 개선, 경쟁적인 경영권 승계 등 서구의 앞선 경영 노하우를 도입·정착시킬 수 있는 강점이 있다. 아울러 이들이 국내 비영리 의료법인들의 경영 투명성 제고에도 직간접적 영향을 미칠 것으로 기대된다.

투자개방형 의료법인: 따뜻한 병원기업의 모형

투자개방형 의료법인을 제주도와 경제특구 한두 곳에만 허용할 경우 긍정적 효과가 얻어진다고 해도 그 파급효과는 제한적일 것이다. 따라서 파급효과를 면밀히 분석하여 긍정적인 효과가 부정적인 효과보다 크다고 판단되면 허용대상을 확대해가는 것이 바람직할 것이다. 헬스케어산업은 미래 유망산업으로 모든 선진국이 역점을 두고 있는 산업이며, 투자개방형 의료법인은 의료산업의 경쟁력 확보에 필수불가결한 요소이기 때문이다.

우리나라는 글로벌헬스케어를 신성장동력 산업으로 선정하고, 의료법도 개정[33]하는 등 나름대로 노력해왔지만 비영리 의료기관의 특성상 많은 제약이 있어 경쟁 국가들에 비해 실적이 미흡하였다. 그간의 논의경과를 토대로 지혜를 모아 긍정적인 방향으로 답을 찾자. 의료서비스산업의 발전을 통한 일자리 창출과 의료서비스의 질 향상을 통한 국민후생 증대를 모색하자. 그렇게 하면 태국과 싱가포르, 인도로 향하는 외국인 환자를 상당 부분 국내로 끌어들일 수 있고, 급속히 성장하고 있는 병원 수출시장에서도 우리나라가 선두주자가 될 수 있을 것이다.[34]

나아가 투자개방형 의료법인의 도입으로 국민들은 그동안 국내에서 제공받을 수 없었던 양질의 의료를 해외진료 때보다 낮은 비용으로 이용할 수 있게 된다. 국민들이 필요로 하는 의료서비스를 제공하는 것은 국가가 해야 할 매우 중요하고 기본적인 일 중 하나이다. 정책당국과 각 의료기관은 우리의 의료와 건강보험의 지속가능성을 확보하기 위하여 다음과 같이 노력해야 할 것이다.

우선 의원, 병원, 대학병원 등 각급 요양기관이 각자의 역할을 성실히 수행하여 의료자원의 낭비를 줄이고, 정책당국은 관련 의료와 건강보험의 체계를 잘 정비, 운영한다. 또 의료와 건강보험의 이해관계자들은 '다 같이 행복한 성장'을 추구하는 칼레츠키(Kaletsky, 2010)의 자본주의 4.0[35] 패러다임의 구축을 지향한다. 투자개방형 의료법인이 강소병원의 형태로 도입될 경우, 이 같은 새로운 패러다임에 맞는 의료서비스를 제공하는 따뜻한 병원기업 모형[36]을 지향한다.

제**14**장

건강보험의 미래와
남은 과제

건강보험의 미래

우리는 이 책에서 국민건강보험과 민영건강보험의 주요 이슈를 다루면서 문제의 핵심이 무엇이고 이를 지혜롭게 해결할 수 있는 방안이 어떠한 것일지에 대해 이런저런 아이디어를 제시하고 있다. 우리의 건강보험, 지난 십수 년 사이에 그 모습이 크게 바뀌었듯이 앞으로도 그 모습이 제법 바뀔 수 있다. 사안의 경중과 변화의 필요성에 대한 강약에 따라 때론 큰 폭으로 그리고 다른 때에는 소폭으로 변화해 나갈 것이다. 이하에서는 그간의 역사적 발전과 진화에 대한 고찰을 토대로 20년 후의 우리 건강보험의 모습을 전망해본다. 그리고 바람직한 형태로 발전해나가기 위해 필요한 법제도의 변화, 이해관계자들의 대응자세 등에 대해서도 간략히 정리한다.

국민건강보험은 국민연금처럼 세대 간, 세대 내 소득재분배 기능이 있지만 장기보험이 아닌 단기보험이다. 필요한 재원을 그해에 보험료나 조세로 조달하여 지출하는 방식이므로, 연금처럼 거대 적립금을 쌓아두지 않아도 된다. 그래서 유력 정치가와 당국이 뜻을 세워 국민들을 설득하면, 비교적 단기간에 꽤 다른 모습의 제도로 바꿀 수 있다. 한 때 420개에 달하던 많은 보험자를 하나로 통합한 우리나라(2000), 공적 건강보험 대신 민영건강보험 가입을 의무화한 네덜란드(2006) 같은 사례가 대표적이다. 대만(1995)은 제도 도입이 꽤 늦었지만 정부가 보험자인 독특한 유형의 제도를 출범시켰다.

이렇듯 건강보험의 경우 가입자가 보험료나 보험급여 측면에서 불공평을 호소하거나, 노인의료비 재원마련이 심각한 부담으로 작용하며, 국민들이 필요한 때 의료기관을 부담 없이 찾아가 제대로 된 진료와 치료를 받기 힘들고, 제도가 잘못 설계되어 의료비가 빠르게 증가하는 등의 문제가 생기면 큰 비용을 지불하지 않으면서 비교적 짧은 기간에 다른 방식의 제도로 뜯어고칠 수 있다.

문제는 이렇게 할 만큼 우리의 의료체계와 건강보험이 심각한 문제를 안고 있느냐 하는 점이다. 분명 우리 제도에 이런저런 문제가 적지 않은데, 이것이 큰 틀을 바꿔야 해결될 사안인지, 아니면 큰 틀은 유지하되 내부 요소 몇 가지를 이리저리 바꾸고 조정하는 수준으로 해결될 사안인지에 대해서는 국내외 전문가 사이에서도 의견이 분분하다.

나쁘지 않은 국제기관의 평가

유념할 점은 지금의 우리 의료체계와 건강보험에 대한 국제기관의 평가가 그렇게 나쁘지 않다는 사실이다. OECD는 2010년 6월에 내놓은 한국 보고서[1]에서 "한국의 건강보험은 의료비 지출을 OECD 평균 이하[2]로 유지하면서 건강수명을 올리고 영아사망률을 낮추는 등 건강성과를 크게 올리는 데 기여했다"고 평가한다. 그 밖에 빠른 의료비 증가율, 비효율적인 지불제도, 높은 약제비, 적은 의사수 등 몇 가지 개선해야 할 점[3]도 함께 지적하였다. 하지만 건강보험제도의 성숙도 등을 고려할 때 우리의 의료체계와 건강보험 전반에 대한 평가는 비교적 양호한 것으로 이해되고 있다.

이러한 경향은 1년 반이 지난 2012년 2월에 나온 OECD 보고서[4]에서도 확인할 수 있다. 이 보고서는 우리나라 의료의 질적 측면을 분석·검토하고 있는데, 여기서 우리의 보건의료체계가 "2000년의 건강보험 통합과 의약분업 실시 이후, 관리효율성이 크게 개선되고 소비자의 의료서비스 접근성이 크게 향상되는 등 성과와 효율성의 향상을 위한 인프라를 충분히 갖추고 있다"고 평가하고 있다. 또 "단일 건강보험 체계와 선진적 정보통신기술, 이에 근거한 성과관련 정보의 통합관리,[5] 질 평가와 공시시스템, 대형 급성기 병원을 중심으로 한 의료의 질 향상 노력[6]"을 강점으로 지적하고 있다. 특히 전국 의료기관을 대상으로 한 건강보험의 급여적정성 평가(질 평가)와 평가결과의 공개 사례는 세계적인 우수 사례라고 치켜세운다.

물론 개선해야 할 점도 많이 지적되고 있다. 병원 내 질병치료 의존도 축소와 지역사회 중심의 의료서비스 등 일차 의료체계 구축을 통한 병원 방문빈도 감소, 포괄수가제 도입 등 포괄적 지불제도로의 개편, 양질의 의료서비스 공급자에 대한 보상 강화, 의료기관 평가인증제 확대, 임상진료지침 활용 등의 의료의 질 관리 전략 확대, 심혈관계 질환에의 예방투자 확대와 응급서비스 강화 등이 그러한 내용이다.[7]

위의 평가에서도 언급되고 있지만 우리 의료체계와 건강보험의 큰 강점 중 하나가 양호한 접근성이다. 우리처럼 환자가 희망하는 날에, 가까운 곳에 위치한 좋은 병원의 수준급 의사에게서 진료와 치료를 받을 수 있는 나라는 지구상에 많지 않다. 진료시간이 짧다는 단점이 있지만 꼭 필요할 때 의사를 만나 진찰받을 수 있다는 것은 건강유지에 매우 중요하다. 우리는 외국에서 생활하는 친지로부터 의외로 열악한 선진국 의료현장의 얘기를 종종 듣고 있다. 몸이 아파 당장 죽겠는데 예약 후 한 달 후 오라고 한다든가, 희망하는 병원의 유명 의사에게 진찰받으려면 6개월 이상 기다려야 한다는 식의 얘기다. 오죽하면 넉넉한 생활비를 지급받는 미국, 영국 주재 대사관, 영사관 직원이나 해외결혼이나 이민 등으로 국적을 상실한 이들[8]까지가 질병치료차 휴가를 내어 고국을 방문한다는 얘기가 나오겠는가.

OECD의 두 차례 평가에 따르면 우리의 건강보험은 지금 단계에서 큰 틀을 바꿔야 할 상황은 아닐지 모른다. 문제점으로 지적되고 있는 사항들을 단계적으로 개선해나가면 지금보다 나은 제도로 바뀌어나갈 것 같기도 하다. 만일 이들이 제안하는 방향으로 제도를 조금씩 바꿔나갈 경우, 2030년경의 건강보험체계는 어떤 모습을 지니고 있을까. 규모가 큰 몇몇 외자계 투자개방형 병원이 국내 '빅5'[9] 병원을 포함한 상급종합병원 등과 경쟁적으로 환자유치에 나서고, 중상층 이상 계층 중 상당수는 외자계 병원의 문을 부담 없이 두드릴지 모른다. 국내 상급종합병원이 외자계 병원의 첨단 서비스에 뒤지지 않기 위해 지금보다 꽤 향상된 서비스를 제공할 것은 쉽게 예상해볼 수 있다.

문제는 진료비다. 의료서비스가 좋아지는 대신 진료비가 꽤 올라갈 것이다. 특히 비급여항목에서 진료비가 크게 올라갈 수 있다. 그래서 가입자들은 이에 대비하기 위해 민영건강보험의 가입규모를 지금보다 더 늘릴지 모른다. 외자계 병원이 없는 지금도 상급 종합병원을 중심으로 비급여 첨단진료가 빠르게 늘고 있는데 외자계 병원의 진출이 이를 가속화시킬 수 있다.

그간의 경과에 대한 국내외 분석에 따르면 국민건강보험을 보완·보충하는 민영건강보험의 역할과 기능이 확대될 경우, 가입자와 의료인의 도덕적해이가 증폭되고 이로 인해 의료의 수요, 공급이 과다하게 커져 의료자원이 낭비되고 총의료비 증가속도가 빨라질 가능성이 크다. 게다가 장래 의사수가 10~15% 정도 더 늘어나고, 외자계 병원에 의한 의사 스카우트가 일상화하면 의사의 보수가 오르고 그 결과 총의료비가 좀 더 가파르게 증가할 수 있다.

이처럼 가계는 물론이고 국민경제에도 바람직하지 않은 일이 예견되기 때문에 OECD도 지불제도 개선과 약제비 감축, 급여비용에의 조세재원 활용도 제고와 효과적인 의료비 지출 통제조치 도입을 권고하였는지 모른다. 하지만 총의료비 억제책이 당국과 보험자의 뜻대로 추진될 수 있을지 장담하기 힘들다. 가입자와 공급자가 보험자와 당국의 제도개혁 시도에 순순히 응하지 않을 수 있기 때문이다. 결국 2030년경에 우리의 건강보험이 OECD 권고안이 의도하는 방향으로 바뀌어 지속가능한 제도로서 기능할 수 있을지 아직은 불확실하다.

재구축이 필요한 공·사 건강보험체계

한편 지금의 우리 의료와 건강보험체계가 지닌 문제를 해결하려면 OECD 권고안과 다른 방식으로 접근해야 한다는 시각이 있다. 대표적인 것이 건강보험을 국민건강보험 하나로 통합하여 단일보험자인 국민건강보험공단이 전체 국민의 건강보험을 관리하도록 하자는 주장이다.

이렇게 주장하는 사회보험론자들은 2008년 이후 빠르게 증가하고 있는 민영보험의 실손의료보험이 가입자 간 의료서비스 접근과 소비의 불공평을 야기하며, 낸 보험료에 걸맞은 의료서비스를 제공하지 못하고 있다고 지적한다. 손해율(보험금지급률)이 낮아 가입자가 낸 보험료의 60~70% 정도가 보험금으로 돌아와[10] 보험회사 수익만 키우고, 가입자와 의사의 도덕적 해이에 따른 부당한 비급여진료와 과잉진료가 늘며, 이로 인해 진료에 따른 건강증진 효과가 미약하고(low value for money), 총의료비만 빠르게 증가하여 국민부담을 가중시키고 국민경제에도 악영향을 미치고 있다고 비판한다.

가계의 건강보험료 납부와 보험급여(혹은 보험금) 수급실태를 들여다보면 이들의 주장이 일정 부분 설득력이 있음을 알 수 있다. 보험개발원에 따르면 우리 국민의 47%(2011년)가 민영보험회사의 실손의료보험에 가입하고 있다.[11] 과거 병력 등으로 가입할 수 없는 이들, 보험료가 비싸 가입하기 힘든 고령자, 경제적 약자인 최빈층을 제외하면 국민 대다수가 가입했다고 말할 수 있을지 모른다. 가구 단위로 2009년에 78% 수준[12]이었으니 2012년에는 80% 수준에 달하지 않았을까 싶다.

그런데 우리 국민은 모두 국민건강보험에 의무적으로 가입하고 있으므로 대다수 국민이 두 종류 보험에 가입해 있는 셈이다. 두 보험에 매월 보험료를 내는데 국민건강보험은 가입자 소득에 따라 다르고, 실손의료보험성과 나이, 보장수준에 따라 차등화되어 있다. 2009년 기준으로 가구당 평균 보험료는 국민건강보험이 10만 8000원[13](고용주 부담분 포함)이고 실손의료보험은 공식 통계가 발표되지 않고 있지만 6만 원 전후로 추정해 볼 수 있다.[14] 의료패널조사에서 18만 원[15]으로 조사되고 있지만 이는 저축보험료[16]가 포함된 부풀려진 금액이다.

문제는 받는 보험급여가 크게 차이 난다는 점이다. 국민건강보험이 가구당 월평균 12.4만 원인데 실손의료보험은 4만 원 전후로 추정해볼 수 있다.[17] 국민건강보험은 낸 것보다 더 많이 받는데 실손의료보험은 낸 것의 절반 넘는 수준을 받는다. 그런데 국민건강보험에서는 보험료 등 총수입의 40% 이상을 보험료를 별로 내지 않는 노인 세대와 아동 세대의 보험급여 지원재원으로 사용하고, 개인의료보험인 실손의료보험은 자기가 낸 보험료만큼 서비스를 받는다는 차이점이 있다. 이 점을 추가로 고려하면 청장년 세대의 경우 두 보험에 내는 보험료에 대해 비슷한 수준의 혜택을 받고 있다고 말할 수 있을지 모른다.

즉 청장년 세대로 한정하면 보험료 대비 보험급여(혹은 보험금) 비율인 보험급여지급률은 국민건강보험 75%, 민영건강보험 77% 정도로 추정된다. 국민건강보험은 전 세대 평균지급률이 105%(2011년)이지만 노인 세대 지급률이 워낙 높아 청장년 세대 지급률은 낮고, 민영건강보험은 노인 세대 등에 대한 지원이 없지만 사업비 등이 많아(전체 보험료의 30% 전후) 국민건강보험과 비교 가능한 지급률은 위의 값이 된다(민영보험회사 공표 지급률(손해율) 110%, 2009~2011년 평균).

최근 손해보험협회와 민영보험회사는 높은 손해율을 이유로 내세우면서 보험료 인상을 시도하고 있다. 하지만 손해율은 회사별로 상품별로 다소간의 차이는 있지만 30%가 훨씬 넘는 사업비를 빼고 계산한 값이고, 구체적인 사업비 내역과 지급보험금 통계를 공개하지 않아 이들의 주장에 대한 신뢰도는 크지 않다고 할 수 있다.[18]

향후 민영보험회사의 실손의료보험에 대한 경험 자료가 축적되고 금융당국의 규제가 강화되면 사업비 비율과 손해율이 지금보다 낮아지고 보험금지급률은 75% 전후 수준을 보일 것이다. 이에 비해 국민건강보험에서는 고령화의 진전에 따라 보험료의 50% 이상이 노인진료비와 아동진료비로 지원될 것이고 그 결과 청장년층의 보험급여지급률은 60%대로 떨어져 실손의료보험보다 더 낮아질 수 있다.

물론 청장년층에 노인층과 아동까지를 포함시킨 전 연령층을 대상으로 할 경우 개별 가구 입장에서는 건강위험에 대비하여 민영보험회사에 국민건강보험공단 못지않은 (위험)보험료를 냈는데 의료서비스는 국민건강보험공단에서 훨씬 많이 받는다. 두 곳에서 제공받는 의료서비스가 보충서비스 및 비급여 여부로 차등화되어 있지만 의료서비스의 필수재적 특성은 국민건강보험 쪽이 더 강하다. 그런데 대부분의 가구가 이 같은 사실을 체감하지 못하고 있다. 위 수치는 평균치이지 개별 가구의 경험치가 아니므로 가구가 실감할 수 없다. 의료비가 많이 들어가는 가구는 병약한 노인이나 중증질환과 종말기 환자 가구, 고가의 비급여 서비스를 많이 이용하는 가구이다. 이들 가구를 중심으로 한 소수 가구가 국민건강보험과 민영건강보험의 혜택을 집중적으로 받고 있다.

실손의료보험에의 공공성 도입

특히 근간에 상급종합병원 등에서의 비급여진료가 증가하고 이를 손쉽게 실손의료보험으로 처리할 수 있게 되면서 민영건강보험의 시장규모가 급속히 커지고 있다. 그런데 실손의료보험 상품은 민영보험회사별로 종류가 많고 보장내용도 조금씩 다르다. 게다가 상품내역이 자주 바뀌어 보험소비자가 자신이 가입한 상품의 내역을 제대로 파악하기 힘들다. 개별 보험회사는 물론 생명보험협회와 손해보험협회 홈페이지 정보[19]에서도 소비자가 자신이 가입한 상품의 손해율 등 기초적인 정보를 알 수 없다. 이는 가입자가 낸 보험료가 어떻게 사용되고 있는지 꼼꼼하게 알려주고 관련 정보를 소상히 밝히는 국민건강보험과 너무도 다른 모습이다.

소비자보호와 민영건강보험의 공공성 제고 차원에서 민영보험회사와 두 협회는 지금과 꽤 다른 모습으로 바뀌어야 한다. 대표적인 실손의료보험 상품의 손해율과 사업비율의 값, 그리고 이들 값의 적정성 여부 등 소비자가 궁금해하고, 알아야 하는 내용을 정리하여 규제당국인 금융위원회에 보고하고, 이를 공시하여 가입자들이 이를 토대로 신규가입과 가입의 지속 여부를 정할 수 있도록 해야 할 것이다.

관련하여 제7장에서 제안되고 있는 '국민민영건강보험' 같은 대표적 상품을 업계가 서둘러 공동개발해야 한다. 이러한 상품을 통해 접근성과 손해율을 높여 가입자의 신뢰도를 확보하면서 도덕적 해이에 의한 과잉진료와 부당진료, 보험사기를 예방하여 총의료비 증가 억제에 기여하는 등 민영건강보험에 요구되는 최소한의 공공성을 확보하는 방안을 모색해나가야 할 것이다.

지금처럼 가입자가 가입상품에 대한 정보를 거의 알지 못하는 상황은 결코 오래 지속될 수 없다. 비급여 등의 예외가 있지만 민영건강보험에는 국민건강보험이라는 대체재가 있다. 가입자 불만이 누적되어 외부로부터 큰 충격이 오기 전에 업계가 나서서 국민건강보험을 보충하는 민영건강보험이 지녀야 할 최소한의 공공성 기준을 세우고, 이에 맞게끔 상품을 표준화하고 간소화하며 판매와 관리의 투명성을 확보해야 한다. 이 같은 시대적 요구에 금융위원회와 민영보험회사가 능동적으로 대처하면 민영건강보험은 일정한 기능을 인정받아 그 영역을 지키고 또 상황에 따라서는 이를 확장시킬 수 있을 것이다. 하지만 여전히 보험료 재원이 불투명하게 운용되고 국민 건강증진이라는 당초 목적에 별로 부응하지 못하면서 총의료비 증가를 가속시키는 원인의 하나로 지목될 경우 대체재인 국민건강보험의 보장영역이 강화하면서 그 기능과 역할이 상당 부분 축소될 가능성이 없지 않다.

다시 말해 실손의료보험은 여느 보험상품과 같이 취급되어서는 안 된다는 것이다. 일반 보험상품에서는 소수의 보험사기로 선의의 가입자가 약간씩 피해를 보지만 실손의료보험에서는 가입자와 의료기관 다수에 의한 도덕적 해이로 진료비가 급증하여 선의의 가입자는 물론이고 국민건강보험과 국민경제까지 큰 피해를 볼 수 있기 때문이다.

건강보험의 미래상
– 국민건강보험의 보장성 강화, 민영건강보험에 공공성 도입, 병원의 경쟁력 제고

종합하면 우리 건강보험의 미래는 이 책의 제11장에서 제안하고 있듯이 국민건강보험을 주축으로 민영건강보험이 이를 보완·보충하는 형태가 앞으로도 지속될 것으로 전망된다. 인구고령화로 보험료와 국고부담의 대GDP 비중도 지금보다 꽤 늘어난 수준으로 올라갈 것이다. 국민건강보험의 보장률은 2030년경 75% 전후 수준으로 높아질 것이다(부도 4-2).

향후 10여 년간 총의료비 억제가 정책당국의 최우선 과제 중 하나로 부각되면서 의료비 증가에 직간접적으로 기여하는 것으로 지적되고 있는 민영건강보험에 공공성이 도입되는 등 강한 견제조치가 가해질 수 있다. 의료비 증가율이 두 자릿수를 지속하거나 명목 경제성장률보다 2~3% 포인트 높게 증가할 경우, 민영건강보험의 추가적 확대를 인위적으로 억제하는 조치가 도입될 수 있다는 것이다.

하지만 규제당국과 민영보험회사의 변신 노력이 성과를 거두면 2030년경까지의 전체적인 흐름은 지금보다 민영건강보험이 더 활성화

되는 방향이 될 것으로 기대된다. 총의료비 재원조달에서 점하는 민영
건강보험의 기여도는 2012년에 이미 OECD 평균을 넘어섰을 것으로
전망된다.[20] 지금 같은 추세가 지속되면 2030년경에는 그 값이 더 커져
칠레(19%)와 미국의 중간 정도 수준에 위치할 수도 있다(부표 4-3). 물
론 이 같은 변화가 바람직한 것인지에 대해서는 지속적인 관심과 고찰
이 필요하며, 문제가 있다고 판단되면 국민건강보험의 내실화를 최우
선 목표로 하여 증가폭이 빠르나 규제가 거의 없는 비급여 부문에 대
한 규제, 법정본인부담금의 민영건강보험 보장부분 제한 등에 대한 접
근을 통해 총의료비 증가 억제의 해법을 모색해야 할 것이다.

한편 국민건강보험의 보장성 강화는 제4장에서 논의하였듯이 필수
의료서비스 범위의 설정과 과학적인 방식의 급여 우선순위 설정이 가
장 먼저 추진될 것으로 예상해볼 수 있다. 이때 질병의 중증도 및 위급
성, 치료효과성(완치가능성), 사회적 비용 , 비용 및 임상적 효과성 등을
우선순위 설정에 중요한 잣대로 적용한다. 그리고 저소득층과 만성질
환 환자에 대한 접근성 제고를 통한 보장성 강화가 필요한데 이를 위
해 본인부담률 하향조정 등의 방안이 검토될 수 있을 것이다.

진료비 재원조달은 제5장에서 논의하였듯이 보험료 인상을 기본방
향으로 자리 잡되 조세재원의 국고부담분 비중이 점진적으로 확대될
것으로 예산된다. 조세재원의 비중 증대 시 총의료비 지출을 통제할
수 있는 총액계약제 등의 실효성 있는 조치의 도입이 검토될 것이다.
조세재원 확보와 관련하여 목적세의 도입은 가능한 한 피하되, 도입
이 불가피한 경우에는 '건강보험 목적세'보다는 넓은 의미의 '복지(목적)
세' 도입이 검토될 수 있을 것이다. 그리고 확보된 재원의 배분, 즉 연
금, 건강보험, 장기요양보험, 공공부조, 사회복지서비스 등으로의 배분

428

방식에 대해서는 논의를 거쳐 재원활용의 효율성을 추구한다.

　진료비 지불제도는 제6장에서 서술하고 있듯이 포괄수가제가 많은 질병군에 광범위하게 적용되고 여기에 총액계약제(혹은 총액예산제)가 추가되어 국민의료비 증가율 억제에 병의원 등 공급자 측이 능동적으로 참여하는 모습을 예상해볼 수 있다. 지금의 행위별수가제가 총의료비 증가의 큰 원인으로 지적되고 있어 다른 어느 분야보다 이 분야에 가장 먼저 제도 개혁의 메스가 가해질 가능성이 높다고 할 수 있다.[22]

　특히 입원환자가 있는 병원 진료비가 빠르게 증가하고 있어 이를 효과적으로 억제하는 것이 국민의료비 억제의 주된 목표로 설정될 것이다. 특히 지속적으로 환자가 집중되고 있는 비영리 조직 형태의 종합병원에서 운영효율화를 통해 의료비를 억제하도록 하는 것이 정책당국의 주요 과제로(부표 13-1) 부각될 것이고 이때의 유력한 수단으로 포괄수가제와 총액계약제의 적절한 조합이 거론될 수 있을 것이다.

　장래 국내 병원계에서는 공급과잉 의료자원의 적정화 목표에 따라 300병상 미만의 준종합병원과 중소규모 병원의 구조조정이 추진되어 병원의 대형화가 진행되고 종합병원도 빅5 등 소수 상급종합병원의 지배력이 한층 증대되는 형태로 재구축될 것으로 전망된다. 과소지역 등 일부 지방에 소재하는 중소규모 병원이 인수합병 등의 작업을 통해 그 성격이 공공병원으로 전환되면서 현대화된 공공병원으로 확충되는 양상이 전개될 가능성이 없지 않지만 기본적으로 국내 병원계는 지역별 병상 총량 규제 등 일정한 제약 하에 규모의 확대를 통한 자생력 강화를 위해 인수합병이 좀 더 활발히 전개될 것으로 예상된다.

질병, 의료 그리고 삶의 질

동서고금을 막론하고 질병에서 자유로운 사람은 없었다. 때와 장소에 따라 다소간의 차이는 있지만 질병은 늘 우리를 위협해왔다. 그래서 질병의 고통에서 벗어나고자 약제를 사용하거나 의술을 지닌 이들의 도움을 청했다. 물론 모든 이들이 그렇게 할 수 있었던 것은 아니고 일정 수준 이상의 사회적 지위나 경제력을 지닌 이라야 가능했다.

많은 서민들은 제대로 된 도움도 받지 못한 채 체력으로 버티다가 운 좋게 나으면 다행이고 그렇지 않으면 세상을 뜰 수밖에 없었다. 과거에는 의학지식이 높지 않았던 터라 권력을 지닌 이들도 난치병에 걸리면 어쩔 수 없었다. 하지만 이런 이들보다 제때 약제를 처방받거나 치료를 받았다면 나을 수 있었을 질병으로 사망하는 이들이 훨씬 많았다. 경제적으로 여유가 없어 약제를 사거나 치료를 받을 수 없었기 때문이다.

이 무렵의 의료행위는 약제와 의료인에 대한 접근이 가능했던 지위와 경제력을 지닌 일부 계층의 생명을 연장시켜 당사자와 가족, 그 주변인의 삶의 질을 크게 높이는 역할을 수행하는 경우가 일반적이었다. 이때만 해도 노인환자가 많지 않아 의료인의 치료는 환자의 근로능력을 회복시켜 주면서 환자 주변 가족의 분위기를 밝게 하는 등 많은 경우에 의도하지 않았던 효과를 미치는 '외부성(externality)'을 가져와 이들의 치료행위는 장려해야할 가치재(merit goods)[23]로 평가받아 왔다.

주지하듯 이 시기에는 약제와 의료인의 접근을 용이하게 해주는 건강보험이 없었다. 근세 유럽의 일부 직종에서 이와 유사한 형태의 공제가 부분적으로 기능하기도 하였지만 보편화하지는 못했다. 현대인들이 질병의 위험에서 벗어나지 못하고 있는 점은 과거와 크게 다를 게 없다. 과거에 없던 신종 질병까지 생겨나 질병에 대한 두려움은 여전하다. 과거와 달라진 점이 있다면 지위와 경제력이 담보되지 않는 이들도 손쉽게 약제를 사용하거나 의술을 지닌 이들의 도움을 받을 수 있게 됐다는 사실이다. 또 약제나 의술이 크게 발전하여 질병의 치유율이 과거에 비해 월등히 높아졌다. 물론 암이나 불치병 등의 난치병으로 고생하는 이들도 없지 않으나 의학과 주변 기술의 발달로 이전보다 연명하는 이들이 증가하고 있다.

의학지식이 늘고 의사의 수술기술도 발전하지만 이보다 훨씬 빠른 속도로 진화하는 것이 의사들이 진단과 치료에 이용하는 약제와 의료장비·장치다. 이들 효능 좋은 약제와 성능 좋은 의료장비·장치 덕분에 의사의 오진율이 낮아지고 수술과 시술 등을 통한 질병의 치유율이 높아졌다.

대부분의 국가에는 공적건강보험이 있어 약간의 자기부담금으로 경제적 부담 없이 좋은 약제와 양질의 의료서비스에 접근할 수 있으며, 의학과 의료기술의 발달로 오늘날의 의료행위는 환자 대다수의 목숨을 건지고 수명을 늘리고 있다. 이러한 고마운 의료행위의 혜택을 받고 있는 이들 중 상당수가 노인이며 그중에는 임종을 앞둔 이들도 적지 않다. 이들의 수명이 연장되도록 의사는 치료에 열심이지만 그로 인해 당사자와 가족 등 주변인의 삶의 질이 좋아지지 않거나 오히려 악화되는 사례가 늘고 있다. 의사의 진료행위가 갖는 '외부성'의 의미가 점점 약해지고 있는 것이다.

근자에 우리나라를 포함한 주요국에서 종말기 노인의료비가 빠르게 증가하여 전체 의료비 지출 증가의 한 원인으로 지적되고 있다. 2010년의 건강보험 진료비 기준으로 65세 이상 노인의 1인당 평균 진료비가 284만 원(국민 1인당은 89.5만 원)인데 종말기 노인의 사망 전 1년 진료비는 70대(1376만 원), 80대(962만 원), 90대(600만 원)에서 매우 크다.[24] 종말기 노인에 대한 연명치료[25]가 갖는 '부의 외부성(disexternality)'이 부각되고 있는 것이다. 치료로 인한 삶의 질 개선효과는 미약하거나 없는데 돌보는 가족에게 경제적·심리적 부담이 가중되고 때로는 국민경제에까지 그 부담이 전가된다. 이쯤 되면 이들에 대한 의사의 진료행위는 더 이상 가치재가 아닌데 이 같은 최근의 진료기능의 변화에 건강보험이 일조하고 있다.

사회적 문제로 부상하고 있는 종말기 연명치료에 대한 각국의 대응이 주목받고 있다. 건강보험의 재정안정과 지속가능성 확보도 중요하지만 의료윤리도 무시할 수 없기 때문이다.

남은 과제

우리는 이 책에서 국민건강보험은 물론이고 민영건강보험에 대해서도 여러 주제를 다루고 있다. 그럼에도 불구하고 아직 다루지 못한 분야와 이슈가 더 많다는 것을 인정하지 않을 수 없다. 국민건강보험으로 한정하더라도 OECD(2010, 2012)가 개선과제로 지적한 사안을 포함하여 많은 주제를 다루지 못했다.

　OECD가 지적한 문제 중 우리가 가볍게 언급하고 가거나 전혀 다루지 못한 분야는 다음과 같다. 병원 방문빈도 감소와 병원치료 의존도 축소를 위한 지역사회 중심 의료서비스 등 일차 의료체계 구축, 의사 수 증대와 주치의제 도입, 양질의 의료서비스 공급자에 대한 보상 강화, 의료기관평가인증제 확대, 임상진료지침 활용 등의 의료의 질 관리전략 확대, 심혈관계질환에의 예방투자 확대와 응급서비스 강화, 치료성과 공개를 통한 의료 질 개선, 약제비 감축, 요양병원과 요양시설의 연계 강화 등이 그것이다.

　근간의 OECD 보고서 등에서 명시적으로 지적하지 않았지만 오래전부터 국내 전문가들이 문제점으로 지적해온 사안 중에서도 여기서 다루지 못한 게 적지 않다. 단일보험자인 건강보험 관리운영체계의 비효율성,[26] 점점 빅5 병원에 몰리는 환자와 정착되지 않는 의료전달체계, 이로 인한 진료서비스의 질 저하와 의료자원 낭비, 진료과목별 의사 수급의 불균형과 이로 인한 특정과목 진료에의 접근성 문제, 증가하는 비급여 서비스와 관련 심사·평가 기능 미흡으로 인한 과잉진료 횡행과 총의료비 증대, 경제성 및 임상적 평가와 거리가 있는 의약품 가격과 상환 정책, 그로 인한 의약품 남용과 의료자원 낭비, 명확하지 않은 의약분업 효과[27] 등이 그러한 것이다.

　이상에서 언급한 이들 이슈는 우리 포럼의 회원을 포함하여 국내 연구자들이 도전해야 할 숙제로 남아 있다. 단기간에 좋은 방안을 찾아 문제를 해결할 수 있은 사안이 있는가 하면 긴 시간을 두고 경과를 보아 가면서 해법을 모색해야 할 사안도 있다. 사실 이들 과제에 대한 해법 찾기를 서두르는 것이 올바른 길인지도 불분명하다. 우리를 포함하여 많은 OECD 국가들이 자국민에게 맞다고 생각하는 방식으로 의료와 건강보험체계를 개량, 재구축해가고 있다. 앞에서 언급하였듯이 건강보험은 단기보험이라서 연금 등의 장기제도에 비해 변신 주기가 짧고 변신의 폭이 크다. 그간의 변천과 진화과정에서 때론 뒷걸음칠 때도 있고 앞으로 나아갈 때도 있었다.

의료체계와 건강보험 문제를 논의하는 자리에 가보면 곧잘 듣는 얘기가 있다. 논의의 말미에 가면 모임의 리더격인 사람이 일어나 "많은 분들이 이런저런 지적을 해주셨습니다. 사실 우리의 의료체계와 건강보험에 문제가 없는 분야가 없습니다. 손보려고 하면 모든 곳을 다 고쳐야 해요. 문제는 어디에 우선순위를 두고 접근하느냐 하는 것이지요"라는 취지의 마무리 발언을 한다. 이 책에서 다룬 문제와 위에 거론한 남아 있는 과제들을 정리하면서 새삼스럽게 이 말이 생각나 절로 고개가 끄덕여진다.

사실 의료체계와 건강보험 분야의 이해관계자 그룹에는 가입자와 보험자 외에 의사와 병원, 약업인과 제약회사 등 서비스와 제품을 공급하는 공급자, 규제당국인 정부가 있다. 보험자인 국민건강보험공단(건강보험심사평가원 포함)과 민영보험회사가 가입자의 이익을 대변하는 구매자 자격으로 가격과 수량, 품질 등에 대해 공급자와 적절히 협상해주어야 하는데 많은 경우에 그렇지 못하다. 또 규제당국으로서 이들 문제점을 해결해야 할 입장인 정부(보건복지부, 금융위원회)가 가입자 이익을 위해 제때 해야 할 일을 잘 처리하지 못하는 사례도 적지 않다. 가입자가 잘 느끼지 못하는 사이에 힘을 가진 공급자와 민영보험회사(구매자)의 이익이 은근슬쩍 먼저 고려되는 사례가 생각보다 많다.

우리의 의료체계와 건강보험이 OECD 국가 중 선두권으로 자리매김되기 위해서는 보험자와 규제당국이 해야 할 일을 제때 꼭 해주어야 한다. 지금 전개되고 있는 총의료비 지출의 빠른 증가를 억제하는 작업도 많은 사안에서 이들의 몫이지 가입자 몫이 아니다. 민영건강보험이 활성화되면서 비급여 규모가 커지고 비용 대비 효과성이 떨어지는 진료가 증가하고 있다. 이를 바로잡고 추가적으로 발생하지 않도록 선제 조치를 취하는 것도 규제당국의 몫이다.

요컨대 고령화가 빠르게 진행되는 금세기 전반부에 우리 국민이 값싸고 질 좋은 진료서비스를 받으면서, 의료비가 가계와 정부재정에 부담이 가지 않도록 하는 것은 많은 부분이 보험자와 규제당국의 책임이자 권한이라는 것이다. 이들이 이러한 책임을 잘 인식하고 부여된 권한을 잘 행사할 수 있도록 전문가와 국민 일반은 감시자 역할을 강화해야 한다. 그리고 의료인과 병원, 약업인과 제약회사 등의 공급사는 직업윤리에 따라 적정수익을 추구하고, 가입자는 도덕적 해이에 따른 불요불급한 진료 유발과 보험사기 행위를 자제해야 한다. 그래야 모든 이해관계자가 윈-윈하는 지속가능한 건강보험제도가 담보될 수 있다.

나아가 적정 수준의 의료인력 양성과 의료시장의 단계적 개방을 통해 의료기술과 의료의 질을 높이고, 의료산업과 제약산업이 수출산업으로 성장하여 추가적인 경제성장의 동력이 될 수 있도록 해야 한다. 이 같은 목표는 결코 쉽게 달성되는 것이 아니다. 가입자를 포함한 이해관계자들이 지혜를 모으고 상황에 따라 한 발짝씩 물러나 공동선을 추구하는 자세를 보일 때, 현실감 있는 얘기로 다가올 수 있을 것이다.

우리 주변에 장수하는 이들이 느는 한편 만성질환이나 치매로 고생하는 이들도 많아지고 있다. 그래서인지 아직은 건강한 장년세대인 우리도 '가능하면 건강하게 살다가 생을 마감하고 싶다'는 소망을 갖게 된다. 그 연장선에서 국민건강보험과 민영건강보험에 대한 관심이 커지고 다소 무리해서라도 민영건강보험 상품에 이것저것 가입하고 있다. 그로 인해 가계지출에서 공·사 건강보험료로 지출되는 비율이 증가하고 있다.

OECD 주요국에 비하면 보장성이 떨어진다고 하지만 우리 국민건강보험의 보장률은 60% 전반대로 지난 10년 사이에 꽤 높아졌다. 보장질환의 제한 등 일부 문제점이 있고 보장률이 주요국보다 20% 포인트 정도 낮지만 가계가 느끼는 진료비 부담은 전보다 많이 줄었다. 주요국들은 보장률 수준이 너무 높아 정부가 재정적으로 큰 부담감을 느껴 근래 총의료비 억제에 힘을 쏟고 있다. OECD 건강보험 전문가들은 국내 관계자들에게 가능하면 보장률 수준을 75% 이하로 유지하라고 충고하고 있다. 높은 보장률이 의료비 증가와 과중한 정부부담을 가져왔다는 믿음이 있기 때문일 것이다.

참여정부 이후 강화되어 왔던 보장성이 이명박 정부에 들어와 부분적으로 후퇴하였다. 건강보험 재정의 지속적 확대에도 불구하고 첨단의료 등 비급여 지출이 더 빠르게 늘면서 나타난 현상이다. 과거와 달리 일선 요양기관이 비급여 서비스를 확대하는 이유의 하나로 근자에 활성화된 민영건강보험이 거론되기도 한다. 아직 명확한 분석결과가 나오지 않았지만 양자 간에 일정 수준의 상관관계가 있음은 부인하기 힘들다. 그래서 국민건강보험의 보장성 강화를 주장하는 사회보험론자들은 민영건강보험에 대한 규제강화 등 대책을 서둘러야 한다고 지적한다.

2012년은 실손의료보험이 손해보험회사에서 판매된 지 10년째이고 생명보험회사의 가세로 실손의료보험이 활성화된 지 5년째 되는 해이다. 짐작건대 2013년에 들어설 정부는 국민건강보험의 보장성 강화를 주요 정책의 하나로 추진할 것으로 예상되고 있다. 국민들의 욕구가 그만큼 크기 때문이다.

이러한 상황에서 우리는 이 책에서 국민건강보험과 민영건강보험의 현황분석을 토대로 양자가 조화로운 발전을 모색할 수 있는 방안을 제시하고 있다. 이는 세계적인 추세에 부합하는 것이기도 하다. 국민건강보험 하나로 건강보험을 모두 해결하려는 방식이 자칫 총의료비 증가를 가속시킬 수 있다는 인식 하에 우리는 공·사 건강보험의 조화로운 발전을 통해 총의료비 증가를 억제하면서 보장성도 강화할 수 있는 방안을 제시하고 있다.

헌법 제35조는 "모든 국민은 건강하고 쾌적한 환경에서 생활할 권리를 가진다"고, 또 제36조는 "모든 국민은 보건에 관하여 국가의 보호를 받는다"고 규정하고 있다. 하지만 희귀난치병과 중병에 걸리면 보장률의 인상에도 불구하고 여전히 많은 비용을 본인이 부담해야 하는 등 건강보험의 사각지대가 적지 않게 존재하고 있다. 2004년부터 본인부담 상한제와 이들 질환에의 산정특례제가 도입되었고, 2008년부터 상당수의 휘귀난치병과 중증질환에 대한 본인부담률의 인하가 단계적으로 추진되고 있지만 아직 본인부담상한액이 높고 비급여 진료비가 작지 않기 때문이다.

돌이켜보면 우리 포럼 회원들이 건강보험에 대한 저작의 집필을 논의하기 시작한 것이 2010년 봄이다. 하지만 회원 상당수가 보험 일반에 대한 지식은 가지고 있지만 건강보험에 대한 지식이 충분하지 않아 1년여 기간, 이 분야에서 활동이 두드러지는 전문가를 한국보험학회 사회보험위원회 세미나에 초빙, 학습하며 내공을 쌓았다. 이후 집필에 나섰지만 여기저기 불충분한 점이 없지 않다. 이 점 머리 숙여 독자 제현의 양해를 구한다.

다만 그동안 건강보험 분야에 대해 저작을 내거나 발언한 적이 별로 없는 이들이 학습을 통해 제3자적 입장에서 이 분야의 역사와 이슈를 정리·분석하여 개선방안을 모색해보고자 했다는 점에서 이 책의 의의를 찾아볼 수 있을 것이다. 우리는 이 책에서 그동안 국내외 문헌이 별로 다루지 않았던 건강보험사와 민영건강보험의 현안 분야에서 신지평을 열고자 하였으며, 다소 고정된 시각과 사고틀에 묶여있는 기존 연구자의 저작과 차별화된 시각과 사고틀을 제시하고자 노력하였다.

집필진은 모두가 민영보험과 건강보험 그리고 연금 분야의 전문가이다. 하지만 민영보험을 토대로 건강보험을 접근하는 이들이 많다 보니 필자들의 시각이 민영건강보험에 다소 우호적인 입장을 갖고 있는 것으로 이해될지 모르겠다. 눈치 빠른 일부 독자는 이 점을 느꼈을지 모른다. 그렇지만 국민 다수가 국민건강보험을 중심으로 건강보험 문제를 바라보고 있는 현실을 고려하여, 편집과정에서 독자가 가급적 중립적인 시각에서 양자를 조망해볼 수 있도록 수정·보완하였다. 그럼에도 불구하고 책자의 행간에서 '시장지향적'인 느낌이 배어나는 것은 어쩔 수 없을지 모른다. 이 점 역시 널리 제현의 양해를 구한다.

책의 집필진을 소개하면 1장과 14장은 배준호, 2장은 배준호·김재현, 3장·6장·11장은 오영수, 4장·13장은 정기택, 5장·9장은 류건식, 7장은 김헌수, 8장은 김재현, 10장은 이봉주, 12장은 이순재가 맡았다. 프롤로그는 김헌수, 에필로그는 배준호·오영수가 담당하였고 원고의 편집과 교열 작업은 배준호가 맡았다. 저작에 참여한 8인은 보험미래포럼의 회원 7인과 의료체계 및 의료산업 선진화에 매진해온 정기택 교수로 구성되었다.

집필 및 편집 과정에서 필자 상호 간의 논평과 한국사회보장학회 세미나(2012.2.21)에서 제시된 조재국·최병호·정형선·윤희숙 박사의 코멘트가 반영되었다. 이 분야에 해박한 전문가로서 유익한 지적을 해준 네 분에게 지면을 빌려 마음으로부터 감사의 말씀을 전한다. 한 가지 명기할 점은 각 장에서 제기된 주장에 대해 필진 모두가 동의하는 것은 아니라는 것이다.

돌이켜보면 의료체계와 건강보험은 매우 어려운 주제였던 것 같다. 편자가 또래의 고 김병익 성균관대 의대 교수의 권유로 한달선, 문옥륜, 이규식 등의 선배 교수를 만나 이 주제에 대해 관심을 갖게 된 것이 2000년 4월이니 생각을 정리하는 데 12년이 걸린 셈이다. 그 사이 이 분야 선후배 교수를 포함한 많은 의사 및 전문가들과 술잔을 나누며 얘기하는 중에 정리된 생각은 '의사 없이 의료와 건강보험을 논하지 말고 의약인 등 공급자로 같은 공급자를 제어해야' 한다는 것이었다. 이러한 시각에서 보면 그간의 일들과 지금의 우리 상황을 어떻게 설명할 수 있을까?

끝으로 책의 발간을 재정적으로 지원해준 한국보험학회와 어려운 업계 사정에도 불구하고 우리 책의 출판을 허락해준 21세기북스 김영곤 사장과 편집부에 고마움을 전한다.

제1장

1) 이 법은 의료보험법(폐지 1999.2.8), 국민의료보험법(동 1999.2.8), 공무원 및 사립학교 교직원의료보험법(동 1997.12.31)을 대체하는 법률로 2000년 1월 1일부터 시행되었다.

2) 일본 측(위키피디아) 기술에 따르면 의료보험은 "의료기관 수진으로 발생한 의료비에 대해 그 일부 혹은 전부를 보험자가 급부하는 방식의 보험"이고, 건강보험은 "일본의 공적의료보험으로 피보험자가 의료를 필요로 하는 상태가 되었을 때 의료비를 보험자가 일부 부담하는 제도"로 설명되고 있다. 일본의 공적의료보험에는 ① 전국건강보험협회관장건강보험 ② 조합건강보험 ③ 국민건강보험 ④ 선원보험 ⑤ 일고(日雇, 일용근로자)건강보험 ⑥ 공제조합 ⑦ 후기고령자의료제도 등이 있고 민간의료보험에는 ① 단체(單体)의료보험 ② 생명보험 각종 특약 ③ 암보험 ④ 상해보험(손해보험) 등이 있다.

3) 이 시기에는 사회적 활동주의와 개혁 분위기가 팽배하였으며 이들의 주된 목표 중 하나는 정부를 정화시키는 것이었다. 진보주의 세력들은 다수가 금주운동을 지지하여 살롱 등지에 둥지를 틀고 부정한 정치수단을 이용하는 각 지역의 정계 거물들을 양지로 끌어내어 이들을 정치현장에서 퇴출시킴으로써 부패를 단절하려 하였다. 이 시기에 지방정부, 교육, 의료, 금융, 보험, 교회, 철도산업 등 많은 분야에서 혁신운동이 전개되었고 역사와 경제학, 정치학 등의 사회과학 분야에서 과학적 연구방법론이 강조되었다. 각 분야에서 전문저널이 창간 러시를 이뤘다. 성치지도자 중 공화당의 테어도어 루스벨트(Theodore Roosevelt, 제26대 대통령), 허버트 후버(Herbert Hoover, 제31대), 민주당의 우드로 윌슨(Woodrow Wilson, 제

28대) 등이 진보운동에 종사한 바 있다.

4) 초기에는 질병보험(sickness insurance)으로 논의가 시작되었는데 1911년 영국에서 health insurance 용어를 사용한 국민보험법(National Insurance Act)이 제정되면서 이 용어 사용이 보편화되었다. 이 법은 당시 인기 있는 정치가였던 재무장관 조지(David Lloyd George)가 주축이 되어 도입한 법이다. 상세한 내용은 제3장 주 3 참조.

5) 지금의 이라크를 중심으로 시리아 북동부, 이란의 남서부 지역을 포괄하는 곳에 위치했던 고대국가로 서아시아의 티그리스강과 유프라테스강 사이의 지역 일대를 지칭한다.

6) Price(2001)

7) 중국의 신농(神農: BC 2740년경), 고대 로마의 히포크라테스(Hippocrates: BC 460~377), Thessalus of Tralles(fl. circa 70~95), 가렌(Garen 130~198) 등

8) 미국과 영국의 종교단체는 1906년에 베이징협화의학원(北京協和醫學院, Peking Union Medical College)을 설립하여 중국 내 서양 의술의 보급에 크게 기여하였다. 이후 1913년에 설립된 록펠러 재단이 중국 내 의학교육을 진흥하기 위해 이 의과대학의 재정을 지원하여 중국 내 유수 의과대학으로 발전시킨다.

9) 현대 의학에서 부정하는 이론이지만 그리스, 로마, 이슬람 시대의 의사와 철학자들 사이에 널리 유행하였다. 19세기에 현대 의학기술이 발달할 때까지 인체에 대해 유럽 의사들이 가장 많이 신봉한 이론이었다.

10) 이하의 내용은 Pat Thane(2009)의 글을 참조하였다.

11) 이 같은 법 제정의 배경에는 엔클로저 운동(enclosure movement), 즉 상업혁명의 결과 모직물 공장이 늘어나면서 영국의 많은 농지가 양목장으로 변하였고, 이 과정에서 농민들이 농촌에서 도시로 몰려나 빈민층으로 떨어지는 현상이 있었다.

12) 이때의 개정은 교구주민이 세금으로 부담하는 구빈비용이 크게 늘어나 이를 줄이기 위한 것이었다. 동시에 빈민처우의 일원화와 중앙집권화 조치도 취해졌다.

13) 일시적이기는 하였지만 신구빈법은 시장경제만능주의와 자기책임을 강조하면서 구빈수준을 '자립활동자 중 가장 가난한 사람의 생활수준 이하 수준의 구제'로 정하고, 이 같은 열등처우 원칙하에 원외구제 금지와 시민권 박탈 등의 조치를 취했다.

14) 길드가 지닌 이 같은 속성 때문에 생명보험의 초기 유형을 길드에서 찾는 이들도 있다. 다만 사업이 과학적인 근거를 지니지 못하고 체계적이지 못하다는 점에서

근대 생명보험과는 차이가 있다. 통상적으로 근대 생명보험의 시초는 1762년에 설립된 영국의 에퀴터블 소사이어티사로 알려져 있다.

15) 이 무렵 독일에서는 건강보험에 이어 산재보험(1884), 연금보험(1889), 고용보험(1927)이 시행되었다. 5번째 사회보험인 장기요양보험(독일의 수발보험)은 1995년에 도입되었으며 이 역시 세계 최초이다.

16) 당시 비스마르크는 신생 독일의 법적·정치적 기틀을 구축하는 과정에서 근로자들에게 일정한 법적 지위를 부여하라는 바그너(Hermann Wagener)와 로만(Theodor Lohmann)의 권고를 받아들여 근로자 복지 강화에 나선 것으로 알려지고 있다. 바그너는 급진적인 보수 사회개혁가이자 저명한 변호사, 관료, 정치가였으며 로만은 온건한 자유주의 성향의 사회개혁가로 변호사, 관료로 활동하였다.

17) 이후 1911년의 사회보험법은 많은 개정이 이루어져 뒤에 1988년 사회보험법으로 통합된다.

18) 제22조. 모든 사람은 사회의 일원으로서 사회보장을 받을 권리가 있다(또 인간의 존엄과 개성의 자유로운 개발에 필요한 경제, 사회, 문화적 권리를 실현할 권리가 있다. 이를 위해 국가는 조직과 자원을 활용하여 노력해야 하며 다른 나라와 협조해야 한다). 괄호 안 부분은 우리말 세계인권선언에 생략된 부분이다. 제25조. 모든 사람은 먹을거리, 입을 옷, 주택, 의료, 사회서비스 등을 포함해 가족의 건강과 행복에 적합한 생활수준을 누릴 권리가 있다. (또 실업, 질환, 장애, 배우자 사별, 고령, 기타 어쩔 수 없는 상황으로 인한 생활곤란 시 안전하게 보호받을 권리가 있다. 제2항 어린이를 기르는 여성과 자녀는 특별히 보호와 지원을 받을 권리가 있다. 사생아를 포함한 모든 어린이는 동일한 사회적 보호를 받아야 한다.)

19) 유의할 점은 건강보험의 시행을 위해 새로운 조직을 만들지 않고 기왕에 있던 공제금고(혹은 구제금고)에 질병금고의 법인격을 부여하여 건강보험 보험자로 삼았다는 사실이다. 이렇게 할 수 있었던 것은 수공업자의 춘프트금고, 광부의 크낲샤프트(Knappschaft(krankenkasse))같이 오래전부터 있었던 동업자조합이 조합원의 질병, 장애, 노령, 빈곤, 사망 등에 대해 폭넓은 구제활동을 해왔기 때문이다.

20) 이 시기에는 질병금고의 자주적 관리가 폐지되었으며 1952년의 자주관리법 제정 이후 자주관리가 부활하였다.

21) 2007년의 법 개정으로 2009년 1월부터 전 국민이 공적건강보험과 민영건강보험의 어느 하나에 반드시 가입하도록 의무화되었다. 이로 인해 그간 존재했던 소수

의 미가입자(전체 인구의 0.12%, 약 10만 명) 문제가 해소되었다. 아울러 민영건강보험에 기본형 상품이 도입되어 건강보험 급여 상당의 서비스를 제공하고 있다. 이 상품의 보험료는 가입자의 성과 연령만 고려하고 건강위험상태는 고려하지 않고 산출되며 건강보험의 월 최고 보험료(500유로, 2007년 기준)를 초과할 수 없다. 건강보험의 (전국단일)보험료율은 14.6%(2009년 기준, 추가보험료율 0.9% 별도)이며 민영건강보험의 보험료는 가입자의 건강위험에 따라 별도로 정해진다. 보험료 차이는 있지만 민영보험회사가 제공하는 급여보장범위가 공적건강보험보다 더 넓다. 건강보험의 보험료율은 2009년부터 모든 조합에 공통적용되는 단일보험료율로 변경되어 연방정부가 정하고 있다. 고용주가 8.2%, 근로자가 7.3%를 부담하며 자영업자는 전액 자기부담이다.

22) 이 소득은 매년 연방 노동사회부가 발표한다. 2010년 기준 월소득 4162유로(연소득 4만 9950유로). 이 소득 이하이면 건강보험(및 장기요양보험)에 의무적으로 가입해야 한다.

23) 이러한 점을 이용하여 가입자가 과거에는 청장년기에 민영건강보험, 노년기에 공적건강보험을 선택하여 전 생애 보험료 납부액을 줄일 수 있었다. 그 결과 건강보험조합 재정상황이 나빠졌고 법이 개정되어 한 번 선택하면 바꿀 수 없게 되었다.

24) 이 중 보험료 납부자가 5110만 명, 피부양자 1890만 명이다. 2009년 7월 기준.

25) 이들 조합은 크게 6개 보험자집단으로 나눌 수 있다. 1차 조합인 일반 지역(전체 피보험자 비율 33.9%), 직장(동 19.6%), 수공업자(동 7.9%), 광산·철도근로자·선원(동 2.4%), 농민(동 1.3%) 집단, 그리고 2차 조합인 생산직·사무직근로자 2차 집단(동 35.0%)으로 나눌 수 있다. 조합수는 직장이 가장 많다. 이들 조합은 건강보험 외에 3대 사회보험(연금, 장기요양, 실업)의 가입자 자격관리, 보험료 부과와 징수, 개별 사회보험자에의 보험료 분배를 책임지는 통합징수기관의 역할을 수행하고 있다. 아울러 지역 보험계약의사협회와의 진료보수 규모 계약, 개별 병원과의 입원진료보수 계약 업무 등도 수행한다.

26) 이들 법이 제정되기 이전의 콜 정권 초기에 몇 차례 비용억제를 위한 시도가 있었다. 1983년, 1984년의 예산수반법에서 입원요양과 온천치료요법 관련 일부 부담금 도입과 약제 일부 부담금 인상이 있었고, 병원재정재편법(1984), 연방입원요양비령(1984) 등의 제정으로 입원분야 비용억제가 시도된 적이 있으나 큰 성과는 거두지 못했다. (日)건강보험조합연합회(2009), 「독일의료보험제도개혁추적조사 보고서」, pp.6-7.

27) 이들 개혁의 구체적인 내용에 대해서는 이창우·이상우(2010) 참조.

28) 전체 보건의료비의 13%(2007년 기준) 상당이며 최근 증가추세에 있다. 환자 본인 의 비용부담은 1920년대 초반 이후 의약품비, 일부 입원비, 환자이송비, 치과치료 비, 예방적 치료비 등을 중심으로 운용되고 있다. 이러한 부담을 줄이기 위해 일 부 가입자는 민영보험회사의 보충형 건강보험을 이용하고 있다.

29) 하상락(1989) p.39. 그는 이 책에서 삼국시대 이후의 우리나라 복지정책에 대해 개괄하고 있다. 이 책에 수록된 내용은 의료보험조합연합회의 월간지인 「의료보 험」에 '한국사회보장의 역사'라는 제목으로 1983년부터 1984년에 걸쳐 총 10회에 걸쳐 연재한 내용을 전재한 것이다.

30) 『위지』 「동이전」 등에 따르면 고구려 소수림왕 2년(372년) 때 지총(知聰)이 중국에 서 의서 1164권을 가져오면서 인도 의학이 불교 의학과 더불어 전래되었고 고구 려에는 왕실의 진료를 전담하는 시의(侍醫)가 있었으며, 백제에는 약부(藥部)라는 관청 의박사, 채약사, 약사주 등의 관직이 있었고 신라에는 승려가 의사로 활동했 다는 기록이 남아 있다. 조연경(1990, pp.87-91). 경향신문 1984.3.29. 또 한대희· 강효신(1995, pp.563-565)은 삼국과 통일신라는 중국, 일본과 빈번한 교류를 통 해 의학을 발달시켰는데 중국으로부터 제도와 의술을 수입한 반면 일본에 이를 전해줌으로써 그 후손들에 의해 고대 일본 의학의 기초가 구축되었다고 주장한 다. 신라도 일본과 교류가 활발하여 日本醫書 이신보(醫心方)에 신라 의서의 서명 과 방문(方文)이 기술되어 있다. 통일신라에는 공봉의사, 내공의사, 승의 등이 있 었다.

31) 『日本書紀』 19권, 欽明 14년 6월조. 일본의 궁중의관이자 침구박사인 단바노야스 노리(丹波康賴, 912~995)가 984년에 『이신보(醫心方)』 30권을 편찬하였는데, 여 기에서 의사의 윤리, 의학총론, 각종 질환에 대한 치료법, 보건위생, 양생법, 의 료기술, 의학사상, 방중술 등을 다루고 있다. 이 책 안에서 『백제신집방』, 『신라법 사방』, 『신라법사비밀방』, 『신라법사유관비밀요술방』 등 삼국시대 의서가 인용되고 있다. 고전의학 연구가인 마키사치코(槇佐知子) 씨에 의해 『全訳精解 医心方』(筑 摩書房, 전 30권 예정)이 1993년부터 간행 중에 있다.

32) 이후 폐지되었다가 1498년 조선시대의 의과시로 부활된다.

33) 『고려사』 「세가」 권3 성종 8년 2월 경진조, 손홍렬(1981, p.86, p.89)에서 재인용.

34) 1354년(공민왕 3년) 때 혜민전약국으로 개칭되었다.

35) 의관인 기사(記事)의 상사.

36) 손홍렬(1981) p.100.

37) 손홍렬(1981) p.101.

38) 한대희·강효신(1995), p.557.

39) 내의원은 왕실의료, 전의감은 의료행정과 의과고시 등의 보건행정, 혜민서는 서민
의료를 담당하였다.

40) 세종은 기민 등 약자의 지원과 질병치료에 상대적으로 관심이 컸다. 그는 1436년
(세종 18년) 활인원에서 구휼하던 한성 안과 성 밖의 백성이 염병을 두려워하여
도망하니, 한성부로 하여금 보제원과 이태원에 별도의 진제장을 세워 돌보게 하
였고(8월 5일, 연표 p.245), 1437년에는 진제장에서 병에 걸린 기민을 활인원으로
보내지 말고 진제장 옆에 초막을 짓고 옮겨두고 관의 무녀, 노비로 하여금 구료케
하였다. 이때 진제비용이 많이 들어 무동, 맹인, 여기, 의녀, 악공 등 530명에게
쌀을 주는 것을 정지시키기도 하였다(2월 23일, 동 p.247). 또 1444년(세종 26년)
에는 한성부로 하여금 동서활인원과 각 진제장에서 전염병을 막고 진휼과 의료를
행하도록 하고(3월 16일, 동 p.272) 1445년에는 진제장마다 의원 1명을 두도록 하
였으며(1월 21일, 동 p.275) 동서활인원의 두 진제장 의원수를 2명으로 늘렸다(1월
30일, 동 p.275). 1447년(세종 29년) 전염병으로 서울에서만도 많은 이들이 죽었
고(457명) 동서활인원의 병자수는 1000명에 달했다(5월 1일, 5월 7일 동 p.284).
서울특별시시사편찬위원회, 『서울 600년사』, http://seoul600.seoul.go.kr

41) 『찬도방론맥결집성』(1581), 『언해태산집요』, 『언해두창집요』, 『언해구급방』 등 언해
본 의서(1601~1608), 『동의보감』 25권(1610). -

42) 연산군이 민간의 질병치료에 큰 관심을 보여 1504년(연산군 10년) 사활(司活)이라
는 의직을 신설하였다. 의술에 정통한 전의감과 혜민서 의원 4명을 선정하여 이
칭호를 부여하였으며 질병가(疾病家)를 피조가(避調家)로 부르게 하였다. 「연산군
일기」 권60 10년 12월 을유조, 손홍렬(1993), pp.4-39.

43) 제생원(濟生院) 지사 허도(許道)의 건의로 신설되었으며 제생원에서 동녀에게 의
술을 가르쳐 의녀로 배출하였다. 「태종실록」 권11 6년 3월 병오조.

44) 조선총독부 후생국 위생과가 작성한 『조선도립의원 요람』(1941)에는 자혜의원 증
설은 "민심을 달래기 위한 것"이라고 하면서 "도립의원은 원래 도 자혜의원으로
국가경영과 관련된 것"이라고 서술되어 있다. 해방 이후 이들 병원은 각도를 대표
하는 도립병원으로 다시 자리매김된다.

45) 당시의 자혜의원으로 서울, 평양, 대구 다음으로 규모가 컸던 군산 도립의원의 경

우, 1934년 기준 의관 6명, 의원 4명, 약제사 1명, 서기 2명, 간호부 25명, 고용인 6명이었는데 한국인은 시료부장 1인뿐이었다. 일본은 자국의 의술을 과시하려고 본국에서 실력 있는 의사들을 선발하여 보낸 것으로 알려져 있다. 「일본 의술 과시용으로 지어진 군산 자혜의원-사진과 기록으로 보는 군산 의료사 100년」, http://www.shinmoongo.net/sub_read.html?uid=22880

46) 「日本: 国民皆保険達成から50年」, 『健康社会を目指した日本の過去50年』, 2011.9, p.10, http://download.thelancet.com/flatcontentassets/series/japan/comment1. pdf

47) 앞서 언급했듯이 동아일보(1933.6.24)는 사설을 통해 "국민보험 문제 조선에도 실시함이 여하-무릇 국민의 보건 문제는 그 국민의 장래를 예복(豫卜)하는 절대한 발전요소이어늘 어찌 이에 대한 연구와 시설(오늘의 제도를 지칭)로써 구제의 수단을 강구함이 긴급하다 아니하리오. 물론 종래에도 여러 가지 형식의 은혜적 시설이 잔존하지 않은 것은 아니로되 이와 같은 영역을 한걸음 밟아지나 과학적 기초 하에서 보호된다면 일정 수준의 합리적 방책이라 할 것이다"라고 지적하면서 당시 일본에서 진행되고 있던 건강보험 개편논의에 편승하여 조선에 건강보험을 도입할 것을 촉구하고 있다. 이후 1937년에 일본에서는 내무성 사회국(후생성은 1938년에 설치) 주관으로 지역가입자, 자영업자, 서비스업 종사자 등으로 건강보험 적용대상을 확대하고 급여지급대상을 가족으로까지 확대하는 방안이 논의되고 있었다. 이 무렵 동아일보(1937.7.27) 기사가 나온 것이다.

48) 「헌법 제19조와 사회보장(상)」, 경향신문, 1956.8.22.

49) 이들은 윤유선 의정국장, 김용성 의정국 의무과장, 윤석우 의정국 시설과장, 손창달 의무과 촉탁, 엄장현 의무과 자문위원, 양재모 의무과 자문위원, 김택일 의무과 기좌, 정경균 의무과 촉탁이다. 이규식(2012), p.10.

50) 의료보험연합회(1997), 이규식(2012), p.10.

51) 엄장현(1960), 「의료보험제도 도입에 관련된 제 문제에 관한 견해 및 예비권고」, 양재모(1961), 「사회보장제도 창시에 관한 건의」, 손창달(1961), 「사회보장의 최저기준에 관한 국제조약」, 「현대 사회보장적인 제 법규의 고찰」, 「세계 각국의 사회보장 일람」 등이 그것이다. 이상의 자료는 모두 보건사회부 내부 자료이다. 의료보험연합회(1997). 양재모(1961)의 「사회보장제도 창시에 관한 건의」는 이규식(2012, p.19)에 그 내용이 요약·정리되어 있다. 이규식은 양재모 교수의 건의에는 영국식 NHS와 다른 서구국가의 NHI 모형이 혼동되어 제안되고 있다고 주장한다. 그리

고 이 같은 것이 영향을 미쳐 국내에서는 의료보장은 NHS 방식이 맞고 우리가 장기적으로 나아가야 할 방향인 것처럼 자리 잡는 계기가 되었다는 것이다. p.18.

52) 이 같은 양재모 교수의 초기 제안이 이후 국내 학자와 공무원, 정치인에게 의료보험은 통합된 단일기관이 관리해야 한다는 의식을 심어주게 된 것 같다는 지적이 있다. 이규식(2012, p.18 각주 13)은 이성우 전 의정국장, 김모임 전 복지부장관 등도 이 같은 영향을 받은 이들이라고 지적한다.

53) 경향신문, 1961.9.12, 1962.9.7. 하지만 이후 이 제도는 이용실적이 미미하였다. 시행 후 13년째인 1974년 6월의 이용실적은 118명, 지급보험금 94만 9000원으로 보험금예산액(640만 원)의 15%에 미치지 못하였다. 젊은 학생이 피보험자라는 점과 학생들이 제도 자체를 잘 몰라 이용실적이 낮은 점이 이유로 지적되었다. 경향신문, 1974.7.2. 이후 대학생에게 의료보험이 적용된 것은 1976년 3월에 시작된 연세대학교 의료보험조합이다. 연세대 재학생과 교직원 및 그 가족 등 2만여 명이 대상이며 연세대 부속 세브란스병원에서 외래 및 입원 진료의 혜택을 주는 것이다. 학생은 학기당 2000원, 교직원과 그 가족은 월 800원(이 중 400원은 학교부담)을 내고 외래진료비의 80%를 할인받고 입원치료 시 35만 원까지 보험이 부담하며 초과분을 본인이 절반을 부담하는 방식이다. 동아일보, 1975.11.28.

54) 경향신문, 1962.2.9.

55) 이 위원회는 1961년 3월 당시 장면 총리의 민주당 정권에서 기본 골격이 만들어졌는데 5·16쿠데타로 법제화 작업이 미뤄졌다.

56) 이는 1962년 7월 당시 국가재건최고회의 의장이던 박정희 전 대통령이 내각에 지시각서를 보내 사회보장제도의 확립을 지시한 것에 따른 입법조치였다.

57) 경향신문, 1961.7.27, 1962.3.29, 10.17, 12.24, 동아일보, 1962.3.30, 12.10, 12.24.

58) 김승권(2010)은 1963년 말의 의료보험법 제정 이후 우리 건강보험의 변천에 관한 문헌조사를 토대로 건강보험사를 압축적으로 정리하고 있다. 이하의 글에서 이를 부분적으로 인용하고 있다.

59) 강제가입 대신 임의가입을 택한 것은 기업과 국민의 부담능력이 너무 낮다고 판단되었기 때문이다. 1962년 10월 기준 서울시 소재 1000가구에 대한 조사결과 전체 가구의 2/3가 질병을 앓는 가족이 있었고 이 중 2/3가 치료(투약 포함)를 받았는데 이들 중 80%가 약국 이용자였다. 의료보험연합회(1997). 당시의 1인당 국민소득은 94달러, 1인당 의료비 지출은 67원으로 강제가입 방식의 건강보험 도입이 시기상조로 판단되었다. 이 같은 정부의 판단이 옳았다고 평가하는 이들의 경우 우리의

상병구조가 전염성질환 중심이었기 때문에 생활 하부구조 개선과 공중보건사업에 투자하는 것이 개인의료 제공보다 건강수준 향상에 기여한다고 보았다. 제도의 완비에도 불구하고 지출비용 과다로 경제성장이 지장을 받고 의료보장이 제대로 이루어지지 않는 남미 국가가 반면교사라는 것이다.

60) 시행 6년째인 1969년의 가입자 보험료율은 소득계층에 따라 차등화되어 5000원 이하 3.5%, 5000~6000원 3.4%, 6000~7000원 3.3%, 7000~8000원 3.2%, 8000~9000원 3.1%, 9000원 이상 3.0%였다.

61) 1975년 말까지는 5개가 늘어 11개가 되었다. 피용자조합 4개, 자영자조합 7개이다. 여기에 보사부 인가를 얻지 않은 의료보험조합 17개가 있었다. 28개 조합은 피용자조합 6개, 자영자조합 15개, 대학생단체 7개로 조합원 수는 16만 명(각각 4만 9700명, 6만 400명, 4만 9900명) 정도였다.

62) 동아일보, 1964.5.28, 6.5, 11.16, 1967.5.18.

63) 이경호 보건사회부장관은 1973년 11월 국민복지연금제 정부안이 확정되었을 때 담화문을 통해 "의료보험과 실업보험은 현재의 여건상 실현가능성이 희박해 뒤로 미루었으며 1975년 이후 실시를 위해 기초작업을 진행 중"이라고 말했다. 동아일보, 1973.11.7.

64) 1976년 6월 18일 남덕우 경제기획원장관이 4차 5개년 계획을 발표하면서 "국민복지연금의 시행을 연기하고 연기시한은 관계당국자들이 협의, 결정할 것"이라고 말했다. 동아일보, 1976.6.18.

65) 매일경제, 1971.12.2.

66) 보사부 당국자는 "1975년부터 연차적으로 의료보험을 확대하여 1980년에는 모든 국민에게 의료보험을 적용할 계획이었지만 엄청난 예산이 필요해 민간운동에 의한 제도 확대로 정책을 바꾸었다"고 밝히고 "지역사회 주민을 위해 헌신할 지역중심 병원이 나타나지 않으면 시도립 병원이나 서울의 종합병원의 협조를 얻어 운동을 펴가겠다"고 말했다. 동아일보, 1974.6.15.

67) 농어촌 지역에서는 시그레이브병원을 보유한 전북 옥구군 소재 개정농촌위생원(이사장 이영춘) 의료보험조합이 최초이다. 1000가구 5000명으로 구성되어 1973년 4월부터 의료보험을 실시하였으며 나중에 옥구 청십자로 알려졌다. 동아일보, 1973.3.2. 1974년 6월에는 대한적십자사의 지원으로 백령도, 소청도, 대청도 등지의 영세 섬주민이 백령적십자의료보험조합(8554명)을 결성, 매월 가구당 100원의 보험료를 내고 무료진찰과 진료비의 70%를 할인받을 수 있도록 했다. 매

일경제, 1974.5.27.

68) 이는 대공황기인 1929년 2월 미국 텍사스 주 댈러스 시 베일러대학의 부학장인 킴벌 박사가 대학교 직원과 시내 교육자들을 대상으로 월 50센트를 받고 무료로 입원치료를 시작한 데서 비롯한 것이다. 국내에서는 부산복음병원장이자 가톨릭 의대 교수인 장기려 박사가 시작하였다. 1972년 11월 2일 회원 1만 5000명으로 발족한 한국청십자중앙회(김유택 총재)의 캐치프레이즈는 "건강할 때 병자 돕고 병났을 때 도움받자"였다. 동아일보, 1972.9.20.

69) 당시의 경제기획원에서는 처음에는 국가주도형을 주장하다가 이후 주식회사 방식, 미국형 방식 등을 거론하는 등 의료보험제도 도입에 미온적이었다. 이 같은 자세는 의료보험에 앞서 논의되었던 국민복지연금 도입에 대해 적극적이었던 것과 대조된다. 그 배경으로 국민복지연금은 경제개발에 이용할 수 있는 재원조달 기능이 있는 반면 의료보험에는 그 같은 기능이 없다는 점을 고려해볼 수 있을 것이다.

70) 조선일보 2007.7.5. 수년간 의욕적으로 추진해온 국민복지연금이 석유위기로 갑작스럽게 좌절되면서 보건사회부 내에서는 1963년의 입법과 시행 이후 형해화되어 있던 의료보험을 제대로 정비함으로써 복지정책의 기반을 구축하면서 구겨진 체면을 다소라도 회복해보려는 생각이 없지 않았을 것이다. 하지만 당시 경제수석이었던 김종인과의 인터뷰 기록(이규식, 2012, p.15)에 따르면 신 장관도 초기에는 복지연금부터 시행하자고 주장했다고 한다. 결국 복지연금이냐 의료보험이냐를 놓고 갑론을박하는 중에 대통령 지시로 총리실 평가교수단이 관련 내용을 검토, 의료보험 도입이 우선이라는 의견서를 제출(1976년 5월)함으로써 박정희 대통령의 마음이 선 의료보험으로 굳어졌다는 것이다.

71) 의료보험조합연합회(1982). 시행 1년을 넘긴 1978년 12월 15일 대한의사협회(당시의 대한의학협회)는 조합방식 대신 정부 직영체제로의 개편과 다원화되어 있는 의료보험 관계법 단일화를 정부에 건의하였다. 영세조합의 약한 재정력과 일부 조합의 잉여보험료 전용 우려, 그리고 보험료율, 수혜자부담 비율, 급여기준, 의료기관 지정 등의 차이로 인한 평등의 원칙 위반이 그 이유였다. 경향신문, 1978.11.17, 12.15. 정부시책평가교수단도 1979년 5월 28일자 보고서에서 의료보험조합의 단계적 국영화와 정부가 관리하는 진료심사기구 설치를 건의하고 있다. 동아일보, 1979.5.28. 보건사회부는 이 건의를 받아들여 같은 해 6월 1일 보험환자 진료비의 심사 및 지불에 관한 업무를 담당할 기구인 진료비심사위원회를 전

국의료보험협의회에 설치하기로 결정한다. 이 기구는 현 건강보험심사평가원의 전신이다.

72) 당초의 5개년 계획에서는 의료보험 적용자 수를 372만 2000명으로 즉 총인구 (3642만 명)의 10%를 조금 넘는 수준으로 잡았었다.

73) 시행 후 3개월이 지날 무렵의 조사에 의하면 507개 조합 중 345개가 3%, 124개가 4%, 38개가 5~6%의 보험료를 부과하고 있었다. 경향신문, 1977.10.27.

74) 이 같은 보사부의 방침에 대해 정부 내 반대도 만만치 않았다. 경제부처의 수장격인 경제기획원이 보험조합제를 국가보험제로 바꾸고, 보험료율을 1/5 수준으로 대폭 인하하며, 전담기구 설치 대신 기존의 산재기구와 국세청 활용안을 내놓은 것이 대표적이다. 동아일보, 1976.5.18, 매일경제, 1977.1.12.

75) 이후 의료보험이 적용된 것은 한방의료가 1987년 2월, 약국이 1989년 10월부터이다. 한방에서 사용되는 한약 중 의료보험이 적용되는 것은 68종(양약은 1만 5000종)에 불과하다. 한방의 산재보험 첩약급여에 의료보험이 적용된 것은 2009년 1월부터이며 아직도 다수의 한약이 보험대상에서 제외되어 있다.

76) 의약분업이 처음 논의된 것은 1963년의 약사법 개정 시였다. 이때 약사법 전문에 의약분업 원칙이 규정되었다. 다만 동법의 부칙에 의사의 직접조제를 허용하여 사실상 시행을 유보하였다. 이후 1965년부터 1969년까지 국회 보건사회위원회의 권유로 의약분업 추진을 위한 각종 위원회가 구성되어 논의가 이루어졌으나 결실을 맺지 못했다. 이후의 주요 경과는 이상영 외(2008) 참조.

77) 의료보험이 시행되기 한 달 전인 1977년 5월 30일, 두 기관 대표가 의약분업 실시를 위한 5개항에 합의하였고 보사부도 이 합의를 토대로 7월 1일부터 부분도입하기로 하고 의사 처방료 150원, 약사 조제료 100원을 신설하였다. 그런데 이후 잘 정착되지 않아 약사회는 수시로 완전 의약분업을 건의하였다. 매일경제, 1977.5.30, 6.16, 1978.3.4. 동아일보, 1979.2.9. 이후 의약분업은 1984년 5월부터 8개월간 목포시에서 강제분업 형태로 시범사업이 이루어졌지만 본 사업으로 이어지지 못했다.

78) 동아일보, 1976.9.20.

79) 국내 의사들의 임의단체로 설립목적은 "의도의 앙양과 의학 및 의술의 발전과 보급을 통한 사회복지 증진, 국민보건의 향상과 인권옹호 도모"이다. 1908년 11월 15일의 한국의사회 창립이 기점으로 1945년 8월 건국의사회, 12월 조선의사회, 1947년 5월 조선의학협회, 1948년 대한민국 정부수립 이후 대한의학협회로 바뀌었다가 1995년 5월에 대한의사협회로 개칭하였다.

80) 이때 의료보호진료비가 의료보험진료비의 60%, 전국시도립병원진료비가 70~ 80% 수준, 약값은 의료보험약가 수준으로 조정되었다.

81) 극빈층보다 소득이 약간 높은 차상위계층을 대상으로 한 의료부조 제도가 1986년 1월에 도입되었다. 극빈층의 의료보호는 전액 국고지원인 데 비해 차상위 계층의 의료부조는 외래진료비의 1/3, 입원비는 지역에 따라 40~60%를 국고로 지원하였다. 당시 두 제도를 통해 의료서비스를 지원받는 취약계층은 전 국민의 11% 정도였다.

82) 1883년의 건강보험 도입이 가입의무가 없는 사무직근로자나 자영업자 등에게 민 영건강보험 가입의 필요성을 환기시켜 민영건강보험이 평상시보다 더 활성화된 바 있다.

83) 매일경제, 1977.1.31, 동아일보, 1977.1.28, 3.16, 5.24.

84) 순천향병원과 서울백병원에서는 종전에 없던 특진제를 신설하여 진료비를 더 받 다가 보사부의 경고를 받았다. 하지만 이 제도는 오늘날까지 이어지고 있다.

85) 의료수가는 3단계로 나눠져 일반환자가 가장 높고 다음이 의료보험가입자, 생활 보호대상자의 순이다.

86) 이날 학회의 대주제는 '사회보장과 형평의 추구'였으며 한달선 교수가 '의료보험과 의료수급', 연하청 KDI 연구위원이 '국민복지연금제도와 소득재분배'라는 주제로 발제하고 토론자로 배무기 서울대 교수와 김일순 연세대 교수 등이 참여하였다. 초대 학회장은 KDI 박종기 연구위원이었다. 동아일보, 1984.8.22.

87) 후생경제학에 '상품 평등소비주의(commodity egalitarianism)'라는 개념이 있는 데 우리도 이와 비슷한 생각을 갖는 이들이 크게 늘어난 것으로 판단된다. 이 개 념은 '한 사회가 구성원에게 특정 상품에 대한 기초적 수요를 충족시켜 줄 수 있다 면 소득재분배는 별반 문제될 것이 없다'는 것이다. 이에 따르면 기초 의료서비스 에의 접근은 어떤 환경에서든 해당 상품의 소비에서 유발되는 순편익 규모가 어느 정도이든 관계없이 모든 이에게 허용되어야 한다는 것으로, (서구 사회에는) 이에 대한 사회적 공감대가 형성되어 있다. Rosen, H. S. and T. Gayer(2010), p.202.

88) 당시 대한의사협회가 의료보험 통합을 지지한 데 반해 한국노총은 통합에 반대하 면서 2종 조합에 대한 정부재정지원을 주장하였다. 의사협회는 진료수가 조정 등 과 관련하여 다수 조합을 상대하는 것이 버겁고, 조합에 따라 진료비 심사기준이 차이가 나는 등의 이유로 통합을 지지하였다. 한편 1990년대 후반 이후의 의료보 험 통합 논의 시에는 의사협회가 통합 반대 입장을 전개한다.

89) 정부 쪽에서 김만제 부총리가 나와 강변했지만 민정당 측의 장성만 정책위의장과 나웅배 정책조정실장의 반대론에 밀렸다. 동아일보 1986.7.18.

90) 박종기(1980)는 보험료와 급여수준의 조합 간 격차, 위험분산의 제한, 자원낭비, 국가보건정책과의 괴리 등을 문제점으로 지적하면서 의료보험의 일원화를 주장하였다.

91) 이규식(2012)은 의료보험 통합논쟁의 전개과정을 서술하면서 제1단계를 1980년부터 1987년으로 구분하고 이 시기를 통합일원화 방침의 발표와 논쟁의 시작 시기로 정리하고 있다. 관련 내용은 pp.35-48 참조.

92) 당시 밝힌 통합일원화 내용과 엄상섭 관련 사항은 이규식(2012), p.23, p.25,

93) 이때의 언론 논조는 통합 반대가 주류였다. 경향신문을 제외한 조선, 동아, 중앙, 서울, 한국, 매일경제, 서울경제, 현대경제 등이 사설 등을 통해 반대하였다. 경제단체에서도 통합 반대가 주된 목소리였다. 이규식(2012), p.35.

94) 여야를 막론하고 표를 의식한 정치인들은 통합을 지원하였다. 청와대는 통합 반대 입장이었는데 여당(민주정의당)은 1985년의 선거를 의식하여 전 국민 의료보험의 실시를 주장하면서 제도 통합에 적극적이었고, 야당도 통합을 지지하는 것이 여당과 청와대를 이간시키는 전략이라고 판단하여 통합을 지지하였다.

95) 당시 의료보험 통합을 주장해온 경향신문이 소개하고 있는 3명의 전문가, 유승흠(연세대 예방의학과 교수), 문옥륜(서울대 보건대학원 교수), 윤탁구(원자력병원장)의 의견도 통합이라는 대명제에는 원칙적으로 찬성하나 2종 의료보험(지역가입자)이 거의 정착되지 않고 있고 의료전달체계의 미확립 등 1종 의료보험도 해결해야 할 사항이 많이 남아 있는 상황에서의 통합은 시기상조라는 것이었다. 이들은 현실적인 여러 문제를 해결한 다음에 적절한 시기와 방법을 연구·검토하여 시행해야 할 것이라고 지적하고 있다. 경향신문, 1982.10.20.

96) 경향신문, 1982.10.9.

97) 비판의 핵심은 통합으로 얻게 되는 흑자 조합의 재정에 따른 장점은 초기로 한정되고, 이후 정부지원이나 근로자의 보험료 부담이 증가하면서 국가경쟁력이 약해질 것이라는 것이었다. 관련한 상세 논의는 이규식(2012) pp.37-43 참조.

98) 이때 물러난 사람은 보건사회부의 김영기 국장, 차홍봉 과장, 오근식 사무관, 이진형 장관비서관의 4인이다. 이들 외에도 의료보험연합회 감학묵 회장, 최병철 상임이사, 공무원·교원공단의 나도현 이사장, 신달호 상무이사도 수개월 후 퇴임하였다. 이에 대한 상세한 내용은 이규식(2012) pp.42-43 참조.

99) 보수성향의 동아일보(1980.11.1 사설)는 당시 보건사회부가 계획하고 있던 일반 기업체의 1종 의료보험조합의 전국 관리조직인 의료보험협의회와 공무원·사립학교 교직원의료보험관리공단을 하나로 통합하려는 정책에 강하게 반대하고 나섰다. 이는 의료보험협의회와 경제계의 이익을 대변하는 것이었다. 반면 진보성향의 경향신문(1980.11.3 사설)은 반드시 두 조직을 통합하는 것이 순리라고 강조하면서 반대하는 이들은 기업과 기업의 의사를 무시할 수 없는 협의회 정도라고 일축하고 근로자 다수도 찬성하고 있다고 주장한다. 다만 경향신문은 당시 확대시행을 예정하고 있는 지역가입자(2종 조합) 의료보험에 대해서는 불확실한 재정 문제를 고려하여 논의 중인 의료보험 통합과 다른 차원에서 검토되어야 할 것이라고 지적하고 있다. 유의할 점은 이 무렵의 공무원들과 전문가들 중에는 통합을 지지하는 이들이 많았다는 사실이다.

100) 이규식(2012)은 이때부터 1997년까지의 시기를 제2단계로 구분하면서 통합논쟁의 이념화 시기로 정리하고 있다. 이와 관련한 상세한 내용은 pp.48-74 참조.

101) 1998년 무렵, 의보연대회는 노동·농민·여성·시민사회단체 등 77개 단체와 6개의 지역연대회의가 포함되는 큰 규모 조직으로 바뀌었다.

102) 당시의 의료보험법 제27조 제2항에 관련 사항이 규정되어 있다. 보험재정안정사업은 의료보험연합회가 수행할 수 있도록 되어 있었다. 의료보험법이 정하고 있는 사업의 내용과 종류는 "고액보험급여비용의 공동부담사업, 노인의료비용의 공동부담사업, 천재지변 등으로 인한 재정취약보험자의 지원사업, 보험급여비용의 지급을 위한 대여사업, 국민건강의 증진과 의료비 절감을 위한 보건예방사업, 기타 보험재정안정을 위하여 필요한 사업" 등이었다. 재정공동사업의 필요성은 농어촌의료보험사업을 위한 의료보험법 제7차 개정 시부터 줄곧 제기되었다. 당시 재정공동사업이 필요한 경우로 ① 조합 간에 재정적 격차가 심하게 나타날 때 ② 보험료액 및 보험료 부담률이 도시와 농어촌 간, 보험종별로 격차가 날 경우 ③ 지역별 의료기관의 분포의 차이로 인한 의료서비스 이용의 불평등이 나타날 경우로 규정되었다.

103) 1991년에 실시되어 청구명세서 건당 보험자부담금이 100만 원을 초과하는 비용이 대상이 되었다. 연합회와 공무원교원공단이 함께 사업에 참여하였으며 사업이 성과를 거두자 이후 계속 추진되었다.

104) 배경에는 1990년대의 높은 노인인구 증가율이 있으며, 특히 농어촌의 고령화가 심각해져 이들 지역의료보험의 재정구조가 매우 취약해진 사실이 있다.

105) Rosen, H. S. and T. Gayer(2010), pp.222-224.

106) 미국에도 공적건강보험이 있다. 이 중 메디케어(Medicare)는 노인을 대상으로 한 건강보험이고, 메디케이드(Medicaid)는 저소득층을 대상으로 한 건강보험이다. 두 제도를 적용받지 않는 미국의 청장년 세대와 아동 세대는 개인적으로 민영건강보험에 가입해야 한다.

107) 하지만 캐나다와 영국이 채택하고 있는 이 같은 가격할당체계가 비용통제에 효과적이지 않을 수 있다는 비판도 있다. 두 나라의 국민의료비 역시 미국처럼 증가하고 있기 때문이다.

108) 물론 중장기적인 관점에서 보면 시각이 달라질 수 있다. 대규모 기관의 관료화 현상이 나타날 수 있기 때문이다. 다만 우리의 경우 지난 10여 년간 국민건강보험공단의 관리비용 증대가 문제로 부각된 적은 없었다. 한편 일본은 다보험자 체계인데 관리비용이 우리와 비슷하거나 오히려 낮다. 관리비의 대 GDP 비율을 2001년, 2005년, 2009년의 3회에 대해 비교하면 우리는 0.2-0.2-0.2(%)이고 일본은 0.2-0.1-0.2(%)로 나타나고 있다. OECD.stat. 이를 고려하면 단일보험자 방식이 관리비용 측면에서 유리하다는 지적이 타당하지 않을 수도 있으며 이에 대해서는 보다 엄밀한 추가적인 고찰이 필요할 것이다.

109) Folland, S., A. Goodman and M. Stano(2006)

110) Harris, N.(2008)

111) Jung(1998)은 병원방문 시 부담해야 하는 정액본인부담금 신설이 환자의 병원방문 횟수에 미치는 영향과 전체 의료비 지출에 미치는 파급효과 등을 분석하고 있다.

112) 이규식(2012)은 건강보험 통합논의의 제3단계 시기를 1997년부터 2000년 7월까지로 구분하고 이때를 통합 성취기로 정리하고 있다. 관련 내용은 pp.74-93 참조.

113) 보수정권의 이미지가 강했던 김영삼 정부에서 국내 최대 보수단체 중 하나인 대한의사협회가 반대하는 의대 신설을 밀어붙여 의사인력 확충에 나선 것은 주목할 대목이다. 임기 중 의과대학이 9개가 늘어 전국의 의대는 41개(한의대 제외)가 되었다. 물론 이때의 조치는 의대에 한정하지 않고 대학 정원을 모든 분야에서 늘렸는데 이후 불과 15년 후의 대학 구조조정을 초래했다는 점에서 어리석은 정책이었다고 말할 수 있다. 그런데 의사협회는 의대정원 증가가 장래의 의사 공급과잉으로 이어질 것을 우려하여 김대중 정부에서 반격에 나선다. 때마침 김

대중 정부가 추진하던 의약분업은 의협이 오래전부터 반대해오던 사안이었는데 약사회의 지지와 약품 오남용 방지라는 대의명분을 앞세워 밀어붙이자 2000년 11월의 의료파업으로 대항하였다. 이때 의협은 파업철회 대가로 '의대정원 10% 감축'의 약속을 얻어내고 이 약속은 2004년부터 4년에 걸쳐 이행된다. 그 결과 지금은 매년 3200명 정도의 의사가 신규 공급되고 있는데 신규 의사는 2008년 의 3887명이 피크였다. 2012년에는 의사국시에 3446명이 응시하여 3208명이 합격, 93.1%의 합격률을 보였다.

114) 김대중 정권의 의약분업 시행과 의료보험 통합에 큰 영향력을 미친 이로 김용익 서울대 의대 교수를 들 수 있다. 그는 김영삼 정권 초반의 1994년에 '의료보험 통합 일원화와 보험적용 확대를 위한 전 국민 연대회의'를 결성하고 집행위원장 자격으로 건강보험 통합운동을 주도하였다. 정권교체 후 여당인 새천년민주당의 보건의료정책 브레인으로 활동하면서 강한 영향력을 행사하였다. 2000년에는 우리의 '저부담-저급여-저수가' 구조를 '적정부담-적정급여-적정수가'로 바꿔 나가자는 빅딜이론을 주장하기도 했다. 김용익(1994).

115) 이 무렵 건강보험을 위시한 복지정책에 대해 시장중심주의적 사고를 지닌 전문 가들이 모임을 결성하여 활동하였다. 대표적인 단체로 '건강복지사회를 여는 모임'이 있다. 한달선, 문옥륜, 연하청, 이상광, 김종대, 이규식, (고) 김병익 교수 등이 주축이 되어 2000년 4월 24일 결성된 이 조직은 연구와 조사에 입각한 정책활동을 전개하는 한편 당시 야당이던 한나라당(현 새누리당), 한국노총, 의사협회, 기타 보수단체 등과 보조를 맞춰 김대중 정권의 건강보험 재정통합 이슈에 대해 문제를 제기하고 입법 청원을 내는 활동에 나선 바 있다. 이 모임은 1994년 김용익 교수 등이 주동이 되어 결성한 '의료보험 통합 일원화와 보험적용 확대를 위한 전 국민 연대회의'에 대항하는 성격의 조직으로 자리매김될 수 있을 것이다. 이 단체는 2003년의 재정통합 후에도 보건의료부문의 개혁 이슈를 중심으로 지속적인 활동을 전개하다가 2008년에 보수성향의 이명박 정권이 들어선 이후 활동을 중지하였다.

116) 이 무렵 여러 학회와 단체에서 2003년에 들어설 새 정부의 의료 및 건강보험정책 방향에 대한 정책제언이 많았다. 배준호(2002)도 그 같은 흐름의 연장선상에서 제시된 제언 중 하나이다. 그는 DJ정부 의료개혁의 성과를 평가하고 그 무렵 제시되었던 OECD평가단의 권고사항을 검토한 후, 새 정부 의료개혁의 기본방향과 관련하여 ① 국민의료비 중기추계와 억제목표의 수립 및 재원 마련 ② 지

속가능한 건강보험체계 재정립: 조직개편과 재정 ③ '비용효과적이고 인간적인' 의료체계 정립의 세 가지 방향을 제시하고 있다.

117) 보험업 감독규정 제4-35조의5(실손의료보험계약의 중복가입 확인 방법 및 절차 등), 보험업 감독업무시행세칙 '실손의료보험' 관련 규정.

118) 병원협회 등 일선 의료기관의 요구가 강해 보건사회부는 1990년 7월에 독립 진료비 심사기구 설치를 구체적으로 검토하기도 하였다. 또 보건사회부의 이 같은 대응은 1989년에 통과된 의료보험법 개정안에 독립된 심사기구 설치가 규정된 것과 관련이 있다고 보도되기도 하였으나(매일경제, 1990.7.26) 관련 법 규정이 어떤 것을 지칭하는지 명확하지 않다. 그러나 보건사회부의 이 같은 시도는 일선 조합들의 강력한 반대로 실현되지 못한다.

119) 대한의사협회(당시는 대한의학협회) 등은 의사 출신의 송두호 의원(당시 민자당)을 통해 1992년 말 의료보험진료비심사기구 완전독립 관련 법안 제정에 관한 청원서를 국회에 낸 바 있다. 1993년 5월의 청원건 심의를 거쳐 그해 7월 관련 공청회가 개최되었다. 당시 보건사회부는 일면 심사기구 독립을 지지하는 듯한 자세를 보이면서도 다른 한편으로는 이 같은 움직임을 제지하고 나서는 등 이중적인 자세를 보인 것으로 판단된다. 고민 끝에 보건사회부 김일천 의료보험국장 등은 의료보험조합의 중앙조직인 의료보험연합회가 수행하고 있던 진료비심사 업무를 그대로 유지하되 '의료보험진료비심사원'을 신설하여 이 조직의 심사권과 인사권에 독립성(심사원장을 보사부장관이 추천하고 연합회 회장이 임명, 재정권과 관리권의 독립 등)을 부여한 의료보험법 시행령을 입법예고(1993.9.4)하였으나 병원협회, 의사협회는 물론 조합 등의 반대로 제대로 시행되지 못했다. 일선 의료보험조합(특히 지역조합)은 심사기구 독립 시 국민의료비 부담이 빠르게 늘 것으로 판단하여 이 청원건과 보건사회부의 안에 강하게 반대하였다. 이후에도 병원협회, 의사협회 등은 지속적으로 진료비심사기구 독립을 주장해왔고 이 같은 주장이 1998년 3월에 발족한 의료보험통합추진기획단(단장 송자 명지대 총장) 분과위원회 내부의 논쟁에 적지 않은 영향을 미쳐 그해 6월 심사기구 독립으로 기획단의 의견이 정해졌다. 이후 법제 개정을 거쳐 2000년 7월의 건강보험심사평가원 발족으로 이어졌다. 매일경제 1993.5.15, 5.19, 9.13, 동아일보 1993.7.12.

120) 이는 1977년 11월에 설립된 전국의료보험협의회가 변천을 거쳐 만들어진 조직이다. 이 협의회는 1979년 7월부터 의료보험 진료비를 심사하기 시작하였으며

1982년 의료보험조합연합회(이해 12월부터 의료보험관리공단 심사업무도 인수),
1988년 의료보험연합회(1989년 7월부터 모든 의료보험 진료비 청구 창구가 연합
회로 통일)로 이름을 바꾸었다가 1999년 2월 8일 국민건강보험법이 시행되면서
2000년 7월 1일에 건강보험심사평가원으로 발족한다. 발족 이후 보험자와 의료
기관 사이에서 중립적으로 진료비를 심사해오다가 2000년 7월부터 진료비의 적
정성 평가기능도 수행하고 있다.

121) 직장조합의 적립금이 고갈되는 메커니즘을 포함하여 통합을 전후한 시기의 재
정구조 변화에 대해서는 김종대(2002)가 소상하다. 그는 의료보험 도입 시부터
실무자로 참여한 이후 보건복지부 주무국장으로서 전 국민 의료보험 확대의 골
간을 직접 짜고 시행했던 경험을 지니고 있다. 통합 이전 공무원의 주류 사조였
던 조합주의를 대표하는 인물 중 한 사람이다. 의료보험 통합에 반대한다는 이
유로 1999년 5월 김대중 대통령이 임명한 차흥봉 보건복지부장관에 의해 그해
6월 기획관리실장에서 직권면직되면서 화제가 되기도 하였다.

122) 국민의료비는 '보건의료서비스와 재화의 소비를 위한 국민 전체의 1년 지출
액'으로 정의되며 OECD Health Data에서 사용되는 개념인 Total Health
Expenditure(THE)에 상응하는 개념이다. 여기에는 개인의료비, 집합보건의료
비, 자본형성액이 포함되며 자본형성액을 차감한 의료비를 경상의료비(TCHE)라
고 부른다. OECD는 국가 간 비교를 원활하게 하기 위해 SHAsystem of health
accouts라는 보건계정을 도입하여 일정한 기준을 제시하고 있다. 우리의 국민의
료비는 기본적으로 이 기준에 맞춰 작성되어 보건복지부에 의해 OECD에 매년
보고되고 있다. 한편 WHO는 위 기준을 채택하되 여기에 개별 국가의 필요에
따라 보건 관련 지출을 추가로 넣은 총량지표로 General Health Expenditure
개념을 제시하고 있다(NHA Producer's Guide, 2003). 가령 보건의료인력의 교
육과 개발, 식품·위생·식수관리·환경보건 관련 지출 등이 여기에 추가로 포
함될 수 있다. 좀 더 상세한 내용은 보건복지부·연세대학교 의료·복지연구소
(2012) 제1장 개관 부분 참조.

123) 보건복지부·연세대학교 의료·복지연구소(2010).

124) 첨단의료장비 중 하나가 자기공명영상(MRI)장치다. 1982년에 GE가 1.5T(Tesla,
테슬라) MRI 개발에 성공한 이후 현재 상용화되어 있는 기술은 3T가 최고이며
병원에서 사용되는 기종은 1~1.5T 수준이다. GE와 지멘스가 7T 장치를 개발
하여 연구용으로 사용 중이며 미국립보건원(NIH), 프랑스 원자력청 내 뉴로스

458

핀(NeuroSpin), 일본 산연협력체 (㈜물질재료연구기구, ㈜과학기술진흥기구, ㈜JASTEC저팬수퍼콘닥터테크놀로지 등)이 11.7T 장치개발에 나서고 있다. 우리는 1980년대에 KAIST에서 2T 기술의 개발과 서울대병원에서의 임상시험까지 마쳤지만 맥이 끊겼다가 2011년에 정부주도로 14T MRI 개발에 나서고 있다. 14.0T 정도가 되어야 0.05㎜의 초미세혈관을 관찰할 수 있고 이를 통해 뇌졸중과 치매 등 퇴행성 뇌질환의 조기진단, 그리고 우울증과 정신질환에 대한 신약 개발 등이 가능해질 것으로 기대된다. 2007년 1월에 설립된 프랑스 뉴로스핀은 사람은 물론 동물용 MRI 분야에서도 첨단을 걷고 있는 세계 최고 수준의 연구센터로 2012년 중 11.7T 장치를 가동할 예정이다. 중앙일보 2011.10.24, 뉴로스핀 홈페이지 http://meteoreservice.com/neurospin (獨)物質·材料硏究機構-(株)JASTEC-(獨) 科學技術振興機構(2011).

125) 의약분업 추진에 가속도가 붙은 것은 진보성향의 김대중 정권이 들어서면서부터 이다. 그간의 관행이던 병의원의 약가 리베이트 수수 문제를 사정 차원에서 접근, 이의 근절책으로 의약분업 강행이 결정되고, 1999년 12월 7일의 약사법 개정안의 국회 통과 후 2000년부터 시행된다. 이때 핵심적인 역할을 수행했던 이가 김용익 서울대 교수로 그는 참여연대 개혁통신(1998.11.21)에 올린 '시민과 대통령님을 잇는 핫라인 개혁통신'의 글을 통해 의료계의 의약품 비리를 소상히 고발하면서 자신이 가르친 제자들이 도둑질하는 의사가 되는 것을 막아달라고 호소하였다. 이것이 직접적인 계기가 되어 김대중 대통령이 마음을 굳혀 정책을 밀어붙인 것으로 알려져 있다. 의약분업은 약사회가 오래전부터 주장해온 사안이지만 1975년에 크게 문제를 제기한 이후 25년이 경과하고서야 현실화되었다. 그동안 1993년에 개정된 약사법에서 1999년 7월 7일 이전의 의약분업 실시가 규정된 바 있고, 이에 따라 보건복지부가 1998년 의료계·약계·언론계·학계 등으로 의약분업추진협의회를 구성하였다. 그해 12월 의사협회·병원협회·약사회가 의약분업 실시 연기 청원을 국회에 제출함으로써 시행이 1년간 연기되었다가 1999년 9월에 시행방안이 최종 확정된다. 2000년 1월에 약사법이 개정되고 그해 7월 1일 의약분업이 실시되었다. 이후 실시과정에서 문제점으로 드러난 사항에 대한 대책을 담은 의약정 합의안이 그해 11월에 발표된다. 김용익의 글은 이규식 외(2012) pp.192-194에 수록되어 있다.

126) 국민의료비 증가 억제방안으로 포괄수가제(DRG), 총액계약제(혹은 총액예산제), 의료서비스 공급자 단체(즉 의사협회, 병원협회)의 자율적 진료비 심사제 등이

거론되어 왔다. 김병익(1994)은 일찍부터 이 같은 주장을 펼쳤는데 그는 총액예산제가 공급자단체에 의한 이이제이(以夷制夷), 즉 동료 간의 감시기능 극대화를 통해 소기의 효과를 거둘 수 있을 것이라고 강조한다. pp.64-65.

127) 우리의 국민 1인당 의료비 지출은 1879ppp달러(2009년 기준)로 OECD 국가 중 터키(902), 멕시코(918), 칠레(1186), 에스토니아(1393), 폴란드(1394), 헝가리(1511)에 이어 하위 7번째 수준을 보이고 있다. OECD 평균(3233)의 58% 수준으로 일본(2878), 영국(3487), 프랑스(3976), 독일(4218), 네덜란드(4914), 미국(7960)보다 훨씬 낮다. OECD(2011) fig 7.1.1 p.149. 이처럼 낮은 의료지출의 이유로 우리의 낮은 의료분야 인건비가 지적될 수 있다. 우리는 인구 1000명당 의사수가 1.9명(2009)으로 OECD 국가 중 칠레(1.0명), 터키(1.6명) 다음으로 적고 OECD 평균(3.1명)의 61% 수준이다. 영국(2.7명), 프랑스(3.3명), 독일(3.6명), 미국(2.4명), 일본(2.2명)과 같이 나라별로 꽤 차이를 보이고 있다. 다른 값이 일정하다고 가정하고 의사수만 독일 수준으로 늘리면 1인당 의료비 지출은 3560달러로 늘어나 영국보다 크고 독일의 84% 수준에 이른다. 여기에 우리의 간호인력(간호사와 간호조무사)과 의료기사의 낮은 보수(평균임금 대비)를 독일 수준으로 올려준다고 가정하면 우리의 의료비는 독일을 추월할지 모른다. 요컨대 우리의 낮은 의료비 지출의 상당 부분은 적은 의사인력, 그리고 간호사, 간호조무사, 의료기사의 상대적 저보수에 기인하고 있는 측면이 크다고 할 수 있다.

128) 건강보험법 제4조에 규정된 기관으로 가입자 대표 8인, 의약계 대표 8인, 공익대표 8인과 보건복지부차관(위원장)의 25인으로 구성된다.

129) 건강보험 통합 후 건정심이 비교적 순탄하게 운영되어 온 이면에는 대한의사협회의 상대적으로 부드러운 대응이 자리하고 있다고 말할 수 있다. 이들이 진료서비스의 가격인 수가(酬價) 문제에 대해 강력히 저항하지 않고 순응해온 배경에는 '행위별수가'라는 진료보수 지불제도의 특성과 의사인력이 장기적으로 크게 늘지 않아 의사 간 경쟁을 강하게 의식하지 않아도 될 것이라는 안도감이 자리 잡고 있다. 후자의 의사인력 배출 억제는 2000년의 11월의 의약분업 반대 파업을 계기로 행해진 의협과 정부 간 약속에 의거하여 2004년부터 2007년에 걸친 의대정원 10% 삭감의 형태로 추진되었다. 김영삼 정부에서 크게 늘어난 의대정원이 다음 정권에서 바로 원상회복된 셈이다.

130) 이에 대해서는 분석자에 따라 다른 평가가 얻어질 수 있을 것이다. 통합을 주도한 이들의 입장에서는 통합 이후의 성과가 꽤 만족스럽다고 보는 데 비해 통합

에 반대했던 이들은 절반의 성공이라고 평가하고 있다. 유의할 점은 통합이 완전한 실패라는 지적은 나오지 않고 있다는 사실이다. 그 배경에는 지난 12년의 운영성과에 대한 OECD 등 국제기관의 비교적 양호한 평가가 자리 잡고 있다. 물론 IT 선진국으로서의 효율적인 정보관리시스템이 건강보험 부문에 구축되었고, 주민등록번호라는 가입자 식별번호 덕분에 대규모 진료기록 관리가 저비용으로 가능해지는 등 주변 여건이 꽤 유리하였다는 점도 한 가지 원인이라고 할 수 있다. 이규식(2012)은 통합 반대 입장에서 지난 12년의 성과에 대해 여러 가지 잣대를 들이대며 객관적인 평가를 시도하고 있다. 제2편 3장 pp.143-173.

131) 직장가입자 보험료 부담/지역가입자 보험료 부담의 비율은 통합 당시인 2000년의 1.40에서 2005년 1.85, 2008년 1.93으로 증가하고 있다. 이는 지역가입자의 소득증가율이 직장가입자의 그것에 비해 낮아 보험료 증가율이 직장가입자보다 작은 것에 주로 기인한다. 양자의 격차를 줄이기 위해 2006년 이후 지역가입자 보험료 인상률이 직장가입자보다 더 높아졌다. 이규식(2012), pp.156-157.

132) 김원식(2010)은 의약분업이 단순히 의사와 약사 간의 역할 분담을 조정한 것이 아니라 의료보험수가 차등제, 보험수가 실거래가제 등을 포함한 광범위한 의료 시스템 개혁이었다는 인식 하에 의약분업 10년을 넘긴 시점에서 이에 대한 평가가 제대로 이루어지지 않고 있는 것은 문제라고 지적하면서, 그간의 경과에 대한 분석이 필요하다고 주장한다.

133) 2001년의 약국수(건강보험 약제비 청구) 1만 8532개소가 2008년에 2만 1263개소로 22% 증가했다.

134) 상세한 서술은 이규식 외(2010), pp.152-154 참조. 아울러 부풀려진 약가도 그간의 빠른 약제비 증가의 한 가지 원인으로 지적할 수 있다. 가격이 턱없이 높게 설정된 의약품을 판매하는 과정에서 합법적·불법적 리베이트 수수관행이 없어지지 않고 있다. 당국(검찰, 경찰, 공정거래위원회, 보건복지부)의 간헐적인 단속을 비웃기라도 하듯 일선에서는 지금도 광범위하게 리베이트가 행해지고 있으며 신종수법이 계속하여 개발되고 있다. 2011년 1월부터 1년 4개월간 진행된 합동수사반에 적발된 이들은 의사 2919명, 약사 2340명, 제약사·도매상·의료기기 업체 54곳에 달한다. 적발된 리베이트 유형에는 랜딩비(채택비), 매칭비(처방사례비), 할인·할증, 스폰서비(후원금), 각종 금품·뇌물, 시장조사비, 광고·마케팅비 등이다. 중앙일보, 2012.5.9.

135) 이 부분은 우리 건강보험의 미래를 전망하는 내용이다. 건강보험의 역사를 살펴

보는 장에서 이 부분을 기술하는 것이 적합하지 않을지 모르지만 미래 부분에 대해 서술하고 있는 제14장에서의 논의가 충분한 수준이 아니므로 이곳에서 서술한다. 제14장에서의 미래 논의는 큰 그림에서의 미래 건강보험 전망이다.

136) 모든 병원비를 국민건강보험 하나로 시민회의(2010), p.28.

137) 이에 대해서는 이 책의 제4장 서술을 참조. 기본급여(필수의료)의 범위, 급여 우선순위 설정과 관련한 상세한 서술이 나와 있다.

138) 이상이 외(2008)는 국가의료체계의 기본 유형을 의료서비스 제공체계(공공주도, 민간주도)와 의료재정체계 관리(단일보험자-집중식, 다수보험자-분산식)를 기준으로 구분, 우리와 대만을 '민간주도, 단일보험자'(NHI)의 틀로 구분하여 기존의 분류방식과 다른 방식을 보여주고 있다. Lee, Sang-Yi, et al.(2008), pp.105-113. 이 같은 분류는 우리와 대만이 국제적으로 매우 특이한 의료체계를 갖춘 나라로서 기존의 3분류 체계로 구분할 수 없게 되었기 때문에 나온 것이라고 할 수 있다. 이들은 NHI 방식의 재원조달 구조를 공공부문 중심(73~83%)으로 개편할 경우 건강보험의 유럽 따라잡기에 성공할 수 있다고 주장한다. 이상이 외(2009), pp.261-267.

139) 사공진(2006)은 우리의 보건의료 개혁방안과 관련하여 형평성과 효율성 제고 측면에서 접근하고 있다. 그는 미 컨설팅사인 NERA economic consulting 사(2002)의 보고서 「Global Principles for Better Health Care: A Guide for Policymakers」에 제시된 네 가지 원칙 중 형평성(fair access)과 효율성에 초점을 맞춰 시사점을 모색하고 있다.

140) 건강보장선진화위원회(2010)는 활동보고서에서 "그간의 보장성 강화 정책이 급여확대 과정에서 투명한 방식으로 의사결정을 하지 못해 공감대를 형성하지 못했고, 원칙 없이 자의적으로 추진되면서 특정질환을 집중지원하는 등 형평성 문제를 유발하였다. 또 재원확보에 대한 대책이 부실했고 재정추계 역시 치밀하지 못했다"고 지적하고 있다. p.104.

141) 그동안에는 급여확대 시 우선순위를 정해 이에 따라 운영하지 않고 질환별, 대상별, 항목별 방식으로 접근하는 비과학적 방식이었다. 따라서 앞으로 지향해야 할 미래지향적인 접근에서는 다음과 같은 사항을 고려하여 급여확대의 우선순위로 삼는다. ① 완치가능성, 생존가능성 등의 치료효과성 ② 임상적 효과성과 비용효과성 ③ 질병의 중증도와 위급성 ④ 환자의 경제적 부담과 사회 차원 부담(유병 정도). 아울러 우선순위 설정은 임계점(cutoff point) 방식이 아닌 복

수기준(multi criteria) 방식을 택하여 경직성을 배제한다. 건강보장선진화위원회 (2010), pp.107-108.

142) 세계의 건강보험 전문가들은 그간의 각국의 운영경험 등을 토대로 건강보험의 공·사 체계와 관련된 효율성 문제에 대해서는 다소나마 공통된 인식을 가지게 되었지만 건강보험 재원조달방식과 재원의 부담구조, 병의원에 대한 환자의 접근방식 등에 대해서는 의견의 일치를 보지 못하고 있다. Maynard, A.(2005), pp.1-5.

143) Maynard, A.(2005), p.308.

144) 손해보험회사는 이보다 빠른 2003년 9월부터 단체형 실손보상 건강보험을 판매하였고 2005년 8월부터 개인형 실손보상 건강보험을 판매하였다. 생명보험회사도 2005년 9월부터 개인형 실손보장형 보험의 판매가 가능해져 2006년 3월부터 부분적으로 판매한 바 있으나 본격적인 판매는 2008년 5월 이후이다.

145) 이는 영업보험료에서 순보험료를 차감한 값으로 신계약비, 유지비, 수금비 등으로 구성되며 순보험료는 위험보험료와 저축보험료로 이루어진다. 사업비가 높게 설정되다 보니 순보험료가 적게 계상되어 보험금 지급이 늘어나면 손해율이 100%를 넘어서고, 그래서 3년마다 찾아오는 보험료 갱신 시점에 보험료를 대폭 인상하고 이것이 국민의료비 증가로 이어지는 악순환이 전개되고 있다. 실손의료보험이 가입자의 일상화된 모럴해저드(입원, 마취치료 선호 등)와 보험사의 높은 사업비 비율-높은 손해율-에 따른 반복되는 보험료 인상의 악순환을 초래하여 국민건강보험의 급여비 증대는 물론 전체 국민의료비를 빠르게 증가시키는 원인으로 지목되고 있다. 근간에는 "병원 영수증을 내면 보험금을 내주는 구조를 이용해 질병치료보다 몸 컨디션 조절 목적으로 병원에 다니는 사람까지 생겨날 정도다"는 보도가 나오고 있다. 중앙일보, 2012.3.12, "5만 원짜리 마늘링거, 5000원에 보험처리".

146) 민영건강보험의 공공성 측면에 대한 체계적인 조사, 연구는 국내외에서 거의 행해지지 않았다. 이러한 상황에서 이 분야에 대한 시론적 고찰이 배준호(2012)와 김헌수(2012)에서 행해지고 있다. 배준호는 민영건강보험의 공공성에 대한 필요성 논의에서 출발하여 공공성의 개념을 정의하고 공공성의 평가기준을 모색하고 있으며, 김헌수는 국내 민영건강보험의 공공성 현황에 대한 고찰을 토대로 이를 평가한 후 개선방안을 제시하고 있다.

147) 가령 민간보험의 지급률이 일정 수준 이상이 되도록 강제하여 보장성을 확보하

는 방안이 고려될 수 있을 것이다. 미국 등이 이 같은 방법을 실제로 채택하고 있다. 김창엽(2009), p.551.

148) Rosen, H. S. and T. Gayer(2010), pp.198~199.

149) 일본의 사례를 소개해보자. 건강보험은 뇌졸중 등 혈압 관련 질환에 의한 사망을 감소시키고, 의료기술 진보와 사회적 요인(소득, 교육, 영양, 위생 개선)은 상호작용하여 평균수명 연장에 기여한 것으로 평가된다. 최근 주요국 연구에서 성인사망률과 관련하여 ① 사회경제적 발전 ② 보건의료접근 향상과 보건의료기술 진보 ③ 풍요병의 세 가지가 영향을 미치는 인자로 지적되었다. 일본은 (②에 착안하여) 비용 대비 효과가 높은 의료를 값싸게 제공하여 간접적으로 뇌혈관질환 사망률을 낮출 수 있었다. 일본의 건강보험 운영이 주는 교훈은 지금 세계적으로 통용되는 '비용 대비 효과가 높은 개입정책 확대' 전략이 국민의 건강증진에 유효하다는 사실이다. Ikeda, N. et al.(2011), p.39. 뇌혈관질환은 우리나라에서도 사망원인 중 제1위다.

150) 2010년 기준 건강검진비(8027억 원)와 임산출산진료비(1192억 원) 합계액이 총 급여비(33조 7962억 원)에서 차지하는 비율이다. 건강검진비가 현물급여비(33조 2993억 원)에서 점하는 비율은 2.4%이다.

제2장

1) 휴 엘더 챔버렌의 큰할아버지인 피터 1세는 산부인과의사로 분만겸자를 발명하였다. 그의 동생과 조카도 모두 의사였는데 이들은 환자의 눈을 가리고 환자 가족을 밖으로 몰아낸 채 분만겸자를 사용하여 안전분만을 유도하여 당시 큰 명성을 얻었다. 이 기술은 챔벌렌가에서 3대에 걸쳐 비급(秘笈)으로 내려오다가 휴 챔버렌이 1670년 프랑스에 건너가 산부인과의사인 프랑스와 모리스(François Mauriceau)에게 1만 루브르에 매각을 시도했는데 이상골반을 지닌 38세 난쟁이의 시범출산에 실패하는 바람에 협상이 결렬되었다. 그 후 네덜란드의 로저 룬후센(Roger Roonhuysen)에게 매각된 후 몇 차례 매각이 거듭되다가 수년 후 이 기술은 일반에 널리 알려졌다. http://en.wikipedia.org/wiki/Peter_Chamberlen

2) 16세기 독일에서는 광산노동자 조합에서 업무상 장애로 인해 노동이 불가능한 이들을 위해 장애보험을 지급하였다는 기록이 있다. 하인리히(2010), p.448.

3) 그는 프랑스의 상업학자로 콜베르를 도와 프랑스 최초의 상법전 초안을 작성한 사바리(Jacques Savary: 1622~1690)의 『완전한 상인(Le parfait négociant)』(1675)을

독일에 번역, 소개하여 독일 상업학의 꽃을 피우게 한 인물이다.

4) 서명은 통상 Entwurff einer gewissen Stiftung, Bruderschafft oer Societat, welche der Kaufleute Diener unter sich machen Konten으로 적는데 실제 서명은 이보다 더 길다. 본문 사진 참조.

5) Koch, P.(1971), 箸方幹逸(1977), pp.109-152. 본고에 서술된 독일 (민간) 건강보험 발전사 관련 서술은 대부분 Koch(1971)를 소개하는 하시가타 간이치(箸方幹逸)에서 참조한 것이다.

6) 당시 명칭은 Institut zur Unterstutzung kranker armer dienstloser Alters und Gebrechlichkeit wegen zum Dienen unfahig gewordener Handlungsdiener in Gratz. 지금의 명칭은 Merkur Wechselseitige Versicherungsanstalt Vermogensverwaltung http://www.merkur.at/. 참고로 이 조합보다 먼저 발족하여 후속조합의 선례가 된 조합으로 Confraternitat zur Unterstutzung von Handlungscommis이 있다.

7) 이 무렵에 설립되었던 조합에는 종파별, 직능별, 공장노동자, 사교목적의 네 가지 유형이 있었는데 이 중 공장노동자 조합이 현존 민영건강보험회사의 원형이다.

8) H. Gobbels(1940), Arzt und Private Krankenversichung, S.8~80.

9) Neurosurgical.com(2007).

10) 여기에 대해서는 이 책 제1장 주 3을 참조.

11) Murray(2007).

12) Thomasson(2003).

13) 대표적인 계약이 베일러대학병원(Bayler University Hospital) 사례로 6달러를 지불하면 21일간 입원할 수 있었다.

14) 이는 급부-반대급부 등가원칙에 입각한 위험분산을 추구할 수 있음을 의미한다.

15) 이 회사는 이 무렵에 상병수당, 75% 한도의 의료비 상환, 국가 의료비보수령의 최저가격을 기준으로 한 부부와 가족 의료비 상환보험 등을 판매하였다. 그러나 이러한 사례는 일부 회사에 한정된 것으로 국민 전반으로 확대되지 못했다. 箸方幹逸(1977) p.119.

16) 감독관청이 집계한 공식 건강보험통계는 1931년 이후 작성되고 있어 1920년대의 상황은 정확하지 않다. 다만 7개 대형 건강보험회사의 통계에 따르면 1914년 계약 건수 4만 3000건, 보험료 200만 마르크였는데 10년 후인 1924년에는 각각 54만 건 이상, 820만 라이히스마르크로 늘어났고 1925년에는 200만 건, 8000만 라이

히스마르크로 급증하는 등 일대 붐이 일어났다. 이후 꾸준히 증가하여 1941년에는 990만 건, 3억 9600만 라이히스마르크 수준에 이르렀다. 1939년 기준으로 민영건강보험회사는 790개이며 보험료 수입 기준으로 상위 46개사가 91%를 점하고 있었다. 6개 주식회사가 20%, 40개 상호회사가 71%를 점하고 있었다. 箸方幹逸 (1977) p.120, p123.

17) 「군사령부 지령」 제63호.

18) 보험료 수입으로 보면 1950년대 이후 1970년에 이르기까지 의료비보험, 단독부분보험, 상병수당보험의 순이다. 협회에 가입한 민영건강보험회사는 1949년의 100개사가 지속적으로 줄어 1971년에는 54개사가 되었다. 상호회사 44개사, 주식회사 9개사, 공영제도 1곳이다.

19) 건강보험근대화법(2004)의 제정으로 공적건강보험 급여가 대폭 삭감되면서 1950년대에 크게 인기를 끌었던 민영건강보험회사의 보충형 상품에 대한 인기가 다시 높아졌다. 보충형 보험 가입자는 2050만 명(2008년 기준) 정도로 대체형 민영건강보험 가입자 860만 명보다 훨씬 많다.

20) 사회보장법 257조 2a항. 이 조건은 모든 민영건강보험회사에 동일하게 적용된다. 표준보험료는 가입자의 성과 연령만을 고려하고 가입자의 건강위험상태를 고려하지 않은 요율이며 건강위험에 기초한 추가보험료, 추가급여는 허용되지 않는다. 표준보험료는 공적건강보험의 월 최고 보험료를 초과할 수 없고 급여범위도 공적건강보험의 그것과 같아야 한다. 2009년부터 도입된 저소득 취약계층 가입자에 대한 보험료 경감조치도 공적건강보험과 유사한 속성의 하나라고 할 수 있다.

21) 27개사가 주식회사, 20개사가 상호회사, 2008년 기준.

22) 공적건강보험에 특약 형태로 덧붙이는 상품으로 외래진료 보충보험, 병원선택진료보험, 치과치료보충보험 등이 있고 공적건강보험 가입면제자(공무원, 자영업자 등)에게 특약 형태로 덧붙이는 상품에는 병원입원수당보험, 상병수당보험, 상병수당대체보험, 호스피스보험, 장기간병보충보험 등이 있다.

23) WHO가 2000년에 발표한 191개국의 보건의료제도 성과 평가, Graf, J. M.(2005) 참조.

24) 2007년 기준 독일의 의사 수는 41만 3700명이며 이 중 13만 7500명이 개원의다. 의사수는 지속적으로 증가하지만 비의사 의료인력의 감소로 전체 병원인력은 감소하고 있다. 병원은 10개 이상의 병상을 지닌 입원치료 시설로 병원 내 외래진료는 금지되어 있다. 병원수 2087개, 병상수 50만 7000개, 병상가동률은 77.2% 수

준이다. 이용갑(2009), pp.186-212.

25) 조세재원은 병원(공공, 비영리, 영리 모두 포함) 투자비, 대학병원 연구지원비, 의사 등 보건의료인력의 공공교육비, 경찰·군인·공무원·수감자·이민자·장애자 등의 의료비 보조에 사용되고 있다. 신의철 외(2010), p.75.

26) 우리 민영건강보험의 역사는 생명보험협회(2010)와 손해보험협회(2010)가 각각 발간한 60년사에 수록된 내용을 주로 인용하였다.

27) 생명보험협회(2010), p.35.

28) 이는 일본 등 선진국에서 판매되는 상품을 모방한 것으로 보험가입과 동시에 지정 의료기관에서 무료로 정기검진을 받고 암, 디스크가 확인되면 치료비 일체를 지급받는다. 재무부 보험1223-431. 이때의 지침에 따라 암과 디스크 관련 의료보험 상품이 개발되어 생보사 상품으로 판매되었는지는 불확실하다. 판매실적이 미미하자 재무부가 1980년 5월 암질환으로 인한 입원치료비, 요양비를 지급하는 신종암보험을 개발하도록 하여 교육보험 측이 신청한 상품을 인가한 바 있다. 동아일보, 1976.3.10, 1980.5.1.

29) 이 상품은 미국계 보험회사를 위시한 외자계 회사에만 판매가 허용되었다. 이는 당시 미·일 무역역조가 심각해지자 일본 시장 개방에 대한 압력이 거세졌고, 이에 대한 대응조치로 일본이 자국의 보험시장 일부를 미국 등 외자계에 양보한 것이다. 독점체제가 유지되고 있던 1999년의 경우 아메리칸패밀리 생명보험은 일본 암시장 보험의 85%를 점하고 있었다. 1994년부터 미일보험협의가 지속되어 외자계 독점 유지는 2001년까지로 제한되고 이후 일본 기업의 시장진입이 허용되었다.

30) 매일경제, 1976.11.5, 1978.2.10, 경향신문, 1980.12.25.

31) 매일경제, 1969.8.22.

32) 여러 가지 정황으로 미루어 실제 판매된 것으로 추정되지만 당초 계획대로 추진되었는지, 어느 정도의 가입실적이 있었는지에 대한 기록은 확인해야 할 과제로 남아 있다. 매일경제, 1977.1.31, 동아일보, 1977.1.28, 3.16, 5.24.

33) 10개사가 판매한 이 상품의 경우, 가입건수가 첫해인 1980년의 3161건에서 3만 8513건(1981), 12만 5332건(1982), 6만 5256건(1983년 상반기)으로 빠르게 증가하였다. 급여율은 1980년의 78.6%가 1982년에는 212.9%에 달했다. 상품내용은 5인 가족이 연 20만 7000원의 보험료를 납부하면 입원 80만 원, 수술 40만 원, 출산 32만 원 한도 내에서 보험금을 지급하는 조건이었다. 동아일보, 1984.10.12.

34) 제3분야 보험에는 의료보험, 개호보험, 상해보험, 소득보상보험, 의료비용보험,

개호비용보험, 상해질병정액보험 등이 있다. 1997년에 시행된 신보험업법으로 2001년 1월부터 판매가 허용되어 생명보험회사와 손해보험회사 자회사의 시장참여가 허용되었다. 1974년 이후 오랫동안 미국 아메리칸패밀리 생명보험의 암보험 등 미국 보험회사의 독점시장이었다.

35) 2012년 5월 시점에서도 '실손의료보험 특약'은 선택 특약으로서 특약만 단독으로 가입할 수 없고, 주계약(통합·건강·상해·운전자·화재·연금 등) 체결 시에만 가입할 수 있다. 그래서 손해보험협회의 보험료비교공시 코너는 "가입 시 주계약의 보장내용, 보험료 등도 함께 고려하라"고 권고하고 있다. http://www.knia.or.kr/Public/pubc_comp2/medi/medi03.asp

36) 통상의 손해보험상품은 환급금이 없는 1년 만기의 소멸성 보험이고, 보험료 산출 기초에 예정이율을 적용하지 아니하고 순보험료가 위험보험료만으로 구성되어 있다.

37) 일본 업계가 이 상품에 주목한 것은 자국민의 높은 저축성향을 이용한 것이었다. 1990년대 초까지 적립식보험은 손해보험 전체 수입보험료의 30% 수준을 유지하였으나 제로금리의 장기화, 자회사 형태의 손·생보 겸업 허용으로 최근에는 10% 미만으로 낮아졌다.

38) 2010년도 건강보험 환자 진료비 실태조사에 따르면 암, 심장질환, 뇌혈관질환, 희귀난치성질환의 보장률은 71.4%로 전체 보장률 62.7%보다 높다. 이들 본인일부부담 산정특례대상질환의 보장률은 암 70.4%, 뇌혈관질환 66.1%, 심장질환 69.2%, 희귀난치성질환 74.6%로 나타나고 있다. 전년 대비 증가규모가 큰 순서로 보면 희귀난치성질환이 6.2% 포인트로 가장 높고, 심장질환 5.4%p, 뇌혈관질환 5.2%p, 암 2.5%p 순이다. 국민건강보험공단 보도자료, 2012.2.8.

39) 이 규칙에 따라 의사시험이 정규적으로 치러졌다. "(전략) 의사시험규칙 제1조에 의하여 1921년 5월 9일부터 경성의학전문학교 내에서 의사시험을 시행할 터인데 시험을 치르고자 하는 이는 4월 15일까지 총독부 경무국위생과에 원서를 제출함이 가하다더라." 동아일보, 1921.3.14. 일본에서는 1874년에 의사 면허제도가 도입되어 내무성은 1876년부터 양방 6과 시험 합격자에게만 면허를 부여하였다.

40) 1921년 3월에는 국내 최초의 근대적 치과의원인 반도치과의원이 개인에 의해 개설되었다. "(전략) 근일에 치과에 소양이 있는 유지제 씨가 치과연구회를 조직하고 강습소를 경영 중 실습기관으로 광화문 통에 반도치과의원을 설립하고 일요일에는 빈민에게 무료로 치료를 한다는데 가위 모범치과의원이라 하겠다더라." 동아일

보, 1921.3.5.

41) 일본의 경우 공공-사립 비율은 개략적으로 의료분야 3:7, 대학교육 분야 2:8 로 알려져 있다.

42) 일본에서는 1898년의 사립학교령 제정 이후 사립학교 설립이 이루어졌는데, 20세기 전반부에 정부지원에 의존하지 않고 국민들의 고등교육 수요 증대에 대응하는 형태로 민간에 의해 다수의 전문학교가 세워졌다. 이후 대학령(1918)이 제정되면서 전문학교가 사립대학으로 바뀌었다. 1953년 기준 국공립 106개, 사립 120개로 사립대가 다소 많은 분포를 보이고 있었는데 이후 학령인구의 증가로 사립대학의 신설이 잇달으면서 사립대학 비율이 크게 늘었다. 瀧澤博三(2011).

43) 1961년 기준으로 서울에 40개 대학(2년제 초급대, 교육대 포함)이 있었고, 1968년에는 전국의 대학수가 130개로 늘었다.

44) 삼성서울병원의 공식 명칭은 사회복지법인 삼성생명공익재단 삼성서울병원이며 2008년도 기준 삼성생명공익재단에서 삼성생명 주식의 4.68%를 소유하고 있다.

45) 프레시안, 2005.9.1, "삼성생명 삼성병원 중심의 '삼성의료공화국' 구축 중"

46) 다만 10% 부담이 200만 원을 넘어서면 초과분은 보험회사가 부담한다.

47) 이 부분은 국민건강보험과 민영건강보험의 미래를 전망하는 내용이다. 민영건강보험의 역사를 살펴보는 장에서 이 부분을 기술하는 것이 적합할지 의문이 들기도 하지만 이 책의 제14장에서 다루고 있는 민영건강보험의 미래 부분이 개괄적이어서 좀 더 들어간 얘기는 이곳에서 서술한다.

48) 2009년의 의료패널 조사대상 가구 6300가구 중 78%가 민영건강보험에 가입하고 있다. 민영건강보험 가입가구의 월평균 보험료는 27만 7000원이며 여기서 종신보험료와 연금보험료를 차감한 보험료는 17만 7000원이다. 이는 동일한 자료를 분석한 이현복 외(2011)의 분석결과와 약간씩 다르다. 다만 분석대상 가구가 전자는 6300가구, 후자는 6798가구로 상이하다.

49) 실손의료보험 상품은 이때부터 삼성생명(13일), 교보생명(20일)을 통해 판매되었다. 이는 건강보험의 법정본인부담금을 보장하는 보험상품이다. 그런데 이보다 앞선 2005년 8월에 보험업법이 개정되면서 법제상으로 실손형 보험 판매가 공식 허용된 바 있다. 손해보험 업계에서는 이 법의 개정 전인 2003년 9월부터 실손의료보험 상품을 취급해왔다.

50) 2011년 기준으로 건강보험 적용인구 4930만 명의 1인당 연간 보험료 부담액이 66만 7800원이고, 1인당 연간 요양급여비가 70만 1100원이므로 민영보험회사의

보험금지급률(혹은 손해율, 보험금/사업비제외보험료로 정의, 사업비가 제외된 값이므로 평균 부가보험료 비율(loading ratio)의 역수값보다 크게 나옴)에 해당하는 값은 105%가 된다. 고용주가 내주는 보험료 부담분을 뺀 본인부담 보험료 연간 40만 4000원으로 비교하면 그 값이 174%로 커진다. 다만 청장년층의 경우 평균적으로 자신이 낸 보험료보다 요양급여비가 적어 지급률이 70% 전후인 데 비해 노인층은 평균적으로 이 값이 수백 % 혹은 그 이상에 달한다.

51) 국민건강보험공단(2010), "국민건강보험과 민간보험의 비교(보험금지급률 비교)" 2010년도 기준으로 생명보험(64.7%), 손해보험(80.7%)이며 손해보험 중 장기손해보험은 81.2%, 실손의료보험은 115.7%(산출기준이 손해보험, 장기손해보험의 그것과 다름)로 나타나고 있다. 손해보험은 실손의료보험이 판매된 2003년도에 77.6%를 보인 이후 2009년까지 70%대를 보이다가 2010년도에 80%대로 높아졌다. 실손의료보험은 전체 손해보험에서 35% 정도의 비중을 점하고 있다. 생명보험은 2003년도에 61.3%를 보인 이후 53~65% 사이에서 변동하여 손해보험보다 변동폭이 크다. 미국, 영국, 프랑스 등의 실손의료보험 손해율은 80~85%대이다. 이들 나라의 손해율은 산출기준상의 문제로 우리의 실손의료보험 손해율과 비교하기보다 전체 손해보험의 손해율과 비교하는 것이 의미가 있다. 유의할 점은 국내 실손의료보험에서 최근 수년간 손해율이 100%를 넘고 있는데, 이는 산출기준이 위의 생명보험, 손해보험, 외국 손해보험과 달라 직선적인 비교가 힘들며 정상적인 상황이라고 보기 힘들다는 사실이다. 그 배경에는 30%가 넘는 민영보험회사의 높은 사업비 비율, 그리고 국민건강보험공단이나 건강보험심사평가원의 통제가 미치지 않는 비급여 영역에서의 불요불급한 검사, 시술 및 수술에 따른 진료비 증가가 있다. 민영건강보험을 매개로 한 가입자와 병의원의 도덕적 해이가 진료비를 급격히 증가시키고 있는 것으로 이해될 수 있다.

52) 높은 손해율은 과열경쟁에 따른 덤핑판매 외에 기본적으로 사업비가 과다하게 책정되어 납부 보험료에 비해 손해율이 높게 계산되는 구조적인 문제점에도 기인하고 있다. 실손의료보험의 손해율이 높아지면서 중소 손해보험회사의 장기보험 수익성이 악화되고 있는데 이면에는 2009년의 실손의료보험 시장 과열경쟁이 있다. 당시 보험회사들은 보장범위가 '본인부담금 100%에서 본인부담금 90%로 축소'된다는 점을 세일즈포인트로 내세워 고객을 끌어들였다. 이후 일부 상품에서 손해율이 100%를 넘어 3년 단위의 갱신 시점에서 보험료율을 인상, 가입자에게 그 부담을 떠넘긴 바 있다. 국내 민영보험회사들은 1997년의 IMF 경제위기 때 일부 회

사가 정리되었다는 사실을 기억하고 있기 때문에 급하면 밑지는 과당경쟁도 마다하지 않는다. 연예인을 광고에 내세워 진단이 필요 없다는 등 '묻지 마' 수준으로 팔아놓고 나중에 봇물처럼 터지는 보험금 지급을 위해 다시 싸게 팔아 현금을 마련하는 이른바 캐시플로(cash flow) 영업이 우려된다. 보험료가 싸다고 사업비까지 낮아지는 것은 아니다. 오히려 사업비를 높게 주어야 보험설계사 등이 더 열심히 팔아준다. 국내 일부 민영보험회사의 안타까운 현실이다. 그간의 역사가 일천하다 보니 축적된 경험자료에 입각한 영업활동이 이루어지지 못하고 있는 것이다.

53) 국내 민영보험회사의 사업비 비율은 통계에 따르면 평균 20% 수준으로 EU권 국가의 10~15%보다 꽤 높다. 이상의 비율은 저축형 상품을 포함한 보험상품 전반에 대한 값이고 저축형이 아닌 실손의료보험 상품으로 한정하면 사업비 비율은 30~40% 혹은 그 이상의 수준일 수도 있다. 사업비로 통칭되는 부가보험료에는 순수 사업비 외 보험회사의 이윤이나 주주배당금으로 돌아갈 부분이 포함되어 있다. 최근 통계를 공개한 일본 생명보험회사의 사례에 따르면 연령, 성, 회사에 따라 다르지만 부가보험료가 19~55%로 꽤 높다. 이론적으로 보면 위험회피적인 사람들이 민영건강보험을 구입하므로 다소간의 부가보험료 발생이 불가피하며 문제는 그 수준이다. 사업비가 적정 수준을 넘어선 수준이냐에 대한 논란은 민영건강보험만이 아닌 국내 민영보험의 전반적인 문제이기도 하다. 중요한 것은 민영보험회사가 회사와 보험설계사 등의 이익 챙기기에만 급급하면 장기적으로 시장을 축소시킬 수도 있다는 사실이다. 한편 부가보험료(loading fee)는 보험회사부과 보험료에서 보험수리공평 보험료를 뺀 값으로, 평균 부가보험료 비율(loading ratio)은 보험료시장가격/보험금가치가 정의된다. 미국의 경우 1.20 정도이다. 이진석(2008), Phelps, C. E.(2003).

54) 위험보험료를 기준으로 한 실손의료보험 지급률이 1.0에 근접하거나 이를 넘어서는 상황이라는 보도가 종종 나오고 있다. 하지만 이 지급률이 사업비 차감 후 계산한 값이라는 점에 유념해야 한다. 1.0을 넘어 보험회사가 손해를 보는 것처럼 얘기하지만 사업비를 다소 높게 책정하면 실질적인 손해는 거의 보지 않을 수 있다. 혹은 위험보험료에 저축보험료를 고려한 지급률을 내놓아 지급률을 높게 분식하는 회사도 있다. 국민건강보험의 보험급여지급률과 비교할 수 있는 수치가 되기 위해서는 저축보험료를 제외한 위험보험료로 한정하고, 사업비를 필요 최저한으로 설정해야 한다. 그리고 지금의 방식을 유지할 경우에도 회사별 상품별 사업비를 공시, 가입자가 관련 정보를 알고 구입할 수 있도록 하고 가입 중에도 관련 정

보를 확인할 수 있도록 하는 것이 필요할 것이다.

55) 이 부분도 국민건강보험과 민영건강보험의 장래를 전망하는 곳이다. 제14장의 미래 부분 논의가 개괄적이므로 이곳에서 상세히 다룬다.

56) 오건호, "민주당 복지재원방안, 부실하다", 프레시안, 2011.9.6.

57) 2011년 말 기준 23개 생명보험회사에 등록된 보험설계사는 15.3만 명이다. 남자가 3.9만 명, 여자가 11.4만 명이다. 13개 손해보험회사에 등록된 보험설계사는 17.0만 명이다. 그런데 2008년에 도입된 교차설계사라고 불리는 중복된 이들(9.3만 명)을 차감하면 23만여 명이다. 이 밖에 유사 업무를 수행하는 생명보험회사 임직원 2.7만 명과 대리점 직원 9000명, 그리고 손해보험회사 임직원 3.1만 명과 대리점 직원 4.1만 명이 있다. 중복되는 이들을 뺀 실제 보험업계 종사자는 30여 만 명으로 추정된다. 월간생명보험통계 2011년 12월, 월간손해보험통계 2011년 12월.

58) 이 같은 움직임은 이들 운동을 주관하는 건강보험하나로시민회의 홈페이지에서도 쉽게 확인할 수 있다. http://www.healthhanaro.net/

59) '법정본인부담 보충형 상품'을 '보완형 상품'으로, '비급여 보충형 상품'을 '보충적 상품'으로 지칭하기도 한다. 보충형 상품으로 뭉뚱그려 표현하는 이들은 보완적(complementary), 보충적(supplementary)이라는 용어가 우리말 특성상 명확히 구분되지 않고, 소비자와 독자들에게 의미를 명확히 전달하지 못할 수 있다는 점을 감안한 것이다. 이 책에서는 민영건강보험을 건강보험의 대체형과 보충형으로 2분하여 접근하며, 보완형은 보충형에 포함시켜 설명한다.

60) 개인의료보험 정책협의회 위원은 8명으로 정부 측 인사 4인, 관련 기관 4인으로 구성된다. 정부 측 4인은 보건복지부의 건강보험정책관, 보험정책과장, 금융위원회의 금융서비스 국장, 보험과장, 관련 기관 4인은 국민건강보험공단 기획이사, 건강보험심사평가원 개발이사, 금융감독원 부원장보, 보험개발원 부원장이다.

61) 단일보험자로서의 독점적인 협상력을 발휘하여 수가를 그동안 낮은 수준으로 억제해왔지만 의료를 과다 소비하는 가입자와 과잉공급하는 공급자(의사, 병원)를 제재할 방법은 마땅치 않았다. 그 결과 진료수가의 인상률보다 진료량 증가율(주로 공급자 측 요인)이 훨씬 높게 나타나고 있다. 2002년부터 2009년까지의 8년간 연평균 증가율 통계에 따르면 수가가 2.0%인 데 비해 1인 진료량은 7.6%의 증가율을 보였다. 진료량을 진료일수와 진료강도로 구분하면 진료일수가 3.0%, 진료강도가 4.4%의 증가율을 보였다. 정형선(2010).

62) 독일의 국민의료비 변화 추이를 대 GDP 비율로 보면 2001년에 10.4%였는데

2005년 10.7%, 2009년 11.6%로 증가하여 8년 사이에 1.2% 포인트 증가했다. 이
는 일본 (0.6%p)과 스웨덴(1.1%p)보다는 높지만 네덜란드(3.7%p), 미국(3.1%p),
영국(2.6%p), 캐나다(2.1%p), 프랑스(1.6%p), 한국(1.8%p)보다 낮은 수준이다.
OECD. stat.

63) 2000년 7월의 조직 통합, 즉 국민의료보험관리공단과 직장의료보험조합(139개)
의 통합으로 우리의 건강보험은 단일보험자 체계로 바뀌었고, 2003년 7월에는 통
합 후에도 몇 가지 이유로 구분 계리해오던 구 직장조합 재정과 구 지역조합 재정
을 하나로 합쳐 실질적인 통합을 달성한 바 있다. 이후 거대조직으로 변모한 국민
건강보험공단과 건강보험심사평가원의 비능률이 시간이 가면서 커질 것으로 우려
되기도 하였다. 발족 이후 조직규모가 축소되기보다 확대되면서 건강보험공단(1만
2269명, 2011년 현원 기준)과 건강보험심사평가원(1749명, 2011년 현원 기준)의
두 기관은 1만 4000여 명의 직원을 거느리고 있다. OECD에 보고된 통계에 따르
면 건강보험 등 보건관리비용은 2001년 이후 줄곧 GDP 대비 0.2% 수준을 보이
고 있고 국민의료비 중 보건관리비용의 비율은 2001년의 4.4%에서 2005년 3.8%,
2009년 3.4%로 지속적으로 감소하고 있다. 우리의 GDP 대비값 0.2%는 스웨덴
(0.1%)보다 높지만 OECD 주요국보다 월등히 낮은 수준이다. 또 국민의료비에서
점하는 비율 3.4%도 스웨덴(1.3%), 일본(1.9%)에 비해 높지만 프랑스(6.8%), 미국
(6.7%), 독일(5.3%), 네덜란드(3.8%), 캐나다(3.5%)보다 낮다. OECD Health Data.

64) 2005년의 부담내역은 각각 9.5%, 69.8%, 12.4%, 7.5%, 0.8%이다. 큰 차이는 없지
만 2005년에 비해 2009년에는 정부부담이 다소 줄고 공적건강보험조합 부담이
늘었다.

65) 윤희숙·권형준(2008), pp.1-13.

66) OECD의 의료비 조달계정의 통계는 국가에 따라 다소간의 차이는 있지만 민영보
험회사 지불 보험금 중 소득보상 성격이 강한 정액형은 들어가지 않고 실비(본인부
담금과 법정비급여, 임의비급여) 보상의 실손형 등 보험금 중 명백히 의료비 지출
로 인정되는 분을 포함한다. 그런데 우리의 경우, 보험시장이 낙후되어 정액형 보
험금의 비중이 월등히 크고 이 중 일부가 의료비로 지출되는데 이 부분이 민간보
험 영역의 통계에 반영되지 않아 OECD 통계에 나타나는 민간보험 비중은 실제보
다 과소평가된 값이라고 할 수 있다. 정액형 보험금의 일부가 본인부담 부분에 반
영될 수 있지만 제대로 반영되는지는 불분명하다. 문제는 보험개발원과 양 보험협
회가 주요 건강보험 상품의 손해율과 사업비율, 그리고 의료비 지출(추정)액 등의

통계를 생산, 공시하지 않을 경우, 앞으로도 정부당국과 전문가들은 현실을 제대로 반영하지 못하는 통계를 놓고 논쟁하고 정책을 구상해야 할 것이라는 점이다.

67) 윤희숙·권형준(2008)에 따르면 가입자의 97%가 정액형 상품에 가입해 있고 실손형 상품은 41%, 양쪽 모두 가입한 이들이 38%로 나타나고 있다. 세대별 가입률은 30~40대가 70% 이상인 반면 30대 미만과 50세 이상은 50~60% 수준, 그리고 65~70세는 17%로 낮다.

68) OECD(2004), p.31, p.35, table 2.2.

제3장

1) 건강보장(health security)이라는 개념은 1994년에 UN이 처음 사용한 것으로 알려지고 있다. 그 후 용어가 다양하게 사용되는 데 비해 통일적인 정의는 내려지지 않은 것으로 보인다. 여기에서는 사회보험과 국민보건서비스 방식으로 건강 관련 리스크를 보장하는 시스템을 지칭하는 것으로 정의한다.

2) 건강보험제도를 유형화하기 위해서는 재정방식 외에 의료공급방식, 적용범위, 강제적용 여부 등 다양한 요소를 고려해야 하나, 건강보험의 주요 기능 중 하나가 재원조달인 점을 고려하여 여기서는 재정방식을 기준으로 3개 유형으로 구분하였다.

3) 이 법이 제정되기 전 자유당 애스퀴스(H. H. Asquith) 수상에 의해 도입된 노령연금이 있었으나 조지 장관은 병약자와 노쇠자에 대한 국가 차원의 재정지원책 마련이 큰 과제라고 생각하였다. 그는 1909년 국민의 예산(people's budget)이라는 이름으로 증세에 나선다. 사치품, 주류, 담배는 물론이고 소득과 토지에 과세하여 군사예산 외 복지재원을 마련할 수 있었다. 토지소유층을 대변하는 상원이 강하게 반대하였지만 하원에서 저항하는 보수당 측을 언변으로 설득시켜 법안을 통과시켰다. 상원이 거부하였으나 1910년 선거에서 조지가 속한 자유당이 대승함으로써 상원도 통과할 수 있었다. 이후 조지는 여러 사회개혁법안을 잇달아 법제화하였고 마침내 1911년 국민보험법, 고용보험법 제정에 이른다. 그는 강력한 지지층을 확보하여 이들과 혹은 노동당과도 합세하여 사회개혁 입법을 추진하였다. 이때의 사회개혁이 복지국가 창설로 이어졌고 이러한 흐름이 이 무렵 근로자층에 잠재되어 있던 과격한 빈곤해소책을 사전에 틀어막는 목적을 달성한 것으로 평가받고 있다. Wikipedia, D. L. George.

4) 국민보험기여금은 네 부류로 나뉘어 납부되었다. 제1부류의 기여금은 종업원(1차)과 고용주(2차)의 기여금으로 고용주의 총보수예산에서 공제되었다. 제2부류와 제

4부류의 기여금은 이윤이 일정 수준 이상인 자영자들의 기여금인데, 고정된 주당 금액과 신고납부 방식에 의해 매년 납부되었다. 제3부류의 기여금은 개인의 기여기록상의 갭을 메우기 위해 자발적으로 납부되었다.

5) 1942년에 베버리지(William Beverage)가 자신의 보고서에서 밝힌 것으로, 그 내용은 "국가제도로서의 사회보험과 국민부조가 개인의 결핍과 위기에 대응하여 생존에 필요한 기본적 소득을 보장한다"는 것이다.

6) 일반의(GP)는 영리를 추구하는 소규모 사업자로서 1차 진료를 담당하지만 NHS와만 계약하도록 되어 있어 NHS의 구성 부분으로 이해된다. 그런데 NHS가 재원을 대는 진료의 제공 계약을 맺지 않은 소위 민간 GP도 소규모로 존재하며, 이들은 민간방식으로 환자를 볼 수 있고, 보수를 개인의료보험이 아닌 환자로부터 직접 받는다. Foubister, Thomson, Mossialos and McGuire(2006), p.7.

7) 두 백서는 기존의 NHS의 골격을 유지하면서 의료비 증가를 억제하고 대기자 수를 줄이기 위해서 병원서비스에 가능한 수준의 시장 메커니즘을 도입하고 관리운영의 효율화를 도모하는 방법을 제안하였다. 그 내용은 기존 제도의 골격을 유지하면서 병원이 NHS병원트러스트로서 보건당국에서 독립하고, 일반의에 의한 예산관리 GP제도를 창설하며, 민영건강보험에 소득공제제도를 도입하는 것 등이었다.

8) 그 후 블레어 정부는 1997년 내부시장과 예산관리 일반의(GP)를 폐기하고 협력을 통한 경쟁으로 대체했다.

9) 진료서비스의 구매자는 크게 둘로 구성된다. 하나는 지역보건당국(District Health Authority)으로, 그 역할은 병원망을 조직하고 공급하며 필요한 서비스를 선정하여 공급자들과 계약을 맺는다. 다른 유형의 구매자는 예산관리 일반의(GP fundholder) 즉 1차 진료를 책임지는 자영의사들이다.

10) 2011년 4월 13일에 행해진 왕립간호대학 대표들의 모임에서 497명의 대표 중 96%가 랜슬리 개혁안에 반대하였다. 이후 랜슬리는 이 모임에 참석한 65명의 간호사들과 면담하는 자리에서는 충분한 교섭 없이 개혁안을 밀어붙인 것에 대해 사과하였다. BBC News Online.

11) 개인의료보험(Private Medical Insurance)은 급성기 진료비용, 시설, 간호 및 통원 서비스 관련 비용을 보장한다. 기본적으로는 NHS에서 보장하지 않는 영역을 보충하는 형태로 보장 부분이 구성되지만, 긴 대기열 때문에 생기는 불편함을 피할 수 있게 NHS가 보장하는 영역도 중복하여 보장하기도 한다. 가입방법은 회사에서 고용주가 구매하여 단체로 가입하거나 개인적으로 가입할 수 있다.

12) 1997년부터 2009년 사이에 공적 의료비 지출은 평균 8.3%의 증가율을 보인 반면 민간 의료비 지출은 평균 6.1%의 증가에 그쳤다. 또한 1985년에서 2009년 사이에 민영건강보험의 가입자 증가율도 단체가입의 경우 연평균 3%이고 개인가입의 경우 연평균 -0.5%였다. 이러한 추세는 경기침체나 금융위기로 인한 실업자 증가 등의 영향을 받은 데 기인하는 바가 크다.

13) Datamonitor, *Consumer Survey 2010*.

14) Datamonitor, *Consumer Survey 2010*, p.30.

15) 자세한 내용은 Datamonitor, *Consumer Survey 2010*, pp.48-49 참조.

16) 이용갑(2009) 참조.

17) 의약품에 대한 부문별 총액예산제는 1993년에 실시되었지만 나머지 두 개 부문별 총액예산제는 3년간의 잠정조치 후 실시되었다.

18) 의료보험적 성격을 일부 지니고 있는 산재보험이 1898년 4월 9일자 법률로 창설 된 바 있다.

19) 社會保障研究所(1989), p.266.

20) 22세 때인 1929년 Conseil d'État에 들어가 수학한 후 1931년 아돌프 랑드리 (Adolphe Landry) 내각에 합류하여 노동사회보호부에서 사회보험분야 전문가로 활동한다. 제2차 세계대전 중 레지스탕스 활동에 가담하여 1943년 4월 이후 런던 에서 운동하다가 1944년 6월, 드골과 함께 프랑스로 돌아와 1944년 10월에 사회 보장국장으로 임명된 후 전후 프랑스 사회보장제도의 근간 구축작업에 착수한다. 이후 드골 대통령을 보좌하다가 1964년에 모교 Conseil d'État의 사회부문 의장 에 임명되어 1980년 은퇴 시까지 재직하다가 1997년 사망하였다.

21) 社會保障研究所(1989), pp.266-267.

22) 보편성은 2000년에 보편적 건강보장법(CMU)이 제정되면서 추구 가능하게 되었다.

23) Caisse nationale de l'assurance maladie des travailleurs salariés의 약자인데, 봉급생활자 대상의 프랑스 국민건강보험기금을 의미한다.

24) 이외에도 철도근로자, 공무원 등과 같이 특정 직업에 종사하는 근로자들과 그 부 양가족들을 위한 11개의 군소 건강보험기금이 있었다.

25) 1993년에 수상이 사회당의 미쉘 로칼(1988.5.10~1991.5.15)에서 같은 당의 에디 트 크레송(1991.5.15~1992.4.2)으로 바뀌었다.

26) Imai, Jacobzone and Lenain(2006), p.93.

27) 1991년에 수상이 사회당 안에서 에디트 크레송(1992.4.2~1993.3.29)에서 공화당

연합의 에두아르 바라듀르(1993.3.29~1995.5.18)로 바뀌었다. 대통령은 미테랑 (1981.5.21~1995.5.18)이었다.

28) 1997년에 진료비 총액 초과에 대한 집단책임제가 위헌판정을 받으면서 민간의료 공급자에 대해서는 효력을 발휘하기 어렵게 되었다.

29) 사회보장적자상환기금은 사회보장적자상환갹출금의 과세연한과 관련하여, 2009년 1월 31일까지 설치되었다.

30) cotisation pour le remboursement de la dette sociale의 약어로서, 본래 단기적 인 재원조달 방안으로 도입되었으나 나중에 제도 폐지 시한이 2014년까지로 연장 되었다.

31) Imai, Jacobzone and Lenain(2006), p.125.

32) 1960년대 후반에 대부분의 국민이 건강보험을 적용받고 있었으나, 15만 명 정도 가 건강보험 적용대상에서 제외되어 있었다. 그들에게까지 제도적용이 확대된 것 이다. SSA·ISSA(2010), p.103.

33) 연도별 적자는 2004년(100억 유로), 2010년(290억 유로), 2020년(660억 유로)에 이를 것으로 전망되었다.

34) 2005년에 수상이 같은 국민운동연합의 장 피에르 라파랭(2002.5.6~ 2005.5.31)에 서 도미니크 가루조 드 빌방(2005.5.31~2007.5.15)으로 바뀌었다. 대통령은 여전 히 시락이었다.

35) 법정 국민건강보험의 보험금이 2000년대 중반 이후 급격히 줄어든 반면 본인부담 금이 꾸준히 증가하면서 임의가입의 민간 보충형 건강보험의 중요성이 커졌다. 시기별로는 1950년대와 1960년대에는 보충형 건강보험에 대한 관심이 매우 약했 고, 1970년대 중반부터 관심을 끌기 시작하다가 1980년대 이후 본격적으로 성장 하였다.

36) Sandier, Polton, Paris and Thompson(2002), p.32. 2008년에는 94%에 이르렀 지만, 여전히 프랑스 본국에 거주하는 인구의 6%인 400만 명은 민간 보충형 건강 보험을 가지고 있지 않다. 설문조사에 따르면 조사대상의 46%가 재정적인 이유로 민간 보충형 건강보험을 가지고 있지 않은 것으로 나타났다. Perronnin, Pierre and Rochereau(2011), pp.1-3.

37) Rochaix and Hartmann(2005), p.143. 2000년 기준으로는 전체 국민의료비 지출 액 중 민영건강보험은 12.2%이고 건강보험기금 75.4%, 본인부담 11.3%로 나타나 고 있다.

38) 2003년 Fillion Act와 사회건강보험에 관한 2004년 개혁에 의해서 본격화되었다.

39) 프랑스 본국에 거주하는 개인의 경우 2011년 기준 월 634유로이다.

40) CMU-C는 기본의료보험에서 지원하는 70% 외의 30% 의료비를 지원하는 즉 기본 CMU를 보충하는 보험이다. 가입자격은 연간 총소득이 한도액(2012년, 1인 기준 7771유로) 이하라야 한다. 이것은 급성진료의 고정본인부담금을 보장하며, 부가급여, 입원일당에 대한 고정본인부담금은 보장하지 않는다. 또한 공제금이 없는 진료지출에 대해서는 100% 보장한다. 전문의들은 협정사회보장요금표를 준수할 의무가 있다. 2009년 기준 수급자는 프랑스 본국에서 364만 6000명이며, 해외지역까지 포함할 경우 422만 4000명에 이르고 있다.

41) CMU-C 취득자격이 있는 소득층의 차상위 계층이 보충형 건강보험을 가입할 수 있도록 하기 위해 2005년 1월에 도입되었다. 2011년부터는 CMU-C 취득자격이 있는 소득(7771유로)의 26%를 초과하지 않는 범위의 소득(9792유로 이하)을 가진 사람들에게 자격이 주어졌다. 급여는 2011년 기준으로 16세 미만의 개인에 대해서는 연당 100유로, 16~49세의 개인에 대해서는 200유로, 50~59세의 개인에 대해서는 350유로, 60세 이상의 개인에 대해서는 500유로를 지급한다. ACS가 보충형 건강보험 계약비용의 평균 50% 상당을 지원해준다.

42) 의료비 재원조달 측면에서 1995년에 공보험이 77.1%이고 민간보험이 12.2%였던 것이 2007년에는 공보험은 76.6%로 낮아지고 민간보험은 13.6%로 높아지는 등 공공보험의 보장영역이 약간 축소되고 있다.

43) 이와 관련해서는 Perronnin, Pierre and Rochereau(2011) 참조.

44) Perronnin, Pierre and Rochereau(2011), p.2.

45) 최병호 외(2005), 임문혁(2010), 신의철 외(2010) 참조.

46) 그 이전에는 공제조합과 의사들이 설립한 질병금고가 의료서비스에 대한 접근권을 보장하고 있었다.

47) 엄밀하게는 데커플랜 이전인 1983년부터 개혁작업이 추진되었다. 병원에의 총액예산제 도입(1983), 체감형 진료보수제 도입(1984)이 그것이다. 후자는 전문의협회와 정부가 합의하여 행위별수가제 하의 목표수준 초과 진료보수를 삭감하는 조치를 지칭한다. 그러나 환자수 파악이 힘들어 이 조치에 의한 비용억제 효과가 제한적이었기 때문에 1989년에는 전문의 진료에 대한 총지출 제한조치가 시행되었다. 佐藤主光(2007) p.45.

48) 1980년대에는 60여 개의 질병보험금고가 있었다.

49) 2005년까지의 분류는 Helderman et al.(2005)에 따른 것이며 2006년 이후 개혁
은 필자가 덧붙인 것이다.

50) 이 같은 가입대상의 확대로 제도의 가입요건이 고용상태에서 수입수준으로 바뀌
었으며 이는 건강보험이 지닌 비스마르크적 제도 특성의 변경을 의미한다. 1999년
에는 가입자가 100만 명이 넘는 거대 질병금고가 6개나 생겨났고 이들 금고 가입
자는 1000만 명으로 전체 국민의 60%를 포괄하게 되었다.

51) 특별의료비보상제도(AWBZ, 1968)는 강제가입의 전 국민 건강보험으로 1년 이상
장기입원, 정신과치료, 고령자 장애자 시설, 재택요양 등이 급여대상이다. 2000년
대 초 기준으로 전체 의료비의 44%를 점하며 2005년 개혁 이전 건강보험의 제
1영역이었다. 제2영역은 급성질환으로 질병금고(동 37%)와 민간보험(동 16%)이
제공하고 제3영역은 건강보험 외 보충형 민영건강보험(3%)의 영역이다. 佐藤主光
(2007), pp.42-43.

52) 이는 분화된 건강보험과 재원조달방식, 연대, 소득에 상응한 비용부담방식 부재
등에 기인하였다.

53) 가입자 소득이 임금상한까지 오르거나 직장 변동이 있는 경우에 이 같은 현상이
발생하였다.

54) 이 같은 조치로 진료서비스 비용의 20% 범위 내 조정이 가능해져 다른 의료공급
자와의 차별화 추구가 가능해졌다.

55) 임금 상한은 3만 1000유로이다.

56) 이는 전 인구의 38%에 적용되었으며, 연소득 2만 6000유로 이하 개인에게는 최
고 522유로, 연소득 4만 7500유로 이하 가구에게는 최고 1475유로의 수당을 지
급한다.

57) 미국 하원 예산위원회 위원장인 라이안(Paul. D. Ryan, 공화당)이 내놓은 메디케
어 개혁안인 '현행 제도 폐지 후 피보험자에게 의료보험 구입 바우처 제공'과 유사
한 측면이 있다.

58) 비슷한 분석결과가 개혁 후 2년의 성과를 분석한 Rosenau P. V. et al.(2008)에서
제시된 바 있다.

59) 이 같은 낮은 신뢰도는 일부 민간병원이 정부 지침을 무시하고 중증환자를 멀리
하고 경증환자 진료를 우선하는 크림스키밍(cream skimming) 현상 등 이윤추구
를 중시하는 의료 일선의 움직임에 근거하고 있는지 모른다. 암스테르담 자유대학
의료센터의 Guadagno and Polman(2010).

60) Thomasson(2003).

61) 1920년대에 의료비가 빠르게 증가하자 1927년에 미국 가계의 의료비를 조사하기 위해 의사, 경제학자, 공적 건강 전문가 등으로 의료비위원회(CCMC: the Committee on the Cost of Medical Care)가 구성되기도 했다.

62) 이는 미국의료협회(AMA: American Medical Association)가 1934년에 10개의 원칙을 채택하면서 시작되어, 1939년에 캘리포니아의사협회(CPS: California Physician's Service)가 최초로 서비스를 개발하고, 미국의료협회가 주 및 지방 지부에 선납제도를 만들 것을 장려함으로써 가능해졌다.

63) 1958년에는 미국민의 약 75%가 어떠한 형태로든 민영건강보험에 가입되어 있었다.

64) Thomasson(2003).

65) 메디케어와 메디케이드는 사회보장법(Social Security Act)에 규정되어 있다.

66) 불법 이민자를 포함한 전 미국 거주자 기준으로 할 경우, 건강보험 미가입자 비율이 2010년 기준으로 19%에 달한다는 보고도 있다. 오바마 건강보험 개혁이 예정대로 추진되면 2016년경 이 비율이 8%로 낮아질 전망이다. 이 중 5%는 불법 이민자이고 3%는 면제자나 벌금부과 대상자로 추정되고 있다.

67) 통계에 따르면 미국의 의료비 지출은 지출규모가 큰 상위 5%의 가입자가 전체 의료비의 50%를 사용하며 하위 50%의 가입자는 전체 의료비의 3% 정도를 사용할 뿐이다. 따라서 보험자는 의료비 지출이 많을 것 같은 기왕증 환자의 가입을 회피함으로써 큰 이득을 추구할 수 있다. Blumberg and Holahan(2009), *NEJM* 361: 6-7.

68) http://www.whitehouse.gov/healthreform/timeline, 2010년 기준으로 작성된 스케줄표이다.

69) David K. Jones(2012).

70) 연방정부는 2013년 1월 각 주가 ACA법 집행과 정보거래소 창설과 통제에 대해 잘 준비하고 있는지 평가할 예정인데 아이러니하게도 연방정부 개입에 반대하는 많은 주에서 사전준비가 미흡하여 통제권을 연방정부에 넘겨주지 않으면 안 될 처지가 될 전망이다. 이들 주의 지도자들은 연방대법원이 전체 ACA법을 헌법 불합치로 판정하고 새 대통령이 행정적으로 집행을 약화시키고 의회가 ACA를 폐기할 것을 기대하는데 이는 상당한 도박이라고 할 수 있다. 이들은 이러한 기대가 허물어질 경우에 대비하지도 않으면서 개혁 관련 조치를 조금이라도 실천에 옮기면 이 법을 용인하여 반대운동에 지장이 될 것을 두려워하고 있다. 그러나 이처럼

기다리는 가운데 주가 건강보험 통제권을 확보할 시간은 점차 짧아지고 있다. D. Jones(2012).

71) ACA법이 연방대법원의 판결을 무사히 통과하고 이 판결 이후 각 주 의회에서 서둘러 소정의 입법절차를 기한 안에 잘 마무리하며, 오바마가 2기 연임에 성공할 경우 건강보험 개혁은 백악관의 계획대로 실천에 옮겨질 수 있을 것이다. 그런데 오바마가 선거에서 패하고 법이 합헌으로 판결날 경우에는 공화당 후보는 대통령의 권한으로 법을 무효화하거나 집행을 늦추는 행정명령을 내릴지 모른다. 의원 선거의 결과가 건강보험 개혁에 미치는 파급효과는 크지 않을 전망이다. 왜냐하면 2012년의 선거에서 공화당이 하원의 다수석을 유지하고 상원의 다수석을 확보한다고 하더라도 ACA법을 폐지하거나 대체하는 데 필요한 상원의 60석 이상(60%) 확보가 쉽지 않을 것으로 예상되기 때문이다.

72) 미국에서 강제적용 건강보험의 기원은 1892년까지 거슬러 올라갈 수 있다. 미국 정부는 그 당시 해운서비스병원(Marine Service Hospital, US Public Health Service의 전신)을 설립하고, 상업선의 선주들에게 그들이 고용하고 있는 선원들을 위한 질병금고에 월 20센트를 기여하도록 요구하였다.

73) 8개 주를 대상으로 주 기반의 강제 건강보험의 도입을 주장하였다.

74) 이 모범법안에 대해서 AMA가 지지했으나 많은 주의 의료협회가 반대하자 나중에는 지지를 철회하였다. 그리고 미국노동자연맹(AFL: American Federation of Labor)은 국민의 건강에 대한 국가 감시체계를 만들어낸다는 이유로 반대하였다. 또한 민영건강보험회사들도 반대하였는데, 이는 강제 의료보험이 장례비용을 보장함으로써 그 당시 민간보험의 주 업무인 장례비보험과 상충된다고 생각했기 때문이다.

75) 강제가입대상이 프랭클린 루스벨트 대통령 때는 노동자, 트루만 대통령 때는 전 국민이었다.

76) Part C와 Part D도 있다. 전자는 Medicare Advantage로 민영보험 가입자가 민영보험을 유지하면서 Medicare 혜택을 받는 것이고 후자는 2006년에 도입된 처방약 플랜이다.

77) Medigap 상품은 초기에 250개 이상에 달하는 등 상품구조가 복잡하여 사용자에게 큰 혼란을 주었으나 1980년 이후 표준화 정책을 추진하여 지금은 A형에서 L형까지의 12가지 형태가 있다.

78) 접근성 문제를 시정하기 위해 가입개방기간(open enrollment period)을 시행

(1991)하여 병력·건강상태와 무관하게 청약자 모두를 인수하도록 하였고, 손해율을 개인 60%, 단체 75%로 설정(1980년 사회보장법 개정)하고 이후 65%로 상향(1990)하였으며, 이 수준 미달 시 보험료 일부를 환불하도록 의무화하였다. 저소득층을 지원하기 위해 Medical Savings Programs(MSP, 1988)을 도입하여 Medicare 급여제외 항목인 본인부담금과 비급여를 지원하고 Part B 보험료를 지원하였다.

79) 이때의 실패 경험을 토대로 오바마 대통령은 2010년의 건강보험 개혁작업 추진의 주도권을 철저히 의회에 넘겼다. 1993~94년의 클린턴 개혁과 달리 의회가 개혁논의를 주도하도록 하였고, 쟁점에 대한 적절한 논박과 반대파 설득을 집요하게 추진하면서 의원들의 마음을 여는 데 성공한 것이다. 1990년대 전반의 건강보험 개혁 실패는 이후 클린턴과 민주당에게 큰 정치적 타격을 남긴 바 있다.

80) Ladenheim(1997)은 이것을 미래에 강제 보험화하기 위한 선제적 조치로 이해한다.

81) MSA는 소득공제 혜택을 주는 대신에 65세 이전에는 의료비 용도로만 인출할 수 있으나 65세 이후에는 자유롭게 인출하도록 한 제도이다. 만약 65세 이전에 의료비 이외의 용도로 인출이 이루어지면 소득세와 함께 15%의 벌금이 부여되었다. 그런데 MSA는 '메디케어 처방약, 개선 및 현대화법2003(Medicare Prescription Drug, Improvement, and Modernization Act of 2003)'의 제정과 함께 HSA(Health Saving Account)로 대체되었다.

82) 사회보장법 제21편에 균형예산법(Balanced Budget Act)을 제정하는 형태로 도입되었다.

83) 이 제도는 2009년 2월에 오바마 대통령이 '아동건강보험제도 재승인법 2009(Children's Health Insurance Program Reauthorization Act of 2009)'에 서명함으로써 2013년까지 CHIP 예산을 조달할 수 있게 되었다.

84) 이 법은 선납 단체진료를 금지한 주법을 대체하였으며, 최소 25인 이상의 종업원을 고용한 기업이 종업원 등으로부터 HMO 제공을 요구받으면 연방정부가 승인한 HMO를 제공하도록 강제하였다.

85) EPO는 긴급 시를 제외하고 PPO 네트워크 내 의사에게만 진료받을 수 있는 플랜으로 공제금이 없고 PPO나 CDHP보다 보험적용 서비스가 넓지만 보험료는 다소 높다.

86) 의료보험조합의 숫자는 1978년의 513개에서 시작하여 1979년의 603개(공교 포함 시 604개)로 피크에 달했다가 이후 150여 개 수준으로 준다. 1988년에 지역조합

이 생기면서 295개로 크게 늘어난 후 1991년에 421개로 늘었다가 1997년 373개,
1998년 143개, 1999년 141개를 거쳐 2000년에 1개로 통합된다.

87) 프랑스의 경우 의료공급이 공·사 혼합체계였고 다양한 각도에서 경쟁이 심화되었
지만 효율성 측면에서는 큰 성과를 거두지 못한 것으로 평가되고 있다.

88) 물론 정권이 바뀌면 달라지는 것도 있다. 가령 2010년에 들어선 보수당과 자유민
주당 연합정권은 노동당 정권이 1차진료트러스트(primary care trusts)에 부여한
NHS 예산지출권 등(2000)을 일반의(GP) 컨소시엄에 되돌려주려고 시도하였으며,
왕립간호대학과 영국의사협회(BMA), 공공서비스노조, 일반노조 등의 반대로 일
시중지 되었다가 2012년 3월에 관련법(Health and Socail Care Act 2012)이 발효
되었다.

89) 국내 의료전달체계의 최근 동향에 대해서는 조재국(2010)을 참조.

제4장

1) 건강보험의 보장성 비교를 위한 가장 일반적인 지표는 국민의료비 중 공공부문(혹
은 일반정부) 부담액의 비율이다.

2) OECD(2011), *Health at a Glance 2011 OECD Indicators*, p.157, figure 7.5.1 참조.
우리나라의 경우 공공부문(일반정부) 58%, 본인부담 32%, 민간보험 5%, 기타 5%
로 나타나고 있다.

3) OECD Health Data 2011−Frequently Requested Data, Health expenditure by
financing agent/scheme, Out−of−pocket payments (households), %

4) 김철중(2008).

5) Roemer(1991).

6) 보다 자세한 내용은 정형선(2004) 참조.

7) http://stats.oecd.org/index.aspx?DataSetCode=HEALTH_STAT#

8) 건강보험보장률은 국민건강보험부담/(국민건강보험부담+법정본인부담+비급여본인
부담)으로 계산된다. 여기서 국민건강보험부담은 건강보험급여액이다. 이 조사의 목
적은 비급여진료비를 포함한 전체 진료비 내역을 파악하고 이를 토대로 건강보험보
장률과 본인부담률을 계산해 내는 것이다. 다만 표본선정의 적합성 문제, 조사결과
얻어지는 건강보험보장률이 국제비교 가능 지표가 아니며 비급여 관리수단이 없는
상태에서 정책목표 지표로 사용되지 않고 있는 점 등이 문제점으로 지적되고 있다.
대안으로 '필수의료서비스에 대한 보장률' 또는 '전체 의료비(보철비, 첩약비, 일반

매약비 등 포함) 중 건강보험부담 비율' 등의 지표가 거론되고 있다. 참고로 '건강보험급여율(혹은 건강보험부담률)'은 국민건강보험부담/(국민건강보험부담+법정본인부담)으로 정의된다. 국민건강보험공단(2010), 「2009년도 건강보험 환자 진료지 실태조사」 연구보고서 2010-05, 국민건강보험공단(2012) 보도자료, 2012.2.8.

9) 우리보다 공공부문 부담이 작은 나라로 멕시코(48%), 미국(48%), 칠레(47%)가 있다. 반대로 부담이 큰 나라에는 네덜란드(85%), 영국(84%), 일본(81%), 프랑스(78%), 독일(77%) 등이 있다.

10) OECD에 보고되는 국내 민영건강보험의 급여액이 실상을 제대로 반영하고 있는지에 대해 논란이 없지 않다. 민영건강보험의 상품 특성상 정액형의 경우 보험회사 지급보험금 중 건강보험 급여가 어느 정도 포함되어 있는지 명확히 파악하기 어렵다. 이를 고려하면 OECD에 보고되는 민영건강보험 숫치는 실제보다 과소 추정되고 있다고 말할 수 있을지 모른다.

11) 주된 외래수술로는 요관결석제거술 등의 비뇨기과 수술, 편도 제거술 등의 이비인후과 수술, 백내장 제거술 등의 안과 수술이 있다. 건강보험공단 보도자료, 2012.2.8.

12) Randall(2010).

13) 국민건강보험공단(2010) 건강보장선진화위원회 활동보고서 p.102. 두 번째 보장률(의과영역)은 총진료비에서 한방, 치과, 약국을 제외하고 계산하며 세 번째 보장률은 한방, 치과만을 제외하고 계산한다.

14) 재난적(과부담) 의료비 지출은 다양하게 정의될 수 있으나 WHO는 "가구 총수입에서 의료비 지출이 차지하는 비중이 40% 이상인 경우"로 정의하고 있다. Xu, et al.(2003).

15) 국회입법조사처(2010).

16) 국민건강보험의 보장성 강화에 따라 소비자가 직면하게 되는 과다보장과 과소보장에 대한 보험수리적 분석은 정기택 외(2008) 참조.

17) 건강보험의 재정 개선과 30년 건강보장 비전을 수립하고 실행방안을 마련하기 위해 2010년에 건강보장선진화위원회가 구성되어 그해 12월까지 한시적으로 운영되었다. 45인의 전문가로 구성되어 제도기획, 지불제도, 보장성, 재정, 평생건강, 장기요양 등 6개 분과위원회가 구성되었다. 본서에서는 위원회보고서 중 필자가 작성한 기본급여 설정과 본인부담 진료비 적정화 부분을 발췌하여 요약하였다.

18) 네덜란드 보험사들은 환자가 운동이나 생활습관 개선으로 주사제 등 고비용이 드

는 치료에서 벗어날 경우 보험료 할인 등 인센티브를 제공하고 환자가 운동 프로그램에 참여하면 가입비도 지원해준다. 미국 United Health Group은 만성질환자가 처방된 행동을 하면 의료저축계정(medical savings account)에 예금해주는 우대조치를 부여하고 있다.

19) 이 같은 사업의 원활한 전개를 위해서는 당연히 시범사업의 실시가 전제되어야 할 것이다.

20) 2005년의 네덜란드 개혁이 대표적이다. 네덜란드는 모든 국민에게 민영보험회사가 제공하는 정부 규정의 기본 건강보험에 의무가입토록 하였으나 보험회사 선택은 가입자의 자유이다. 기본 건강보험이 보장하지 않는 서비스는 임의가입의 보충형 보험으로 해결토록 하고 있다.

21) 같은 개념을 건강보장선진화위원회 활동보고서(2010)는 이 용어를 사용하여 표현하고 있다.

22) 기본급여는 모든 국민이 지불능력에 무관하게 받을 수 있는 최소한의 진료내용으로서 의료보장체계의 기본을 형성하는 개념이다. Eddy(1991).

23) 김계현 외(2011).

24) 네거티브 리스트 방식은 국민건강보험공단이 사전에 예상하지 못한 질환과 치료법도 급여대상에 포함시키므로 건강보험 재정안정에 부담을 줄 수 있고 이해관계자들 간에 불필요한 갈등을 유발할 수 있다.

25) 기본급여 범위 설정과 관련한 해외 사례(미국, 영국)와 요건이 건강보장선진화위원회 활동보고서(2010, pp.106-107)에 소개되어 있어 그 요건을 본고에서 인용하였다. 미국의 메디케어는 '합리적이고 필요한' 서비스로, 민영보험회사는 '의학적으로 필요한' '의학적으로 적합한' 서비스로 규정한다. 영국(NICE)은 '사회적 가치를 고려한 의료기술 가치판단 과정을 거쳐 권고하는' 서비스로 규정하고 있다.

26) 1999년에 설립된 보건성 산하 특별보건기구(Special Health Authority)이며, 2012년 3월에 제정된 The Health and Social Care Act of 2012에 따라 2013년 4월에 공공기관(NDPB: Non Departmental Public Body)인 Public Health England로 바뀔 예정이다. 역할은 NHS가 제공하는 진료서비스의 지역별 접근도와 질적 차별을 줄이는 것이다. 이를 위해 증거에 입각한 가이드라인과 해법을 제시, 일선의 진료, 처치, 절차 관련 불확실성을 줄이고 양질의 진료를 보장하며, NHS 예산지출의 가치를 높이려고 노력하고 있다. 위법은 NICE에 social care 부문 질적 표준 설정을 새 업무영역으로 부여하였다. http://www.nice.org.uk/aboutnice/

whoweare/who_we_are.jsp

27) 2008년 12월에 설립된 기관으로 보건의료기술, 제품에 대한 경제성 분석, 임상성과 평가를 통해 객관적이고 과학적인 근거를 소비자, 보험자, 의료기관 등에 제공함으로써 의료비용의 효율성을 높이고 보건의료산업 활성화에 기여하는 것이 설립 목적이다.

28) 이하의 내용 중 소득수준과 실진료비 지출을 고려한 보장성 강화, 본인부담액 상한제 기준 세분화는 건강보장선진화위원회(2010) 활동보고서에도 수록되어 있다. pp.122-123.

29) 건강보장선진화위원회(2010) 활동보고서 p.124 표 Ⅱ-7.

30) 국민건강보험공단이 제시하는 건강보험급여율(=건강보험급여/(건강보험급여+법정본인부담))은 74.5%이고 법정본인부담률은 25.5%로 여기서 제시된 값과 다르다(보도자료, 2012.2.8). 이 같은 차이는 건강보험급여율 계산 시 전체 의료비와 건강보험급여비에서 보철비, 첩약비, 일반매약비, 성형 등의 비용이 제외되었기 때문이다. 국민건강보험공단·건강보험심사평가원(2011), 『2010 건강보험통계연보』.

31) 물론 가입자가 낸 보험료는 위험보험료보다 더 많다. 많은 보험상품의 보험료에는 위험보험료 외에 저축보험료, 사업비가 포함되어 있다. 위험보험료 내역은 이 책의 〈표 7-1〉 참조.

32) 이는 서울아산병원에서 시행 중인 통합진료시스템 및 일부 대형병원에서 채택하고 있는 통합의료정보시스템과 구별되는 개념이다. 아산병원의 통합진료시스템은 진료, 검사, 치료계획 수립, 수술 및 항암·방사선치료, 사후관리 등 크게 5단계로 이어지는 암 치료 과정 중 진료 치료계획 수립 단계에서 여러 과 담당자가 모여 한 번에 의견을 도출하는 체계를 지칭하며, 이는 진료와 교육, 연구가 유기적으로 결합된 모형의 하나이다. 그리고 일산병원, 충남대병원 등이 채택한 통합의료정보시스템은 병원과 전체 의료진이 유무선 네트워크의 병원정보시스템으로 연결되는 체제로 전자의무기록(EMR), 처방전달시스템(OCS), 일반관리 및 경영정보시스템, 종합건강증진시스템, 의사결정시스템(CDSS), 진료수익과 환자정보 분석이 가능한 전사적데이터웨어하우스(EDW), 임상지표(CI), 지역병원들 간 정보교류 기반 조성, 병원 간 협진, 전자문서 및 메신저 시스템 등을 포함한다. 이 같은 시스템이 궤도에 오르면 환자들은 4-Less(Chartless, Slipless, Filmless, Paperless) 서비스를 제공받아 대기시간 단축, 진료정보 안정화, 진료의 질 향상을 기대할 수 있고, 의료진과 행정인력 등 내부 직원들의 업무효율도 크게 높아질 것이다.

제5장

1) OECD(2011) Health at a Glance 2011, p.156.

2) 진료비 대신 의료비라는 용어가 사용되기도 한다. 두 용어에 본질적인 차이가 있는 것은 아니지만 국내에서는 건강보험 관련 의료비를 진료비로, 건강보험 진료비에 비급여진료비 등을 합친 금액을 의료비(health expenditure)라고 칭하는 이들도 있다. 일본에서는 구별 없이 의료비라는 이름으로 사용되고 있고, OECD도 helath expenditure라는 용어 이외의 다른 용어를 사용하지 않는 것으로 보아 진료비라는 이름은 국내 건강보험 관계자들이 주로 사용하는 것으로 이해된다.

3) 기타 의료비재원도달방식으로는 의료이용을 위한 바우처(vouchers)제도가 있을 수 있는데 이는 재정지출을 억제하기 위한 장치로서 대안적인 재원조달방식으로 알려져 있다. 또 다른 형태의 의료비재원도달방식으로 복권, 웹사이트 모금, 기부금 등이 있으며 보충적인 재원조달방식이다. 이에 대한 자세한 내용은 최인덕 외(2006), p.56 참조.

4) 최인덕 외(2006), p.54.

5) 2002년 1월에 제정된 건강보험 재정건전화특별법에 따라 지역가입자 보험급여 비용과 지역가입자 건강보험사업 운영비의 40%(2005년부터 35%)를 국고에서, 10%(2005년부터 15%)를 국민건강증진기금에서 지원하였다. 이후 국민건강보험법(제92조)에 따라 2007년부터 당해연도 보험료 예상수입액의 14%를 정부지원으로, 동 6%를 건강증진기금으로 지원하고 있으며 2011년 말까지의 한정적 지원이다. 이후의 운영실적은 평균 17% 수준으로 법이 정하는 수준을 밑돌았다. 2012년 5월 현재 법개정이 미뤄지고 있다. 정부(기획재정부, 보건복지부)는 일몰기한을 연장할 생각으로 있지만 이해관계자들에게 약제비 절감, 피부양자 보험료 개선 등의 조치가 먼저 이행되어야 한다고 주문하고 있다. 본장의 미주 14 참조.

6) 2009년 기준으로 9.9%의 노인인구가 전체 건강보험 재정의 30.5%를 소비하고 있으며 노인 1인당 진료비도 전체 평균 진료비(81만 원)에 비해 3.1배 높다.

7) 박형수·전병목(2009), p.19 참조.

8) 이에 대한 자세한 내용은 오영수(2011), p.7 참조.

9) 이와 같은 이원화 구조는 직장가입자인 임금소득자에 비해 상대적으로 소득 파악률이 낮은 도시 자영업자와 농어민에 대한 상이한 부과체계의 적용 때문이다. 즉 지역가입자의 경우 직장가입자와 달리 소득 파악률이 매우 낮아 보험료 산정을 위한 소득추정을 위하여 부득이하게 재산, 자동차 등과 같은 요소를 활용한 부과표

준소득(점수)을 부과기준으로 설정하고 있다.

10) 국민건강보험법 시행령 제40조의 2(보험료부과점수의 산정기준).

11) 피부양자 인정기준: 사업자등록이 되어 있지 않은 자로서 소득세법 제4조 제1항 제1호의 규정에 의한 종합소득 중 사업소득과 임대소득의 연간 합계액이 500만 원 이하인 자.

12) 부과체계의 역진성, 부과체계의 복잡성 등에 대한 자세한 내용은 신영석(2011), pp.28-30 참조.

13) 신영석 외(2010, p.62)는 부동산 양도소득, 금융소득, 임대소득은 소득이 실현되는 시점에서 국세청이 원천징수하여 국민건강보험공단에 이관하는 것이 바람직하다고 주장하고 있다.

14) 국민건강보험법 제92조(보험재정에 대한 정부지원) ① 국가는 매년 예산의 범위 안에서 당해연도 보험료 예상수입액의 100분의 14에 상당하는 금액을 국고에서 공단에 지원한다. ② 공단은 국민건강증진법이 정하는 바에 따라 동법에 따른 국민건강증진기금에서 자금을 지원받을 수 있다. 부칙 2조 (유효기간) 제92조의 개정규정은 2011년 12월 31일까지 효력을 가진다.

15) 국고지원과 관련된 자세한 쟁점에 대해서는 오영수(2011), pp.6-7 참조.

16) 국산 담배에 외국계 담배까지 합친 담배소비량은 이와 다른 모습을 보일지 모른다. 2011년 상반기 기준으로 국산 담배업체인 KT&G의 시장점유율은 59.8%를 보이고 있으며 이 비율은 담배가격의 인상이나 신상품 출시 등에 따라 수시로 바뀌고 있다.

17) 기존의 보장성 강화책 마련 과정에서 의사결정 과정의 투명성이 부족하고 의견수렴 절차가 적절하지 못한 경우가 없지 않았다. 윤희숙(2007)은 "핵심적인 문제점들이 정책 시행 이후에야 지적되는 것은 정책결정과정 내에 충분한 연구와 의견수렴을 강제할 수 있는 장치가 없었기 때문이며, 보장성 강화 정책이 보험재정에 미칠 장기적 영향을 고려할 때 제도적 정비가 시급"하다고 지적하고 있다. 즉 "의사결정 과정 내에 광범위한 전문가 계층의 의견수렴 절차를 명시하고 초안의 공시와 이의제기 기간의 명시를 의무화할 필요가 있으며, 기초연구를 수행한 주체가 누구인지, 이를 기반으로 어떠한 기준에 의해 결정했는지를 명시하고, 기초연구와 재정추계는 전문성을 바탕으로 의뢰하되 결과는 제3자에게 검증받을 필요가 있다"고 주장하고 있다.

18) OECD 국가의 경우, 자국의 건강보험체계에 따라 국고지원 규모가 꽤 다르다. 공

적건강보험 재원 중 사회보장기금을 뺀 일반정부의 구성비를 보면 2009년 기준 우리가 20.8%, 프랑스 7.2%, 독일 8.9%, 네덜란드 10.4%, 일본 12.3%, 미국 13.9%, 스위스 31.7%, 이스라엘 28.8%로 우리보다 낮은 나라가 많다.

제6장

1) 다른 유형화 사례의 하나가 〈부표 6-2〉에 정리되어 있다.

2) 양채열(2008, p.58)은 "고정비가 존재하는 상황에서 행위별 수가도 일정 수준의 조업도를 기준으로 하여 결정되었을 것을 감안하면, 공급자도 조업도의 차이(미달)에 따른 위험을 분담하게 된다"고 주장한다. 그러나 조업도의 차이가 의료의 질 등과 관련되는 한에서는 이러한 주장은 큰 의미가 없을 것이다. 즉 가격체계가 아니라 의료의 질이 나빠 진료량이 줄어든 것이기 때문이다. 다만 이러한 주장은 원가의 중요성을 강조한 것으로 이해된다.

3) 행위별수가제 자체로 인해 서비스 질이 낮아졌다고 하는 것에 대한 실증분석 결과는 명확하지 않다.

4) Casto and Layman(2006), Jacobs(1991). 김양균(2010, p.13) 재인용.

5) 김창엽(2009).

6) DRG는 처음에는 병원경영의 분석과 효율화를 위해 미국의 예일대학 팀에 의해 1960년대 말부터 10여 년에 걸쳐 개발된 입원환자 분류체계이다. 김창엽(2010, p.347). 이후 현업에 활용되기 시작한 것은 1983년부터이다. 당초 DRG는 메디케어 예산 중 병원으로 지출되는 부분을 제한하려고 고안되었으며, 1980년부터 3년간 뉴저지 주에서 실험이 계속되었다. 실험결과는 신통치 않았지만 미 정부는 1983년 DRG를 전체 병원으로 확대하기로 결정하였다. 뉴저지 실험에서는 병원들을 흑자, 수지균형, 적자의 3그룹으로 나눈 다음 3년간 대상 병원을 늘려가며 유사 질환에 대한 진료비 추적작업을 계속하였다. wikipedia "Dignosis-related group". 한 가지 흥미로운 것은 DRG 도입에 한국인 의학자가 크게 기여하였다는 사실이다. 서울대(병원) 신영수 박사가 1977년 미 예일대 사회정책연구소 보건정책책임연구원으로 일할 때 미 정부의 300만 달러의 용역을 수주하여 내놓은 것이 DRG라는 것이다. 이 플랜은 뉴저지 주를 포함한 5개주의 시범사업을 거쳐 150여 개 지방의료평가위원회(PSRO)에서 시험적으로 사용, 좋은 평가가 내려져 채택되었다는 것이다. 경향신문, 1980.8.28.

7) 국내에서도 1980년대 중반에 포괄수가제를 보건복지부(당시의 보건사회부)가 부분

실시하려는 계획을 발표하기도 하였다. 당시 정부는 연세의료원에 용역을 주어 상병별 빈도 등 기초조사에 나서도록 했다. 매일경제, 1980.6.7.

8) DRG는 최초에 개발된 이후 각국의 상이한 의료환경 하에서 적용되면서 다양한 형태로 발전되었는데 이에 대해서는 뒤에서 자세히 정리하고 있다.

9) 김창엽(2009).

10) 최병호·신정윤(2004).

11) 총액계약제의 개념, 분류, 진료비 및 예산 산정 방법 등에 대해서는 정석훈·이용균(2010, pp.37-45)을 참조.

12) OECD(2010).

13) 신영석 외(2010), pp.76-77.

14) 양명생(2007), p.22.

15) 1951년에 제정·공포된 국민의료법이 1962년 3월에 의료법으로 개칭되었다.

16) 이에 대해 의료계는 일반수가의 45% 수준이라고 주장하였다. 양명생(2007), p.24.

17) 수가제도가 본격적으로 영향력을 발휘하게 된 것은 1989년 도시지역 자영업자에게까지 의료보험이 확대적용되면서부터이다. 또한 이는 의료보험에 국한되지 않고 의료보호는 물론 산재보험, 자동차보험 등의 수가에도 적용된다.

18) 상대가치는 의사 업무량, 진료비용, 위험도 상대가치로 구성되는데, 우리나라에서는 이를 구분하지 않은 채 도입하였다. 그 후에 이를 의사의 업무량과 진료비용으로 분리하였고, 위험도 상대가치를 신설하였다.

19) 미국의 경우 상대가치를 도입한 후 10년간은 변환지수를 사용하였지만 지금은 직접비용 자료를 그대로 사용하고 있다.

20) 1960년대 말 미국 예일대학에서 10년간에 걸쳐 병원의 산출물을 정의하고자 개발된 입원환자 분류체계이다. 우리나라에서는 1986년 서울대학교 병원연구소가 의료보험청구 심사업무의 개선에 사용할 목적으로 KDRG 분류체계를 개발하였다가 1991년도에 중증도에 따라 세분화된 미국의 Refined DRG를 바탕으로 할 Refined KDRG가 개발되었다. 정석훈·이용균(2010, p.54) 참조.

21) 포괄수가제는 2012년 5월 기준 7개 질병군으로 입원한 경우에 한해 적용되고 있는데, 이 7개 질병군은 중증 정도에 따라 다시 52개 질병군으로 세분화되어 있다.

22) 신포괄수가제 계산식은 다음과 같다. DRG 진료비=(포괄기준수가±일당진료비)+10만 원 이상 행위별진료비(수술료, 검사료 등)+진료비 열외군 추가지불

23) 보건복지부(2010).

24) 조용운·김세환(2005).

25) 신영석 외(2010), p.74.

26) 대표적으로 김진수 외(2003), 주정미 외(2009) 등을 들 수 있다.

27) 김진수 외(2003).

28) 주정미 외(2009).

29) 신영석(2011).

30) 보건복지부(2003).

31) 허순임·황도경·정설희·이선경(2008).

32) 신영석 외(2010), p.75.

33) 강길원(2010).

34) 신영석 외(2010), p.75.

35) 보건복지부(2009).

36) 자세한 내용은 신영석 외(2010, pp.75-76).

37) 강길원(2010)이 대표적이다.

38) 김진현(2009).

39) Health Care Financing Agency가 채용한 DRG.

40) 이들 국가들의 DRG 도입과정에 대해서는 松田晋哉(2006)를 기초로 정리하였다.

41) 허순임(2009).

42) 정석훈·이용균(2010, p.88).

43) 권순만(2011).

44) 최병호·신윤정(2004).

45) 이에 대한 자세한 분석은 강길원(2010) 참조.

46) 2012년 2월 15일, 건강보험정책심의위원회가 7개 질병군에 대한 포괄수가제 발전 방안을 의결한 배경에는 이들 공급자 단체의 강한 반대와 로비가 직간접으로 영향을 미쳤을 것으로 추정해볼 수 있다. 즉 이들은 국민건강보험공단이 생각하는 총액계약제보다는 포괄수가제를 받아들이는 것이 유리하다고 판단했을 것이다.

47) 대부분의 서유럽 국가들은 이와는 정반대로 공공부문에 의한 의료공급 비율이 90% 수준이다.

48) 진료비에서 의사 인건비와 나머지 병원진료비, 즉 영상장비 수가, 약제비, 검사비, 입원비, 식대 등을 분리하자는 주장은 오래전부터 공급자 단체에서 주장해왔다. 미국이 이러한 방식을 채택하고 있으나 정부는 이 같은 방식이 진료비 증가로 이

어질 것을 우려하여 받아들이지 않았다. 그동안 시범적으로 시행해온 포괄수가제도 분리 아닌 통합방식으로 운영되어 왔다.

제7장

1) 2011년 5월 한국보건사회연구원이 주최한 보험의료정책 포럼에서 발표된 내용이다.

2) '건강보험 하나로' 운동을 펼치는 사람들은 건강보험 사회보험주의자라고 볼 수 있다. 이들은 국민건강보험만으로 모든 병원비를 보장하도록 하자고 주장하면서 민영건강보험(실손보험)은 가입하지 말고 모든 국민이 건강보험 보험료를 1만 1000원만 더 내면 모든 병원비가 해결된다고 주장한다. 모든 병원비를 국민건강보험 하나로 시민회의(2010).

3) 원래 보험에서 정보 비대칭 문제는 보험가입자의 리스크를 보험회사는 알 수 없기 때문에 보험회사의 보험가입자에 대한 정보가 상대적으로 부족하다는 차원에서 '정보 비대칭'이라는 용어가 주로 사용되고 연구되었지만, 소비자 입장에서는 보험상품에 대한 정보를 잘 알 수 없기 때문에 소비자 역시 정보 비대칭 상태에 있다고 볼 수 있다.

4) 한국소비자원에 따르면 2010년 민영보험 피해구제 신청건수 1136건은 2009년의 767건에 비해 48.1%가 증가하였고 종목별로는 민영건강보험(의료비보장보험)이 46.2%로 가장 많았고 그 다음이 변액보험으로 15.5%였다. 한국보험신문, 2011.7.25.

5) 이러한 연구는 연구기간, 연구방법, 분석대상이 되는 상품 등에 따라서 달라질 수밖에 없다. 강성욱 외(2011), 박성복·정기호(2011)를 참조.

6) 건강보험은 현재 상태로도 지속가능성 문제가 있다. 그 원인은 급격하게 증가하고 있는 노인의료비인데, 2011년 1사분기만 해도 65세 이상 노인의료비는 3조 4000억 원이 넘어 전체 의료비 지출의 31.6%를 차지했다. 이는 전체 건강보험 적용인구(4900만 명) 대비 노인인구(501만 명) 비율이 10.2%임을 감안하면 청장년층에 비해 노인의료비가 3배 정도 된다는 사실이다. 나아가 소득이 투명한 직장인에 비해 자영업자 소득은 여전히 잘 드러나지 않아 이들이 능력에 부합하는 보험료 부담을 하지 않는 것도 큰 문제이다. 한국경제신문, 2011.7.31. 이러한 문제를 방치한 채 보장성 확대를 위해 보험료를 인상하는 것이 국민의 지지를 받을 수 있을지 의문이다.

7) 프랑스 사례는 Durand-Zaleski et al. Kerleau et al.(2009), Thomson et al.(2009), 이호용 외(2009)를 참조.

8) 독일 사례는 Thomson et al.(2009)과 문성용 외(2008), 충북대학교(2005)를 참조.

9) 네덜란드 사례는 Thomson et al.(2009)과 문성용 외(2008) 등을 참조.

10) 네덜란드의 의료보험과 의료산업 운영방식은 이명박 정부가 들어서면서 벤치마킹 대상으로 큰 관심을 끌었지만 일선에서의 정책변화로 이어지지 못했다. 머니투데 이, 2008.4.15 참조.

11) "네덜란드식 의료보험이 뭐길래…", 머니투데이, 2008.4.18.

제8장

1) i세브란스(www.iseverance.com/healthinfo)

2) 양자가 무관하다는 근거는 KBS 2TV 비타민 도서에서 찾아내었다. 대한의사협회 등 공식적인 전문가 기관의 의견이 있는 것으로 알고 있으나 확인하지는 못하였다. 다만 많은 병의원은 양쪽이 관련이 있는 것처럼 광고하고 있다.

3) 패드테스트란 색소가 있는 물을 마시게 한 후 기침을 하거나 걷도록 해 패드에 새 는지를 확인하는 방법이며, 요류역학검사는 도뇨관을 삽입하여 요도압력 등을 테 스트 하는 방법이다.

4) 의료계에서는 패드테스트는 저렴하나 요류역학검사는 검사비용이 17만 원 정도 소 요되어 오히려 건강보험의 재정을 악화시킨다고 주장하고 있다.

5) Evans Robert, G.(1974).

6) Rice T.(1983).

7) 배상책임보험에서는 계약자가 유발한 피해자의 정신적 쇼크에 대한 배상도 제공할 수 있다.

제9장

1) 업무상의 사유는 업무상의 사고와 질병을 말한다.

2) 다만 취업하지 못한 기간이 3일 이내이면 지급하지 아니한다. 참고로 그동안 산재 보험이 아닌 국민건강보험에 상병급여제도를 도입하자는 움직임이 일부 전문가들 에 의해 제기되어 온 바 있다. 그런데 2012년 4월의 총선에서 새누리당을 제외한 거의 모든 정당이 국민건강보험에 상병급여제도를 도입하는데 대해 지지하고 있다. 복지국가실현연석회의(2012.3.28) 보도자료.

3) 산업재해보상보험법 제66조(상병보상연금).

4) 고용보험의 피보험자란에 기재된 자로서 180일 이상 근무한 자, 보험증권에 피보험 자로 기재된 자.

5) 보장개시일(책임개시일)이라 함은 보험계약일로부터 그날을 포함하여 180일이 지 난 날의 다음 날을 가리킨다.

6) 미국에서도 1970년대 후반에 소득보상보험의 인수기준을 완화하면서 도덕적 위험 에 꽤 노출된 바 있다.

7) 소득보상보험의 요율산출 과정에 대해서는 General Cologne Re(2001), Risk Insights, Vol.5, No.2를 참조할 것.

제10장

1) 보험서비스와 윤리적 측면에 대한 논의는 이경룡 외(2003) 및 이봉주 외(2004) 참조.

2) 강병서 외(2010) pp.270-282 및 Diacon and Christine(1996), 이하의 내용은 이 경룡 외(2003) 및 이봉주 외(2004)에서 참조.

3) 이경룡 외(2003)를 토대로 재구성함.

4) 예컨대 미국의 프루덴샬은 14억 달러의 손해배상으로 8억 1000만 달러의 세후손 실을 기록하였고 급기야 신용도가 1995년에 A+에서 A로 하락하였다. 메트로폴리 탄도 수입보험료 감소와 영업이익의 하락으로 1994년 AA+에서 A+로 신용도가 내 려갔다.

5) Cooper and Garry(2002).

6) 다만 녹십자생명 등 일부 보험회사의 경우에는 전직 간호사 등 의료분야에 전문지 식이 있는 사람들을 설계사로 채용하여 이러한 문제를 극복하려는 노력을 보여주 기도 했다.

7) 정진택(2009).

8) 강영구(2010), pp.14-15.

9) 이하 내용은 강영구(2010, p.13) 참조.

10) 전게서 참조.

11) 이병욱 웹사이트 글 참조.

12) Brockett and Tankersley(1997), p.1668.

13) 전게서, p.1674.

14) 따라서 이 장에서는 도덕적 해이를 정신적 위태와 도덕적 위태를 포함하는 개념 으로 사용한다.

15) Arrow(1963), Pauly(1968) 등의 경제학자들이 제시한 바와 같이 정신적 위태는

합리적인 경제적 행위의 결과이기도 하다. 왜냐하면 건강보험의 존재는 의료서비스의 한계비용을 감소시킴으로써 의료이용을 더 많이 하도록 하기 때문이다.

16) 80% 공동보험의 약관이 있는 건강보험이라면 의료비의 80%를 민영건강보험회사가 지불하고, 나머지 20%는 본인이 부담하게 된다.

17) Feldman and Dowd(1991)은 정신적 위태로 인한 손실과 위험감소이득을 고려할 때, 의료비의 5%를 소비자가 본인부담하는 보험과 전혀 부담하지 않는 보험을 계량경제적으로 추정한 후 5% 부담 쪽이 후생적인 측면에서 우수하다고 보고한다.

18) 한국경제신문, 2011.7.31.

19) 보험경영연구회(2010), p.95.

20) 송윤아·정인영(2011), pp.11−27.

21) 조선일보, 2011.11.4.

22) 조선일보, 2011.11.5.

23) 2011년 국회에 제출된 보험업법개정안은 간접적으로나마 보험사기죄를 예방하고자 하는 취지에서 발의된 법안이지만 그것으로 소기의 성과를 거둘 수 있을지는 의문이다.

24) 박지연·채희율(2003)은 건강보험 본인부담률의 인상으로 초진횟수는 감소하나 재진횟수는 크게 증가시켜 전체적으로는 내원일수를 증가시킴으로써 건강보험 재정에 부정적 영향을 미친다는 결과를 보고한 바 있다. 이는 의료공급자의 유인수요가 존재한다는 것을 의미하며, 의료공급자의 도덕적 해이가 상당할 수 있음을 시사한다.

25) 김한중 외(2003), p.205.

제11장

1) 일부에서는 2009년의 보장수준이 64%라는 것에 대해서 의문을 제기한다. 이는 보장수준의 추계에 사용되는 통계의 일관성이 부족한 데서 기인하고 있는데, 이에 대해 국민건강보험공단은 현행 보장률 지표의 한계를 보완하기 위해 코호트 기관을 선정해 매년 동일한 기관을 대상으로 조사를 진행하고, 비급여 자료 제출 의무화 장치 마련도 검토하는 등 보완책을 강구 중이다.

2) 의료공급자가 의료기관의 경쟁력 제고 차원에서 고가의 장비를 들여놓은 후 이에 대한 비용을 회수하기 위해 장비회전율을 높이기 위한 방법으로 비급여진료를 확대한 데서 비롯되기도 하였다.

3) 국민건강보험공단은 김진수 외(2007)의 연구에서 당기수지가 추계의 시작년도인 2008년부터 적자를 보이기 시작하여 해를 거듭할수록 규모가 확대되어 2030년에는 적자규모가 27조 원에 이를 것으로 전망하였다. 또한 신영석 외(2010)도 2020년까지 급여비를 추계한 후에 80조 원에 이르는 급여비를 감당하기 위해서는 소득 대비 10% 이상을 보험료로 부담해야 하는데, 그러한 수준은 우리나라 국민들이 감내하기 어려울 것이라고 평가하였다.

4) 기존에는 3개월 이상 체납 시 급여가 제한되었는데 2008년 9월 3일자로 국민건강보험법 시행령(제27조)이 개정되어 6회 이상 체납 시 급여제한으로 기준이 바뀌었다. 이하에서는 과거자료와의 비교 편의를 위해 그대로 3개월 체납을 기준으로 급여가 제한된다고 보았다.

5) 진보신당(2010).

6) 신현웅(2009), p.13.

7) 장경원(2009), p.4에서 재인용.

8) 2007년에는 1.6만 명 수준이었다.

9) 이를 위해 정부는 2009년 1월 30일에 우선 외국인 환자에 대한 유인·알선, 외국인 환자 유치 의료기관 및 유치업자의 등록을 허용하는 형태로 의료법을 개정했다.

10) 참여정부는 2005년 10월 5일에 대통령 소속 하에 국무총리를 위원장으로 하고 정부위원 10명과 민간위원 20명으로 구성한 의료산업선진화위원회를 출범시켰다. 의료산업선진화위원회는 효율적인 운영을 위하여 의료산업발전소위원회와 보건의료서비스제도개선소위원회의 2개 소위원회를 구성·운영하고, 위원회에서 논의될 사항들에 대한 전문적인 연구·검토를 담당할 분야별 전문위원회(6개)를 구성·운영하였다. 6개 분야는 ① 의약품 ② 의료기기 ③ 첨단의료복합단지 ④ 의료연구개발 ⑤ 의료제도 개선 ⑥ e-Health이다.

11) 의료산업은 국민의 건강 등 생명 현상과 관련된 제품과 서비스를 제공하는 산업으로, 장기간에 걸친 막대한 투자, 임상시험에 따른 엄격한 규제, 세계시장 단위의 규모의 경제가 발생하는 특성을 갖고 있다. 국무조정실 의료산업발전기획단(2007).

12) 이 금액은 보험개발원에서 관리하고 있는 전체 계약 자료에 기초하여 전수조사를 통해 추출된 통계이다. 그렇기 때문에 설문조사를 통해 추정된 금액과는 차이가 있을 수 있다.

13) 보험계약 시 정한 소정의 금액을 보험금으로 지급하는 보험을 말한다.

14) 보험계약에서 보상하는 범위의 질병 및 상해의 실제 치료에 들어간 비용을 보험 금으로 지급하는 보험을 말한다.

15) 이는 실손형 보험이 영업규모가 상대적으로 작은 손해보험회사 위주로 판매된 데 서 기인한 측면도 있다.

16) 동 제도는 2005년 9월부터 시행해오다 2010년 8월 말로 만료됐다.

17) 한국환자단체연합회측의 주장임. "암환자 가족 치료비 부담하다 집안 거덜날 판", 스포츠서울, 2011.7.15.

18) Health Care Financing Agency가 채용한 DRG.

19) 이와 관련하여 자세한 내용은 이 책의 제6장을 참조.

20) 허순임(2009).

21) 이와 관련한 자세한 내용은 이 책의 제3장을 참조.

22) 오영수·이경희(1999) pp.30-38 참조.

23) 1990년에 국민보건서비스·커뮤니티케어법으로 입법되었고 1991년 4월 1일부터 순차적으로 시행에 들어갔다.

24) 농업질병금고, 선원금고, 연방광산질병금고는 제외되었다.

25) 연방정부가 연령별·성별로 표준급여비를 설정하여 이것을 바탕으로 각 질병금고 는 피부양자를 포함한 가입자의 급여에 필요한 금액(소요보험료)을 산출한 후, 전체 질병금고의 소요보험료를 전체 질병금고의 보험료 산정의 기초가 되는 소 득총액으로 나눈 값을 각 금고의 소득에 곱한다. 이를 각 질병금고의 재정력이라 하는데 이 재정력과 소요보험료를 비교하여 재정력이 소요보험료를 상회하면 상 회하는 부분을 기여하며 반대로 재정력이 소요보험료를 하회하면 그 부분을 교 부해준다.

26) 급부는 정액으로 제공되나 PMI의 현금상환금보다 작다.

27) GISC는 회원들의 판매, 자문 및 서비스 기준을 규제하기 위해 2000년 6월에 독 립된 비법정조직으로 설립되었다. 설립의 주요 목적은 손해보험 고객들을 공정하 게 대우하기 위한 것이었다. 그런데 이 조직의 기능은 2005년에 법정 금융감독기 관인 FSA에 흡수되었다.

28) Datamonitor, *UK Private Medical Insurance 2006*, p.5.

29) Datamonitor, *UK Private Medical Insurance 2010*, pp.10-16.

30) 2005년 개혁의 핵심은 공보험과 민간보험이 경쟁하는 2영역에 있었다. 이렇듯 2영 역을 민간보험자 간 경쟁체제로 전환하는 개혁한 목적은 기본적인 수준의 의료보

장은 강제적용을 통해 해결하되, 보험자 간에 보험료 경쟁을 강화하고 소비자들에게 선택의 범위를 넓히는 데 있었다.

31) 정액본인부담(copayment)은 가입자가 부담하는 정액부담금으로 진찰, 시험, 처방 시에 내는 금액이다. 정률본인부담(coinsurance)은 전체 진료비 중 가입자와 보험자가 내는 일정 비율의 부담금을 지칭한다. 80/20, 50/50 등과 같이 정해진 보험자/가입자 비율에 따라 청구액을 분담한다. 이때의 청구액은 전체 진료비 중 가입자가 우선적으로 부담하는 공제금(deductibles)을 뺀 금액이다. 단 정률본인부담이 상한선(stop loss)에 달하면 그 초과분은 전액 보험자가 부담한다. 공제금(deductible or excess)은 청구액 중 보험급여 산출 시 배제되는 금액으로 사고 원인과 무관한 정액의 가입자 전액부담으로 개인이나 가구 단위로 최고한도가 있다. 제3자 지불방식에서는 공제금이 없는데 이는 제3자가 가입자 책임으로 인한 손실을 회수할 것으로 보기 때문이다. 대부분의 민영건강보험회사와 여행사는 공제금을 설정하고 있다. 공제금이 클수록 보험료가 낮다.

32) Kerleau, Fretel, and Hirtzlin(2009).

33) 이러한 노력이 전혀 없었던 것은 아니다. 2001년 11월과 12월 두 달 동안 보건복지부 주도 하에 민영건강보험 활성화를 위한 TF가 구성되어 활동하였으며, 2006년에도 의료산업선진화의 일환으로 공·사 보험을 연계하여 보험제도를 개혁하기 위한 실무협의회가 정부 차원에서 구성되었으나 결실을 맺지 못한 채 흐지부지되었다.

34) 2011년 11월에 발족한 개인의료보험정책협의체(8인)는 보건복지부와 금융위원회 공무원(4인)과 관련 기관(4인)으로 구성되었으며, 이들은 2012년 2월 23일 국민건강보험공단에서 비공개 워크숍을 가졌다. 협의체 구성의 목적이 개인의료보험의 규제에 초점을 맞추고 있는 듯한데 국민건강보험과 민영건강보험을 조화시켜 건강보험체계 전반에 대한 청사진을 마련하는 데 두는 것이 바람직할 것이다.

35) 이와 관련하여 재정경제부는 2006년 보험업법 개정안을 제시하면서 전면적인 공유가 아니라 보험사기 혐의가 높은 경우에 국한하여 정부기관에게만 관련 정보를 확인하는 방법을 제시했으나 국민건강보험공단은 물론 많은 시민단체의 반대로 무산되었다.

36) 국민건강보험공단(2011).

37) 광범위하게 존재하는 보험사기를 방지하기 위하여 보험자들과 협력하는 노력이 필요하다. 건강보험 분야에서 보험사기는 국민건강보험과 민영건강보험이 연계되

어 발생하는 특징을 갖고 있으므로 양자를 연관하여 파악하는 것이 중요하다.

38) 다만 정부가 공공기관의 운영에 관한 법률 제48조와 동법 시행령 제24조에 의거하여 공기업을 관리하는 차원에서 행하는 준정부기관 경영평가제도에 따른 평가가 이루어지나, 평가내용의 많은 부분이 피상적이어서 본격적인 효율성 평가에는 한계가 있는 것으로 보인다.

39) 국민건강보험공단은 2009년 제4차 임시재정운영위원회에 보고된 「중기 건강보험 재정전망 보고, 재정안정대책성과 및 2010년 추진방향」에서 보험료나 수가 인상률 0% 전제 시 2014년도 건강보험 재정이 25조 원의 적자가 날 것이라는 전망을 하였다. 메디컬투데이, 2010.1.12.

40) 자세한 내용은 금융감독원 보도자료인 실손의료보험 표준화 방안(2009.9.2)을 참조.

제12장

1) 사회보험방식으로 운영하는 국가는 우리나라 외에 독일, 일본, 스위스, 네덜란드 등이 있고, 조세방식으로 운영하는 나라는 구 영연방계 국가(영국, 호주, 캐나다, 뉴질랜드), 스웨덴, 노르웨이, 아일랜드, 스페인 등이 있다. 미국은 보통 노인이 대상인 메디케어는 사회보험방식이나 저소득 노인 대상의 메디케이드는 조세방식이다. 우리나라, 일본, 스위스에서는 재정에 사회보험료 외에 조세가 일부 포함된다.

2) 별도 운영하는 것은 ① 지원대상을 노인 등으로 제한하고(장애인 제외) ② 제공서비스를 장기요양서비스로 국한하며 ③ 건강보험의 제도 틀과 재정에 구속되지 않고 장기요양보험의 특성을 살린 독자적 제도 운영을 수행하기 위한 것이다. 하지만 이면에는 제공서비스에서 의료서비스를 배제하여 비용지출을 줄이고 수발서비스 지원이 꼭 필요한 요보호 대상을 집중지원하겠다는 정책의지가 포함되어 있다고 할 수 있다.

3) 보건복지부가 수발이라는 용어에 집착한 이유는 여러 가지가 있겠지만 가장 큰 이유는 이 법이 제공하는 서비스가 의료서비스를 포함하지 않는 수발서비스임을 강조하고, 의사의 역할과 기능을 치료·재활이 아닌 '의사소견서 및 간호수발지시서 작성' 등으로 한정하고 싶었기 때문일 것이다. 당시 대한의사협회에서는 '노인요양보험제도 도입에 대한 대한의사협회 입장'(2007.2.5)을 통해 "장기요양은 요양, 복지와 보건·의료가 통합된 개념이다. … 장기요양에는 노인의 기능정상과 사회복귀 개념이 포함되어야 하며 이는 의료와 수발이 유기적으로 연계될 때 달성 가능하다"는 주장을 전개했다. 결국 법안명이 노인장기요양보험법으로 바뀌면서 의료계의 주장

은 동법 제3조 3항에 "장기요양급여는 노인 등의 심신상태나 건강 등이 악화되지 아니하도록 의료서비스와 연계하여 이를 제공하여야 한다"는 형태로 반영되었으나 선언적 규정의 성격이 강하다.

4) 법안명 변경의 이면에는 당시 여당의원이던 김춘진(열린우리당) 등 일부 의원의 강력한 요구가 있었다. 이들은 "정부가 수발이라는 명칭이 우리나라의 고유어라고 주장하지만, 수발이라는 용어 자체가 수발대상을 하대하는 뉘앙스가 있을 뿐만 아니라 장기요양서비스업 종사자의 전문성에 대한 기대를 낮추어 서비스 질에 대한 기대까지 하락시킬 우려가 있다"고 주장하였다. 또 외국에서 사용하는 수발서비스의 명칭은 'long term care'로 장기요양서비스로 번역하는 것이 타당하며 이는 OECD와 세계보건기구(WHO) 등 국제기구와 학계에서 통용되는 공식용어라고 지적하였다. 메디컬투데이, 2007.2.6.

5) G7(미국, 일본, 영국, 프랑스, 독일, 이탈리아, 캐나다)에 13개국을 추가(아시아: 대한민국, 중국, 인도, 인도네시아, 중남미: 아르헨티나, 브라질, 멕시코, 유럽 등: 러시아, 터키, 호주, EU, 아프리카·중동: 남아프리카공화국, 사우디아라비아)한 20개국이다.

6) 법정 본인부담률은 일반대상자의 경우 재가급여가 15%, 시설급여가 20%, 경감대상자의 경우 각각 7.5%와 10%이며 국민기초생활보장 수급자는 면제된다.

7) 2011년 12월 기준 요양서비스 실제 이용인구는 29만 명(전체 노인인구의 5%)이지만 요양등급을 받은 노인은 32만 명(전체 노인인구의 5.8%)이다. 2012년 7월 1일부터 장기요양 3등급 인정 점수가 하향조정되어 2.4만 명 정도가 신규로 장기요양서비스를 받을 것으로 기대되고 있다. 보건복지부 보도자료, 2012.3.8.

8) 석재은(2010).

9) 시설급여 월한도액은 등급별 금액×월간일수이다. 1등급 시설급여 중 가장 금액이 높은 노인전문요양시설과 노인요양시설의 경우 1일 급여가 5만 120원이며 여기에 최대 31일을 곱하면 월 155.4만 원의 시설급여 월한도액이 얻어진다. 노인요양공동생활가정은 1일 급여가 4만 8900원으로 월한도액은 151.6만 원이다. 2등급의 경우 노인전문요양시설과 노인요양시설이 4만 6420원, 노인요양공동생활가정이 4만 5290원이며 3등급의 경우 각각 4만 2710원, 4만 1670원이다.

10) 2등급은 100.4만 원, 3등급은 87.9만 원이다.

11) 이에 대한 연구는 연세대 이태화 교수가 수행하였다. 등급판정자 15만 5317명(장기요양급여 미이용자, 사망자 배제)을 대상으로 장기요양인정조사와 건강보험 자

격자료 등을 활용하였다. 이 연구를 포함하여 3개의 연구결과는 노인장기요양보험제도 시행 3주년 국제심포지엄(2011.6.29)에서 발표되었다. 보건복지부 보도자료(2011.6.29)는 이들의 연구결과를 간략히 소개하고 있다.

12) 이번 실태조사에서 가입자의 건강상태 호전은 100명 중 8명 정도에 불과하였다. 노인성질환 외 고혈압, 당뇨병 등의 동반 질환을 지닌 이의 건강관리에는 방문요양만으로는 한계가 있고 전문 의료서비스와의 통합케어가 반드시 필요하다. 가정에서 요양보호사의 수발서비스만을 제공받는 노인은 의료 사각지대에 놓여 있다. 상태가 급격히 나빠져 병원 응급실을 찾거나 병이 커져 입원하는 사례가 발생한다. 주요국의 경우 의료서비스와 장기요양서비스를 합친 통합케어가 정착되어 있거나 도입을 시도하고 있다. 미국의 PACE(Program for All Inclusive Care for Elderly), 캐나다의 몬트리올 지구 시범사업인 SIPA(System of Integrated Care for Older Persons), 일본 개호보험의 통합케어 등이 대표적이다. 연구를 수행한 이태화 교수는 장기요양서비스와 의료서비스를 연계한 통합케어 구축을 중장기 과제로 추진하되 단기적으로 시설전문의, 노인전문간호사 등을 배치하여 현 상황에서의 대처능력도 키워야 한다고 지적하고 있다.

13) 이에 대한 연구는 한국조세연구원의 박노욱·전병힐 박사가 수행하였다. 장기요양 인정조사를 받은 15만 명(사망자 배제) 중 서비스 이용자 그룹(13만 7000명)과 미이용자 그룹(1만 3000명)을 비교하였다.

14) 요양보호사 숫자는 제각각이다. 이 장에서도 사용처에 따라 18만~24만 명으로 상당한 차이를 보이고 있다. 시기에 따른 차이도 있지만 사용기준에 따라서 차이를 보이고 있다.

15) 2011년 6월 말 기준, 사회복지사 6202명, 간호사(조무사 포함) 8666명, 의사(촉탁 포함) 1194명, 물리/작업치료사 1533명, 치과위생사 17명 등 1만 7612명이 있다. 여기에 요양보호사(취득유예자 포함) 26.3만 명을 더해 전체 장기요양기관 전문인력은 28.0만 명으로 제시되고 있다. 국민건강보험공단, 「2011 상반기 장기요양보험 주요통계」.

16) 좀 더 의미 있는 분석이 되려면 노인장기요양보험 운영비에서 국민건강보험 급여비 감소분 추정치를 차감한 '순' 노인장기요양보험 운영비로 소기의 사업을 효과적으로 수행했는지를 분석해야 할 것이다.

17) 이에 대한 연구는 가톨릭대의 김찬우 교수가 (주)동서리서치의 협력을 얻어 수행하였다. 총 1000명을 대상으로 전화면접 조사하였으며 응답자 특성은 서울·경기

거주 44.7%, 자녀 79.4%, 배우자 18% 등이며, 수급자의 이용서비스는 재가 중 방문 59.1%, 주야간 10.3%, 시설 30.6%로 나타났다.

18) 케어 매니지먼트(care management)란 서비스 대상자가 자신에게 필요한 서비스를 선택하기 전에 전문가팀이 서비스 대상자에 대한 사정 및 평가를 수행하고 그를 기초로 필요한 서비스를 계획하고 수행하고 평가하는 일련의 과정이다.

19) 이는 앞의 김찬우 교수 및 (주)동서리서치의 조사보다 이른 조사로 2009년에 한국소비자원과 한국갤럽이 각각 조사를 하였고, 2010년에는 (주)매트릭스가 장기요양서비스에 대한 만족도 조사를 실시하였다.

20) 장기요양기관에 종사자를 추가배치하여 운영 시에는 수가에 10%를 가산해주고, 정원초과 인력기준을 위반할 시에는 수가에 5~30%를 감산하는 제도이다.

21) 부당청구율(부당청구액/총청구액)은 2008년의 8.1%에서 2009년 5.7%, 2010년 2.9%로 줄어들고 있다. 2008년과 2010년에는 시설이 더 높았고 2009년에는 재가가 더 높았다. 조사대상 기관은 2008년 142곳, 2009년 476곳, 2010년 3504곳으로 매년 증가하고 있다. 보건복지부 보도자료, 2011.8.9.

22) 2010년 말 기준 노인장기요양기관은 3751개, 정원은 11.7만 명이며 내역은 노인요양시설이 2408개, 노인요양공동생활가정이 1343개이고 이들 기관의 정원은 각각 10.5만 명과 1.1만 명이다. 『2011 보건복지통계연보』, pp.372-373.

23) 국민건강보험공단, 「2011년 상반기 장기요양보험 주요통계」. 2012년 3월 기준으로는 시설요양기관 4164개, 재가요양기관 1만 903개로, 이 중 수도권에 시설요양기관 1887개소(45.3%), 재가요양기관 4648개소(42.6%)가 모여 있다. 상세한 내용은 보건복지부 노인장기요양보험 홈페이지 http://www.longtermcare.or.kr 참조.

24) 인천광역 노인의료복지 네트워크는 2008년 8월 인천광역시 소재 시설 및 재가 장기요양기관 50여 곳(35개 요양원, 17개 재가시설)과 인천사랑병원 등 의료기관이 협약을 맺어 전담주치의를 도입한 국내 첫 사례이다. 한 달에 1~2번 요양기관 전담주치의가 요양시설을 방문하여 진료와 치료, 처방 등의 의료서비스를 제공하고 질병예방에도 힘쓰고 있다. 이후 2010년 7월에는 경기서북부권역 노인의료복지 네트워크가 발족하였다. 이는 관동대 의대 명지병원의 노인의학센터 의료진(교수 포함)이 고양, 김포, 파주 등지의 노인요양기관의 주치의가 되어 인천 사례와 유사한 서비스를 제공하는 것이다. 응급환자 발생 시 24시간 응급이송체계를 구축하고, 요양원 입소자의 내원 편의를 제공하며 요양시설 간호인력의 교육도 담당한다. 요양원 입소자의 입원 시에는 공동간병인 제도를 활용하여 환자의 경제적 부

담도 덜어준다.

25) 등급외자라 함은 장기요양보험 신청자 중 등급(1~3등급) 판정을 받지 못한 자를 지칭한다. 이들에 대한 질환의 예방 관리는 시·군·구에서 맡고 있으나 등급외자 중 A, B등급은 지자체로부터 일정 수준의 보건·복지 서비스를 받고 있으나 C등급은 관리대상에서 제외되어 있다. 이들 등급외자는 노인장기요양보험 서비스의 잠재적 수급자라는 점에서 이들에 대한 관리업무와 관련하여 지자체와 국민건강보험공단이 정보를 공유하는 등 업무 제휴를 강화할 필요가 있다는 얘기다.

26) 통합적 케어(integrated care)란 "재원, 행정, 공급 차원에서 치료와 돌봄 간의 또는 각 영역 내부의 연결, 적정배치, 협력을 위해 고안된 기술과 조직의 일군으로 별도로 구분되어 있는 것(Kodner & Kyriacou, 2000)"으로 정의된다. 또 WHO에서는 "투입, 전달, 진단과 관련된 조직, 치료, 돌봄, 재활, 건강증진 등을 함께 제공하는 것으로 통합이란 접근성, 질, 사용자의 만족, 효과와 관련된 서비스를 향상시키는 것"으로 정의하기도 한다. 미국, 캐나다, 일본, EU권의 통합케어 모형에 대한 내용은 박종연 외(2010)의 제3장에 비교적 소상히 소개되고 있다.

27) 이번 평가에서 국민건강보험공단은 2010년 7월 26일부터 8월 31일까지 전국 6057개 재가기관으로부터 신청을 받아 95.7%에 해당하는 5794개 기관에 대해 9월 13일부터 12월 10일까지 5개 서비스(기관운영, 환경 및 안전, 관리 및 책임, 급여제공 결과)에 대해 평가했다. 상위 10% 내 최우수 기관은 노인장기요양 홈페이지에 공표하고 총 34억 원의 인센티브(1개소당 평균 578만 원)가 지급되었다.

28) 관련 규정은 노인복지법 제34조(노인의료복지시설)에 규정되어 있다. 2007년 8월의 동법 개정 이전에는 노인의료복지시설이 좀 더 세분화되어 있었다. 노인요양시설, 실비노인요양시설, 유료노인요양시설, 노인전문요양시설, 유료노인전문요양시설, 노인전문병원의 6종이었다. 이 중 치매, 중풍의 중증질환 노인을 입소시키는 곳은 노인전문요양시설과 유료노인전문요양시설이었다. 이후 현실적으로 시설 간의 구분이 모호해지면서 2007년에 법이 개정되었다.

29) 너싱홈은 다양한 의미로 사용되고 있다. 병원과 집의 중간 형태를 띤 요양시설이나 사립 요양원을 의미하기도 하고 간호사가 환자를 방문하여 돌봐주는 제도를 지칭하기도 한다.

30) 미 연방정부 메디케어 웹사이트에서는 전국의 너싱홈에 관한 각종 정보를 공시, 수요자가 이를 비교하여 선택할 수 있도록 지원하고 있다. 침상수, 소유권 형태, 너싱홈이 공적보험인 메디케어, 메디케이드를 취급하고 있는지 여부, 입소자 정

보(욕창, 요실금 환자 비율 등), 최근 주정부의 점검결과, 등록된 간호사, 전문간호사, 간호조무사 수 등의 정보를 공시하고 있다. http://www.medicare.gov/nursing/aboutinspections.asp

31) 너싱홈을 포함한 Home Health 비용의 지불자 구성을 보면 2009년 기준 메디케어 41%, 메이케이드 24%, 주정부와 지방정부 15%, 민영보험 8%, 본인부담 10%, 기타 2%로 나타나고 있다. 하지만 메디케어의 비용지불 중 Home Health 비중은 4.2%(2009년)에 불과하다. 비용지불에서 큰 비중을 점하는 곳은 병원, 관리의료(managed care), 의원, 전문간호시설 등이다. 한편 저소득층을 지원하는 메디케이드 비용지불에서는 그 비중이 23%대로 상승한다. Centers for Medicare and Medicaid Services(CMS) Office of Acturay, National Health Care Expenditures, March. 2010.

32) 독일의 경우는 요양보험위원회가 제도 전반의 발전에 대해 연방정부에 포괄적인 자문을 하도록 규정하고 있다.

제13장

1) 2008년 7월 국무총리실, 보건복지부, 제주도 관계자와 실무진 회의에서 영리법인 병원이라는 용어 대신 투자개방형 병원으로 검토해보자는 의견이 개진된 바 있다. 2008년 12월 9일 김태환 당시 도지사는 서울경제신문 인터뷰와 12월 29일의 송년 기자회견에서 투자개방형 병원을 추진하겠다고 밝힌 바 있다.

2) 투자개방형 의료법인은 법인 형태의 의료법인에 대해 지금의 병원설립자 투자나 차입을 통한 자본조달방식 외에 의사 아닌 투자자의 투자를 허용하는 것이다.

3) 이기효(2009).

4) 의료법 제33조(의료기관의 개설 등) ② 다음 각 호의 어느 하나에 해당하는 자가 아니면 의료기관을 개설할 수 없다. 이 경우 의사는 종합병원·병원·요양병원 또는 의원을, 치과의사는 치과병원 또는 치과의원을, 한의사는 한방병원·요양병원 또는 한의원을, 조산사는 조산원만을 개설할 수 있다. 1. 의사, 치과의사, 한의사 또는 조산사 2. 국가나 지방자치단체 3. 의료업을 목적으로 설립된 법인(이하 '의료법인'이라 한다) 4. 민법이나 특별법에 따라 설립된 비영리법인 5. '공공기관의 운영에 관한 법률'에 따른 준정부기관, '지방의료원의 설립 및 운영에 관한 법률'에 따른 지방의료원, '한국보훈복지의료공단법'에 따른 한국보훈복지의료공단

5) 이때 백용호 청와대 정책실장과 진영곤 고용복지수석은 7월 11일 한나라당(현 새

누리당)의 이주영 정책위원장과 만나 이같이 합의하였다. 당·정은 국회 행정안전위
원회에 계류 중인 제주도 의료특구에의 투자병원 설립을 허용하는 제주특별자치
법 개정안과 보건복지위원회와 지식경제위원회에 계류 중인 경제특구 투자병원 설
립 절차법을 처리하기로 합의하였다.

6) 참여정부의 대통령자문 의료산업선진화위원회가 발간한 백서인 『의료산업 선진국
으로의 도약』 제3장의 기술 참조. "현재 추진되고 있는 인천경제자유구역의 외국
영리법인 운영현황 등에 관해 그 순기능과 역기능에 대해 면밀히 검토하고 추진방
향을 결정하는 것이 필요하다고 판단된다."

7) 관련 논의의 근거자료는 한국개발연구원의 서비스산업 활성화 관련 용역보고서
(수행처: 경희대 의료산업연구원)였다. 이 '전략적 서비스산업의 중장기 발전방안
(2006)' 보고서는 3대 규제완화 과제를 제시하였다. 영리법인 도입, 민영건강보험
활용, 요양기관 강제지정제도 완화가 그것이다.

8) 국가과학기술위원회, 미래기획위원회 등이 주축이 되어 이 전략을 마련하였다.

9) 신성장동력 산업은 범정부 차원에서 전 세계적 자원, 환경위기 및 초고령화사회에
대응하며 녹색성장을 이루기 위해 지정한 미래 전략산업으로, 3대 분야 17개 산업
으로 구성되며 글로벌 헬스케어 산업은 고부가서비스산업 분야에 포함된다.

10) 시각에 따라 차이가 있을 수 있으나 지난 4년간의 논의를 통해 축적된 자료
는 상당한 수준이었다고 볼 수 있다. 이러한 입장에 서면 이 기간의 정책논의는
NATO(No Action Talking Only)의 전형적 사례로 지적될 수 있다.

11) 이때의 연구용역 수행기관은 한국개발연구원과 한국보건산업진흥원이었다.
2개 기관이 상이한 분석결과를 내놓아 이후 정부 정책논의가 공전하는 모습을
보였다.

12) 1960~70년대의 우리 경제 근대화 시기에 중공업이 국가 기간산업으로 도약하기
5~10년 전, 해당 산업 관련 학과들에 국내의 최우수 인재들이 입학했던 사실이
이를 뒷받침해줄 수 있다.

13) 정부는 관련 용역을 경희대 의료산업연구원에 맡겼는데 그 결과물이 정기택 외
(2007)이다. 이 보고서에서 3대 규제완화 조치가 처음 제시되었다.

14) 정기택 외(2007).

15) 보건의료기본법 제3조 제2항: 보건의료서비스란 국민의 건강을 보호·증진하기 위
하여 보건의료인이 행하는 모든 활동을 말한다.

16) 미래기획위원회(2008)와 동위원회가 주관한 신성장동력선정보고대회 내부자료.

17) 정기택 외(2006)와 전국경제인연합회에서 2007년에 출간한 "의료산업의 경쟁제한 적 진입규제 개선과제"에서 발췌 요약한 것이다.

18) 정부에서 고시하지 않은 의료서비스를 제공하는 것은 불법이며 의료기관이 시술 하는 신의료기술은 30일 이내에 국민건강보험공단에 신고하여 사용허가를 받아 야 한다.

19) 비영리 법인의 경우 당기이익을 고유목적사업에 재투자하여야 하며 법인 해산 시 잔여재산이 출자자에게 귀속되지 않는다.

20) 탈법적 행위 예시: 별도의 납품업체 설립을 통한 이익 환원, 관리의사를 통한 추 가 개원, 비의료인(재료상 등)에 의한 투자, 의료장비 구입가 부풀리기, 사무장 병 원 등. 한국개발연구원·한국보건산업진흥원(2009).

21) Gaynor M.(2006).

22) 정기택 외(2006).

23) 관계부처 합동(2011.5).

24) 한국개발연구원·한국보건산업진흥원(2009).

25) 요양기관 당연지정제는 국민건강보험법 제40조 제1항에 규정되어 있다. 소정의 예 외를 제외하고 모든 의료기관, 약국, 보건소 등을 요양기관으로 간주해 요양기관 이 요양급여를 행하도록 하고, 동조 제4항에서 요양기관이 정당한 이유 없이 요 양급여를 거부하지 못하도록 규정해 건강보험의 전제조건으로서 '요양기관 당연 지정제'를 명시하고 있다.

26) 임금자(2010).

27) 한국개발연구원·한국보건산업진흥원(2009).

28) 민주당 주승용 의원은 허가 이후 5년간 내국인 진료를 무제한 허용한 후 5년 뒤 내국인 진료를 50% 축소한다는 규정은 향후 외국인 투자자의 반발로 무력화될 수 있다(헬스코리아뉴스, 2011.8.15). 또 시민단체들은 내국인 진료까지 제한 없이 가능한 영리병원이 설립되면 의료비 급증과 중소 병원의 몰락으로 이어지고 국내 병원들도 앞다퉈 영리병원을 운영하려고 하는 등 의료제도 전체가 흔들릴 것이라 며 반대 입장을 분명히 하였다. 후생신보, 2011.8.18.

29) 2008년 11월 발의된 경제자유구역의 외국의료기관 등 설립·운영에 관한 특별법 제정안은 국회 보건복지위원회 법안심사소위원회에서 상임위 상정이 무산되었다. 당시 발의된 법 제23조는 다음과 같은 내용을 규정하고 있다. 제23조(외국 의료 기관 또는 외국인전용 약국의 개설) 5항 제1항 및 제2항에 따라 개설된 외국 의료

기관 또는 외국인전용 약국은 국민건강보험법 제40조 제1항에도 불구하고 같은 법에 따른 요양기관으로 보지 아니한다. 7항 외국인전용 약국에 종사하는 약사는 내국인을 대상으로 의약품을 조제하거나 판매할 수 없다. 국내에 진출하려던 외국계 병원은 이 법안에 적시된 외국 의료기관 설립 허가요건 관련 위임조항이 미흡하다는 등의 이유로 이후 국내 진출을 포기하였다.

30) 송도국제도시에 2016년까지 의료기관을 설립하기로 2009년 MOU를 체결했던 Johns Hopkins Medicine International이 한국에 진출하지 않기로 밝혔다. 이 병원 외에 제주도와 송도가 그동안 체결했던 8개의 MOU(송도 3개, 제주 5개)도 실행단계로 발전하지 못하고 논의단계에서 끝났다. 이후 2012년 4월 17일 지식경제부는 '경제자유구역의지정 및 운영에 관한 특별법' 시행령을 제정, 국무회의에서 통과시켰다. 이 시행령에서는 경제자유구역내 외국의료기관의 개설요건을 명시하고 구체적인 허가절차는 보건복지부령으로 정할 수 있도록 하였다. 보건복지부는 같은 해 4월 30일 '경제자유구역내 외국의료기관의 개설허가 절차 및 외국의 법률에 의해 설립·운영되는 의료기관과의 협력체계 등에 관한 규칙안'을 입법예고하였다. 아울러 "경제구역내 외국의료기관은 기본적으로 경제구역 거주 외국인들의 의료서비스 이용 환경 조성 차원에서 설립되는 것이며 설립주체를 상법상의 법인으로 한 것은 설립시 자본조달을 용이하게 하기 위한 것으로 국내 투자개방형 의료법인과는 그 취지와 성격을 달리한다"고 덧붙이고 있다. 한편 같은 날 4월 17일 제주 서귀포시 토평동에서는 제주헬스케어타운 착공식이 열렸다. 이 타운은 의료와 휴양을 한곳에서 제공받을 수 있는 글로벌 의료단지로 2016년에 개장할 예정이다. 중앙일보, 2011.7.11, 2012.4.18.

31) 빅5 병원은 전국 44개 상급종합병원 중 건강보험 급여비 비중이 큰 5개 병원, 즉 서울아산병원, 삼성서울병원, 연세세브란스병원, 서울대병원, 서울성모병원을 지칭한다. 5개 병원의 월평균 이용자수는 2011년 기준 49만 4000명으로 2007년 (36만 3000명) 이후 매년 8.0%씩 늘었다. 이에 비해 전체 병원과 의원의 같은 기간 증가율은 5.8%와 2.8%였다. 전국의 8만여 개 요양기관(병의원)에 지급한 급여비 중 44개 상급종합병원 급여비는 16.5%(2011년)이며 이 중 5개 병원 급여비가 36.7%를 점한다. 같은 비율이 2007년에는 15.6%와 34.3%였다는 사실로부터 4년 사이에 상급종합병원, 특히 5개 병원 집중도가 심해졌음을 알 수 있다. 연합뉴스, 2012.3.4.

32) KTB투자증권(2010).

33) 2009년 5월 의료법 개정을 통하여 외국인 환자 유치행위를 허용하였다.

34) 태국은 2010년에 156만 명의 해외환자를 유치하여 아시아 의료관광의 부동의 일 인자로 자리매김되었다. 싱가포르와 인도는 각각 72.5만 명, 73.1만 명의 외국인 환자를 유치하여 의료서비스산업을 유망산업으로 육성하고 있다.

35) 자본주의 4.0은 1980년대 신자유주의에 이어 등장한 새로운 자본주의를 지칭하 며 '다 같이 행복한 성장'을 추구하는 자본주의 방식을 지칭한다. 명칭은 영국 「타 임즈」 칼럼니스트인 Kaletsky(2010)에서 유래한다. 그는 자본주의 1.0은 애덤 스 미스와 해밀턴에서 레닌, 후버, 히틀러까지의 시기로 시장과 정부가 서로 관여하 지 않는 방식이고, 자본주의 2.0은 루스벨트와 케인스에서 닉슨과 카터까지의 시 기로 경제가 실질적으로 정치의 한 분야가 된 방식이며, 자본주의 3.0은 대처, 레 이건, 밀턴 프리드먼에서 부시, 폴슨, 그린스펀까지의 시기로 정치를 경제의 한 분 야로 다룬 방식이라고 규정한다. 그리고 자본주의 4.0은 2007~2009 세계 금융위 기 이후의 시기로 정부와 시장이 모두 다를 수 있으며 불변의 제도로 관리하기에 는 세계가 너무 예측하기 어렵고 복잡하다는 사실을 인정하자고 하면서, 정부의 역할과 영향력이 커지더라도 정부의 크기는 줄어들어야 한다고 지적한다.

36) 이 병원기업 모형에는 사회의 그늘을 살피고 병원수출의 주역이 되며 소비자들에 게 다양한 선택권을 부여하여 외국으로 원정진료를 가지 않도록 하고, 고급 일자 리 창출에 기여하며, 빅5 병원을 중심으로 양극화되어 가는 국내 병원계에 개혁 의 신호를 던지는 역할의 수행이 기대된다.

제14장

1) OECD(2010), *OECD Economic Surveys KOREA*, Health-care reform in Korea Ch.4 p.99.

2) 절대치로는 OECD 34개국 중 하위 7위이고, 대 GDP 비로는 하위 3위에 해당한다.

3) 비효율적인 지불제도라 함은 행위별수가제(fee-for-services)를 일컫는다. 이는 의 사가 수행하는 일련의 행위를 하나하나 점수화하여 이를 합산, 진료비를 계산하는 방식으로, 오래전부터 의사의 판단 여하로 진료비가 필요 이상 늘어날 수 있다는 사실이 문제점으로 지적되어 왔다. 이를 대체하는 지불제도로 포괄수가제, 총액계 약제, 총액예산제 등이 있으며 EU권 국가에서 이미 상당수 국가가 이들 지불제도 를 채택하고 있다. 이 밖의 제도개선사항으로 제시된 것에는 다음과 같은 것이 있 다. ① 장기요양환자가 비용이 덜 드는 병원 밖 요양시설로 쉽게 옮겨갈 수 있도록

함 ② 주치의 제도 도입 ③ 향후 필요한 재원으로 보험료 인상 대신 조세재원을 활용하되 의료비 지출을 통제할 수 있는 효과적인 조치를 함께 도입 ④ 저소득층과 만성병 환자의 본인부담률을 조정하여 이들의 병원접근성을 개선 ⑤ 치료성과를 공개하여 의료의 질을 높임 ⑥ 투자개방형 의료법인의 국내영업 허용 등이 있다.

4) OECD(2012), OECD 보건부문은 2011년부터 3년 계획으로 10개 회원국의 의료체계를 질과 성과의 관점에서 심층분석, 정책대안을 마련하기 위한 작업을 추진하고 있다. 우리나라는 이스라엘과 함께 첫 번째로 참여하였다. OECD는 170개 문항으로 구성된 질문지를 우리 정부에 보냈고 우리는 복지부, 공단, 심평원, 병원협회 등 14개 기관이 협조하여 답변서를 작성, 제출하였다. 2011년 5월에는 평가단이 한국을 방문하여 정책담당자, 유관기관 및 단체, 의료기관을 방문하고 다양한 관련 전문가와 인터뷰를 시행하였다.

5) 의약품처방조제지원서비스(DUR: Drug Utilisation Review)가 이러한 체계상의 강점을 드러내주는 우수 사례라고 평가받고 있다. OECD평가단은 DUR을 다른 의료이용 정보와 연계하면 추가적인 성과 향상이 기대될 수 있을 것이라고 지적한다.

6) 평가단은 대형 급성기 병원이 전자건강기록에 기반하여 자체적인 질 평가를 수행하고 임상진료 지침과 주요 진료경로를 개발하여 질 향상을 추구하는 것을 높게 평가하면서, 이러한 노력을 중소규모 병원과 의원급으로 확산하는 것이 필요하다고 지적한다.

7) 이에 대한 좀 더 상세한 내용은 보건복지부 보도자료, 2012.2.27., 참고 1, 참고 2 및 OECD(2012) 참조.

8) 이민출국자나 국적상실자 같은 건강보험 무자격자가 국민건강보험 급여를 받는 사례가 늘고 있다. 보건복지부는 2012년 3월 28일 건강보험정책심의위원회에 '건강보험 무자격자 요양급여비 관리방안'을 상정, 관련 논의를 통해 국민건강보험 요양급여의 기준에 관한 규칙을 개정한 다음, 국적상실자나 영주권자 등 이민출국자가 건강보험을 이용하는 행위의 단속에 나설 예정이다. 이 같은 행위가 가능한 배경에는 병의원에서 건강보험증이나 신분증명서(주민등록증, 운전면허증, 여권 등)를 확인하지 않고 있고 병의원이 무자격자의 보험부담금(급여비용)을 청구하면 국민건강보험공단이 병원에 선지급 후 나중에 무자격자에게서 환수하도록 규정하고 있기 때문이다. 앞으로 국민건강보험공단은 무자격자 진료에 대한 건강보험 부담금을 지급하지 않고 건강보험증의 대여나 도용 등 부정사용에 대해 과태료를 부과할 예정이다. 무자격자에 지급한 급여비용은 상실 후 수급, 정지 중 수급, 증대여·도용

을 합쳐 3년간에 149억 원 정도이며 환수율은 50%에 미달한다. 보건복지부 보도 자료, 2012.3.28.

9) 이들은 환자수와 진료비 금액이 큰 순서로 서울아산병원, 삼성서울병원, 서울대병 원, 연세세브란스병원, 서울성모병원을 지칭한다. 제13장 주 31 참조.

10) 이 비율은 민영보험회사가 제시하는 손해율(보험금지급률)과 다르다. 손해율 100%에서도 가입자 보험료 중 70%만이 보험금으로 지급될 수 있다. 보험료의 30% 정도가 회사 사업비 등으로 사용될 수 있기 때문이다.

11) 매일경제, 2012.3.21.

12) 이는 의료패널조사에서 얻어진 값이다. 이 조사는 의료비 지출 및 의료이용에 관 한 종합적인 조사로, 목적은 가계본인부담금과 민간의료보험재원 등을 종합적으 로 파악하여 건강보험의 보장성 강화 및 건강보험 지출합리화 등을 위한 기초자 료로 활용하기 위한 조사이다. 2008년부터 같은 대상자를 매년 1~2회 추적조사 하며 최초의 7800여 가구가 2년째에는 6300가구로 줄었다. 조사사업은 국민건강 보험공단과 한국보건사회연구원이 공동으로 수행한다.

13) 적용인구 1인당 납부보험료는 4.5만 원이고 여기에 국민건강보험 가입자 가구 당 평균인원 2.4명을 곱하면 10.8만 원이 얻어진다. 그리고 국고지원금을 더하 면 이 금액은 월 12.8만 원이 된다. 2009년의 가입자 납부 보험료는 26조 1661억 원, 국고지원금은 4조 6828억 원으로 총수입은 31조 5004억 원이다. 건강보험 가입세대는 2025.6만 세대와 적용인구 4861.4만 명의 내역은 직장가입자 근로자 1058.4만 세대(적용인구 2676.1만 명), 직장가입자 공무원·교원 156.2만 세대(동 465.1만 명), 지역가입자 811만 세대(동 1720만 명)이다. 『2010 건강보험통계연보』, pp.6-7, pp.64-65.

14) 이 추정액은 과학적인 추정치가 아니다. 이 책의 〈표 7-1〉에 나와 있는 값을 기 준으로 계산한 4.73(총위험보험료/실손형 위험보험료)을 〈부표 4-3〉에서 얻은 5.5%(2009년 총의료비 재원조달에서의 민영건강보험 기여분)에 곱해 26%를 얻는 다. 이를 47.1%(2009년의 동 사회보험 기여분)으로 나누면 0.55의 값이 얻어진다. 이 값을 10.8만 원에 곱하면 6만 원이 얻어진다. OECD에 보고되는 재원조달에서 의 민영건강보험 기여분에는 실손의료보험 보험금과 자동차보험의 대인치료비 등 이 포함된다. 국내에서는 연세대 의료·복지연구소(소장 정형선)가 관련 통계를 조 사, 보건복지부를 경유하여 매년 OECD에 보고하고 있다.

15) 이 값은 이현복 외(2011), 제3장 민영의료보험의 현황에서 나온 28.4만 원에

0.638을 곱한 값이다. 0.638은 이 책의 제7장 〈표 7-2〉에 나오는 가구 총보험료에서 종신보험료와 연금보험료를 뺀 보험료를 총보험료와 비교한 값이다. 이 값(18만 원)에 포함된 위험보험료 비중이 어느 정도 되는지는 알 수 없다. 보험개발원 내부 자료를 활용하면 얻어낼 수 있다는 지적이 있으나 공표된 조사치는 없다. 이현복 외(2011)는 한국의료패널 데이터를 바탕으로 2008년, 2009년의 국내 민영의료보험의 가입현황을 조사하고 있다. 2009년의 경우 조사대상 가구수는 6798가구이며 가구원은 2만 1182명으로 가구당 가구원은 3.1명으로 다소 많다. 조사대상 가구의 22.3%는 민영의료보험에 가입하지 않고 있으며 가입가구의 경우 평균 3.5개의 보험에 가입하고 있다. 국민건강보험 통계에 따르면 가입가구는 2025.6만 가구이고 가입자와 피부양자를 합친 건강보험 적용인구 4861.3만으로 가구당 인원은 평균 2.4명이다. 이는 의료패널 조사대상 가구의 표본추출 혹은 조사과정의 적합성에 대해 검증이 필요함을 시사한다. 가구원수는 직장가입자 가구가 2.53명, 공무원 교원가구가 2.98명, 지역가입자 가구가 2.12명이다. 한편 같은 자료를 분석한 정영호(2011)에 따르면 2009년의 가입가구당 월평균 보험료가 27.7만 원으로 다소 적다.

16) 우리의 보험상품에는 많은 경우에 저축보험료가 포함되어 있다. 또 다년간의 보험료를 일시에 납입하는 방식도 허용하고 있다. 그래서 납부 보험료 중에서 당해연도 건강보험 목적의 위험보험료가 얼마인지를 추정하는 작업이 쉽지 않다. 또 이에 대한 조사·연구가 많지 않아 소비자는 물론 전문가들도 잘 알지 못하고 있다. 금융감독원, 보험개발원, 양 보험협회는 관련 자료를 체계적으로 정리·조사하여 그 내용을 공시해야 할 것이다. 관련 내용이 이 책 제7장의 전반부 현황부분에 서술되어 있다.

17) 2009년에 납부된 보험료 중 사업비, 저축성보험료를 제외한 위험보험료는 8.6조원으로 추정되고 있다(이 책의 표 7-1 참조). 정액형이 6.8조 원, 실손형이 1.8조 원이다. 2009년에 지급된 보험금은 실손형이 2조 원 상당(장기보험 보험금 4.4조 원의 일부)이고, 자동차보험 보험금(7.9조 원) 중 일부가 대인치료비(1.6조 원) 몫으로 지출되고 있다. 생명보험 보험금(8.3조 원)은 실손형이 5% 정도로 미미하며, 대부분이 정액형으로 지급되는데 이 중 일부가 의료비 몫이라고 할 수 있다. 보험개발원의 『보험통계연감』과 『보험통계월보』 외. http://www.insis.or.kr

18) 손해율이 지속적으로 100%를 상회하는 2008년 이후의 국내 현실은 예외적인 상황이다. 이는 과열된 시장에서의 근시안적인 판매전략, 가입자와 병의원의 도덕

적 해이 등이 맞물려 나타난 현상이라고 할 수 있다. 시장이 정상화되고 본인부담금 비율의 상향조정 등으로 도덕적 해이 현상이 수그러들면 다른 상품과 같은 통상적인 손해율 수준으로 돌아올 것이다. 사회보험론자 등은 길게 보면 가입자가 낸 보험료의 절반 조금 넘는 금액이 질병치료 등에 따른 보험금으로 지급되고, 나머지가 보험설계사 및 보험회사의 인건비와 수익 등으로 들어간다는 사실을 들어 민영건강보험이 국민건강보험에 비해 좋을 게 없다고 지적한다.

19) 생명보험협회(http://www.klia.or.kr/), 손해보험협회(http://www.knia.or.kr/) 생명보험의 경우 상품비교공시-실손상품-실손보험료공시, 경영공시-결산공시, 보험자료실-생명보험통계-통계연보, 월간생명보험통계, 손해보험의 경우 자료실-통계자료실(월간손해보험통계, 보험사현황통계), 공시자료실(정기경영공시) 등에 비교적 상세한 정보가 공개되고 있다. 하지만 상품별 보험금지급률(손해율) 등 가입자가 정작 알고 싶어 하는 정보는 찾아보기 힘들다.

20) OECD에 보고된 2009년의 수치 5.5%에는 정액형 보험금에서 의료비로 지출된 값이 반영되어 있지 않다. 우리의 경우 위험보험료에서 실손형보다 정액형의 비중이 크다(표 7-1)는 점을 감안하면 2009년에 이미 OECD 평균치를 넘어선 것으로 추정해볼 수 있다. 정액형 보험금은 의료비 보상 외 소득상실을 보상하는 성격도 지니고 있다.

21) 보장성 강화와 관련한 가장 급진적인 정책은 미용·성형을 제외한 치료 목적의 모든 진료에 국민건강보험을 적용하고 연간 진료비의 본인부담을 100만 원(혹은 200만 원) 상한으로 설정하고 미취학아동의 본인부담을 완전히 면제하는 방식 등일 것이다(통합진보당 등). 나아가 간병에도 건강보험을 적용하고 구강보건 향상 소요비용과 13세 미만 아동의 필수예방접종비용을 국고로 지원하고 저소득층의 보험료부담을 면제하거나 무이자로 대출해주며 영세사업장 사업주의 보험료를 경감시켜 주는 것이 고려될 수 있을 것이다(민주통합당 등).

22) 진료비 지불제도와 관련한 가장 급진적인 정책은 총액계약제와 포괄수가제를 전면도입하는 것일 것이다. 아울러 이들 제도가 원활히 정착할 수 있도록 의료자원을 적절히 재배치하고, 지역간 의료 격차를 해소하기 위해 공공병원을 확충하고 현대화하는 작업을 함께 추진한다. 그리고 전 국민 주치의제도를 도입하되, 저소득층, 아동, 노인 등 건강취약계층부터 단계적으로 실시하되 1년 단위로 주치의를 선택할 수 있도록 한다. 나아가 진료비 증가의 한 원인이 되고 있는 민영건강보험을 규제하기 위해 '보충형 민영의료보험법'을 제정하는 것 등이 고려될 수 있다(민

주통합당, 통합진보당 등)

23) 가치재는 해당 재화나 서비스의 공급이 사회적으로 바람직하다는 인식 하에 보급이 장려되는 사적재를 지칭한다. 의료와 교육이 대표적이다. 이들 재화나 서비스는 대중들에게 이익을 가져다주는 점에서 공공재와 유사하지만 모든 국민들에게 늘 이익을 가져다주는 것은 아니라는 점에서 구별된다. 가치재가 지닌 이러한 특성 때문에 대부분의 국가가 공립학교와 공공병원을 세워 운영하고 있다.

24) 60대는 1701만 원이다. 전 연령대 중 10대 이하가 1789만 원으로 가장 많으며 20대 753만 원, 30대 1039만 원, 40대 1269만 원, 50대 1552만 원으로 나타나고 있다. 이선미 외(2011), 『사망 전 의료비용의 합리적 관리를 위한 진료비 지출구조 분석』, 국민건강보험공단(2011), 『2010 건강보험통계연보』. 이선미 외(2011)는 의료비를 구성하는 2대 비용, 즉 사망 관련 비용과 생존자 비용 중 전자가 후자보다 5~20배에 달해 노인의료비가 노인의 숫자나 나이보다 사망까지의 시간(time-to-death), 즉 사망 전 집중적인 의료이용에 크게 의존한다는 Fuchs(1984)의 가설에 입각하여 사망 전 의료비의 합리적 관리방안을 모색하고 있다.

25) 2010년 기준 80세 이상 노인진료비는 1인당 월평균 28만 9000원 수준으로 7년 전인 2003년과 비교하여 3배 이상 규모로 늘었다. 특히 85세 이상은 4.4배나 증가했다. 75세 미만 노인세대의 진료비 증가가 2배 전후 수준에 머물고 있는 점을 감안하면 소득증가로 과거에 진료를 포기하였던 고령후기 세대에 대한 종말기 연명치료 성격의 진료가 근래에 늘어나고 있음을 시사한다. 국민건강보험공단(2011), 『2010 건강보험주요통계』.

26) 2000년대에 들어와 OECD 국가 중 사회보험 중심의 건강보험 운영국에서는 재정은 단일화하면서 재정지출을 분권화하여 총의료비 증가를 억제하는 방향의 정책이 추진되고 있다. 관련하여 이규식(2012)의 제3편은 네덜란드와 독일 사례를 벤치마킹한 대안의 하나를 소개하고 있다.

27) 이에 대해서는 이규식 외(2012) 제2편 pp.101-178 참조.

참 고 문 헌

강길원(2010), 「DRG지불제도의 문제점과 개선방향」, 국민건강보험 건강보험정책연구
　　원, 『건강보장정책』 제9권 제1호, pp.25-36.
강병서 외(2010), 『기업과 사회』, 율곡출판사.
강성욱 외(2011), 「2008년 민영건강보험 시장규모 추계」, 『보건의료정책포럼』, 한국보
　　건사회연구원.
강영구(2010), 「금융위기 이후의 보험소비자보호 감독방향」, 2010년도 한국보험학회
　　정기학술대회자료집, 5.28.
경향신문, 1956.8.22, 1961.7.27, 1961.9.12, 1962.2.9, 1962.3.29, 1962.9.7, 1962.10.17,
　　1962.12.24, 1974.7.2, 1977.10.27, 1978.11.17, 1978.12.15, 1980.8.28, 1980.11.3,
　　1980.12.25, 1982.10.9, 1982.10.20, 1984.3.29.
관계부처 합동(2011), 『신성장동력 강화전략 보고대회』, 2011.4.14.
관계부처 합동(2011), 『HT산업글로벌진출전략』, 2011.5.6.
국무조정실 의료산업발전기획단(2007), 『의료산업선진화위원회 활동백서』.
국민건강보험공단, 『건강보험 주요통계』, 각 연도.
국민건강보험공단(2009), 「장기요양급여비용 등에 관한 고시」.
국민건강보험공단(2010), 『건강보험환자 진료비 실태조사』, 각 연도.
국민건강보험공단(2010), 「건강보험 선진화를 위한 미래 전략」, 2010 건강보장선진화
　　위원회 활동보고서.
국민건강보험공단(2010), 「국민건강보험과 민간보험의 비교(보험금지급률 비교)」.
국민건강보험공단(2011), 「진료비 허위·부당청구 신고인에게 포상금 최고 1억 원 지급
　　결정」, 보도자료, 2011.8.30.

국민건강보험공단(2011), 「2011년도 건강보험료 산정방법」.

국민건강보험공단(2011), 「2010년 장기요양보험 주요통계」.

국민건강보험공단(2011), 「2011년 상반기 장기요양보험 주요통계」.

국민연금관리공단(2011), 「장애연금 산정표」.

국민건강보험공단(2012), 「암등중증질환 보장률 71.4%, 전체 보장률 62.7%」, 보도자료, 2012.2.8.

국민건강보험공단·건강보험심사평가원(2011), 『2010 건강보험통계연보』.

국회입법조사처(2010), 『건강보험 보장성의 쟁점과 과제』, 2010.11.24.

권순만(2011), 「건강보험 재정 안정을 위한 정책 대안」, 『한국 복지국가, 미래를 논하다』, 2011년 사회정책연합 공동학술대회 자료집, pp.23-34.

김계현 외(2011), 「본인이 동의하여 직접 부담하는 진료행위(임의비급여)를 사회보험체계에서 적용하는 방법에 관한 연구」, 『대한의사협회지』 제54권 제3호, pp.332-341.

김병익(1994), 「바람직한 의료보장정책의 모색」, 『사회보장연구』 제10권 제1호, pp.49-67.

김승권(2010), 「건강보험」, 『한국경제 60년사 V』, 사회복지·보건 제4장 사회복지와 경제발전 제3절, pp.278-308.

김양균(2010), 「행위별 수가제도의 문제점과 진료비 지불제도의 대안모색」, 국민건강보험 건강보험정책연구원, 『건강보장정책』 제9권 제1호, pp.8-24.

김용익(1994), 「의보연대회의 평가와 전망」, 『의료와 진보』, 1994.12.

김원식(2010), 「의약분업과 국민건강보험: 10년간의 애증」, 『사회보장연구』 제26권 제4호, pp.159-193.

김정훈 외(2010), 「건강보험 보장성 강화 정책에 대한 진료비 중심 대안의 비교 및 실증 연구」, 『의료경영학연구』 제4권 제1호, 경희대학교 경영연구원, pp.75-85.

김종대(2002), 「의료보험재정파탄의 원인과 책임 규명」, "의료보험 재정파탄의 원인규명과 2003년 이후 의료개혁의 기본방향", 국회토론회 발표자료, 2002.11.18.

김진수 외(2007),『건강보험 중·장기 재정전망과 정책과제 2008~2030』, 건강보험정책연구원.

김진수 외(2003), 「급여비 동향 분석모형 구축방안-의원급을 중심으로-」, 국민건강보험공단.

김진현(2009), 「신포괄수가제의 문제점과 개선방향」, 건강보험심사평가원, 『HIRA 정책동향』 2009년 3월호, pp.17-21.

김창엽(2009), 『건강보장의 이론』, 한울.

김철중(2008), "차라리 암에 걸려라", 조선일보, 2008.5.6.

김한중 외(2003), 『건강보험 장기발전모델에 관한 연구』, 국회보건복지위원회.

노인장기요양보험 홈페이지(http://www.longtermcare.or.kr)

김헌수(2012), 「민영건강보험의 공공성 쟁점과 개선방안」, 『공공성 측면에서 본 민영건강보험: 평가와 대안』, 김헌수 외(2012), 한국보험학회 사회보험위원회보고서, pp.42-85.

대한의사협회(2007), 「노인요양보험제도 도입에 대한 대한의사협회 입장」, 2007.2.5.

The Korean Doctor's Weekly(2010), 「의사들이 사기쳐 vs 요류역학검사 자체가 사기」, 2010.2.8.

동부화재(2011), 「무배당 프로미라이프 스마트 가정 종합보험 약관」.

동아일보, 1921.3.5, 1921.3.14, 1933.6.24, 1937.7.27, 1961.1.28, 1962.3.30, 1962.12.10, 1962.12.24, 1964.5.28, 1964.6.5, 1964.11.16, 1967.5.18, 1972.9.20, 1973.3.2, 1973.11.7, 1974.6.15, 1975.11.28, 1976.3.10, 1976.5.18, 1976.6.18, 1976.9.20, 1977.1.28, 1977.3.16, 1977.5.24, 1979.2.9, 1979.5.28, 1980.5.1, 1980.11.1, 1984.10.12, 1984.8.22, 1986.7.18, 1993.7.12, 2011.6.10.

매일경제, 1969.8.22, 1971.12.2, 1974.5.27, 1976.11.5, 1977.1.12, 1977.1.31, 1977.5.30, 1977.6.16, 1978.2.10, 1978.3.4, 1980.6.7, 1990.7.26, 1993.5.15, 1993.5.19, 1993.9.13, 2012.3.21.

머니투데이, 2008.4.15, 2008.4.18.

메디컬투데이, 2007.2.6, 2010.1.12.

모든병원비를국민건강보험하나로시민회의(2010), 『모든 병원비를 국민건강보험 하나로』, 도서출판 밈.

문성용 외(2008), 『2008년도 외국의 보건의료체계와 의료보장제도 연구』, 국민건강보험연구원.

미래기획위원회(2008), 「신성장동력 민간자문위원회 회의자료」, 2008.12.4.

박성복·정기호(2011), 「민영건강보험의 가입 결정요인 및 민영건강보험이 의료이용에 미치는 영향 연구」, 『보험학회지』 제11권 제4호(제88집), pp.23-49.

박종기(1980), 『한국의 보건재정과 의료보험』, 한국개발연구원.

박종연 외(2010), 「장기요양과 의료서비스의 통합케어 모형 개발」, 국민건강보험 건강보험정책연구원, 연구보고서 2010-18.

박지연·채희율(2003), 「건강보험 본인부담률의 인상이 건강보험재정에 미치는 영향」,

『보험학회지』 제64집, pp.109-136.

박창기 외(1992), 「너싱홈 설립을 위한 기본연구」, 노인복지문제연구소.

박형수(2010), 『재정 악화 및 인구구조 변화와 복지지출』, 한국조세연구원.

박형수·전병목(2009), 「사회복지재정분석을 위한 중장기 재정추계모형 개발에 관한 연구」, 산업연구포럼자료, 보험연구원.

배준호(2002), 「2003년 이후 의료개혁의 기본방향과 정책제언」, "의료보험재정파탄의 원인규명과 2003년 이후 의료개혁의 기본방향", 국회토론회 발표자료, 2002.11.18.

배준호(2012), 「민영건강보험에서의 공공성 考」, 『공공성 측면에서 본 민영건강보험: 평가와 대안』, 김헌수 외(2012), 한국보험학회 사회보험위원회보고서, pp.1-41.

보건복지부(2003), 「하반기 중 7개 질병군 포괄수가제(DRG) 적용」, 보도자료, 2003.7.21.

보건복지부(2005), 『건강보험 보장성강화 재정투입 계획 및 추진전략』.

보건복지부(2010), 「신포괄수가모형 시범사업 대상질병군 확대」, 보도자료, 2010.6.30.

보건복지부(2011), 『2011 보건복지 통계연보』.

보건복지부(2011), 「노인장기요양보험제도 시행 3주년 기념식 및 국제심포지엄 개최」, 보도자료, 2011.6.29.

보건복지부(2011),「노인장기요양 불법 유인·알선 행위 금지 추진」, 보도자료, 2011.8.9.

보건복지부(2012), 「복지부-금융위 합동 워크숍 개최안」, 보도자료, 2012.2.2.

보건복지부(2012), 「병원의존도 낮추고 지역사회 중심 일차의료서비스 구축해야」, 보도자료, 2012.2.27.

보건복지부(2012), 「노인장기요양 대상자 2.4만 명 신규 확대」, 보도자료, 2012.3.8.

보건복지부(2012), 「건강보험 무자격자 요양급여비 관리방안」, 보도자료, 2012.3.28.

보건복지부(2012), 「경제자유구역내 외국의료기관 설립허가 절차 마련 추진」, 보도자료, 2012.5.1.

보건복지부·연세대학교 의료·복지연구소(2010), 『2008년 국민의료비 및 국민보건계정』.

보건복지부·연세대학교 의료·복지연구소(2012), 『2010년 국민의료비 및 국민보건계정』.

보험개발원(2012), 『보험통계연감』, 각 연도.

보험개발원(2012), 『보험통계월보』, http://www.insis.or.kr

보험경영연구회(2010), 『보험과 리스크 관리』, 문영사.

복지국가실현연석회의(2012), 「민생·복지 공약 12대 요구안에 대한 정당 답변 공개」, 보도자료, 2012.3.28.

사공진(2006), 「한국의 보건의료 개혁: 형평과 효율성의 측면」, 『사회보장연구』 제22권 제1호, pp.57-87.

생명보험협회(2010), 『생명보험협회 60년사』(http://www.klia.or.kr/).

서울특별시시사편찬위원회, 『서울 600년사』(http://seoul600.seoul.go.kr).

석재은(2010), 「장기요양서비스 전달체계와 서비스 인력의 현황과 정책과제」, KDI컨퍼 런스.

손해보험협회(2010), 『손해보험협회 60년사』(http://www.knia.or.kr/).

손홍렬(1981), 「고려시대의 의료제도」, 『역사교육』 제29권.

손홍렬(1993), 「조선중기의 의료제도-의료제도의 변천과 의서의 편찬, 간행 및 대외교 류를 중심으로-」, 『한국과학사학회지』 제15권 제1호, pp.4-39.

송윤아·정인영(2011), 「사기성 클레임에 대한 최적조사방안」, 보험연구원.

스포츠서울, 「암환자 가족 치료비 부담하다 집안 거덜 날 판」, ,2011.7.15.

신문고, 「일본 의술 과시용으로 지어진 군산 자혜의원-사진과 기록으로 보는 군산 의 료사 100년」(http://www.shinmoongo.net/sub_read.html?uid=22880).

신영석 외(2010), 『건강보험 정책현황과 과제』, 한국보건사회연구원.

신영석(2011), 「2011~2015년 국가재정계획-보건·복지분야-」, 『국가재정운용계획』, 보건·복지분야 작업반, 공개토론자료집.

신의철 외(2010), 「국민건강보험공단의 효율적 관리운영모형 개발-분산경쟁형」, 대한 의사협회 의료정책연구소.

신현웅(2009), 「의료보장 사각지대 현황 및 해소방안」, 『보건복지포럼』 2009년 9월호, pp.5-16.

i세브란스(www.iseverance.com/healthinfo)

양명생(2007), 「수가정책의 역사와 발전방향」, 『대한병원협회지』 2007년 5-6월호, 대 한병원협회, pp.19-32.

양채열(2008), 「건강보험 지불보상제도에 대한 새로운 제안: '고정비-변동비' 형태의 도입」, 『보건경제와 정책연구』 제14권 제2호, 한국보건경제·정책학회, pp.57-72.

연합뉴스, 「대형병원 빅5에 환자 몰린다」, 2012.3.4.

오건호(2011), 「민주당 복지재원방안, 부실하다」, 프레시안, 2011.9.6.

오영수·이경희(1999), 『사회환경변화와 민영보험의 역할(Ⅲ): 의료보험개혁과 보험회사 의 역할』, 연구보고서 99-1, 보험개발원 보험연구소.

오영수(2011), 「국민건강보험에 대한 정부지원 개선방안」, 보험연구원, 『KiRi Weekly』.

윤희숙(2007), 『보장성 확대정책으로 살펴본 건강보험 관련 의사결정 과정의 문제점』, 『KDI 정책포럼』 제178호, 한국개발연구원.

윤희숙·권형준(2008), 「민영건강보험 가입과 의료이용의 현황」, 『KDI 정책포럼』 제204호(2008-26), 한국개발연구원.

의료리더십포럼(2006), http://www.mlf.or.kr

의료보험연합회(1997), 『의료보험의 발자취』.

의료보험조합연합회(1982), 「의료보험관리운영체계-현행제도 채택배경과 일원화 주장」.

이경룡·이봉주(2003), 「보험회사의 기업윤리 현황과 과제」, 『보험학회지』 제64집, pp.137-159.

이규식 외(2010), 『건강보험급여와 수가제도의 변천과정 및 문제점』, 건강복지정책연구원.

이규식(2012), 『건강보험통합 평가와 개혁방향』, 건강복지정책연구원 편, 계축문화사.

이규식 외(2012), 『의약분업의 역사와 평가』, 건강복지정책연구원 편, 계축문화사.

이기효(2009), 「투자개방형 병원의 바람직한 도입방향」, 『대한병원협회지』 제38권 제5호, 대한병원협회, pp.39-52.

이병욱, www.kirs.kr/data/seminar/forum/lee1.hwp, 「인간 유전체 연구의 경향 및 생명윤리」, 고신대.

이봉주 외(2004), 「한국 보험산업의 윤리이슈 분석」, 『보험학회지』 제68집, pp.153-181.

이상영 외(2008), 『의약분업 종합평가 및 제도개선 방안 마련을 위한 연구』, 한국보건사회연구원.

이상이 외(2009), 『의료민영화 논쟁과 한국 의료의 미래』, 도서출판 밈.

이선미 외(2011), 「사망전 의료비용의 합리적 관리를 위한 진료비 지출구조 분석」, 국민건강보험 건강보험정책연구원, 연구보고서 2011-03.

이용갑(2009), 「지난 20년간 독일 공적 건강보험 개혁과 시사점」, 『보건사회연구』 제29권 제2호, pp.186-212.

이진석(2008), "건강보험과 민영건강보험의 발전방안 모색", 국회공청회 발표자료.

이창우·이상우(2010), 『주요국의 민영건강보험의 운영체계와 시사점』, 보험연구원.

이현복 외(2011), 「민영의료보험의 합리적 관리방안」, 국민건강보험 건강보험정책연구원, 연구보고서 2011-01.

이호용 외(2009), 「민간보험의 급여 범위에 대한 국제 비교 연구」, 국민건강보험 건강보험정책연구원.

임금자(2010), 「영리법인 도입의 장단점 및 정책 대안」, 『대한의사협회지』 제53권 제
2호, 대한의사협회, pp.169-174.

임문혁(2010), 「네덜란드 신의료보험 개혁 동향과 정책적 함의」, 『사회보장연구』 제
26권 제3호, 한국사회보장학회, pp.139-163.

임준(2005), 「사회안전망으로서 건강보험 보장성 강화방안」, 『건강보험포럼』 제4권 제
3호, 국민건강보험공단, pp.37-50.

장경원(2009), 「보건의료산업 측면에서 의료관광의 현황과 정책방향」, 서비스사이언스
전국포럼 연합세미나 자료.

재정경제부 외(2006), 「실손형 민간의료보험 제도개선 실무협의회 추진계획」,
2006.12.7.

정기택 외(2006), 「의료산업 육성에 관한 연구」, KDI 연구보고서, 경희대학교 의료산
업연구원.

정기택 외(2007), 「의료서비스산업의 2020 비전과 전략」, 정책자료 2007-66, 산업연
구원.

정기택 외(2008), 「민영건강보험 실증분석 및 公·私 보험 연계방안 연구」, 손해보험협
회 연구보고서, 경희대학교 의료산업연구원.

정석훈·이용균(2010), 『건강보험 진료비 지불제도 동향과 개편방향』, 대한병원협회.

정영호(2011), 「한국의료패널로 본 민영건강보험 가입 실태」, 『보건복지 Issue and
Focus』 제70호, 2011.1.14.

정진택(2009), "생명보험 광고 및 판매 윤리 현황", 2009년 한국리스크관리학회 정책
세미나 자료집, 한국리스크관리학회.

정형선(2004), 「우리나라 건강보험 보장성의 현주소 및 급여 확대방안」, 『건강보험포
럼』 제3권 제3호, 국민건강보험공단, pp.2-14.

정형선(2010), 「건강보험재정적자 분석 및 대응방안」, 『건강보험정책』, 2010.9, p.28.

조선일보, 2007.7.5, 2011.11.4, 11.5.

조연경(1990), 「일제 식민지 시대의 의료행정과 보건생활」, pp.87~91.

조용운·김세환(2005), 「의료공급자의 유인수요가 환자본인부담금에 미치는 영향」, 한
국보건경제·정책학회, 『보건경제와 정책연구』 제11권 제2호, pp.1-16.

조용운(2010), 「민영건강보험 추이」, 보험연구원 내부자료.

조재국(2010), 「의료전달체계의 발전방향과 정책과제」, 『보건복지포럼』, 2010.11,

pp.6-15.

주정미 외(2009), 「외래 건당진료비 결정요인」, 한국보건경제·정책학회, 『보건경제와 정책연구』 제15권 제2호, pp.45-62.

중앙일보, 2011.7.11, 2011.10.24, 2012.3.12, 2012.4.18, 2012.5.9.

지식경제부(2010), 『서비스 R&D 활성화 방안』.

진보신당(2010), 「건강보험 급여 제한자 232만 명, 의료 사각지대를 없애야 한다」, 정책브리핑자료. http://www.newjinbo.org/xe/892402

쯔키타리 카즈키요(1997), 『보험과 범죄』, 이홍무·이미영 역, 도서출판 두남.

최병호·신정윤(2004), 「국민건강보험 총액 예산제 도입을 위한 소고」, 『보건사회연구』 제24권 제1호, 한국보건사회연구원, pp.53-91.

최병호 외(2005), 『건강보험제도의 발전과정 비교연구』, 한국보건사회연구원.

최인덕 외(2006), 『OECD 주요국의 의료보장제도 재정구조 분석』, 국민건강보험공단.

충북대학교(2005), 『민영건강보험의 실태와 영향 분석』.

KTB투자증권(2010), 『의료산업 Issue』.

통계청(2010), 『한국의 사회지표』.

프레시안, 2005.9.1.

하상락(1989), 『한국사회복지사론』, 박영사.

하인리히(Braun Heinrich)(2010), 『생명보험사』, 류선경·신동호 역, 생명보험사회공헌위원회.

한대희·강효신(1995), 「조선시대 전기의 의료제도에 대한 연구」, 『대한원전의사학회지』 제9권, pp.555-652.

한국개발연구원·한국보건산업진흥원(2009), 『투자개방형 의료법인 도입 필요성 연구』.

한국경제신문, 2011.7.31, 2011.8.2.

한국보건산업진흥원(2007), 『노인요양시설운영기준 및 운영현황 국제비교』.

한국보험신문, 2011.7.25.

허순임(2009), 「유럽주요국들의 진료비 지불제도 변화」, 『보건복지포럼』 11월호(통권 제157호), 한국보건사회연구원, pp.100-113.

허순임 외(2008), 『건강보험 지불제도와 의료공급자의 진료행태-의료공급자의 유인수요와의 연관성 파악』, 한국보건사회연구원.

후생신보, 2011.8.18.

Thelancet.com(2011), 「健康社会を目指した日本の過去50年」, 『日本： 国民皆保険達成 から50年』.

Douven, Rudy 외(2008), 「네덜란드의 의료개혁- 개혁 전후의 비교」, 『국제노동브리 프』 겨울호, pp.3-11.

(獨)物質・材料研究機構-(株)JASTEC-(獨)科學技術振興機構(2011), "超伝導磁石の 世界最高磁場24Tを発生―酸化物高温超伝導線材を用いた小型・強磁場NMR装置 へ道", 2011.9.7

社會保障研究所(1989), 『フランスの社会保障』, 東京大学出版会.

松田晋哉(2006), 「診断群分類導入の國際的動向と醫療費への影響」, 田中 滋・二木 立, 『醫療制度改革の國際比較』, 勁草書房, pp.99~120.

Ikeda, N. et al.(2011), 「なぜ日本国民は健康なのか」, 『日本：国民皆保険達成から50年』 http://download.thelancet.com/flatcontentassets/series/japan

日本興亞損保(2001), 興亞損害保険の 所得補償保険.

箸方幹逸(1977), 「西ドイツ民間健康保険の歴史と当面の課題―法定健保と民間健保の 競争促進論の背景」, pp. 109~152. (http://www.jili.or.jp/research/search/pdf/ B_40_3.pdf)

佐藤圭光(2007), 「医療保険制度改革と管理競争：オランダの経験に学ぶ」, 『会計検査 研究』 No.36 会計検査院, pp.41~60.

天野 卓(2004),「所得補償保険をめぐる最近の動向」,ニッセイ基礎研究所 Report, 2004.3

瀧澤博三(2011), 「私学の役割と政策の行方,団体等の中間組織に期待」, 『アルカディア 学報』(教育学術新聞掲載コラム), No.436, 日本私立大學協會.

America's Health Insurance Plan(2004), "Disability Insurance: A Missing Piece in the Financial Security Puzzle", The Actuarial Foundation.

Arrow, K. J.(1963), "Uncertainty and the Welfare Economics of Medical Care", *The American Economic Review*, Vol.53, No.5, pp.941-973.

Blumberg, Linda J. and John Holahan(2009), "The Individual Mandate-An Affordable and Fair Approach to Achieving Universal Coverage", *NEJM* 361: 6-7 July 2, 2009.

Brockett, Patrick L. and E. Susan Tankersley(1997), "The Genetics Revolution, Economics, Ethics and Insurance", *Journal of Business Ethics* 16, pp.1661-

1676.

Casto, Anne B. and Elizabeth Layman(2006), *Principles of Healthcare Reimbursement*, American Health Information Management Association.

CEA(2011), Private Medical Insurance in the European Union.

Centers for Medicare and Medicaid Services(CMS) Office of Acturay, National Health Care Expenditures, March 2010.

Cooper, Robert and Frank Garry(2002), "Ethical challenges in the two main segments of the insurance industry: key considerations in the evolving financial services marketplace", *Journal of Business Ethics* 36, pp.5-20.

Datamonitor(2006, 2010), *UK Private Medical Insurance* 2006, 2010.

Datamonitor(2010), Consumer Survey.

Diacon, Stephen and Ennew, Christine(1996), "Ethical issues in insurance marketing in the UK", *European Journal of Marketing* 30, pp.67-80.

Durand-Zaleski, Isabelle and Karine Chevreul(2011), "The French Health Care System, 2011" *International Profiles of Health Care System, 2011*, The Commonwealth Fund.

Eddy, D.M.(1991), "What Care is 'Essential'? What Services are 'Basic'? *"Journal of American Medical Association*, 265(6), pp.782-788.

Esping-Andersen, G.(1989), "The Three Political Economies of the Welfare State," *Canadian Review of Sociology and Anthropology*, Vol.26, pp.10-035.

Evans, Robert G.(1974), "Supplier-induced demand: Some empirical evidence and Implication", Perlman, M.(ed), *The Economics of Health and Medical Care*, MacMillan, pp.162-173.

Feldman, R. and B. Dowd(1991), "A new estimate of the welfare loss of excess health insurance", *American Economic Review* 81, pp.297-301.

Folland S, A. Goodman and M. Stano(2006), *Economics of Health and Health Care*, 5th ed. Upper Saddle River, NJ: Prentice Hall.

Foubister, T. et al.(2006), *Private Medical Insurance in the United Kingdom*, The Cromwell Press: Trowbridge, Wilts.

Fuchs, V. R.(1984), "Though much is taken: reflections on aging, health and medical care", *Milbank Memorial Fund Quarterly Health Sociology*, Spring,

62(2), pp.143-166.

Gaynor M.(2006), What do we know about competition and quality in health care markets?, University of Bristol, The Centre for Market and Public Organisation Working Papers, No.06/151.

General Cologne Re(2001), *Risk Insights*, Vol.5, No.2.

Gobbels, H.(1940), *Arzt und Private Krankenversichung*.

Graf, J.M.(2005), "German Health Care System in Transition", *Health Economics*, Vol.6, pp.183-187.

Guadagno Joe V. and Chris H. Polman(2010), "A Dutch window into the development of a two tier healthcare system", *BMJ* 2010; 340: c2330.

Harris, N.(2008), "Social security and problem of drug users: law and policy" report.

Helderman, J. K. et al.(2005), "Market-oriented health care reforms and policy learnings in the Netherlands", *Journal of Health Politics and Law*, Vol.30, No.1-2.

Holtom, Robert B.(1973), *Underwriting*, The National Underwriting Company: Cincinnati, Ohio.

Imai, Y., S. Jacobzone and P. Lenain(2006), "The Changing Health System in France", in *Universal Health Insurance in France How Sustainable?* V. G. Rodwin et al.,(eds.), pp.79-128.

Jacobs, P.(1991), *The Economics of Health and Medical Care*, Aspen Publishers Inc.

Jones, David K.(2012), "The Fate of Health Care Reform -What to Expect in 2012", *NEJM* 366: e7 January 26.

Jung, Ki-Taig(1998), "Influence of the Introduction of a Per-Visit Copayment on Health Care Use and Expenditures: The Korean Experience", *The Journal of Risk and Insurance*, Vol.65, No.1, pp.33-56.

Kaletsky, Anatole(2010), Capitalism 4.0: The Birth of a New Economy in the Aftermath of Crisis, *Public Affairs*, June 22.

Kerleau, M., A. Fretel, and I. Hirtzlin(2009), "Regulating Private Health Insurance in France : New Challenges for Employer-Based Complementary Health Insurance", CES Working Papers.

Koch, Peter(1971), Von der Zunftladen zum rationellen Grossbetrieb: Kleine

Geschichte der privaten Krankenversicherung in Deutschland.

Kodner D. L., and C. Kyriacou(2000), "Fully integrated care for frail elderly: two American models", *International Journal of Integrated Care*, Vol.1, No.1, pp.1-24.

Ladenheim, Kala(1997), "Health Insurance in Transition: The Health Insurance Portability and Accountability Act of 1996", *Publius*, Vol.27, No.2, pp.33-51.

Lee, Sang-Yi et al.(2008), "The National Health Insurance System as one type of new typology: The case of South Korea and Taiwan", *Health Policy*, Vol.85(1), pp.105-113.

Maynard, A.(2005), "International Healthcare Reform: what goes around, comes around", *The Public-Private Mix for Health*, ed. by Alan Maynard, Ch.1, pp.1-5.

Maynard, A.(2005), "Enduring problems in Healthcare delivery", *The Public-Private Mix for Health*, ed. by Alan Maynard, Ch.14, p.308.

Murray, J. E.(2007), *Origins of American Health Insurance: A History of Industrial Sickness Fund*, New Haven, CT: Yale University Press.

National Safety Council(2002), "Group Disability Rate and Risk Management Survey", JHA U.S.

NERA economic consulting(2002), "Global Principles for Better Health Care: A Guide for Policymakers", A Report for the IFPMA prepared by NERA.

Neurospin H. P. http://meteoreservice.com/neurospin

Neurosurgical.com(2007), "The History of Health Insurance in the United States"

OECD(2004), *Private Health Insurance in OECD Countries*.

OECD(2010), *OECD Economic Surveys KOREA*, June 2010.

OECD(2010), *Value for Money in Health Spending*, OECD Health Policy Studies.

OECD(2011), Health Database.

OECD(2011), *Health at a Glance 2011 OECD Indicators*.

OECD(2012), *Health Care Quality Review: Korea*, February 2012.

Okma Kieke G. H, et al.(2011), "Managed competition for Medicare?: Sobering Lessons from the Netherlands", *The New England Journal of Medicine*, Vol.365, No.4, July 28, pp.287-289.

Paris,V., M.Devaux and L.Wei(2010), Health Systems Institutional Characteristics:

A Survey of 29 OECD Countries, OECD Health Working Papers, No.50.

Pauly, M. V.(1968), "The Economics of Moral Hazard: Comment", *The American Economic Review*, Vol.58, No.3, pp.531–537.

Perronnin, M., A. Pierre and T. Rochereau(2011), "Complementary Health Insurance in France: Wide–Scale Diffusion but Inequalities of Access Persist", Institute for Research and Information in Health Economics, *Issues in Health Economics*, No.161, Jan. 2011, pp.1–6.

Phelps, C. E.(2003), *Health Economics*, 3rd ed. Boston: Addison Wesley.

Price, Massoume(2001), "History of Ancient Medicine in Mesopotamia & Iran", Iran Chamber Society, October, http://www.iranchamber.com.

Randall, S. Jones(2010), "Health–Care Reform in Korea," Economics Department Working Paper No.797, OECD.

Random History(2009), "The History of Health Insurance", March, 2009.

Rice, T.(1983), "The impact of Changing Medicare Reimbursement Rates on Physician–induced Demand", *Medical Care*, Vol.21, No.8, pp.803–816.

Rochaix L. and L. Hartmann(2005), "Public–private mix for health in France", in *The Public–Private Mix for Health*, ed. by Alan Maynard, pp.141–160.

Rodwin, V. G. et al.(2006), *Universal Health Insurance in France: How Sustainable?* The Office of Health and Social Affairs: Washington.

Roemer, Milton I.(1991), *National health care systems in world*, Volume I, New York: Oxford University Press.

Rosen, H. S. and T. Gayer(2010), *Public Finance*, McGraw–Hill International Edition, pp.198–199.

Rosenau P. V. et al.(2008), "An experiment with regulated competition and individual mandates for universal health care: The new Dutch health insurance system", *Journal of Health Politics, Policy and Law*, Vol.33, No.6, pp.1031–1055.

Sandier, Simone et al.(2002), "France", in *Health care systems in eight countries: trends and challenges*, A. Dixon and E. Mossialos (eds), pp.31–45.

Schneider, Pia(2007), Provider Payment Reforms: Lessons from Europe and America for South Eastern Europe, Policy Note, Oct.2007.

SSA·ISSA(2010), *Socail Security Programs Throughout the World: Europe*.

Thane, Pat(2009), "Memorandum submitted to the House of Commons' health committee inquiry: social care" http://www.historyandpolicy.org/docs/thane _social_care.pdf

Thomasson, Melissa(2003), "Health Insurance in the United States", EH. Net. Encyclopedia, edited by Robert Whaples. http://eh.net/encyclopedia/article/ thomasson.insurance.health.us

Thomson, S., T. Foubister and E. Mossialos(2009), Financing Health Care in the European Union, Observatory Studies Series, No.17, European Observatory on Health Systems and Policies.

WHO(2007), "Provider Payments and Cost-containment Lessons From OECD Countries", Technical Briefs for Policy-Makers, No.2, Department of Health Systems Financig Health Financing Policy.

WHO(2008), *World Health Report*.

World Bank(2009), *Designing and Implementing Health Care Provider Payment Systems How-To Manuals*, (Eds.) by J. C. Langenbrunner, C. Cashin and S. O' Dougherty, p.4 table 1, p.8 table 3.

Xu, K. et al.(2003), "Household catastrophic health expenditure: a multicountry analysis", *The Lancet*, Vol.362, No.9378, pp.111-117.

Xu, K. et al.(2009), Equity and financial risk protection of national health insurance in Republic of Korea: 1995~2007.

Zuchandke, A. et al.(2010), "Impact of the Introduction of the Social Long-Term Care Insurance in Germany on Financial Security Assessment in Case of Long-Term Care Need", *Geneva Papers on Risk and Insurance Issues and Practice*, Vol.35, pp.626-643.

메르크르 웹사이트 http://www.merkur.at/

영국 보건의료연구원 웹사이트 http://www.nice.org.uk/aboutnice/whoweare/ who_we_are.jsp

피터 챔버렌 웹사이트 http://en.wikipedia.org/wiki/Peter_Chamberlen

〈부표 1-1〉 의료보험조합 수 추이(1977~1999)

(단위: 개)

구분	직장			공교	지역			직종	임의
	소계	공동	단독		소계	군지역	시지역		
1977	513	19	494	–	–	–	–	–	8
1978	592	22	570	–	–	–	–	–	8
1979	603	51	552	1	–	–	–	–	8
1980	423	58	365	1	–	–	–	–	8
1981	185	71	114	1	3	3	–	1	7
1982	146	74	72	1	6	5	1	4	7
1983	146	74	72	1	6	5	1	8	7
1984	146	74	72	1	6	5	1	11	7
1985	144	74	70	1	6	5	1	12	7
1986	144	74	70	1	6	5	1	13	7
1987	153	82	71	1	6	5	1	15	7
1988	154	83	71	1	140	138	2	14	4
1989	154	83	71	1	254	137	117	–	–
1990	154	83	71	1	254	137	117	–	–
1991	154	83	71	1	266	137	129	–	–
1992	154	83	71	1	266	136	130	–	–
1993	153	83	70	1	266	136	130	–	–
1994	150	83	67	1	266	136	130	–	–
1995	145	83	63	1	227	97	130	–	–
1996	145	83	63	1	227	92	135	–	–
1997	145	82	63	1	227	92	135	–	–
1998	142	82	60	1	–	–	–	–	–
1999	140	82	58	1	–	–	–	–	–

주: 임의 및 직종은 1989년 6월 30일자로 해산

공무원교원의보관리공단과 지역의료보험조합은 1998.10.1 통합

자료: 의료보험연합회(1991), 「1990 의료보험통계연보」

〈부표 4-1〉 건강보험 보장성 강화계획(2009~2013)

구분	보장성 확대 내용
2009년	본인부담상한액 소득수준별 차등적용(200~400만 원)
	희귀난치성 질환자 본인부담 경감(20%→10%)
	암환자 본인부담 경감(10%→5%)
	치아홈메우기 보험적용
	한방물리요법 보험적용
2010년	MRI 보험급여 확대(척추, 관절)
	장애인보장구(전동스쿠터) 및 소모품 보험적용
	심장질환·뇌혈관질환 본인부담 경감(10%→5%)
	중증화상 본인부담률 경감(20, 30~50%→5%)
	결핵환자 본인부담률 경감(20, 30~50%→10%)
	항암제 보험급여
	희귀난치 치료제 보험적용
	치료재료 급여전환(1단계)
	출산진료비 지원확대(20만 원→30만 원)
2011년	출산진료비 지원확대(30만 원→40만 원)
	골다공증 치료제 급여확대
	당뇨치료제 급여확대 및 소아당뇨 관리 소모품 지원
	치료재료 급여전환(2단계)
2012년	노인틀니 보험적용(75세 이상)
	출산진료비 지원확대(40만 원→50만 원)
2013년	초음파검사 보험적용
	치석제거 보험급여 확대
	골관절염치료제 보험적용
	소아선천성질환 보험적용

자료: 국민건강보험공단, 「2008년도 건강보험 환자 진료비 실태조사 결과」, 2010.3.3.

〈부표 4-2〉 우리나라 총의료비 재원조달의 변천

(단위: %)

	1980	1990	2000	2005	2007	2008	2009	2010[2]
전체 공공부문	20.1	36.5	44.9	52.9	55.8	55.9	58.2	58.3
일반정부	15.0	13.3	19.3	15.9	13.2	13.0	13.5	12.9
사회보험[1]	5.1	23.2	25.6	33.5	42.6	42.9	44.7	45.4
전체 민간부문	79.9	63.5	55.1	47.1	44.2	44.1	41.8	41.7
환자본인부담				37.9	34.7	34.2	32.4	32.2
민영건강보험	0.7	2.0	4.7	3.9	4.0	4.7	5.2	5.8
기업 납입금				4.6	4.8	4.6	3.5	3.1
대가계비영리기관				0.6	0.7	0.7	0.7	0.7
총계	100.0	100.0	100.0	100.0	100.0	100.0	100.0	100.0

주: 1) 국민건강보험에 납입되는 근로자(고용주분 포함)와 자영업자 부담 보험료만 포함. 담배세, 사회보장기금, 기타 재원 등은 일반정부에 포함.

2) 2010년은 잠정치

자료: *OECD Health Data 2012*

〈부표 4-3〉 총의료비 재원조달 기관의 구성비(2005~2009)

(단위: %)

		일반정부(공공부문)			민간부문					합계
		소계	사회보장기금 외 일반정부	사회보장기금	소계	민영건강보험	본인부담	대가계민간비영리기관	보험회사 외 기업	
네덜란드	2005	65.8	3.9	61.9	34.2	19.2	7.7	3.0	4.2	
	2007	82.0	5.4	76.7	18.0	6.2	6.0	3.2	2.5	
	2009	84.7	8.8	75.9	15.3	5.5	6.2	1.5	2.2	
스위스	2005	59.5	16.7	42.7	40.5	9.0	30.6	0.9	..	
	2007	59.1	16.2	42.9	40.9	9.2	30.7	1.0	..	
	2009	59.7	18.9	40.8	40.3	8.8	30.5	1.0	..	
프랑스	2005	79.1	5.0	74.1	20.9	13.3	6.8	0.1	0.7	
	2007	78.6	5.4	73.2	21.4	13.4	7.2	0.1	0.6	
	2009	78.1	5.6	72.5	21.9	13.6	7.5	0.1	0.6	
독일	2005	77.1	7.5	69.8	23.0	9.5	12.4	0.5	0.4	
	2007	76.9	7.2	69.7	23.1	9.5	12.8	0.4	0.4	
	2009	77.3	6.9	70.5	22.7	9.6	12.3	0.4	0.4	
미국	2006	46.1	5.7	40.4	53.9	36.4	13.5	3.8	0.2	
	2007	46.5	5.8	40.7	53.5	35.8	13.6	4.0	0.2	
	2009	49.0	5.8	43.2	51.0	34.4	12.8	3.6	0.2	
캐나다	2005	69.8	68.5	1.5	30.2	13.2	15.3	..	1.5	
	2007	69.8	68.4	1.5	30.2	13.3	15.5	..	1.5	
	2009	69.8	68.4	1.4	30.2	13.4	15.4	..	1.4	
아일랜드	2006	76.8	76.1	0.7	23.2	8.3	14.4	..	0.6	
	2007	76.9	76.2	0.6	23.1	8.0	13.9	..	1.2	
	2009	75.0	74.3	0.7	25.0	11.0	12.3	..	1.7	
슬로베니아	2005	72.5	1.9	70.5	27.5	13.5	13.1	0.0	0.9	
	2007	71.4	1.5	69.9	28.6	13.6	14.0	0.0	1.0	
	2009	71.9	1.5	70.4	28.1	13.3	13.8	0.0	0.9	
칠레	2006	42.1	36.3	5.9	57.9	19.9	38.0	..	..	
	2007	43.2	37.1	6.1	56.8	20.2	36.6	..	..	
	2009	47.4	40.6	6.8	52.6	18.6	34.0	..	..	
한국	2005	55.0	11.5	42.6	45.0	4.1	41.0	0.7	0.1	
	2007	57.9	12.5	45.4	42.1	4.2	37.0	0.8	0.1	
	2009	59.5	12.4	47.1	40.5	5.5	34.2	0.7	0.1	

자료: http://stats.oecd.org/Index.aspx
"Health Expenditure and Financing: Health expenditure by financing agent"

〈부표 4-4〉 민영건강보험 자기부담금 표준화

구분		표준화 전	표준화 후
입원		전액 보장	90% 보장
	자기부담 한도	없음	연간 200만 원(초과 시 전액 보장)
	보장 제외	항문질환, 치과 등	항문질환, 치매 보장
외래 (1회당/1일당)		5000~1만 원 공제 (보험회사 자율)	– 의원: 1만 원, 병원: 1.5만 원, 종합전문병원: 2만 원 공제
약제비 (1건당)			– 8000원 공제

자료: 금융위원회·금융감독원 보도자료, 2009.9.2.

<부표 5-1> 직장가입자와 지역가입자의 보험료 부담

구분	가정	보험료		
		직장가입자 (3000만 원)	지역가입자	
			소득 (3000만 원)	소득 (500만 원)
성, 연령	남자 55세	–		5.7점
연소득[1]	3000만 원	145,000원[4]	981점	10점[5]
재산[2]	3억 원(아파트)	–	681점	681점
				12.7점[6]
자동차 유형[3]	1,000cc 초과 ~ 1,600cc 이하	–	47점	47점
자동차세	6.4만 원 초과 ~ 10만 원 이하	–	–	6.1점
생활수준 및 경제활동참가율	위 점수 합계(재산 681점, 자동차 47점 제외)			34.5점
생활수준 및 경제활동 참가율 등급별 점수				348점[7]
지역가입자 부과점수 합계		–	1,609점	1,076점[8]
국민건강 보험료		145,000원	273,530원	182,920원
		이 중 본인부담 50%	점수당 170.0원	

주: 1) 소득은 보수, 종합소득을 지칭 3000만 원은 22등급(총 75등급) 981점
   2) 재산은 총 50등급으로 3억 원은 28등급, 681점
   3) 사용연수 5년 차량
   4) 월소득 250만 원×0.058
   5) 500만 원 이하/50 = 10
   6) 1억 5000만 원 초과 시 점수
   7) 생활 및 경제활동참가율 점수(34.5) 대응 점수, 총 30등급 중 28등급
   8) 재산(681)+자동차(47)+생활 및 경제활동참가율 등급별 점수(348)
자료: 국민건강보험공단 민원포털, 건강보험안내 보험료(2012년 기준)

<표 5-2> 담배, 주류소비량 및 대기오염물질 배출량

(단위: 백만 개비, 1000kl, 톤)

	2003	2004	2005	2006	2007	2008	2009
국산담배소비량	74,385	82,304	60,085	62,587	63,582	62,715	59,058
주류출고량	3,077	3,193	3,022	3,091	3,185	3,286	3,230
대기오염물질배출량	3,461,510	3,510,015	3,327,866	3,410,348	3,327,866	3,138,123	–
일산화탄소배출량	805,414	816,954	788,917	829,938	808,862	703,706	–

자료: 통계청, 『한국의 사회지표』, 2010

<부표 6-1> 진료보수 지불제도별 장단점 비교

기관	지불방식	장점	단점	적용 사례
WHO	1. 봉급제[1]	비용절약, 서비스 형평, 간편행정	저생산성, 질 저하, 의사 사기 저하	헝가리, 공무원·의사, 부정부패와 급여 인상
	2. 총액예산제	비용절약, 간편행정	기술투자 부진, 환자의 선택과 전송	독일, 병원예산 내 지출 선호, 예산초과 시 지원 불충분
	3. 포괄수가제[2] DRG	비용절약, 비용효과적 치료	경증환자 선택, 조기 퇴원과 불충분 치료, 감시비용, 입원 늘리고 입원일수 축소	호주, 아픈 환자 조기퇴원으로 비판
	4. 행위별수가제[3] FFS	양호한 접근성 경쟁 하의 양질 서비스	과잉진료 관리비용 과다	1990년 벨기에 개혁 -남용과 비효율, 과잉 공급-소비
	5. 인두제(일반의)	비용절약, 예방진료, 나이와 성별 고려	과소진료와 질 저하, 병원과 전문의 이송 증대, 건강한 가입자 선택	스페인, 일반의, 고정 급에 인두수당, 지역 주민 특성 고려
	6. 일당제	간편행정, 집중진료	입원자와 입원일수 증가 비용효과적이지 못한 치료	1995년까지의 룩셈부르그, 재정위기로 예측비용지불체계 전환
World Bank	7. 투입기반 품목예산제[4]	병상과 직원수 증대, 입원자수 감소	투입증대와 예산 전액 사용, 고위험 환자 타 병원 전송, 낮은 병상점유율, 장기입원환자 증대, 서비스 공급 부족	1980년대의 영국, 구소련과 동유럽 방식, 현 필리핀, 이집트, 베트남
	8. 성과지불제 P4P	인두제 의원의 병원 전송유인 감소, 질 향상, DRG 병원 의사의 효율적 진료 촉진	관리비용 증대, 객관적 성과평가 기준 곤란, 모니터링 비용	미국 관리의료, 영국 NHS가 일반의 대상으로 도입

주: 1, 2, 3, 4는 <표 6-1> 참조
자료: <표 6-1> 참조

<**부표 6-2**> 진료보수 지불제도의 유형

지불 단위		의원	병원
항목별		행위별 보상	행위별 보상
포괄	방문 또는 건	방문당 정액	입원당 정액
	기간(시간, 일, 월)	시간당 정액	일당, 월당 정액
	환례(진단/치료/기능)	–	환례별 포괄 보상
	사람 + 기간	인두제	인두제
정액	개인 공급자	봉급	예산

자료: 김창엽(2009), p.334.

<**부표 6-3**> 포괄수가제 확대 대상 병의원

구분	선택적용		당연적용		추가적용	
	기관수	건수	기관수	건수	기관수	건수
계(%)	2,291 (78.8)	681 (86.6)	2,909 (100)	786 (100)	618 (21.2)	105 (13.4)
병원	183	154	452	205	269	51
의원	2,108	527	2,457	581	349	54

주: 2011.1~11월 중 7개 질병군이 청구되는 요양기관 기준

<표 7-1> 민영건강보험 신규가입 이유(N=840)

민영건강보험 신규가입 이유	%
건강보험의 서비스 보장이 부족하다고 판단해서	35.5
불의의 질병 및 사고로 인한 가계의 경제적 부담을 경감하기 위해	46.3
본인의 건강상태가 좋지 않다고 생각해서	1.1
고급 의료서비스를 받기 위해	7.9
보험설계사의 권유에 못 이겨서	7.4
기타	1.9

자료: 정영호(2011)

<표 7-2> 민영건강보험 해약 이유(N=423)

민영건강보험 해약 이유	%
보험료가 가계에 부담이 되어서	37.1
수령한 보험금이 의료비에 큰 도움이 되지 않아서	19.4
본인의 의료이용이 많지 않아서	1.2
보험에서 급여하는 질환/보상범위가 너무 협소해서	29.3
높은 보험료에 비해 수령하는 보험금이 적어서	5.2
국민건강보험이 확대되어 민영건강보험이 더 이상 필요 없어서	0.5
기타	7.3

자료: 정영호(2011)

〈부표 9-1〉 국민연금 장애연금 예상 월액표

(단위: 원/월)

등급	B값	연금보험료	장애1급	장애2급	장애3급
1	230,000	20,700	230,000	199,240	149,430
5	270,000	24,300	253,910	203,120	152,340
10	400,000	36,000	269,670	215,730	161,800
15	620,000	55,800	296,340	237,070	177,800
20	920,000	82,800	332,720	266,170	199,630
25	1,290,000	116,100	377,580	302,060	226,550
30	1,760,000	158,400	434,570	347,650	260,740
35	2,300,000	207,000	500,040	400,030	300,020
40	2,940,000	264,600	577,640	462,110	346,580
46	3,750,000	337,500	675,860	540,680	405,510

〈부표 9-2〉 니혼코아손보(日本興亞損保)의 소득보상보험 보상내용

		지급보험금 내용	보험금 미지급 사유
소득 보상 보험금	기본계약	- 보험기간 중에 질병과 상해로 인해 취업불능이 되어 면책기간을 경과했을 때 약정한 보상기간을 한도로 취업불능기간 1년에 대해 보험금을 지급 - (주1) 취업불능 상해 또는 질병을 치료하기 위해 입원한 경우, 입원 이외에 의사의 치료를 받음으로써 업무에 전혀 종사할 수 없는 경우 - (주2) 면책기간 계약에서 정한 일정 기간을 말하며 취업불능이 된 후 이 기간은 보험금 지급대상 제외 - (주3) 취업불능기간 면책기간 종료일의 다음 날부터 계산하여 계약에서 정한 보상기간 내의 취업불능일수	- 고의 또는 중과실에 의한 질병과 부상 - 자살 또는 범죄행위에 의한 질병과 부상 등
사망 보험금	상해특약	- 부상으로 인해 사고일로부터 180일 이내에 사망한 때에는 사망보험금 지급	- 상기 사유 이외에 뇌질환, 질병 또는 심신상실 - 위험한 운동 중의 부상 등
후유 장해 보험금	상해특약	- 사고일로부터 180일 이내에 후유장해가 생겼을 때에는 그 정도에 따라 상해특약보험금액의 3~100% 비율로 후유장해보험금 지급	

자료: Nipponkoa Insurance(2001)

〈부표 9-3〉 일시소득보상보험의 최대 보상한도 및 보상기간

주	최대 보상한도(주당)	최대 보상기간(주)
캘리포니아	728달러	52
하와이	418달러	26
뉴저지	459달러	26
뉴욕	170달러	26
푸에르토리코	113달러	26
로드아일랜드	588달러	30

주: Temporary Programs as of July 1, 2004.

〈부표 11-1〉 국민건강보험의 수입·지출 추이
(단위: 조 원, %)

	2001	2002	2003	2004	2005	2006	2007	2008	2009	2010
수입	11.6	13.9	16.8	18.6	20.3	22.4	25.3	28.9	31.2	33.9
지출	14.1	14.7	15.7	17.0	19.2	22.5	25.6	27.5	31.2	34.9
당기수지	-2.4	-0.8	1.1	1.6	1.2	-0.1	-0.3	1.4	-0.03	-1.0
누적수지	-1.8	-2.6	-1.5	0.1	1.3	1.2	0.9	2.3	2.3	-
보장수준	62.7	-	-	61.3	61.8	64.3	64.6	62.2	64.0	62.7

주: -은 추정치 없음, 보장수준은 전체 의료비 중 국민건강보험 급여비 비중임
자료: 국민건강보험공단, 『건강보험통계연보』, 각 연도

〈부표 11-2〉 국민건강보험료 장기체납 실태
(단위: 천 건, 억 원)

		계	6~12개월	13~24개월	25개월 이상
계	건수	1,544	439	388	717
	금액	17,971	2,612	3,257	12,102
지역	건수	1,519	422	382	715
	금액	16,510	1,947	2,772	11,791
직장	건수	25	17	6	2
	금액	1,461	665	485	311

주: 2010.8.10 기준
자료: 진보신당(2010)

<부표 12-1> 노인성 질환자 의료이용 현황

(단위: 천 명, 천만 원)

연도	전체		65세 미만 노인성 질환		65세 이상 노인성 질환	
	진료 실인원	총진료비	진료 실인원	총진료비	진료 실인원	총진료비
2002	499	58,130	236	26,427	263	31,703
2003	560	69,265	254	29,772	306	39,494
2004	621	82,812	268	34,154	353	48,658
2005	683	107,926	282	42,065	401	65,860
2006	759	134,291	303	48,198	456	86,092
2007	847	170,043	315	54,306	532	115,737
2008	952	219,827	345	66,633	607	153,194
2009	1,027	243,869	355	71,507	672	172,361
증가율(%)	205.7	419.5	150.4	270.6	255.4	543.7
2010[1]	348.6	274,559	23.1	17,805	325.4	256,754

주: 1) 2010년은 국민건강보험공단 「장기요양보험통계」, 진료실인원은 중복인원 제외한 값임
자료: 건강보험정책연구원(2010), 국민건강보험공단(2011)

<부표 12-2> 노인장기요양 인정자 및 급여 현황(2010.6)

(단위: 명, %)

구분		인정자 (A)	급여이용자 (B)	이용률 (B/A)	급여 종류	
					재가	시설
전체		311,709	264,886	85.0	181,409	83,477
등급	1등급	49,413	41,354	83.9	19,568	21,786
	2등급	75,312	65,383	86.8	30,375	35,008
	3등급	186,984	158,149	84.6	131,466	26,683
자격	일반	226,750	190,217	87.8	137,027	53,190
	경감	22,669	19,824	87.4	13,513	6,311
	의료급여	3,907	3,098	79.3	2,347	751
	기초수급	58,383	51,747	88.6	29,522	23,225

주: 2011.6 기준 인정자는 320,261, 1등급 42,611, 2등급 73,265, 3등급 204,385, 일반 233,685, 경감 24,898,
의료급여 3,988, 기초수급 57,690.
자료: 석재은(2010), 국민건강보험공단 「장기요양보험통계」

<표 12-3> 노인장기요양보험 1인당 급여 현황(2010.6)

	계	입소	재가
1기관당 이용자수(명)	19.9	24.7	18.5
1기관당 월급여(만 원)	1,878.4	3,132.7	1,447.6
이용자 1인당 월급여(만 원)	94.2	126.7	78.4
등급(원) 1등급	1,192,570	1,392,343	954,254
등급(원) 2등급	1,096,796	1,281,465	854,097
등급(원) 3등급	810,381	1,144,182	739,374
자격(원) 일반	925,798	1,262,484	785,627
자격(원) 경감	950,449	1,266,799	793,031
자격(원) 의료급여	898,883	1,323,786	766,250
자격(원) 기초수급	995,683	1,273,745	765,421

자료: 석재은(2010)

<표 12-4> 외국 노인요양시설의 설립주체 비교

		일본			미국	호주
		개호노인 복지시설	개호노인 보건시설	개호요양형 의료시설		
정부 비정부 여부	정부	6.4% - 도도부현 0.6%, - 시정촌 5.8%	3.9% - 도도부현 0.1% - 시정촌 3.8%	5.2% - 도도부현 0.1% - 시정촌 5.1%	7.7%	11.7%
	비정부	93.6% - 사회복지법인 91.0%	96.1% - 의료법인 74.0% - 사회복지법인 15.7%	94.8% - 의료법인 77.7% - 사회재단 2.5%	92.3%	88.3% - 자선단체 15.1% - 지역사회 17.4% - 종교단체 29.2%

자료: 한국보건산업진흥원(2007)

〈부표 13-1〉 의료기관 개설주체별 분포(2012.5 기준)

법적 성격	개설주체	전체		종합병원		병원	
		기관수	%	기관수	%	기관수	%
비영리	공공	110	6.1	61	19.1	49	3.2
	학교법인	77	4.2	66	20.6	11	0.7
	재단·사단 등 기타 법인	55	2.9	21	6.6	34	2.2
	의료법인	448	24.2	102	31.9	346	22.6
	기타(군병원)	1	0.1	–	–	1	0.1
	소계	691	37.4	250	78.1	441	28.8
영리	개인	1,159	62.6	70	21.9	1,089	71.2
계		1,850	100.0	320	100.0	1,530	100.0

주: 종합병원의 경우 공공 61개는 국립대학(11), 국립(3), 시립(2), 특수법인-공법인(2), 특수법인-산재(4), 특수법인-적십자(3), 특수법인-보훈(5), 특수법인-대학(3), 지방의료원(28)으로 구성된다.

병원의 경우 공공 49개는 사회복지법인(1), 국립(10), 도립(4), 시립(11), 공립(9), 특수법인-공법인(1), 특수법인-산재(4), 특수법인-적십자(3), 지방의료원(6)으로 구성된다.

이와 별도로 요양병원이 1013개 있으며 그 구성은 공공 55, 학교법인 2, 재단·사단 등 기타 법인 56, 의료법인 301, 개인 599이다. 공공 55개는 도립(14), 시립(19), 군립(11), 공립(6), 특수법인-공법인(2), 특수법인-산재(1), 특수법인-적십자(1), 지방의료원(1)으로 구성된다.

자료: 대한병원협회 의료기관위치정보시스템 설립 구분 자료 재구성

〈부표 13-2〉 투자개방형 의료법인 관련 정책 추진경과

	일자	주요 내용
참여정부	2004.1	대통령 연두 기자회견, 의료산업 등 지식산업 집중 육성 발표
	2005.10	의료산업선진화위원회, 총리실 산하 설치(1차 회의 개최)
	2006.12	관계부처장관회의 '서비스산업 경쟁력 강화 종합대책' 발표 보건의료부문 과제 13개 과제 포함
이명박정부	2008.4	정부 17개 부처합동회의, 성장동력 확충과 서비스 수지 개선을 위한 서비스산업 선진화 방안 발표
	2008.5	기획재정부 2단계 서비스산업 선진화 방안 발표
	2008.6	외국인 환자 유치 위한 유인알선 행위와 의료법인 간 합병 허용, 부대사업 범위를 장관령으로 하는 의료법 개정안 발표
	2009.1	미래 한국을 이끌 3대 분야 17개 신성장동력 선정에 고부가 서비스산업 부문 중 '글로벌 헬스케어' 포함
	2009.5	외국인 환자 유인알선 허용 의료법 국회 통과, 2009.5.1 시행
	2009.11	보건산업진흥원과 한국개발연구원 용역연구 결과 정부 제출
	2009.12	용역보고서 공개, 정부부처 간 영리병원 도입 여부 놓고 이견(異見), 대통령 '시간 갖고 충분히 논의', 사실상 유보
	2010.6	기획재정부, 투자개방형 의료법인 하반기 중점과제로 발표
	2011.7	여당과 정부, 투자개방형 의료법인 설립 추진 및 관련 법안 8월 임시국회 처리 합의
	2011.8	기획재정부, 경제정책조정회의 통해 경제자유구역과 제주도 내 영리병원 설립 관련 법안의 8월 우선 통과 방침 확정
	2012.2	지식경제부, 제47차 경제자유구역위원회의 "경제자유구역 내 외국 의료기관 개설 가능하도록 개설요건과 절차를 규정한 경제자유구역의 지정 및 운영에 관한 특별법 시행령 개정과 시행규칙 제정을 상반기 중 마무리" 의결
	2012.4	지식경제부, 4월 20일 경제자유구역 특별법 시행령을 개정하여 보건복지부령(시행규칙)으로 경제자유구역내 외국의료기관 관련 내용 지정토록 함. 4월 30일 보건복지부 외국의료기반 설립허가 절차 등을 규정한 시행규칙을 제정하여 입법예고.

자료: 임금자(2010), 「영리법인 도입의 장단점 및 정책 대안」 보완

<表 13-3> 국내 투자개방형 의료법인 찬반 논리

도입 찬성	도입 반대
· 규제완화 통한 진입장벽 제거 필요 · 다양한 의료수요에의 신속한 대응 · 고급의료 수요 증대 및 해외 유출 · 의료의 질 개선 · 의료기관 자본기반 강화 · 의료서비스산업 성장유발 효과 · 명목상 비영리병원 모순 개선·조세정의 확립 · 의료시장 개방의 선결조건 · 경영 마인드 도입으로 의료산업 혁신 및 효율성 제고 · 해외 환자 적극 유치 위한 영리추구 활동 허용 · 국내 의료기관 해외진출 위한 역량 제고 · 의료부문에의 민간투자 유입 촉진 · 고령화, 만성질환 증가, 건강욕구 증대 등 신보건의료서비스 수요 발생	· 의료 공공성 저하 · 의료이용 양극화 심화 · 의료기관의 무제한적 이윤 추구 · 국민건강보험 무력화 및 보장성 약화 · 수익성 낮은 진료 기피 · 불필요한 과다진료 증가 · 병원 영속성 원칙 훼손 · 영리자본 독과점적 지배 · 중소병원 간 격차 심화 · 서비스 질 불균형 심화 · 서비스 접근성 약화 · 고용감소로 서비스 질 저하 · 의료비 증가 · 행정관리비 증가와 효율성 감소

자료: 한국개발연구원·한국보건산업진흥원(2009)

544

〈부도 1-1〉 국민의료비 변화 추이(1980~2010)

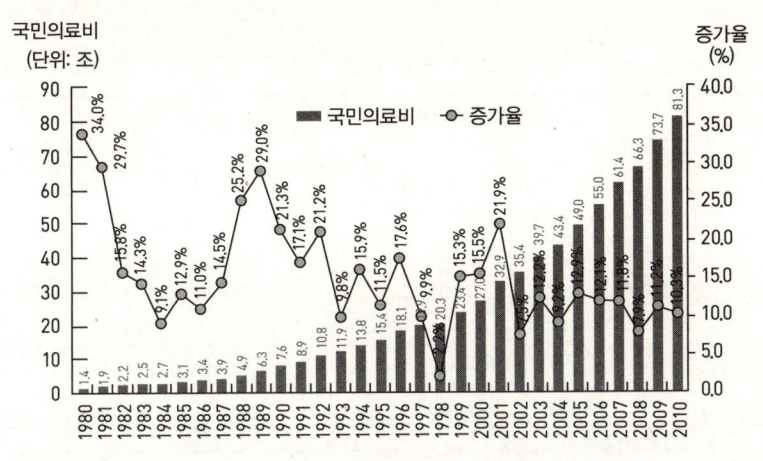

자료: 보건복지부(2012), 연세대학교 의료·복지연구소, 『2010년 국민의료비 및 국민보건계정』

〈부도 4-1〉 총의료비 중 공공부문과 민간부문 조달내역(2009)

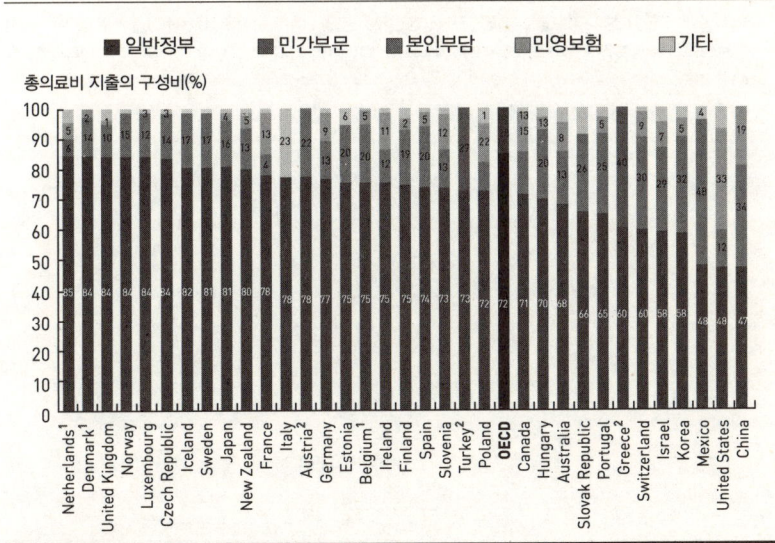

주: 1) 경상지출
   2) 최근년의 민간부문 재원조달 구분, 제대로 되어 있지 않음.
자료: OECD Health Data 2011

<부도 4-2> 국민건강보험과 민영건강보험의 보장 영역

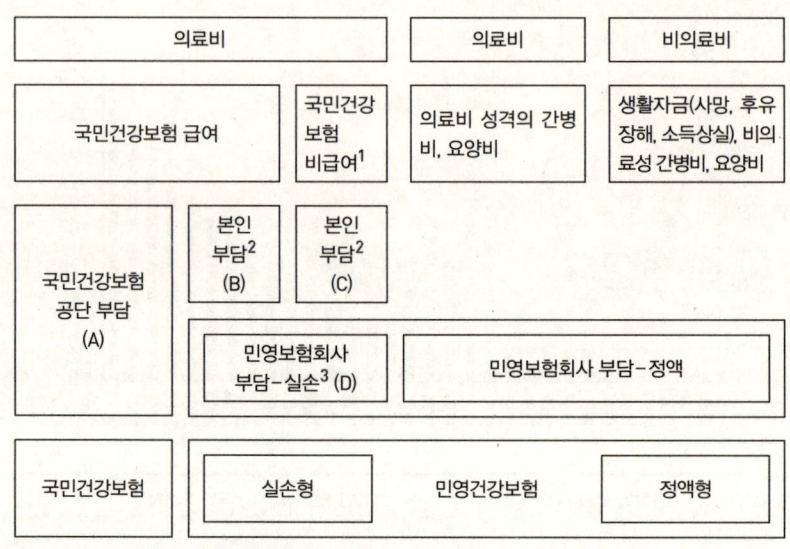

주: 1) 비급여에는 법정 비급여 외에 임의 비급여가 있음
   2) 본인부담에는 정액형 보험금의 일부가 포함됨
   3) 실손형 보험 가입자의 경우, 본인부담의 90%를 민영보험회사가 부담
   제4장에서 거론된 신 건강보험보장률(건강보장선진화위원회, 2010)은 A/(A+B+C+D)임. 〈표 4-1〉에 제시
   된 보장률과 부담률은 건강보험보장률: A/(A+B+C), 법정본인부담률: B/(A+B+C), 비급여본인부담률: C/
   (A+B+C)임

KI신서 3917

건강보험의 진화와 미래

1판 1쇄 인쇄 2012년 5월 18일
1판 1쇄 발행 2012년 5월 25일

지은이 보험미래포럼
펴낸이 김영곤 **펴낸곳** (주)북이십일 21세기북스
부사장 임병주
MC기획2실장 안현주 **기획팀장** 박상문 **기획** 조영갑 김은경 이지혜 조영실
편집실장 주명석 **편집3팀장** 최진
책임편집 윤홍 **디자인 표지** 송경진 장미혜 **본문** 네오북
마케팅영업본부장 최창규 **마케팅** 김현섭 김현유 강서영 **영업** 이경희 정병철
출판등록 2000년 5월 6일 제10-1965호
주소 (우413-756) 경기도 파주시 문발동 파주출판단지 518-3
대표전화 031-955-2100 **팩스** 031-955-2151 **이메일** book21@book21.co.kr
홈페이지 www.book21.com
21세기북스 트위터 @21cbook **블로그** b.book21.com
© 2012, 보험미래포럼

ISBN 978-89-509-3673-0 93330
책값은 뒤표지에 있습니다.